Heinrich Missalla

Die Kirchliche Kriegshilfe
im Zweiten Weltkrieg

Kirche & Weltkrieg
Band 8

Heinrich Missalla

Die Kirchliche Kriegshilfe im Zweiten Weltkrieg

Eine Organisation des Deutschen Caritasverbandes

Neuedition des Buches
„Für Volk und Vaterland" (1978)
im Auftrag der katholischen
Friedensbewegung pax christi

edition *kirche & weltkrieg*

FSC
www.fsc.org
MIX
Papier aus ver-
antwortungsvollen
Quellen
Paper from
responsible sources
FSC® C105338

Neu ediert nach der Ausgabe 1978
(„Für Volk und Vaterland", Athenäum-Verlag)
durch Bodo Bischof und Peter Bürger,
im Auftrag von pax christi – Deutsche Sektion e.V.
Internationale Katholische Friedensbewegung

Mit freundlicher Genehmigung
von Dr. Magdalene Bußmann, Essen

Umschlagmotiv: Ostpreußen, Feldgottesdienst für deutsche
Soldaten in einem Wald am 2.6.1941 – Foto Walter Henisch
(Bundesarchiv, Bild 146-2005-0193 / CC-BY-SA 3.0)

© 2021

Heinrich Missalla
Die Kirchliche Kriegshilfe im Zweiten Weltkrieg.
Eine Organisation des Deutschen Caritasverbandes

Kirche & Weltkrieg, Band 8
(Buchreihe zur Digitalbibliothek
https://kircheundweltkrieg.wordpress.com)
Herausgeber, Satz & Buchgestaltung: Peter Bürger.

Herstellung & Verlag: BoD – Books on Demand, Norderstedt
ISBN: 978-3-7534-9221-6

Inhalt

*

Unter geändertem Titel wird hier eine erstmals 1978 erschienene Studie des Theologen Heinrich Missalla über die „Kirchliche Kriegshilfe"[1] des Deutschen Caritasverbandes im Zweiten Weltkrieg erneut ediert. Im Zentrum der untersuchten Unternehmung stand besonders die Bereitstellung von Schriftgut für die römisch-katholische Militärseelsorge in der NS-Wehrmacht. In einem Dankschreiben vom 17.8.1940 erklärte Caritas-Präsident Benedikt Kreutz zu dieser selbstgewählten Aufgabenstellung: „Es wird unser Bestreben sein, den Wehrwillen und den sieghaften Glauben unserer mutigen Truppe auch fernerhin zu stärken, indem wir gerade sie mit einem Lesestoff versorgen, der aus den unversiegbaren Quellen religiöser Tiefe, inniger Volksverbundenheit und letzter, nationaler Verpflichtung schöpft." (→S. 198)

Solche Assistenz wurde aber keineswegs von allen Stellen in Wehrmacht, NS-Staat und NSDAP gewünscht. In vielen Fällen muss man von einer ungefragten Bereitstellung „geistlicher Waffen" für den militärischen Kampf sprechen, die einige hochrangige Entscheidungsträger des Kriegsapparates nicht wollten und sogar ausdrücklich verboten.

Heinrich Missalla (1926-2018), der selbst noch kurz nach Ende der Schlacht um Stalingrad bei einer leichten Flak-Abteilung als 16-jähriger Luftwaffenhelfer Dienst tun musste, beleuchtet – gemäß der für alle seine Publikationen kennzeichnenden sachlichen Diktion – ohne Polemik[2] die Akteure und Gegenstände der Kirchlichen Kriegshilfe. Obwohl der federführende Organisator Heinrich Höfler[3] ganz sicher kein Natio-

---

[1] Die Erstausgabe: Heinrich MISSALLA, Für Volk und Vaterland. Die Kirchliche Kriegshilfe im Zweiten Weltkrieg. Königstein: Athenäum Verlag 1978.

[2] Völlig irreführend ist es, H. Missalla in die Ecke einer antikirchlichen Publizistik zu stellen, wie es jüngst in einem Paderborner Bistumsband versucht worden ist: vgl. Josef Meyer zu SCHLOCHTERN / Johannes W. VUTZ (Hg.): Lorenz Jaeger. Ein Erzbischof in der Zeit des Nationalsozialismus. Münster: Aschendorff 2020, S. 295 und 320 (Autor J. Kuropka). Viel eher könnte man fragen, ob er nicht z.B. eine Persönlichkeit wie den ehemaligen Wehrmacht-Generalvikar Georg Werthmann zu wohlwollend beurteilt.

[3] Vgl. zu Höflers Nachkriegsaktivitäten jetzt auch Felix BOHR: Die Kriegsverbrecherlobby. Bundesdeutsche Hilfe für im Ausland inhaftierte NS-Täter. Berlin: Suhrkamp 2018.

nalsozialist war und sich zunehmend sogar auf illegale Aktivitäten verlegte, kamen kriegstheologische Machwerke der schlimmsten Art in die Schriftenauswahl (→S. 202-212, S. 218-255).

Auf Jahrzehnte hin blieb H. Missallas Studie die maßgebliche kritische – streng quellenbasierte – Darstellung auch bezogen auf den Komplex der Militärseelsorge im Zweiten Weltkrieg; bis heute folgen wissenschaftliche Beiträge den grundlegenden Erkenntnissen des Werkes. Missalla formulierte auf der Grundlage seiner – in disziplinierter Archivarbeit gewonnenen – Kenntnis der geistlichen Kriegsassistenz sehr früh Anfragen an die dogmatische Lehre über das kirchliche Amt, wie sie erst heute – aufgrund anderer Abgründe des klerikalen Männerbundkomplexes – von vielen Theologen vorgebracht werden.

Diese im Auftrag von pax christi herausgegebene Neuedition wäre ohne die umfangreichen Korrekturarbeiten von Bodo Bischof nicht zu verwirklichen gewesen. Herzlich bedankt sei auch Dr. Magdalene Bußmann für die Freigabe der Buchrechte zugunsten des Editionsprojektes „Kirche & Weltkrieg", das die „Erinnerung um der Zukunft willen" wachhalten und fortführen möchte.

Zu einem späteren Zeitpunkt sollen noch weitere Arbeiten von Heinrich Missalla zu den *Quellentexten* aus ‚Kirchlicher Kriegshilfe' und Militärseelsorge Aufnahme in unsere Reihe finden.

Düsseldorf, im Mai 2021   Peter Bürger

Quellenangaben

UNGEDRUCKTE QUELLEN

I. *Zentralarchiv des Deutschen Caritasverbandes, Freiburg*
370,10: 0. Organisatorischer Aufbau; 1. Evakuierung; 2. Grundsätzliche Angelegenheiten, Rundschreiben an Diözesan-Caritasverbände; Zuständigkeit, Erklärung Kardinal Bertram, Verfügung OKW, Schriften, OKW-Verträge: Kostenaufbringung; 3. Berichte, Übersicht Kirchliche Kriegshilfe an Episkopat 20.7.1940; Zusammenfassung 1.10.1939 – 31.12.1940; Kriegsleistungen Freiburg Bericht 27.2.1941; sonstige Rundschreiben an Diözesan-Caritasverbände.
370,17 (1): 1. Vorprüfstelle; 2. Rundschreiben an DV und Kriegshilfestellen betr. Schrifttum; 3. An Wehrmacht- und Kriegspfarrer, Rundschreiben, Ankündigungen; 4. „Lieber Kamerad".
370,17 (2): Predigten I-XX
370,17 (3): Predigten XXI-XXIX
370,17 (4): Sonderbeiträge an Wehrmachtseelsorger
370,17 (5): Handschriftliche Notizen Höflers; OKW; Genehmigungen; Kirchenministerium; Propagandaministerium; Aktennotizen.

II. *Archiv des Erzbischöflichen Ordinariats Freiburg*
Nationalsozialismus, Fasc 6: Der deutsche Episkopat. Sein Verhältnis zur NSDAP
Nachlaß Erzbischof Konrad Gröber 13: Feldpost 1939 – 1943
Nachlaß Erzbischof Konrad Gröber 18: Korrespondenz mit Bischöfen und Ordinariaten 1932 – 1936
Feldseelsorge I und II: 35/68 – 69: Spezialstatistik – Kriegsstatistik 76/ 106 -107a

III. *Katholisches Militärbischofsamt, Bonn*

IV. *Bundesarchiv-Militärarchiv, Freiburg*

V. *Gespräche*
Pfarrer Alfons Beil: 2.2.1977
Dr. Karl Borgmann: 29.10.1976
Dr. Walter Dirks: 6.12.1976
Alfons Erb: 28.10. und 8.12.1976

Frau Trudlinde Kaufhold, geb. Höfler: 7.12.1976
Pfarrer Josef Perau: 4.1.1977
Dr. Erich Püschel: 8.12.1976
Pfarrer Herrmann Schneider: 13.1.1977
Prälat Georg Werthmann: 1.2.1977.

GEDRUCKTE QUELLEN
UND LITERATUR

Absolon, Rudolf: Die Wehrmacht im Dritten Reich (= Schriften des Bundesarchivs 16/ I-III) Boppard Bd. I (30.1.1933 – 2.8.1934) 1969; Bd. II (30.1.1933 – 2.8.1934) 1971; Bd. III (3.8.1934 – 4.2.1938) 1975.

Ackermann, Konrad: Der Widerstand der Monatsschrift Hochland gegen den Nationalsozialismus, München 1965.

Adam, Karl: Jesus Christus und der Geist unserer Zeit, Augsburg 2. Aufl. 1935.

Adolph, Walter: Die Katholische Kirche im Deutschland Adolf Hitlers, Berlin 1974. (zit.: Kirche)

–, Dokumente zum Kirchenkampf 1933-1945, in: Wichmann-Jahrbuch XIII und XIV (1959/60) 12-42. (zit.: Dokumente)

–, Hirtenamt und Hitlerdiktatur, Berlin 1965. (zit.: Hirtenamt)

–, Kardinal Preysing und zwei Diktaturen, Berlin 1971. (zit.: Preysing)

–, Sie sind nicht vergessen. Gestalten aus der jüngsten deutschen Kirchengeschichte. Als Manuskript gedruckt. Berlin 1972. (zit.: Vergessen)

–, Unveröffentlichte Bormann-Akten über den Kirchenkampf, in: Wichmann-Jahrbuch 1953, 125-151. (zit.: Bormann-Akten)

–, Ziel und Taktik der Kirchenpolitik Hitlers, insbesondere gegenüber der katholischen Kirche, in: Wichmann-Jahrbuch XI und XII (1957/58) 131-142. (zit.: Ziel)

Aich, Albert: Im Dienste zweier Könige. Das Heldenbuch der Kriegstheologen, Breslau 1937.

Albrecht, Dieter: Der Notenwechsel zwischen dem Hl. Stuhl und der deutschen Reichsregierung, I: Von der Ratifizierung des Reichskonkordats bis zur Enzyklika ‚Mit brennender Sorge‘, Mainz 1965. (zit.: Notenwechsel I)

–, Der Notenwechsel zwischen dem Hl. Stuhl und der deutschen Reichsregierung, II:1937-1945, Mainz 1969. (zit.: Notenwechsel II)

10

–, (Hrsg.) Katholische Kirche im Dritten Reich. Eine Aufsatzsammlung zum Verhältnis von Papsttum, Episkopat und deutschen Katholiken zum Nationalsozialismus 1933-1945, Mainz 1976. (zit.: Kirche)

Althaus, Hermann: Nationalsozialistische Volkswohlfahrt (Schriften der deutschen Hochschule für Politik, hrsg. von Paul Meier-Benneckenstein. II. Der organisatorische Aufbau des Dritten Reiches, Heft 2). Berlin 2. Aufl. 1936.

Altmeyer, Karl Aloys: Der Episkopat und die katholische Presse im Dritten Reich, in: Herder-Korrespondenz 14 (1959/60) 374-381. (zit.: Episkopat)

–, Katholische Presse und NS-Diktatur, Berlin 1962. (zit.: Presse)

An der Aufgabe gewachsen. Vom Werden und Wirken des Deutschen Caritas-Verbandes aus Anlaß seines 60jährigen Bestehens, hrsg. vom Zentralverband des DCV Freiburg 1957.

Balthasar, Hans Urs von: Reinhold Schneider. Sein Weg und sein Werk, Köln-Olten 1953.

Bamberg, Hans-Dieter: Militärseelsorge in der Bundeswehr. Schule der Anpassung und des Unfriedens, Köln 1970.

Bauer, Fritz: Widerstand gegen die Staatsgewalt. Dokumente der Jahrtausende, Frankfurt-Hamburg 1965.

Baumjohann, Gerhard: Weltpriester des Erzbistums Paderborn in der Auseinandersetzung mit dem Nationalsozialismus, in: Paderbornensis Ecclesia. Beiträge zur Geschichte des Erzbistums Paderborn. Festschrift für Lorenz Kardinal Jaeger zum 80. Geburtstag am 23. September 1972, hrsg. von P. W. Scheele, Paderborn 1972, 711-746.

Berghahn, Volker: NSDAP und ,geistige Führung' der Wehrmacht 1939-1945, in: Vierteljahreshefte für Zeitgeschichte 17 (1969) 17-71.

Besson, Waldemar: Zur Geschichte des nationalsozialistischen Führungsoffiziers (NSFO), in: Vierteljahreshefte für Zeitgeschichte 9 (1961) 76-116.

Binder, Gerhart: Irrtum und Widerstand. Die deutschen Katholiken in der Auseinandersetzung mit dem Nationalsozialismus, München 1968. (zit.: Irrtum)

–, Zwischen Diktatur und Freiheit. Der Totalitarismus des 20. Jahrhunderts in Dokumenten, Quellen und Zeitberichten, Stuttgart, 2. Auflage 1967. (zit.: Diktatur)

Bleese, Jörn: Die Militärseelsorge und die Trennung von Staat und Kirche (Diss.), Hamburg 1969.

Boberach, Heinz (Hrsg.): Meldungen aus dem Reich. Auswahl aus den geheimen Lageberichten des Sicherheitsdienstes der SS 1939-1944, München 1968. (zit.: Meldungen)

–, Berichte des SD und der Gestapo über Kirchen und Kirchenvolk in Deutschland 1934-1944, Mainz 1971. (zit.: Berichte)

Böckenförde, Ernst-Wolfgang: Kirchlicher Auftrag und politische Entscheidung, Freiburg 1973. (zit.: Auftrag)

–, Kirchliches Naturrecht und politisches Handeln, in: Böckle, Franz – Böckenförde, Ernst – Wolfgang (Hrsg.), Naturrecht in der Kritik, Mainz 1973, 96-125. (zit.: Naturrecht)

Boelcke, Willi, A.: Wollt Ihr den totalen Krieg? Die geheimen Goebbels-Konferenzen 1939-1943, München 1969.

Bogler, Theodor: Der Glaube von Gestern und Morgen. Briefe an einen jungen Soldaten, Köln 1939.

Bonhoeffer, Dietrich: Widerstand und Ergebung. Briefe und Aufzeichnungen aus der Haft, hrsg. von Bethge, Eberhard, München-Hamburg, 3. Aufl. 1966.

Borgmann, Karl: Benedikt Kreutz, Freiburg 1959. (zit.: Kreutz)

–, Der Deutsche Caritasverband im ‚Dritten Reich‘, in: Deutscher Caritasverband (Hrsg.), 75 Jahre Deutscher Caritasverband, Freiburg 1972, 92-99. (zit.: Caritasverband)

–, Die deutsche Caritas in den Jahren 1933-1956, in: Ders., (Hrsg.), Jahrbuch für Caritaswissenschaft und Caritasarbeit, Freiburg 1957, 91-111. (zit.: Caritas)

–, Heinrich Höfler zum Gedenken, in: Caritas 64 (1963) 337-341. (zit.: Höfler)

Bossle, Lothar: Utopie und Wirklichkeit im politischen Denken von Reinhold Schneider, Mainz 1965.

Bracher, Karl Dietrich: Die deutsche Diktatur, Köln-Berlin, 2. Aufl. 1969. (zit.: Diktatur)

–, Die Kirchen zwischen Anpassung und Widerstand, in: Bracher, Karl Dietrich – Sauer, Wolfgang – Schulz, Gerhard: Die nationalsozialistische Machtergreifung. Studien zur Errichtung des totalitären Herrschaftssystems in Deutschland 1933/34, Köln 1960, 326-347. (zit.: Kirchen)

Breuning, Klaus: Die Vision des Reiches. Deutscher Katholizismus zwischen Demokratie und Diktatur (1929-1934). München 1969.

Brodersen, Uwe (Hrsg.): Gesetze des NS-Staates, Bad Homburg v.d.H. – Berlin – Zürich 1968.

Broszat, Martin: Der Staat Hitlers. Grundlegung und Entwicklung seiner inneren Verfassung, München 1969.

Buchbender, Ortwin – *Schuh*, Horst (Hrsg.): Heil Beil. Flugblattpropaganda im 2. Weltkrieg. Dokumentation und Analyse, Stuttgart o.J.

Buchheim, Hans: Glaubenskrise im Dritten Reich, Stuttgart 1953.

Buchner, Rudolf: Deutsche Geschichte im europäischen Rahmen, Darmstadt 1975.

Büchel, Regine (Hrsg.): Der deutsche Widerstand im Spiegel von Fachliteratur und Publizistik seit 1945. Bericht und Bibliographie, München 1975.

Bussmann, Walter: Der deutsche Katholizismus im Jahre 1933, in: Festschrift für Hermann Heimpel, Göttingen 1971, Band 1, 180-204.

Caritas-Kalender, Freiburg 1939-1941.
Christlicher Widerstand gegen den Faschismus (Bibliothek der CDU, Band 4), Berlin (DDR) 1955.
Conrad, Walter: Kirchenkampf, Berlin 1947.
Conway, John S.: Der deutsche Kirchenkampf. Tendenzen und Probleme seiner Erforschung an Hand neuerer Literatur, in: Vierteljahreshefte für Zeitgeschichte 17 (1969) 423-449. (zit.: Kirchenkampf)
–, Die nationalsozialistische Kirchenpolitik, München 1969. (zit.: Kirchenpolitik)
Corsten, Wilhelm: Kölner Aktenstücke zur Lage der katholischen Kirche in Deutschland 1933-1945, Köln 1949.

Delp, Alfred: Im Angesicht des Todes, Frankfurt, 5. Aufl. 1956 (zit.: Tod)
–, Zwischen Welt und Gott, Frankfurt 1957. (zit.: Welt)
Deutsch, Harold C.: Verschwörung gegen den Krieg. Der Widerstand in den Jahren 1939-1940, München 1969.
Dignath-Düren, Walter: Kirche – Krieg – Kriegsdienst, Hamburg 1955.
Doetsch, Wilhelm Joseph: Württembergs Katholiken unterm Hakenkreuz 1930-1935, Stuttgart 1969.
Dokumente aus dem Kampf der katholischen Kirche im Bistum Berlin gegen den Nationalsozialismus, hrsg. vom Bischöflichen Ordinariat Berlin, Berlin 1946.
Drobisch, Klaus: Wider den Krieg. Dokumentarbericht über Leben und Sterben des katholischen Geistlichen Dr. Max Joseph Metzger, Berlin (DDR) 1970.
Dünnwald, Arnold: Das katholische Militärkirchenrecht, Köln 1932.

Eisenstadt, Shmuel Noah: Die protestantische Ethik und der Geist des Kapitalismus. Eine analytische und vergleichende Darstellung, Opladen 1971.
Emonds, Hilarius: Geistlicher Kriegsdienst. Der Topos der militia spiritualis in der antiken Philosophie. Anhang zu Harnack, A. v.: Militia Christi, Darmstadt 1963, 131-162.
Engel, Johannes: Im Umbruch der Zeit. Kurzpredigten für die Sonn- und Feiertage des Kirchenjahres, Breslau 2. Aufl. 1936.
Erdmann, Karl Dietrich: Die Zeit der Weltkriege. 2. Teilband. Deutschland unter der Herrschaft des Nationalsozialismus 1933-1939. Der Zweite Weltkrieg. Das Ende des Reiches und die Entstehung der Republik Österreich, der Bundesrepublik Deutschland und der Deutschen Demokratischen Republik (= Gebhardt, Handbuch der deutschen Geschichte, 9. Aufl., Bd. 4, 2. Teilband). Stuttgart 1976.

Foertsch, H.: Die Wehrmacht im nationalsozialistischen Staat, Hamburg 1935.

Freischlag, Wilhelm: Glauben Sie an einen Gott? Gottesbekenntnisse großer Männer, München 3. Aufl. 1941.

Frick, Heinrich: Die Kirchen und der Krieg, Tübingen 1933.

Friedländer, Saul: Pius XII. und das Dritte Reich, Hamburg 1965.

Gaede, Reinhard: Kirche, Christen, Krieg und Frieden. Die Diskussion im deutschen Protestantismus während der Weimarer Zeit (Diss.), Münster 1972.

Gamm, Hans-Jochen: Führung und Verführung. Pädagogik des Nationalsozialismus, München 1964.

Giovannetti, Alberto: Der Vatikan und der Krieg, Köln 1961.

Gotto, Klaus: Die Wochenzeitung Junge Front / Michael. Mainz 1970.

Gröber, Conrad: Arbeite als ein guter Kriegsmann Christi (2 Tim 2,3). Ein Hirtenwort an die Soldaten im Feld, Freiburg 1939. (zit.: Arbeite)

–, (Hrsg.), Handbuch der religiösen Gegenwartsfragen, Freiburg 2. Aufl. 1940. (zit.: Handbuch)

–, Meine Mitarbeit am Konkordat, in: Volk, Ludwig, Kirchliche Akten zum Reichskonkordat (Veröffentlichungen der Kommission für Zeitgeschichte bei der Katholischen Akademie in Bayern, Reihe A: Quellen, Band 11) Mainz 1969, 305-352. (zit.: Mitarbeit)

–, Kirche, Vaterland und Vaterlandsliebe. Zeitkritische Erwägungen und Erwiderungen, Freiburg 1935. (zit.: Kirche)

Grosse, Franz: Dr. theol. Matthias Laros (1882-1965). Der große geistige Brückenbauer. Werkgeleit und Bibliographie, Koblenz (1970).

Haecker, Theodor: Satire und Polemik, Innsbruck 1922. (zit.: Satire)

–, Tag- und Nachtbücher, Olten 1948. (zit.: Tagebücher)

Hale, Oron J.: Presse in der Zwangsjacke 1933-1945, Düsseldorf 1965.

Hampe, Johann Christoph (Hrsg.): Die Autorität der Freiheit, Band III, München 1967.

Harnack, Adolf von: Militia Christi. Die christliche Religion und der Soldatenstand in den ersten drei Jahrhunderten, Darmstadt 1963.

Hehl, Ulrich von: Kirche, Katholizismus und das nationalsozialistische Deutschland. Ein Forschungsüberblick, in: Albrecht, Dieter (Hrsg.), Katholische Kirche im Dritten Reich, Mainz 1976, 219-251.

Henrich, Franz: Die Bünde katholischer Jugendbewegung. Ihre Bedeutung für die liturgische und eucharistische Erneuerung, München 1968.

Herrmann, Robert: Die Kirche und ihre Liebestätigkeit von Anbeginn bis zur Gegenwart, Freiburg 1963.

Hilling, Nikolaus: Die kirchenpolitische Gesetzgebung des Nationalsozialismus von 1933-1945, in: Archiv für katholisches Kirchenrecht, CXXIV (1950) 3-23.

Hitler, Adolf: Mein Kampf, München 11. Aufl. 1942.

Hochmuth, Ursel (Hrsg.): Faschismus und Widerstand 1933-1945. Ein Verzeichnis deutschsprachiger Literatur, Frankfurt 1973.

Hockerts, Hans Günther: Die Sittlichkeitsprozesse gegen katholische Ordensangehörige und Priester 1936/37. Eine Studie zur nationalsozialistischen Herrschaftstechnik und zum Kirchenkampf, Mainz 1971.

Höffner, Joseph: Christentum und Menschenwürde. Das Anliegen der spanischen Kolonialethik im goldenen Zeitalter, Trier 1947.

Höfler, Heinrich: Kirchliche Hilfe im Krieg 1939-1945, in: An der Aufgabe gewachsen. Vom Werden und Wirken des deutschen Caritasverbandes aus Anlaß seines 60jährigen Bestehens, Freiburg 1957, 84-87.

Högner, Wilhelm: Die verratene Republik, München 1958.

Höhn, Reinhard: Die Armee als Erziehungsschule der Nation. Das Ende einer Idee, Bad Harzburg 1963.

Höhne, Heinz: Der Orden unter dem Totenkopf, Gütersloh 1967.

Hofer, Walter (Hrsg.): Der Nationalsozialismus. Dokumente 1933-1945, Frankfurt 1957.

Hoffmann, Charles W.: Opposition und Innere Emigration: Zwei Aspekte des „Anderen Deutschlands", in: Hohendahl, Peter Uwe – Schwarz, Egon (Hrsg.), Exil und innere Emigration II, Frankfurt 1973, 119-140.

Hoffmann, Peter: Widerstand, Staatsstreich, Attentat. Der Kampf der Opposition gegen Hitler, München 2. Aufl. 1970.

Hofmann, Konrad, (Hrsg.): Seelsorge und kirchliche Verwaltung im Krieg. Gesetze, Verfügungen und Richtlinien, Freiburg 1940. (zit.: Seelsorge)

–, Zeugnis und Kampf des deutschen Episkopats. Gemeinsame Hirtenbriefe und Denkschriften (Das christliche Deutschland 1933-1945. Dokumente und Zeugnisse, hrsg. Von einer Arbeitsgemeinschaft katholischer und evangelischer Christen, Katholische Reihe, Heft 2) Freiburg 1946. (zit.: Zeugnis)

Hofmann, Konrad – *Schneider*, Reinhold – *Wolf*, Erik (Hrsg.): Sieger in Fesseln (Das christliche Deutschland 1933-1945, hrsg. von einer Arbeitsgemeinschaft katholischer und evangelischer Christen, Gemeinschaftliche Reihe Heft 1) Freiburg 1947. (zit.: Sieger)

Hofmeister, Philipp: Die Militärseelsorge in neuerer Zeit, in: Münchener Theologische Zeitschrift 11 (1960) 123-140.

Ihorst, Reinhold A.: Zur Situation der katholischen Kirche und ihrer caritativen Tätigkeit in den ersten Jahren des Dritten Reiches (Institut für Caritas-Wissenschaft und christliche Sozialarbeit, Universität Freiburg) Freiburg 1971.

Jacobsen, Hans-Adolf – *Jochmann*, Werner: Ausgewählte Dokumente zur Geschichte des Nationalsozialismus 1933-1945 (Arbeitsblätter für politische und soziale Bildung), I-III und Kommentar, Bielefeld 1966.

Karst, Heinz: Das Bild des Soldaten. Versuche eines Umrisses, Boppard 1969.

Kern, Fritz: Gottesgnadentum und Widerstandsrecht im früheren Mittelalter, Darmstadt 6. Aufl. 1973.

Kirchliches Amtsblatt für das Bistum Berlin.

Kirchliches Amtsblatt für das Erzbistum Paderborn.

Kloidt, Franz: Verräter oder Martyrer? Dokumente katholischer Blutzeugen der nationalsozialistischen Kirchenverfolgung geben Antwort, Düsseldorf 1962.

Klöss, Erhard (Hrsg.): Reden des Führers. Politik und Propaganda Adolf Hitlers 1922-1945, München 1967.

Kopf, Paul – *Miller*, Max (Hrsg.): Die Vertreibung von Bischof Johannes Baptista Sproll von Rottenburg 1938-1945. Dokumente zur Geschichte des kirchlichen Widerstandes, Mainz 1971.

Krausnick, Helmut: Vorgeschichte und Beginn des militärischen Widerstandes gegen Hitler, in: Die Vollmacht des Gewissens, hrsg. von der Europäischen Publikation e. V., München 1956, 175-380.

Kupper, Alfons: Staatliche Akten über die Reichskonkordatsverhandlungen 1933, Mainz 1969.

Langner, Albrecht: Katholizismus und nationaler Gedanke, in: Zilleßen, Horst (Hrsg.), Volk, Nation, Vaterland, Gütersloh 1970, 238-269.

Laros, Matthias: Der Christ und der Krieg. Skizzen zu einer Predigtreihe, in: Kirche und Kanzel 22 (1939) 319-328. (zit.: Christ)

–, Gott und der Krieg, Dülmen 1940. (zit.: Gott)

Lasserre, Jean: Der Krieg und das Evangelium, München 1956.

Leibholz, Gerhard: Die Deutschlandpolitik Englands im Zweiten Weltkrieg und der Widerstand, in: Heck, Bruno (Hrsg.), Widerstand, Kirche, Staat. Eugen Gerstenmeier zum 70. Geburtstag, Frankfurt-Berlin-Wien 1976, 40-56.

Lewy, Guenter: Die katholische Kirche und das Dritte Reich, München 1965.

Lill, Rudolf: Die Kirchen und das Dritte Reich. Ein Forschungsbericht, in: Eckert, Willehad Paul, (Hrsg.), Judenhass – Schuld der Christen? Ergänzungsheft, Essen 1966, 47-94.

Lochner, Louis P.: Goebbels' Tagebücher aus den Jahren 1942-1943, Zürich 1948.

Mann, Golo: Deutsche Geschichte des XX. Jahrhunderts, Frankfurt 1959.

Mann, Ulrich: Lorbeer und Dornenkrone. Eine historische und theologische Studie über das Wehrverständnis im deutschen Soldatentum, Stuttgart 1958.

Marmy, Emil (Hrsg.): Mensch und Gemeinschaft in christlicher Schau. Dokumente, Fribourg 1945.

Maron, Gottfried: Die römisch-katholische Kirche von 1870-1970 (Die Kirche in ihrer Geschichte, Band 4, Lieferung N 2) Göttingen 1972.

Messerschmidt, Manfred: Aspekte der Militärseelsorgepolitik in nationalsozialistischer Zeit, in: Militärgeschichtliche Mitteilungen 1/1968, 63 – 106. (zit.: Aspekte)

–, Die Wehrmacht im NS-Staat. Zeit der Indoktrination, Hamburg 1969 (zit.: Wehrmacht)

–, Zur Militärseelsorgepolitik im Zweiten Weltkrieg, in: Militärgeschichtliche Mitteilungen 1/1969, 37-85. (zit.: Militärseelsorgepolitik)

Metzger, Max Joseph: Für Frieden und Einheit. Briefe aus der Gefangenschaft, eingeleitet und hrsg. von den Meitinger Christkönigsschwestern, Meitingen 3. Aufl. 1964.

Mitteis, Heinrich: Der Staat des Hohen Mittelalters, Weimar 4. Aufl. 1953.

Müller, Alois: Das Problem von Befehl und Gehorsam im Leben der Kirche, Einsiedeln 1964.

Müller, Hans: Katholische Kirche und Nationalsozialismus. Dokumente 1930-1935. Mit einer Einleitung von Kurt Sontheimer, München 1963.

Müller, Klaus-Jürgen: Das Heer und Hitler, Armee und nationalsozialistisches Regime 1933-1940, Stuttgart 1969.

Neuhäusler, Johann: Kreuz und Hakenkreuz. Der Kampf des Nationalsozialismus gegen die katholische Kirche und der kirchliche Widerstand, Teil I und II, München 1946.

Obermayer, Klaus: Die Konkordate und Kirchenverträge im 19. und 20. Jahrhundert, in: *Fuchs*, Walther-Peter (Hrsg.): Staat und Kirche im Wandel der Jahrhunderte, Stuttgart1966, 166-183.

Offele, Wolfgang: Das Verständnis der Seelsorge in der pastoral-theologischen Literatur der Gegenwart, Mainz 1966.

Pankoke-Schenk, Monika: Moderne Not als institutionelle Herausforderung kirchlicher Sozialarbeit. Sozialwissenschaftliche Aspekte caritativen Engagements, dargestellt am Beispiel des ‚Sozialdienstes katholischer Frauen‘ (Diss.), Bochum 1975.

Perau, Joseph: Priester im Heere Hitlers. Erinnerungen 1940-1945, Essen 2. Aufl. 1963.

Picker, Henry: Hitlers Tischgespräche im Führerhauptquartier, Stuttgart 3. Aufl. 1976.

Pieper, Josef: Das Viergespann, München 1964.

Plum, Gunther: Gesellschaftsstruktur und politisches Bewußtsein in einer katholischen Region 1928-1933, Stuttgart 1972.

Pohl, Heinrich: Die katholische Militärseelsorge Preußen 1797-1888, Studien zur Geschichte des deutschen Militärkirchenrechts, Stuttgart 1926 (Nachdruck Amsterdam 1962).

Pribilla, Max: Das Schicksal einer Flugschrift, in: *Hofmann*, Konrad (Hrsg.), Schlaglichter. Belege und Bilder aus dem Kampf gegen die Kirche, Freiburg 1947, 7-14. (zit.: Schicksal)

–, Der Eid nach der Lehre der katholischen Moraltheologie, in: Die Vollmacht des Gewissens, hrsg. von der Europäischen Publikation e.V., München 1956, 159-163. (zit.: Eid)

Prinz, Friedrich: Klerus und Krieg im frühen Mittelalter (Monographien zur Geschichte des Mittelalters), Stuttgart 1971.

Prittie, Terence: Deutsche gegen Hitler. Eine Darstellung des deutschen Widerstandes gegen den Nationalsozialismus während der Herrschaft Hitlers, Tübingen 1965.

Der Prozeß gegen die Hauptkriegsverbrecher vor dem Internationalen Militärgerichtshof Nürnberg 14.11.1945 – 1.10.1946, Nürnberg, Bd. XXV: 1947; Bd. XXXV: 1949.

Przywara, Erich – *Schütz*, Paul – *v. Trott zu Solz*, Werner – *Warnach*, Walter: Christ und Obrigkeit, Nürnberg 1962.

Rabenau, von: Vom Sinn des Soldatentums. Die innere Kraft von Führung und Truppe, Köln 1940.

Rarkowski, Franz: Die Kämpfe einer preußischen Infanterie-Division zur Befreiung von Siebenbürgen, Berlin 1917.

Reding, Marcel: Politische Ethik, Freiburg 1972.

Reifferscheid, Gerhard: Das Bistum Ermland und das Dritte Reich (Bonner Beiträge zur Kirchengeschichte, hrsg. von Dassmann, E., Hegel, E., Stasiewski, E., Band 7) Köln-Wien 1975.

Repgen, Konrad: Hitlers Machtergreifung und der deutsche Katholizismus. Versuch einer Bilanz (Saarbrückener Universitätsreden 6), Saarbrücken 1967.

Reutter, Lutz-Eugen: Hilfstätigkeit katholischer Organisationen und kirchlicher Stellen für die im nationalsozialistischen Deutschland Verfolgten (Diss.), Hamburg 1969.

Rock, Martin: Widerstand gegen die Staatsgewalt, Münster 1966.

Roth, Armin: Wehrmacht und Weltanschauung, Berlin 1940.

Roth, Heinrich: Katholische Jugend in der NS-Zeit unter besonderer Berücksichtigung des katholischen Jungmännerverbandes. Daten und Dokumente, Düsseldorf 1959.

Rothfels, Hans: Die deutsche Opposition gegen Hitler, Frankfurt 1958.

Scharffenorth, Gerta: Römer 13 in der Geschichte des politischen Denkens. Ein Beitrag zur Klärung der politischen Tradition in Deutschland seit dem 15. Jahrhundert (Diss.), Heidelberg 1964.

Schellenherger, Barbara: Katholische Jugend und Drittes Reich, Mainz 1975.

Scheuermann, Audomar: Die Exemtion nach geltendem kirchlichen Recht, Paderborn 1938.

Schillebeeckx, Jesus: Die Geschichte von einem Lebenden, Freiburg-Basel-Wien, 3. Aufl. 1975.

Schilling, Otto: Lehrbuch der Moraltheologie, Band I und II, München 1928.

Schlabrendorf, Fabian von: Sub specie aeternitatis, in: Heck, Bruno (Hrsg.), Widerstand, Kirche, Staat. Eugen Gerstenmeier zum 70. Geburtstag, Frankfurt-Berlin-Wien 1976, 19-37.

Schlund, Erhard: Die Religion im Weltkrieg, München 1930.

Schmidthüs, Karlheinz: Deutschland in Europa, in: Die Schildgenossen 13 (1933/34) 529-538

Schnabel, Raimund: Die Frommen in der Hölle, Berlin (DDR) 1966.

Schnabel, Werner: Herr, in Deine Hände. Seelsorge im Krieg. Dokumente der Menschlichkeit aus der ganzen Welt, Bern-Stuttgart-Wien 1963.

Schneider, Burkhart: Die Briefe Pius XII. an die deutschen Bischöfe 1939-1944, Mainz 1966.

Schneider, Reinhold: Allein der Wahrheit Stimme will ich sein, Freiburg 1962. (zit.: Wahrheit)

–, Briefe an einen Freund, Köln-Olten 1961. (zit.: Briefe)

–, über Dichter und Dichtung, Köln-Olten 1953. (zit.: Dichter)

–, Erbe im Feuer, Freiburg 1946. (zit.: Erbe)

–, Erfüllte Einsamkeit, Freiburg 1963. (zit.: Einsamkeit)

–, Gedenkwort zum 20. Juli, Freiburg 1947. (zit.: Gedenkwort)

–, Das Inselreich, Wiesbaden 1955. (zit.: Inselreich)

–, Las Casas vor Karl V. Szenen aus der Konquistadorenzeit, Darmstadt 1953. (zit.: Las Casas)

–, Macht und Gnade, Gestalten, Bilder und Werte in der Geschichte, Wiesbaden 1946. (zit.: Macht)

–, Stimme des Abendlandes, Colmar (1944). (zit.: Stimme)

–, Verhüllter Tag, Köln 4. Auflage 1956. (zit.: Tag)

–, Winter in Wien, Freiburg 3. Aufl. 1959. (zit.: Winter)

Schneider, Reinhold – *Ziegler*, Leopold: Briefwechsel, München 1960. (zit.: Briefwechsel)

Scholder, Klaus: Die Kirchen im Dritten Reich, in: Aus Politik und Zeitgeschichte. Beilage zur Wochenzeitung Das Parlament, 1971, B 15, 3-31. (zit.: Kirchen)

–, Kirche und Staat in der 1. Hälfte des 20. Jahrhunderts, in: Denzler, Georg (Hrsg.), Kirche und Staat auf Distanz. Historische und aktuelle Perspektiven, München 1977, 102-109. (zit.: Staat)

Schreiner, Helmut: Unsere Predigt im Kriege, Potsdam 1940.

Schübel, Albrecht: 300 Jahre evangelische Soldatenseelsorge, München 1964.

Schwarte, Johannes: Gustav Gundlach S. J. (1892-1963). Maßgeblicher Repräsentant der katholischen Soziallehre während der Pontifikate Pius XI. und Pius XII., Paderborn 1975.

Schwer, Wilhelm: Der Mensch und der Staat, in: Das Bild vom Menschen. Beiträge zur theologischen und philosophischen Anthropologie (Festschrift für Fritz Tillmann), hrsg. von Steinbüchel, Theodor – Münker, Theodor, Düsseldorf 1934.

Schwerin von Krosigk, Lutz, Graf: Es geschah in Deutschland, Tübingen-Stuttgart 1951.

Seppelt, Franz Xaver: Papstgeschichte von den Anfängen bis zur Gegenwart, München 5. Aufl. 1949.

Seraphim, Hans-Günther: Das politische Tagebuch Alfred Rosenbergs aus den Jahren 1934/35 und 1939/40, Göttingen-Berlin-Frankfurt 1956.

Siegele-Wenschkewitz, Leonore: Nationalsozialismus und Kirchen. Religionspolitik von Partei und Staat bis 1935, Düsseldorf 1974.

Sontheimer, Kurt: Antidemokratisches Denken in der Weimarer Republik. Die Ideen des deutschen Nationalismus zwischen 1918 und 1933, München 2. Aufl. 1964. (zit.: Denken)

–, Antidemokratisches Denken in der Weimarer Republik, in: Der Weg in die Diktatur. 10 Beiträge, München 1962, 47-69. (zit.: Weg)

Spael, Wilhelm: Das Buch im Geisteskampf. 100 Jahre Borromäusverein, Bonn 1950.

Speckner, Karl: Die Wächter der Kirche, München 1934.

Stasiewski, Bernhard: Akten deutscher Bischöfe über die Lage der Kirche 1933-1945, Band I: 1933-1934, Mainz 1968; Band II, Mainz 1976.

Stehle, Hans Jakob: Die Ostpolitik des Vatikans (1917-1975), München-Zürich 1975.

Steinert, Marlies: Hitlers Krieg und die Deutschen, Düsseldorf 1970.

Steuber, Klaus: Militärseelsorge in der Bundesrepublik Deutschland, Mainz 1972.

Stonner, Anton: Nationale Erziehung und Religionsunterricht, Regensburg 1934.

Stratenwerth, Gerhard: Der Widerstand der beiden Kirchen 1933-1945, in: Ordnung als Ziel. Beiträge zur Zeitgeschichte, hrsg. von Robert Tillmanns, Stuttgart-Köln 1954, 71-88.

Strobel, Ferdinand: Christliche Bewährung. Dokumente des Widerstandes der katholischen Kirche in Deutschland 1933-1945, Olten 1946.

Strothmann, Dietrich: Nationalsozialistische Literaturpolitik. Ein Beitrag zur Publizistik im Dritten Reich, Bonn 1960.

Thomas von Aquin: Tugenden des Gemeinschaftslebens. Die deutsche Thomas-Ausgabe Summa theologica, 20. Band, I-II, 101-122, München-Heidelberg 1943.

Ueberborst, Horst (Hrsg.): Elite für die Diktatur. Die nationalpolitischen Erziehungsanstalten 1933-1945, Düsseldorf 1969.

Visser, B. J. J.: Gewalt gegen Gewissen. Nationalsozialismus – Vatikan – Episkopat. Die Entlarvung einer Geschichtsfälschung, Würzburg 1974.

Volk, Ludwig: Adolf Kardinal Bertram, in: Zeitgeschichte in Lebensbildern, hrsg. von Morsey, Rudolf, Mainz 1973, 274-286. (zit.: Bertram)

–, Akten Kardinal Michael von Faulhabers 1917 – 1945, I: 1917-1934, Mainz 1975. (zit.: Akten Faulhaber)

–, Der bayerische Episkopat und der Nationalsozialismus 1930-1934, Mainz 1965. (zit.: Episkopat)

–, Die Enzyklika ‚Mit brennender Sorge‘. Zum 100. Geburtstag Kardinal Michael von Faulhabers am 5. März 1969, in: Stimmen der Zeit 183 (1969) 174-194. (zit: Enzyklika)

–, Die Fuldaer Bischofskonferenz von der Enzyklika ‚Mit brennender Sorge‘ bis zum Ende der NS-Herrschaft, in: Albrecht, Dieter (Hrsg.), Katholische Kirche im Dritten Reich, Mainz 1976, 66-102. (zit.: Bischofskonferenz)

–, Hitlers Kirchenminister. Zum Versuch einer Gesamtdarstellung des Kirchenkampfes, in: *Albrecht*, Dieter (Hrsg.): Katholische Kirche im Dritten Reich, Mainz 1976, 211-218. (zit.: Kirchenminister)

–, Kardinal Faulhabers Stellung zur Weimarer Republik und Zum NS-Staat, in: Stimmen der Zeit 177 (1966) 173-195. (zit: Stellung)

–, Kirchliche Akten über die Reichskonkordatsverhandlungen 1933, Mainz 1969. (zit.: Akten)

–, Das Reichskonkordat vom 20. Juli 1933. Von den Ansätzen in der Weimarer Republik bis zur Ratifizierung am 10. September 1933, Mainz 1972. (zit.: Reichskonkordat)

–, Zwischen Geschichtsschreibung und Hochhuthprosa. Kritisches und Grundsätzliches zu einer Neuerscheinung über Kirche und Nationalsozialismus, in: Albrecht, Dieter (Hrsg.), Katholische Kirche und Drittes Reich, Mainz 1976, 194-211. (zit.: Geschichtsschreibung)

Vondung, Klaus: Magie und Manipulation. Ideologischer Kult und politische Religion des Nationalsozialismus, Göttingen 1971.

Walterscheid, Johannes: Deutsche Heilige. Eine Geschichte des Reiches im Leben deutscher Heiliger, München 1934. (zit.: Heilige)
–, Heilige deutsche Heimat, 2 Bände, Hannover 1936. (zit.: Heimat)
Wartenburg, Paul, Graf Jörg von: Das christliche Gewissen und die Verschwörung des 20. Juli 1944, in: Denken – Glauben – Handeln. Almanach auf das 50. Jahr des Furche-Verlags, Hamburg 1966, 53-70.
Wedel, Hasso von: Das großdeutsche Heer, Berlin 1939.
Weinberg, Gerhard L.: Adolf Hitler und der NS-Führungsoffizier, in: Vierteljahreshefte für Zeitgeschichte 12 (1964) 443-456.
Wenner, Josef: Reichskonkordat und Länderkonkordat, Paderborn 7. Aufl. 1964.
Werthmann, Georg: Heinrich Höfler und die katholische Feldseelsorge im Zweiten Weltkrieg, in: Militärseelsorge 5 (1963) 146-154. (zit.: Höfler)
–, Reinhold Schneider und die katholische Feldseelsorge des Zweiten Weltkrieges, in: Militärseelsorge 2 (1959/60) 28-37. (zit.: Schneider)
Wichmann-Jahrbuch für Kirchengeschichte im Bistum Berlin, hrsg. im Auftrag des Diözeangeschichtsvereins Berlin von Bernhard Stasiewski, XXIV-IXXX. Jg. 1970-1975.
Witescheck, Helmut: Der gefälschte und der echte Mölders-Brief, in: Vierteljahreshefte für Zeitgeschichte 16 (1968) 60-65.
Wohlfeil, Rainer – *Dollinger*, Hans: Die deutsche Reichswehr, Frankfurt 1972.
Wulf, Josef: Presse und Funk im Dritten Reich. Eine Dokumentation, Gütersloh 1964.

Zahn, Gordon C.: Die deutsche katholische Presse und Hitlers Kriege, in: Werkhefte katholischer Laien 15 (1961) 180-185; 204-215. (zit.: Presse)
–, Die deutschen Katholiken und Hitlers Kriege, Granz-Köln 1965. (zit.: Kriege)
–, Er folgte seinem Gewissen. Das einsame Zeugnis des Franz Jägerstätter, Granz-Wien-Köln 1967. (zit.: Gewissen)
Zipfel, Friedrich: Kirchenkampf in Deutschland 1933-1945. Religionsverfolgung und Selbstbehauptung der Kirche in der nationalsozialistischen Zeit, Berlin 1965.

30.01.1933: Hindenburg beruft Hitler zum Reichskanzler

27.02.1933: Brand des Reichstagsgebäudes

28.02.1933: Verordnung zum Schutze von Volk und Staat

05.03.1933: Letzte Reichstagswahlen mit mehreren Parteien

13.03.1933: Errichtung des Reichsministeriums für Volksaufklärung und Propaganda (RMVP) und Ernennung von Josef Goebbels zum Reichsminister

21.03.1933: Verordnung des Reichspräsidenten „Zur Abwehr heimtückischer Angriffe gegen die Regierung der nationalen Erhebung"

21.03.1933: Tag von Potsdam (Feier in der Garnisonkirche)

24.03.1933: Regierungserklärung Hitlers im Reichstag und Verabschiedung des Gesetzes „Zur Behebung der Not von Volk und Reich" („Ermächtigungsgesetz")

02.05.1933: Aufhebung der Gewerkschaften

07.05.1933: Der „Börsenverein deutscher Buchhändler" gibt sog. „schwarze Listen" heraus mit Namen „undeutscher" Schriftsteller und ihrer Werke, die nicht mehr verkauft werden dürfen und die aus den Bibliotheken zu entfernen sind

10.05.1933: Bücherverbrennung auf dem Opernplatz in Berlin

22.06.1933: Verbot der SPD und Beschlagnahme ihres Vermögens

27.06.–05.07.1933: Auflösung bzw. Selbstauflösung aller Parteien außer der NSDAP

06.07.1933: Der Reichspropagandaminister errichtet 13 Länderpropagandämter

07.07.1933: Gründung einer NS-Rundfunkkammer

14.07.1933: Gesetz gegen Neubildung von Parteien & Verankerung der NSDAP als einzige politische Partei; Gesetz zur Verhütung erbkranken Nachwuchses

22.09.1933: Reichsgesetz zur Gründung einer Reichskulturkammer mit 7 Untergliederungen, u.a. Reichsschrifttums- und Reichspressekammer

04.10.1933: Verkündigung des Schriftleitergesetzes

01.12.1933: Gesetz zur Sicherung der Einheit von Partei und Staat

20.04.1934: Ernennung des Reichsführers-SS Himmler zum Leiter der preußischen politischen Polizei und des preußischen geheimen Staatspolizeiamtes

30.06.–02.07.1934: Niederschlagung des sogen. „Röhm-Putsches"; Mordaktion gegen politische Gegner mit Hilfe von SS und Gestapo

02.08.1934: Tod Hindenburgs und Vereidigung der Beamten und der Reichswehr auf Hitler

13.01.1935: Abstimmung im Saargebiet, welches an Deutschland zurückfällt

16.03.1935: Wiedereinführung der allgemeinen Wehrpflicht

25.04.1935: Anordnung des Präsidenten der Reichsschrifttumskammer über schädliches und unerwünschtes Schrifttum

17.05.1935: Erster Prozeß in Berlin gegen katholische Klöster wegen angeblicher Devisenvergehen

16.07.1935: Ernennung des Reichsministers für die kirchlichen Angelegenheiten Hans Kerrl; Erlaß Görings gegen die Widerstandshaltung der katholischen Kirche

15.09.1935: Gesetz „Zum Schutz des deutschen Blutes und der deutschen Ehre" (Antisemitische „Nürnberger Gesetze")

18.10.1935: Gesetz zum Schutze der Erbgesundheit des deutschen Volkes (mit den Grundlagen für das Euthanasie-Programm)

07.03.1936: Re-Militärisierung des Rheinlandes

01.12.1936: Die Hitler-Jugend wird durch Gesetz zur Staatsjugend erklärt

14.03.1937: Enzyklika „Mit brennender Sorge": Verurteilung des Kirchenkampfes und der Irrlehren des Nationalsozialismus durch den Papst

23.03.1937: Verbot des Drucks, der Vervielfältigung und des Vertriebs der Enzyklika

04.02.1938: Entlassung der Generale von Blomberg und von Fritsch; Bildung des Oberkommandos der Wehrmacht unter Hitlers oberster Führung; Ribbentrop wird Außenminister

13.03.1938: Anschluß Österreichs

27.08.1938: Rücktritt des Generalstabschefs des Heeres, General Ludwig Beck

29.09.1938: Konferenz von München; Anschluß der Sudetendeutschen Gebiete

09.11.1938: „Reichskristallnacht": Judenpogrom in Deutschland

10.02.1939: Tod Papst Pius XI.

02.03.1939: Wahl des Kardinalstaatssekretärs Eugenio Pacelli zum Papst (Pius XII.)

15.03.1939: Einmarsch deutscher Truppen in die Rest-Tschechoslowakei; Bildung des „Reichsprotektorats" Böhmen-Mähren

23.03.1939: Einmarsch deutscher Truppen ins Memelgebiet

21.08.1939: Herausgabe des Merkblattes für die Wehrmachtseelsorge

23.08.1939: Abschluß des deutsch-sowjetischen Nichtangriffspaktes und Geheimabkommens über eine Teilung Polens

01.09.1939: Beginn des deutschen Angriffs auf Polen

03.09.1939: Kriegserklärung der Westmächte an Deutschland

18./19.09.1939: Gründung der „Kirchlichen Kriegshilfe"

28.09.1939: Neuer deutsch-sowjetischer Grenz-Freundschaftsvertrag

09.10.1939: Erlaß des OKW über „religiöses Schrifttum"

24.10.1939: Dienstanweisung für Kriegspfarrer beim Feldheer

27.10.1939: Erster Erlaß des Reichsministers für die kirchlichen Angelegenheiten betreffend Sammlung von Feldpostanschriften

17.11.1939: Vereinbarung zwischen OKW und Parteikanzlei über den Kameradschaftsdienst Wehrmacht/Partei

30.11.1939: Sowjetischer Überfall auf Finnland

08.01.1940: Umstellung des Prüfungsverfahrens für religiöses Schrifttum für Wehrmachtsangehörige durch das Propaganda-Ministerium

18.03.1940: OKW verbietet Priestersoldaten jegliche kirchliche Handlung innerhalb der Wehrmacht

30.03.1940: OKW verbietet Sammlung von Anschriften

09.04.1940: Deutscher Überfall auf Dänemark und Norwegen

12.04.1940: Zweiter Erlaß des Reichsministers für die kirchlichen Angelegenheiten

10.05.1940: Deutscher Angriff auf Holland, Belgien, Luxemburg und Frankreich

12.07.1940: Schnellbrief des Reichsministers für die kirchlichen Angelegenheiten mit Verbot des Kontaktes zwischen Zivilpfarrern und Wehrmachtsangehörigen

17.07.1940: Verordnung über Zugehörigkeit zur Reichsschrifttumskammer

12.09.1940: „Besprechung" im Propagandaministerium zwischen Vertretern der Kirche, Wehrmacht, der Partei und der Staatspolizei. Der Chef des OKH erläßt „Richtlinien für weltanschauliche Erziehung"

22.11.1940: Lazarett-Erlaß

12.12.1940: Grundsätze für künftig taktische Einstellung der katholischen Presse, erarbeitet von Bischof Berning, Osnabrück

15.01.1941: Einengende Bestimmung seitens der Reichspressekammer zur Versorgung von Wehrmachtsangehörigen mit religiösem Schrifttum

05.02.1941: Erste Ausgabe der „Mitteilungen und Ratschläge für die katholisch-kirchliche Presse"

15.03.1941: Erlaß OKW zur Einengung der Tätigkeit der Wehrmachtseelsorger ausschließlich auf seelsorgerliche Betreuung der Soldaten des eigenen Bekenntnisses

06.04.1941: Deutscher Angriff auf Jugoslawien und Griechenland

31.05.1941: Entlassung von Angehörigen des Jesuitenordens aus der Wehrmacht

18.06.1941: Erlaß der „Kriegspfarrerbestimmungen" (HDV 373)

22.06.1941: Beginn des deutschen Angriffs auf die Sowjetunion

12.07.1941: Erlaß des OKW mit Bestätigung des Verbots des RMfKA vom 12. Juli 1940

17.10.1941: Erziehung allein Sache der Militärischen Vorgesetzten

10.12.1941: Denkschrift des deutschen Episkopats über die Lage der katholischen Kirche in Deutschland

11.12.1941: Deutschland erklärt den Krieg an die USA

20.01.1942: Wannsee-Besprechung über die Endlösung der Judenfrage

18.02.1942: Beförderung von Priestern verboten

24.02.1942: Verbot jeglicher Art von Truppenbetreuung durch Geistliche, außer der religiösen

27.04.1942: Verbot von Neudrucken und Verteilung der von der Wehrmachtseelsorge verfaßten Schriften

24.05.1942: „Richtlinien für die Durchführung der Feldseelsorge"

10.07.1942: Ausschließlich religiöses Schrifttum darf von Wehrmachtgeistlichen an die Soldaten weitergegeben werden

14.07.1942: Verbot, die Angehörigen von Gefallenen durch die Militärseelsorger vor dem Ablauf von 10 Tagen seit Abgang der Meldung an die Hinterbliebenen seitens des Truppenführers anzuschreiben

29.07.1942: Verbot von Erläuterungen zu den „Richtlinien" vom 24.5.1942

24.09.1942: Verteilungsverbot von religiösem Schrifttum in der Luftwaffe

10.10.1942: Erlaß zur Personaleinsparung: keine Wehrmachtpfarrer mehr bei neu aufzustellenden Divisionen; kein Ersatz bei Ausfall von Stellen durch Tod

07.11.1942: Beginn alliierter Landungen in Nordafrika

31.01.1943: Ende der Schlacht um Stalingrad

04.02.1943: Erlaß OKW betrifft Überprüfung der Standortpfarrer i. H.

22.02.1943: Hinrichtung der Geschwister Scholl

11.06.1943: Himmler ordnet die Liquidierung der polnischen Gettos an

Anfang 1944: Einführung des nationalsozialistischen Führungsoffiziers

06.06.1944: Invasion der Alliierten in Frankreich

11.06.1944: Entlassung aller Geistlichen, Kleriker, Priesteramtskandidaten und Ordensleute, die Offiziere i. R. und z.V. waren.

20.07.1944: Attentat und Staatsstreichversuch der deutschen Opposition gegen Hitler

09.05.1945: Bedingungslose Kapitulation Deutschlands und Ende des Krieges in Europa.

Ag	Amtsgruppe (im OKW)
Ag/S	Amtsgruppe Seelsorge
AHA	Allgemeines Heeresamt
AOK	Armee-Oberkommando
AW	Akten Werthmann im Archiv des katholischen Militärbischofsamtes, Bonn
AWA	Amtsgruppe Allgemeine Wehrmachtangelegenheiten im OKW, später: Allgemeines Wehrmachtamt
BA-MA	Bundesarchiv — Militärarchiv, Freiburg/Br.
Chef AW	Chef des Allgemeinen Wehrmachtamtes
Chef HL	Chef der Heeresleitung
Chef H Rüst u BdE	Chef der Heeresausrüstung und Befehlshaber des Ersatzheeres
DAF	Deutsche Arbeitsfront
DCV	Deutscher Caritasverband
EBA	Archiv des Erzbischöflichen Ordinariats Freiburg/Br.
Gen Kdo	Generalkommando
Hdv	Heeresdienstvorschrift
H Gr	Heeresgruppe
HJ	Hitlerjugend
HVBl	Heeres-Verordnungsblatt
I	Abteilung Inland im Reichswehrministerium, später im Reichskriegsministerium, danach im OKW
IMT	Der Prozeß gegen die Hauptkriegsverbrecher vor dem Internationalen Militärgerichtshof Nürnberg 14. Nov. 1945 – 1. Oktober 1946, Amtlicher Wortlaut in deutscher Sprache.
KFBVBl	Verordnungsblatt des Katholischen Feldbischofs der Wehrmacht

Ldv	Luftwaffendienstvorschrift
Mdv	Marinedienstvorschrift
MfT	Mitteilungen für die Truppe
MGFA	Militärgeschichtliches Forschungsamt
MGM	Militärgeschichtliche Mitteilungen
NS	Nationalsozialismus
ns	nationalsozialistisch
NSDAP	Nationalsozialistische Deutsche Arbeiterpartei
NSFO	Nationalsozialistischer Führungsoffizier
NSF/OKW	Nationalsozialistischer Führungsstab OKW
NSV	Nationalsozialistische Volkswohlfahrt
ObdH	Oberbefehlshaber des Heeres
ObdL	Oberbefehlshaber der Luftwaffe
ObdW	Oberbefehlshaber der Wehrmacht
OKH	Oberkommando des Heeres
OKW	Oberkommando der Wehrmacht
PO	Politische Organisation der NSDAP
Pol.H.	Politisches Handbuch 1943. Teil 1 (HDv 22, I, Mdv Nr. 594, Ldv 22
RAD	Reichsarbeitsdienst
RK	Reichskonkordat
RdL	Reichsminister der Luftfahrt
RKM	Reichskriegsminister (Reichskriegsministerium)
RMfdkA	Reichsminister für die kirchlichen Angelegenheiten
RMI	Reichsminister des Innern
RMVP	Reichsminister für Volksaufklärung und Propaganda
RWM	Reichswehrminister (Reichswehrministerium)
SA	Sturmabteilung der NSDAP
SD	Sicherheitsdienst
SS	Schutz-Staffel der NSDAP
Standortpfarrer i.N.	Standortpfarrer im Nebenamt
VO	Verordnung

Einleitung

Wer es unternimmt, sich über die Zeit zwischen 1933 und 1945 in Deutschland zu äußern, muß mit noch größerer Behutsamkeit vorgehen als jemand, der andere Abschnitte der Geschichte darzustellen versucht. Nicht nur die Vielzahl der zu berücksichtigenden Faktoren macht es schwer, ein klares und zutreffendes Bild von den Vorgängen während jener Jahre zu zeichnen. Vor allem das Schicksal unzähliger Menschen in Deutschland und in den von Deutschlands Krieg betroffenen Ländern ist eine stete Anfrage an jeden Autor, ob er bei seiner Arbeit und Darstellungsweise der damaligen Situation angemessen verfährt. Wer über irgendein Kapitel aus der Zeit der NS-Herrschaft schreibt, äußert sich über eine Periode deutscher Geschichte, in der oft genug der bloße Wille zur menschlichen Anständigkeit hohe Anforderungen an die moralischen Kräfte des Menschen stellte und in der die schlichte Tat menschlicher Hilfeleistung häufig unter Strafandrohung stand.

Mit dieser Arbeit wird ein Sektor kirchlicher Tätigkeit während der nationalsozialistischen Diktatur vorgestellt, der bisher kaum Aufmerksamkeit gefunden hat. Nur wenigen ist bekannt, daß der deutsche Episkopat zu Beginn des Zweiten Weltkrieges innerhalb des Deutschen Caritasverbandes eine Stelle für kirchliche Hilfe im Kriege gegründet hat, die „Kirchliche Kriegshilfe", in der vor allem die Abteilung Schrifttum eine besondere Bedeutung erlangte. Bisher hat m. W. allein Manfred Messerschmidt die Tätigkeit der „Kirchlichen Kriegshilfe" registriert und (wenngleich im Rahmen seiner Arbeit nur gedrängt) gewürdigt.[1] Andere Autoren haben sich auf kürzere oder längere Ausführungen über die Militärseelsorge beschränkt.[2]

Unabhängig von einem möglichen „zu spät" für eine breitere Diskussion[3] kann diesem Teil kirchlicher Tätigkeit bei der nicht abgeschlossenen Aufarbeitung der jüngeren Vergangenheit eine gewisse Bedeutung zukommen. Denn hier überschnitten sich in eigentümlicher Weise Kirchenpolitik, institutionalisierte Seelsorgetätigkeit und Initiativen von Menschen, die sich als Gegner des Nationalsozialismus verstanden, die jedoch als Katholiken zugleich gute Deutsche sein wollten. Sie waren zwar kirchlichen bzw. staatlichen Organisationen eingegliedert, wollten aber nicht bloße Handlanger eines Systems sein und bei den zunehmend eingeengten Arbeitsbedingungen nicht ausschließlich im juristisch und organisatorisch vorgegebenen Rahmen operieren; sie mußten sich an die erlassenen Verordnungen halten, um die Institution nicht zu gefährden, und die juristisch bindenden Bestimmungen gleichzeitig durchbrechen, wenn sie sinnvoll arbeiten wollten. An der „Kirchlichen Kriegshilfe" läßt sich das ganze Dilemma kirchlichen Wirkens während des Krieges ebenso demonstrieren wie der Versuch einzelner, mit den sich ergebenden Problemen fertig zu werden.

Neben den umgreifenden politischen und kirchenpolitischen Vorgängen und Maßnahmen gab es eine Vielzahl von Einzelphänomenen, die über den gewichtigen Gesamtprozessen nicht vergessen werden dürfen. Man ist es den beteiligten Menschen, die im Verborgenen gearbeitet und auch gelitten haben, ebenso schuldig wie der von ihnen vertretenen Sache. Auch ihr Leben und Wirken gehört zur deutschen Wirklichkeit. So wenig der Terror der NS-Herrschaft vergessen werden darf, so wenig darf man jene übersehen, die inmitten einer Welt der Lüge und des Hasses „Inseln des Lebens" zu schaffen oder zu erhalten versuchten.

Auf die mit Sicherheit zu erwartende Frage, warum ,alte Geschichten' ausgegraben würden und wem diese Arbeit dienen solle, lassen sich mehrere Antworten geben. Grundsätzlich gilt, daß weder für das Individuum noch für eine Gruppe, auch nicht für ein soziales Großgebilde, Vergangenheit mit dem Ablauf der physikalischen Zeit abgeschlossen ist. Gegenwärtiges Denken, Verhalten und Geschehen sind durch vergangene Ereignisse mitgeprägt. Verstehen der vergangenen Geschichte ist Voraussetzung für das Verstehen der Gegenwart. Auch Versäumnisse, Fehler und Schuld werden nicht durch Verschweigen aus der Welt geschafft. Wer unter dem Aspekt der Erziehung zum Frieden nach den friedensfördernden oder friedenshemmenden Faktoren in der Gesellschaft fragt, wird an einem Bedenken kirchlicher Lehre und Tradition, Geschichte und Praxis nicht vorbeikommen. Schließlich wird sich der Pastoraltheologe, konfrontiert mit den Äußerungen von Amtsträgern, ihrem Anspruch und der Wahrnehmung des Hirtenamtes, der schwierigen Frage nach der Beurteilung und Gewichtung kirchlicher Stellungnahmen nicht entziehen konnten, eine Frage, die an Dringlichkeit eher gewonnen als verloren hat.

Nicht zuletzt aber ist diese Arbeit legitimiert durch die Verpflichtung, auch integeren Menschen Verständnishilfen für vielfach nachwirkende Ereignisse der jüngeren Geschichte zu geben. Aus diesem Grund wird die Darstellung der Tätigkeit der „Kirchlichen Kriegshilfe" eingebunden in den Aufriß eines größeren Zusammenhangs. Damit wird gleichzeitig der Gefahr einer isolierten Betrachtungsweise von Einzelvorgängen vorgebeugt.

Darüber hinaus gibt es für den ersten Teil dieser Arbeit Gründe, die aus der eigentümlichen Stellung der „Kirchlichen Kriegshilfe" herrühren. Zunächst war sie ohnehin von allen Auswirkungen der nationalsozialistischen Kirchenpolitik betroffen, doch zusätzlich ergaben sich besondere Probleme, weil die *„Kirchliche Kriegshilfe":* eine Organisation des Deutschen Caritasverbandes war, der sich der besonderen Fürsorge der deutschen Bischöfe erfreute; mit ihrer Abteilung Schrifttum, um die es hier vornehmlich geht, von den auf die Presse und das Schrifttum zielenden Maßnahmen des NS betroffen wurde; die Arbeit des Feldbischofsamtes ergänzen wollte und dabei die personellen wie strukturellen Gegebenheiten dieser Reichsbehörde beachten mußte; in ihrer Hilfsfunktion für die Feldseelsorge von allen diese Institution betreffenden Verordnungen seitens OKW und Propagandaministerium direkt oder indirekt berührt wurde.

Der erste Teil der Arbeit erläutert diese die Tätigkeit der „Kirchlichen Kriegshilfe" wesentlich bestimmenden Faktoren und verwendet dabei die bisher veröffentlichten Quellen und Forschungsergebnisse. Im zweiten Teil wird die besondere Problematik der katholischen Militär- und Feldseelsorge dargestellt. Die bereits vorliegenden Studien konnten dabei durch neues Material ergänzt werden. Der dritte Teil dieser Arbeit stützt sich auf hier erstmals ausgewertete Unterlagen aus dem Archiv des Deutschen Caritasverbandes und aus dem Katholischen Militärbischofsamt. Während der Zugang zum Archiv des Deutschen Caritasverbandes für den wissenschaftlich Arbeitenden schon seit jeher ohne jede Schwierigkeit möglich war, ist es dem Verfasser dieser Arbeit als erstem erlaubt worden, das „Archiv" des Katholischen Militärbischofsamtes zu nutzen. Dazu bedarf es einiger Anmerkungen. Umfang und Bedeutung der im Militärbischofsamt aufbewahrten Akten aus der Zeit des Nationalsozialismus werden z.T. erheblich überschätzt. So schreibt z.B. Reifferscheid: „Abschließend läßt sich Rarkowski als Feldpropst und Feldbischof erst beurteilen, wenn die im Besitz des letzten Feldgeneralvikars und ersten Bundeswehrgeneralvikars Georg Werthmann befindlichen Akten des ehemaligen Feldbischofsamtes in Berlin der Forschung zugänglich gemacht worden sind."[4] Tatsächlich ist die Aktenlage auch im Militärbischofsamt eher dürftig. Denn im Februar 1945 mußte das Amt des Feldbischofs zusammen mit der Amtsgruppe Seelsorge im AHA[5] Berlin verlassen und zunächst nach Weimar, dann nach Deggendorf/Obb. übersiedeln, wo laut Befehl alle Akten zu verbrennen waren. Ohnehin waren schon vorher bei den Luftangriffen auf Berlin und Potsdam (große) Teile der Akten des Feldbischofsamtes wie der Amtsgruppe vernichtet worden.[6] Der damalige Feldgeneralvikar Werthmann hat im letzten Augenblick einige Unterlagen in Sicherheit bringen können. Was jedoch vor der Vernichtung bewahrt blieb, war eher zufällig und umfangmäßig sehr beschränkt.[7] Das auf diese Weise gerettete Material ist bis heute nicht archivmäßig zubereitet, sondern von Werthmann in der Zeit nach dem Kriege unter dem Aspekt einer zu erarbeitenden Geschichte der Feldseelsorge geordnet und zum größten Teil in Schnellheftern abgelegt worden.[8] Auf diese nummerierten Schnellhefter beziehen sich die Beleghinweise „Akte Werthmann" in römischen und arabischen Ziffern. Bei dem verbreiteten latenten Mißtrauen gegenüber kirchlichen Behörden hätten der Militärbischof und sein Generalvikar vielleicht besser daran getan, frühzeitig zu erklären, daß lediglich technische Fragen, nämlich der Zustand der nichtarchivierten Dokumentensammlung, und nicht irgendwelche Verschleierungsabsichten der Grund für die bisherige Verweigerung der Nutzung dieser Unterlagen seien. Der Verfasser ist jedenfalls Herrn Militärgeneralvikar Dr. Gritz außerordentlich dankbar, daß er ihm den Zugang zu der Materialsammlung ermöglichte.

Bei dem hier vorgelegten Versuch, Ereignisse darzustellen und zu analysieren, müssen um der historischen Wahrheit wie um der Ehre der beteiligten Personen willen bestimmte Regeln eingehalten werden, die bei einigen der bisherigen Veröffentlichungen nicht immer beachtet worden sind. Zur historischen Wahrheit gehört nicht allein die präzise Beschreibung von einzelnen Fakten oder isoliert gesehenen Vorgängen, sondern auch deren Einbindung in einen umfassenden sozio-kulturell-politischen Kontext. Das hat nichts mit Apologetik, jedoch einiges mit Verstehen und Lernen zu tun. Erst recht muß man bei der Charakterisierung von Personen darauf bedacht sein, ihre Biographie, ihre Absichten und ihre Möglichkeiten, nicht zuletzt die hier zu behandelnden Situationen ihres Lebens in die Überlegungen einzubeziehen, bevor man ein Urteil zu fällen wagt. Der Verfasser hofft, sich selbst an diese Regeln zu halten. Die Darstellung der Geschichte der „Kirchlichen Kriegshilfe" schließt mit einer kritischen Würdigung. Der Theologe wird dabei nicht umhin können, einige Fragen an und für die gegenwärtige Kirche zu stellen.

Der Verfasser hat den Herren im Archiv des DCV Dr. Wollasch und Strecker und im Militärbischofsamt Dr. Gritz und Dr. Niermann für ihr Wohlwollen und Vertrauen zu danken, ferner all denen, die ihm in Gesprächen geholfen haben, Einblick in die Probleme und Arbeitsweisen der „Kirchlichen Kriegshilfe" zu gewinnen: Angehörigen, Freunden und Mitarbeitern Heinrich Höflers sowie einigen ehemaligen Kriegspfarrern, nicht zuletzt Herrn Generalvikar a. D. Georg Werthmann, der ihm die Erlaubnis gab, seine Privatkorrespondenz mit Heinrich Höfler während der Kriegszeit zu verwerten.

Anmerkungen

1. Messerschmidt, Wehrmacht 276-305; Militärseelsorgepolitik.
2. Neben der Arbeit von Schübel vgl. Lewy 74-78; 2601.; K.-J. Müller 195-204; Zipfel 228ff.; Steuber 8-12; Bamberg 24 ff.
3. Vgl. Hehl 251.
4. Reifferscheid 226, Anm. 89.
5. Allgemeines Heeresamt. Für die weiteren oft wenig bekannten Abkürzungen zumal aus dem militärischen Bereich: siehe Abkürzungsverzeichnis.
6. Darum sind z.B. im Bundesarchiv-Militärarchiv, Freiburg, kaum Unterlagen des AHA/AgS vorhanden.
7. Gespräch mit Werthmann am 1.2.1977.
8. Darum ist nicht auszuschließen, daß auch im katholischen Militärbischofsamt noch einzelne den ehemaligen Feldbischof betreffende Dokumente vorhanden sind. Da nach einer Mitteilung des amtierenden Militärgeneralvikars, Dr. Martin Gritz, vom 24.2.1978 an den Verf. zum April d. J. die Einstellung eines hauptamtlichen Archivars geplant ist, besteht die Hoffnung, daß sich auch auf diese Frage in absehbarer Zeit eine Antwort findet. Im BA-MA liegt von Rarkowski nur der Hirtenbrief vom Advent 1942 vor: RW 12 II/V. 1.

1. Der zeitgeschichtliche Hintergrund

1.1 KATHOLIZISMUS
ZWISCHEN REPUBLIK UND DIKTATUR

Die erste deutsche Republik war von Anfang an und kontinuierlich schweren Belastungen ausgesetzt. Nicht nur Kardinal Faulhaber sah sie aus „Meineid und Hochverrat" hervorgegangen „und mit dem Kainsmal gezeichnet".[1] Der nach den „Vierzehn Punkten" des US-Präsidenten W. Wilson enttäuschende Ausgang der Friedensverhandlungen von Versailles mit seinen territorialen, finanziellen und wirtschaftlichen Bedingungen war hart, doch der „Kriegsschuldartikel" 231 mit der erzwungenen Anerkennung der Alleinschuld am Krieg mußte eine Normalisierung des deutschen Verhältnisses zu den Siegerstaaten langfristig behindern.[2] Viele Christen konnten zudem bei der nach wie vor vorhandenen Überzeugung, eine gerechte Sache vertreten zu haben, die Niederlage nur widerstrebend mit ihrem Glauben an Gottes Vorsehung in Einklang bringen.[3]

Ein kaum überschaubares Zusammenwirken von Faktoren ökonomischer, soziologischer, psychologischer, geistesgeschichtlicher und nicht zuletzt moralischer Art, von Strömungen, Personen und Zufällen[4] gab den Grund und Hintergrund für das Entstehen der zunächst politisch unbedeutenden Gruppe von Nationalsozialisten ab, die dann nach kurzer Zeit aus den Reichstagswahlen 1930 als zweitstärkste Partei hervorging und erstmalig im katholischen Bereich eine breitere Auseinandersetzung mit ihr hervorrief. Diese wurde jedoch „mit einer derartigen Schärfe geführt, daß ... eine Verständigung völlig ausgeschlossen schien".[5] Während die harte politische Tätigkeit der Zentrumspartei im katholischen Bevölkerungsteil immer geringere Unterstützung fand,[6] blühte das in seiner Zielsetzung (nicht in seiner Auswirkung) weitestgehend unpolitische katholische Vereins- und Verbandswesen wie nie zuvor.

Für einen Teil der späteren Seelsorger und Kriegspfarrer waren besonders die aus der Jugendbewegung hervorgegangenen Gruppen

„bündischer Jugend" mit ihren Vorstellungen von Gemeinschaft in Volk und Kirche und ihrem Willen zur Wahrhaftigkeit, Einfachheit und Natürlichkeit bestimmend. In ihnen verdichtete sich das Gefühl, in einer Zeit des Umbruchs und Aufbruchs zu leben, Wanderungen und Fahrten führten nicht nur zu neuer Natur-, Selbst- und Gemeinschaftserfahrung, sie waren auch Zeichen eines Weges in eine größere Zukunft[7], die Tugenden Treue und Kameradschaft, Ehrhaftigkeit, Einsatzbereitschaft und Gehorsam galten als Kennzeichen des neuen Menschen.[8] Und nicht zuletzt waren es die Bilder und Träume vom „Reich", die das Denken, mehr noch das Fühlen der jüngeren Menschen in den bündischen Gruppen in den Bann zogen.[9]

Dieser Traum vom „Reich" – ausgehend von einigen Akademikerkreisen und genährt auch durch die Enttäuschungen mit der Republik – war nicht nur irreal, er war auch ebenso diffus und gestaltlos: mittelalterliche Vorstellungen von einem die Staaten übergreifenden Gebilde; Glaube an eine deutsche Berufung und Sendung; die Vision von einer Verwirklichung des Christentums im politischen Bereich; die großdeutsch-föderalistische Konzeption eines die Stämme und Länder einenden „deutschen Deutschland"; die metaphysisch-theologische Überhöhung schließlich zum „heiligen" Reich – das alles floß ineinander über und verrät eine im katholischen Bildungsdenken häufiger anzutreffende Unterentwicklung der Fähigkeit zu sachbezogenem, analytischem Denken und verhinderte die Erkenntnis der „wahren Erfordernisse der deutschen Situation".[10] Ein versuchter „Brückenschlag" zwischen katholischen Akademikern und nationalsozialistischen Funktionären im Juli 1933 in Maria-Laach mußte scheitern, weil sich statt des für eine Brücke erforderlichen soliden Fundaments auf beiden Ufern hier eine politisch-theologische Romantik, dort ein „Ideenbrei"[11] fand. Wenn Abt Ildefons Herwegen am 26.5.1933 in Köln eine „erschreckende Huldigung an den Führer in dessen eigener Begriffswahl"[12] vortrug, so endeten solche Redereien wie auch die Reichsträume und Versöhnungsversuche in dem Maß, als die brutalen Realitäten nicht mehr als bloße Übergangserscheinungen angesehen werden konnten. Der Prozeß der politischen Bewußtseinsbildung setzte weithin erst nach etwa zehnjährigem Bestehen der Republik ein und war zumindest im Bereich des katholischen Jungmännerverbandes „zunächst auf eine interessierte Führerschicht beschränkt".[13] Außerdem war die Auseinandersetzung mit dem NS vorwiegend weltanschaulich bedingt und vom Willen zur Abwehr und zur Immunisierung „gegen die Seuche des Nationalsozialismus"[14] geprägt.

Seit Beginn der 30er Jahre jedoch nahm ein Teil der katholischen Jugend bewußt den Kampf gegen die extremen deutschen politischen Parteien auf. Ihr Blatt „Junge Front" (nach dem Verbot am 5.8.1934 „Michael", der endgültig zum 31.1.1936 verboten wurde)[15] war vornehmlich als politisches Blatt konzipiert und setzte sich engagiert für die Demokratie ein, wobei man vor den Wahlen entschieden für das Zentrum bzw. die Bayerische Volkspartei eintrat, ohne sich jedoch als deren Organ zu betrachten.[16]

Schon bald nach dem Regierungsantritt Hitlers erfuhr auch die katholische Jugend in zahllosen Fällen die Folgen der Machtergreifung. Verbote und Behinderungen vielfältiger Art führten zwar teilweise zur Resignation und auch zur „Gesinnungsumstellung", vermochten jedoch an der grundsätzlichen „Bereitschaft zur Mitarbeit im neuen Staat – in Ehre und Freiheit" nichts zu ändern. In einem Rundschreiben der Reichsleitung vom September 1933 spricht man noch einmal die Anerkennung des deutschen Staates „nationalsozialistischer Prägung, seine(r) Idee, seine(r) Führung, seine(r) Formen" aus und will sich ihm „mit ganzer Bereitschaft und ganzer Treue zur Verfügung stellen".[17] Darüber hinaus aber heißt es: „Der neue deutsche Staat trägt etwas von der Idee des Gottesstaates in sich, in der Anerkennung des Christentums als Fundament des Staates."[18] Die Tendenz fast aller Artikel jener Jahre ist unübersehbar: Aufbau Deutschlands, Mitarbeit, Treue, Opfer, Gemeinschaft, Erneuerung des deutschen Volkes und Reiches, „Formung aus deutschem Geist zu deutschem Wesen".[19]

Das Ja zu Deutschland und das Nein zum Nationalsozialismus blieben auch nach dem Verbot der katholischen Jugendorganisationen und während der anders gearteten Weiterarbeit bis zum Ende des Krieges bestimmend.[20] Wenn schon die Bischöfe sich um den Nachweis mühten, daß zwischen katholisch und deutsch keine Gegensätze beständen,[21] so lag in dieser Frage für junge Menschen, die nicht im konfessionellen Getto, sondern mit ihrem Volk leben wollten, ein zentrales Problem. Erwachsene und gereifte Menschen vermochten den von den neuen Herren vorgebrachten Zweifel an ihrer Vaterlandsliebe eher zu ertragen als idealistisch gesonnene Jugendliche, die ihre Liebe zu Deutschland unter Beweis stellen wollten und nicht verstehen konnten, daß ein solcher Beweis nicht akzeptiert wurde. Der spätere Einsatz katholischer Soldaten und Priester wahrend des Krieges hat hier einen seiner Gründe.[22]

Bis in das Jahr 1933 hatten die Bischöfe nicht nur vor den Irrlehren des Nationalsozialismus gewarnt, sie hatten vielfach sogar die bloße Mitgliedschaft in der NSDAP für unerlaubt erklärt.[23] Doch als der neue Reichskanzler in seiner Regierungserklärung vom 23.3.1933 die beiden christlichen Konfessionen als „wichtigste Faktoren der Erhaltung unseres Volkstums" bezeichnete und hervorhob, daß die Reichsregierung „im Christentum die unerschütterlichen Fundamente des sittlichen und moralischen Lebens unseres Volkes" sehe, daß er bestehende Verträge respektieren und die Rechte der Kirchen nicht antasten werde,[24] sahen sich die Bischöfe einer neuen Situation konfrontiert.[25] Schon fünf Tage darauf reagierte der Episkopat in einer nach wie vor umstrittenen Kundgebung.[26]

Das schnelle Einlenken der Bischöfe kam für viele Katholiken zwar überraschend. Doch wenn nach der „öffentlich und feierlich" abgegebenen Erklärung Hitlers mancher Vorbehalt gegen den NS zurückgenommen wurde und daraufhin innerhalb des Katholizismus „auf breiter Front ein Umschwenken zum Nationalsozialismus (begann), der teilweise den Charakter eines Erdrutsches annahm",[27] so scheint es dafür nur zwei Erklärungsmöglichkeiten zu geben; entweder war die bischöfliche Kundgebung nur das auslösende Moment für eine bereits vorhandene Bereitschaft, den NS als neue Kraft zu akzeptieren, oder aber das katholische Volk folgte treu seinen Bischöfen und ihrer Entscheidung. Im ersten Fall hatte man die Demokratie bereits abgeschrieben, im zweiten Fall hätte man einem entschiedeneren ‚Nein' der Bischofe zum NS-Staat vielleicht ebenso Folge geleistet. Ob auf Seiten der Bischöfe die Sorge vor der künftigen Entwicklung vorherrschte, wenn man bei entschiedener Ablehnung des NS verharrte, ob, es die Angst vor der radikalen Linken war, ob das Nationalgefühl dominierte und eine Art Aufbruchsstimmung sich auch beim Episkopat breitmachte – jedenfalls lockerte man die grundsätzlich Ablehnung und beschränkte sich auf Vorbehalte in weltanschaulichen und kulturpolitischen Auffassungen. Die ersten Monate nach der Machtergreifung sind „ohne Frage der Abschnitt einer gewissen Selbsttäuschung und ein Verlust des klaren Blickes für das eigentliche Wesen des Nationalsozialismus".[28]

In der Sorge vor einer möglichen Zerreißprobe betrieb der Vorsitzende der Fuldaer Bischofskonferenz, Kardinal Bertram, nach Hitlers Regierungserklärung eine von anderen Bischöfen z.T. scharf kritisierte „überstürzte Entspannungspolitik".[29] Mit Hilfe seiner Mitarbeiter, dem geschäftsgewandten und weltmännischen Bischof Berning von Osnabrück und dem Leiter des Kommissariats der Fuldaer Bischofskonferenz in Berlin, Weihbischof Wienken,[30] der Bertram zwar völlig ergeben, „als Unterhändler des Episkopats mit den Regierungsstellen aber fehl am Platze"[31] war, begann er seine „Eingabenpolitik",[32] stets hoffend, die Regierung auf ihre Zusage festlegen zu können. Konrad von Preysing, erst Bischof von Eichstätt, seit 1935 Bischof von Berlin, vertrat hingegen die Auffassung, daß keinerlei Taktik Hitler in seinen Planen beirren konnte und daß „eine prinzipielle Scheidung der Fronten" erforderlich sei.[33] So wenig konnte Preysing sich mit der Position Bertrams einverstanden erklären, „Freimut durch Emsigkeit und Klarheit durch Klugheit ersetzen zu wollen",[34] daß er später sogar an seinen Rücktritt dachte und nur durch ein persönliches Schreiben des Papstes dazu bewogen wurde, im Amte zu bleiben.[35]

Eine undurchsichtige Rolle spielte der Apostolische Nuntius in Berlin, Cesare Orsenigo. Während Bertram wegen seiner eigenen auf Ausgleich und Versöhnung (um fast jeden Preis) gerichteten Kirchenpolitik in ihm einen willkommenen Bundesgenossen sah, stand Preysing „in unüberbrückbarem Gegensatz zur Taktik des Nuntius".[36]

Orsenigo, „schon in normalen Zeitläufen von dem Berliner Posten überfordert",[37] war denkbar ungeeignet, Initiativen zu entwickeln und zu einer Koordinierung der divergierenden Kräfte im deutschen Episkopat beizutragen. Er stand dem Regime nicht nur unkritisch gegenüber, er hatte sich sogar „begeistert über die autoritären Züge des nationalsozialistischen Regimes geäußert".[38]

Die Unsicherheit des Episkopats war nicht ausschließlich durch die politischen und kirchenpolitischen Unklarheiten vor Abschluß des Reichskonkordats bedingt. Er wurde durch die Aktivitäten des Erzbischofs von Freiburg, Konrad Gröber, während der Reichskonkordats-Verhandlungen ebenso irritiert wie durch „blamable Rangstreitigkeiten“.[39] Doch auch, als die anfänglichen Hoffnungen auf eine zumindest begrenzte Kooperation zwischen Kirche und Staat nach den zunehmenden und massiven Vertragsverletzungen durch Hitler sich verflüchtigt hatten und die Schärfe der Auseinandersetzungen zunahm, vermochten die Bischöfe sich nicht auf eine gemeinsame und entschieden durchgehaltene Linie zu einigen. In einem Schreiben an die Oberhirten Deutschlands vom 6.5.1938 sprach der Bischof von Mainz seine Sorge vor der Spaltung der deutschen Bischöfe offen aus.[40] Und noch während des Krieges schrieb Gröber an Orsenigo: „Mir selber scheint, daß der deutsche Episkopat noch selten so zusammenhanglos gewesen ist, wie gerade jetzt.“[41]

Die tiefgreifenden Differenzen unter den Bischöfen sowohl hinsichtlich der Beurteilung der Situation als auch im Hinblick auf den einzuschlagenden Weg sind ihrerseits wiederum ein Indiz für die komplexe Problemlage, die zu durchschauen es einer außergewöhnlichen Klarsichtigkeit bedurft hätte, die nur wenigen Männern im Episkopat zu eigen war.

Die betonten Hinweise auf die „Gemeinsamkeiten“ zwischen Kirche und neuer Staatsführung im Hirtenbrief vom 6.6.1933 stehen in unlösbarem Zusammenhang mit den Forderungen, die sich aus christlich bzw. naturrechtlich begründeter Lebensauffassung ergeben.[42] Es gab in der Folge keinen Hirtenbrief, in dem nicht neben der Anerkennung von „positiven“ Tendenzen Anklagen und Forderungen erhoben wurden, und es ist nicht korrekt, das eine ohne das andere zu sehen. Ein nicht zu unterschätzender Faktor bei der trotz aller Gegnerschaft in grundsätzlichen Fragen doch anhaltenden Unterstützung des NS-Staates durch die Bischöfe war die in zahlreichen Verlautbarungen ausgesprochene Angst vor dem Kommunismus. Diese nicht nur auf katholische Kreise beschränkte Angst war alles andere als das Ergebnis von Wahnvorstellungen. Schließlich zeigte sich der Kommunismus nicht einfach als philosophischer Atheismus, sondern steuerte dort seine Ziele mit massiven Unterdrückungsmaßnahmen an, wo er sich etabliert hatte.[43] Das schien 1933 und auch in den folgenden Jahren die partielle Unterstützung des NS-Staates als des vermeintlich geringeren Übels zu rechtfertigen. Moralistisches Denken führte überdies zur Sympathie für jene Maßnahmen, durch die man sich eine Förderung der öffentlichen Sittlichkeit und eine

Säuberung der Bibliotheken von „Schmutz und Schund" versprach.[44]

Nicht wenige Deutsche hielten die Ausschreitungen nach der Machtübernahme für eine vorübergehende Erscheinung; andere waren der Meinung, die Ereignisse an der Basis vollzögen sich ohne Wissen Hitlers und das Treiben der Partei sei ihm über den Kopf gewachsen; wieder andere vertraten die Auffassung, daß die Aktionen der Partei durch die Bürokratie und das Rechtssystem aufgefangen werden könnten; andere wiederum – u.a. auch Brüning – prophezeiten den Zusammenbruch des Regimes aus finanz- und wirtschaftspolitischen Gründen spätestens für den Herbst des Jahres 1933; schließlich trösteten andere sich mit der Hoffnung auf den mäßigenden Einfluß bürgerlicher Kräfte in der Regierung.[45]

Nach der (Selbst-)Auflösung der politischen Parteien gab es zum Nationalsozialismus keine Alternative mehr: die Nazis hatten „das politische Monopol erlangt".[46] Durch das Ermächtigungsgesetz war eine demokratische Kontrollinstanz ausgeschaltet; der Zwiespalt zwischen dem Widerspruch gegen Hitler und dem nationalen Interesse lähmte oppositionelle Überlegungen schon im Ansatz. Vatikan und Episkopat waren einfach überfordert, wollte man von ihnen verlangen, was politische Parteien nicht zu leisten vermochten, und zwar sowohl hinsichtlich ihrer Kompetenzen als auch hinsichtlich ihrer Möglichkeiten. Sicherlich war der deutsche Katholizismus damals ein geschlosseneres Gebilde als heute, doch nicht in jenem Bereich, in dem die Entscheidungen fielen: im politischen Sektor.

Man wird Ludwig Volk schwerlich widersprechen können, wenn er zwischen dem „Nein zur Republik" und dem „Ja zu Hitler" unterscheidet.[47] Doch ebenso schwer ist zu widerlegen, daß u.a. folgende Faktoren dazu beigetragen haben, daß Hitler die Macht erringen und ausbauen konnte: die mehr oder weniger intensive Ablehnung der parlamentarischen Demokratie, verbunden mit der Lehre von der gottgewollten Unterwerfung unter die Obrigkeit und der dadurch bedingten politischen Lähmung, politische Kurzsichtigkeit, eingeschränkter Verantwortungshorizont und unterentwickelte politische Solidarität.

Neben der Regierungserklärung Hitlers und der Kundgebung der Bischöfe vom März bildete die Unterzeichnung des Reichskonkordats am 20.7.1933 das entscheidende kirchenpolitische Ereignis des Jahres. Nach

40

dem Urteil Gröbers über die Zwangslage des Vatikans und des deutschen Episkopats in seinem Brief an den Kardinalstaatssekretär Pacelli vom 1.7.1933 gab es keine praktische Alternative zum Konkordat.[48] Wenn man im Zuge der vatikanischen Konkordatspolitik[49] und den darin enthaltenen Bemühungen, bei der Auflösung alter Ordnungen und den damit gegebenen Unsicherheiten ein stabilisierendes Element und ein Minimum an rechtlichen Sicherungen zu schaffen, auch den deutschen Staat rechtlich zu binden suchte (wobei die Erfahrungen mit Mussolini „das Verhalten der Kurie zum Nationalsozialismus in Deutschland wesentlich mitbestimmt zu haben" scheinen),[50] dann darf man angesichts der Gesamtpolitik des Vatikans annehmen, daß die Kurie sich bei aller Beschränkung auf die kirchlichen Angelegenheiten doch Auswirkungen über diesen Bereich hinaus erhoffte.

Die Akten geben Einblick in die Probleme, denen sich der Episkopat konfrontiert sah, in die vielfältigen Überlegungen, wie er am besten mit diesen fertig werden könnte, in die Meinungsverschiedenheiten, die den Eindruck von „Führerlosigkeit"[51] und „Uneinigkeit"[52] als durchaus berechtigt erscheinen lassen. Sollte man Distanz wahren und vorsichtig abwarten? Sollte man innerhalb der Grenzen katholischer Grundsätze positiv mitarbeiten? Sollte man „in Berlin offene Türen schaffen und führende Persönlichkeiten katholischen Charakters in die nationalsozialistische Bewegung hineinbringen"?[53] Diese Fragen wurden ein halbes Jahr nach Abschluß des Konkordates gestellt, von dem man sich eine Sicherung der kirchlichen Seelsorge – wenngleich mit gemischten Gefühlen und fast gegen bessere Einsicht – erhofft hatte, eine Hoffnung, von der man nicht lassen konnte und wollte, obwohl allzuviel bereits geschehen war, um der Reichsregierung noch begründetes Vertrauen in ihren angeblichen guten Willen zu loyaler Zusammenarbeit entgegenbringen zu können.

Allerdings kann auch die Berücksichtigung dieser Zwangslage nicht darüber hinwegtäuschen, daß man den mehr als fragwürdigen Einsatz staatlicher Machtmittel gegen Gegner der Kirche begrüßt hat. Die Hoffnung Gröbers, daß „der Vernichtungskampf gegen den gottlosen Kommunismus wirklich rücksichtslos geführt"[54] werde, mußte wohl auch damals die Frage wecken, wie denn das Interessenbündnis zwischen Partei/Staat und Kirche in dieser Angelegenheit aussehen und was man unter „Vernichtungskampf" verstehen sollte. Das Verbot der Freidenkerbewegung wurde als „freundliche Geste" gegenüber der Kirche interpretiert,[55] und „die Beseitigung des atheistischen Freidenkertums"[56] sollte nicht auf dem Wege geistiger Auseinandersetzung, sondern durch administrative Maßnahmen erfolgen. Noch 1947 stellte Gröber die Frage, ob es ein Unrecht gewesen sei, darauf zu hoffen.[57] Noch hatte sich die Erkenntnis nicht durchgesetzt, daß eine Forderung nach Gerechtigkeit und Freiheit nur für die eigene Gruppe bei gleichzeitiger Passivität gegenüber der widerrechtlichen Unterdrückung anderer längerfristig auch die eigene Position gefährdet und daß – über diesen pragmatischen Aspekt hinaus – die Kirche Jesu Christi sich nicht auf die Wahrnehmung ihrer (legitimen) Eigeninteressen beschränken darf.

Gewährte das Konkordat auf der einen Seite partiell und vorübergehend einen gewissen Schutz, so lähmte und isolierte es auf der anderen Seite jene Kräfte, die gegen den NS zu kämpfen bereit gewesen wären.[58] Je nach Einschätzung der Situation und der Erwartung hinsichtlich der Auswirkungen des Konkordatsabschlusses reichte die Reaktion beim Episkopat und in der Öffentlichkeit von begeisterter Zustimmung bis zu demonstrativer Ablehnung.[59] Im Ausland erfuhr Hitler zweifellos die von ihm erstrebte Aufwertung. Doch ist nicht von vornherein einzusehen, warum ausgerechnet diese Aktion des Vatikans international außergewöhnlich signalisierend gewirkt haben soll, während andere päpstliche Aktivitäten oder Aufrufe kaum zur Kenntnis genommen wurden. Das spärliche Auslandsecho auf die Enzyklika „Mit brennender Sorge" zwei Jahre nach dem Abschluß des Konkordats liefert jedenfalls keinen Beweis dafür, daß man der Stimme Roms eine besondere Aufmerksamkeit geschenkt hätte.[60]

Die Einstellung, die Denkweise und das Verhalten eines großen Teils der deutschen Bischöfe sind auch aus ihrem Alter und ihrer Biographie zu erklären. Von den 25 Bischöfen, die im Jahre 1933 die Leitung der deutschen Diözesen innehatten, waren 10 schon vor 1870 geboren; 15 waren über 60, 5 über 70 Jahre alt. Als gute Patrioten betonten sie ihren „Willen zur Förderung des nationalen Erwachens"[61] und stellten sich vorbehaltlos hinter die neue Regierung.[62] Mit ihnen glaubten die meisten Führer der katholischen Verbände noch an die alten Spielregeln und waren darum einem bedenkenlosen Gegner von vornherein unterlegen.

1934 predigte der Bischof von Münster auf der 1125. Jahrfeier des hl. Ludgerus in Billerbeck, Hitler habe „als Reichskanzler in feierlicher Stunde erklärt, daß er das Werk der Wiedererneuerung unseres Volkes auf den Felsen des christlichen Glaubens stellen wolle. Das Vertrauen auf das Manneswort unseres Führers darf niemand erschüttern!"[63]

Die unermüdlichen Versicherungen des Episkopats, seine auch durch das Sittengesetz geforderte nationale Pflicht erfüllen zu wollen, wurden ergänzt durch den Versuch von anderer Seite, die Bischöfe als eine durch und durch national eingestellte Führungsmannschaft darzustellen. Mit dem Buch „*Die Wächter der Kirche*" sollte der Nachweis geliefert werden, daß in der römisch-katholischen Kirche „das autoritäre Führerprinzip vom Anfang der Stiftung an bis auf den heutigen Tag Wesen und Wirken der Kirche bestimmt"[64] habe.

War der deutsche Katholizismus gespalten, so entsprach auf der anderen Seite der propagandistisch wirkungsvoll vermittelte Eindruck von Geschlossenheit der nationalsozialistischen Bewegung ebensowenig der Wirklichkeit. Die spannungsgeladene Situation war in den Gegensätzlichkeiten innerhalb der NS-Bewegung (NSDAP, SA, SS) mit ihren teils radikalen, teils gemäßigten Tendenzen einerseits und in den zunehmenden Differenzen zwischen der einen Totalitätsanspruch erhebenden Partei und anderen Gruppen des Volkes, speziell den religiös-kirchlich eingestellten, anderseits begründet.[65] Die keineswegs einheitlichen Auffassungen über die den Kirchen gegenüber einzuschlagende Politik – Hitler, Bormann, Kerrl, Goebbels, Rosenberg u.a. repräsentierten sehr unterschiedliche und z.T. einander bekämpfende Gruppen – führten zu „unzusammenhängenden Aktivitäten"[66] und entsprechend unterschiedlichen Erfahrungen mit der Parteiorganisation. Dadurch wurde zumindest im Frühstadium der NS-Herrschaft eine einheitliche Meinungsbildung des Episkopats erschwert. Doch die Tendenz nationalsozialistischer Kirchenpolitik wurde zunehmend deutlicher: konnte man die Kirche als Organisation nicht gleichschalten, mußte ihr geistig-moralischer Einfluß neutralisiert werden, weil die neue „Autorität" keine andere neben sich duldete. Zur Erreichung dieses Zieles war jedes Mittel recht.[67]

Die Bischöfe haben trotz der Lehre von der gottgewollten Unterwerfung unter die Obrigkeit, trotz Antikommunismus und Antiliberalismus nicht zu den Entwicklungen in Deutschland geschwiegen. Außer gegen die direkten Angriffe auf die Kirche, ihre Lehre und ihre Einrichtungen erhoben sie auch gegen die Verabsolutierung der Staatsgewalt, gegen Machtmißbrauch und Rassenideologie, gegen die Verleugnung des Sittengesetzes und den totalitären Erziehungsanspruch vielfach und deutlich ihre Stimme.[68] Doch gemessen an der Herausforderung durch die geschichtliche Situation, am Leiden unzähliger Menschen und an der Würde und dem Anspruch des Amtes wird man zugestehen müssen, daß diese Proteste wie auch die zahlreichen Hilfsmaßnahmen gegenüber Verfolgten – unbeschadet der Tapferkeit vieler einzelner – insgesamt nicht genügten und auch hinter manchen damaligen Erwartungen zurückblieben.

Primäres Ziel des Konkordats wie auch der Einzelmaßnahmen des Episkopats bzw. des Verzichts auf Maßnahmen war die Sicherung der Seelsorge im Rahmen der kirchlichen Institution. Die Wandlungs- und die Anpassungsfähigkeit des Vatikans wie des Episkopats, oft mit Opportunismus verwechselt, finden hier ihre Erklärung.[69] Dieses aus einem bestimmten Selbstverständnis der katholischen Kirche sich ergebende Ziel gilt es zu respektieren. Anders als der Historiker wird der Theologe jedoch genötigt sein, das damals herrschende Verständnis von Seelsorge wie die darin sich realisierende Konzeption von Kirche und Amt zu untersuchen. Die heftigen Auseinandersetzungen um das Verhältnis von katholischer Kirche und Nationalsozialismus in den 1960er Jahren, manchmal von scharfen Angriffen auf die Kirche begleitet, haben zwar zu einer ganzen Reihe von erfreulichen historischen Arbeiten geführt.[70] Doch die ebenso wichtige theologische Aufarbeitung dieses Problems ist bisher nicht geleistet worden.

Seit dem März 1933 gab es in Deutschland im Grunde nur noch zwei ernstzunehmende Großgruppen, die Hitlers Pläne stören konnten: die Reichswehr als real-politische und die Kirchen als geistig-moralische Größen. Beide Mächte waren jedoch – obwohl einander nahe in ihren Vorbehalten gegenüber der Republik – in ihrer Wirkmöglichkeit durch Bedenken gehemmt, die aus ihren Traditionen herrührten: Die sich als unpolitisch verstehende Reichswehr fühlte sich durch den Eid gebunden, die Kirchen mit ihrem geistlichen Auftrag waren dem Obrigkeitsdenken verhaftet.

Nachdem die Institution sich durch das Konkordat vermeintlich gesichert, gewiß aber die Hände gebunden hatte, blieb ein über den Rahmen der weltanschaulichen Auseinandersetzung hinausgehender Widerstand dem einzelnen überlassen. Die Heiligsprechung von Sir Thomas Moore im Jahre 1935, der 400 Jahre zuvor wegen seiner Gewissenentscheidung hingerichtet wurde, konnte als Aufruf und als Hinweis auf den einzuschlagenden Weg verstanden werden.

1.2 Presse- und Schrifttumslenkung

Der oft erhobene Vorwurf, die Kirche habe gegenüber dem Nationalsozialismus und seinen menschenfeindlichen Maßnahmen nicht früh, deutlich und laut genug ihre Stimme erhoben, läßt sich in dieser Pauschalität und Undifferenziertheit angesichts der zahlreichen Eingaben, Protestnoten, Hirtenbriefe und sonstigen Verlautbarungen nicht aufrechterhalten. Oft scheint man von der Voraussetzung auszugehen, die Kirche habe sich in der Öffentlichkeit Gehör verschaffen können, da doch über Jahre hin auch nach 1933 kirchliche Blätter erschienen seien. Doch genau diese Voraussetzung war seit 1933 in immer geringerem Maße gegeben. Um das oft zitierte „Schweigen" der Kirche in Deutschland oder auch die Art und den Stil kirchlicher Verlautbarungen zu verstehen, bedarf es eines Rückblicks auf die nationalsozialistische Pressepolitik mit ihrem Monopolisierungsversuch auf der einen und den jede anderslautende Meinung unterdrückenden Maßnahmen auf der anderen Seite. Auch die Tätigkeit der *„Kirchlichen Kriegshilfe"* mit ihrer Abteilung „Schrifttum" ist erst vor diesem Hintergrund zu verstehen und zu würdigen.

Unternimmt man den Versuch, die „katholische Presse" während der Zeit der nationalsozialistischen Herrschaft zu analysieren, so muß man unterscheiden zwischen den Tageszeitungen, den Zeitschriften und den Bischöflichen Amtsblättern, da jede dieser Typen nicht nur ihre eigene und spezifische Aufgabe hatte, sondern auch eine unterschiedliche Behandlung erfuhr. Während die Tageszeitungen in der Regel politisch ausgerichtet waren und sich dem aktuellen Tagesgeschehen widmeten (wobei der Begriff „katholisch" als Kennzeichnung für bestimmte Tageszeitungen eine eigentümliche Unschärfe aufweist, die in ihrer Unklarheit zu manchen Verwirrungen führte), waren die periodisch erscheinenden Zeitschriften bestimmten Lebensbereichen oder Aufgaben zugeordnet. Zu den Zeitschriften zählten in der Reihenfolge ihrer Auflagenhöhe im Jahre 1933 folgende Arten: Missionsblätter, Unterhaltungspresse, Verbandspresse, Jugendzeitschriften, Kirchen- bzw. Bistumsblätter, Fachzeitschriften, insgesamt 9,7 Millionen.[1] Schließlich gab es die Bischöflichen Amtsblätter für den Klerus.

Als Rechtsgrundlage für jegliche Art des Vorgehens gegen die (nicht nur kirchliche oder kirchlich bestimmte) Presse im weitesten Sinne nutzte man seit dem 28. Februar 1933 die „Verordnung des Reichspräsidenten zum Schutz von Volk und Staat". Zur „Abwehr kommunistischer staatsgefährdender Gewaltakte" wurde im § 1 dieser Verordnung u.a. die Beschränkung „des Rechtes der freien Meinungsäußerung, einschließlich der Pressefreiheit" für zulässig erklärt.[2] Eine weitere Handhabe bot die „Verordnung des Reichspräsidenten zur Abwehr heimtückischer Angriffe gegen die Regierung der nationalen Erhebung" vom 21. März 1933, deren § 3 Gefängnisstrafe für denjenigen vorsieht, der durch „eine unwahre oder gröblich entstellte Behauptung" u.a. das Wohl oder das Ansehen der Reichs- oder einer Landesregierung „oder der hinter diesen Regierungen stehenden Parteien oder Verbände" schwer schädigen könnte.[3]

Unmittelbar nach der Machtergreifung begannen die Unterdrückungsmaßnahmen gegen die (katholischen) Tageszeitungen. Erscheinungsverbote, Pressezensur, Abonnenten- und Inseratenbeschränkung waren an der Tagesordnung. Schon am 6.5.1933 protestierte die Freisinger Bischofskonferenz in einem Hirtenwort gegen die „Unterdrückung der freien Meinung und des freien Wortes",[4] und am 2.9.1933 beschrieb Kardinal Bertram in einem Bericht an Pacelli den „Kampf um die katholische Presse".[5]

Mit dem Schriftleitergesetz vom 4.10.1933 wurde die Tätigkeit des Schriftleiters als eine „in ihren beruflichen Pflichten und Rechten vom Staat durch dieses Gesetz geregelte öffentliche Aufgabe" bestimmt. § 5,7 verlangte vom Schriftleiter jene Eigenschaften, „die die Aufgabe der geistigen Einwirkung auf die Öffentlichkeit erfordert".[6]

§ 14,2 verpflichtete den Schriftleiter u.a., aus den Zeitungen alles fernzuhalten, was den Gemeinschaftswillen oder „die deutsche Wehrhaftigkeit" schwächen könnte. Nach § 23 waren die Schriftleiter „im Reichsverband der deutschen Presse gesetzlich zusammengefasst". Es gab zwar zum Schutz des Schriftleiterberufs eigens gebildete Berufsgerichte, doch deren Mitglieder ernannte nach § 32 der Reichsminister für Volksaufklärung und Propaganda. Mit diesem Gesetz hatte man die Schriftleiter zu Staatsfunktionären gemacht: man hatte sie „fest in der Hand".[7]

Dem Schriftleitergesetz war am 22.9.1933 die Errichtung der Reichskulturkammer vorausgegangen, die sich aus den sieben Kammern für Schrifttum, Rundfunk, Theater, Musik, Film, bildende Künste und Presse zusammensetzten[8]. Der Propagandaminister war zugleich Präsident der Reichskulturkammer, der auch die Präsidenten der Einzelkammern ernannte. Zur Reichspressekammer mit ihrem Präsidenten Max Amann zählten der Verein deutscher Zeitungsverleger, der Reichsverband der deutschen Presse sowie elf Fachverbände.[9] Diese Organisation ermöglichte nicht nur eine weitgehende Kontrolle der im Pressewesen tätigen Personen, sie diente auch der politischen Gleichschaltung. Das „Gesetz zur Sicherung der Einheit von Partei und Staat" vom 1.12.1933, demzufolge „die Nationalsozialistische Deutsche Arbeiterpartei die Trägerin des deutschen Staatsgedankens und mit dem Staate unlöslich verbunden" war (§1), gab die Basis für das Verfahren ab, jeden politisch Andersdenkenden als Staatsfeind zu bezeichnen und zu verfolgen.[10]

Unter dem 14.6.1934 informierte der Bischof von Berlin, Nikolaus Bares, den deutschen Episkopat über die Lage der katholisch-kirchlichen Presse und über den Stand der Verhandlungen in Sachen Reichskulturkammer- und Schriftleitergesetz. Da nach § 3,1 des Schriftleitergesetzes dieses Gesetz bei Zeitungen und politischen Zeitschriften Anwendung fand, mußte der Begriff „politische Zeitschrift" geklärt werden. Die Durchführungsverordnung zu diesem Gesetz besagte aber lediglich: „Politisch ist jede Zeitschrift, die nicht rein wissenschaftlicher und rein technischer Art ist, oder deren politischen Charakter der Reichsminister für Volksaufklärung und Propaganda nicht aus anderen Gründen verneint."[11] Bei der Auslegung dieser Durchführungsverordnung mußte es angesichts der völlig andersgearteten Interessenlage von Bischöfen und Reichsminister zu Auseinandersetzungen kommen. Ein Antrag Bertrams vom 14.1.1934 an Goebbels, „über den Rahmen der kirchenamtlichen Presse hinaus für eine Reihe von kirchlichen Zeitschriften prinzipiell den Charakter des ‚Nichtpolitischen‘ festgestellt und damit die Freiheit vom Schriftleitergesetz zu erhalten, wurde am 5. März 1934 abgelehnt."[12]

Selbstverständlich war den Bischöfen auch daran gelegen, möglichst viele Blätter als kirchenamtliche Presse anerkannt zu bekommen, um den Einflußnahmen der Reichspressekammer zu entgehen. Diese relative Freiheit war jedoch um einen hohen Preis erkauft worden, da bei Anerkennung der Freiheit der kirchenamtlichen Presse von der Mitgliedschaft der Reichspressekammer „der Werberat der deutschen Wirtschaft die Wirtschaftswerbung im Inseratenteil der kirchenamtlichen Presse sperren" und sich dadurch „in vielen Fallen eine nicht unwesentliche Steigerung des Abonnementspreises ergeben" würde. Angesichts dieser Schwierigkeiten schlug der Kardinal vor, eine gesetzliche Pflichtmitgliedschaft für die kirchenamtliche Presse grundsätzlich abzulehnen, um der Inserate willen jedoch eine freiwillige Mitgliedschaft in der Pressekammer in Erwägung zu ziehen.[13]

Konnten die Bischöfe vor 1933 in ihren Hirtenbriefen darauf verweisen, daß die Katholiken sich an „bewährten katholischen Blättern" orientieren sollten[14] und darauf vertrauen, daß die Gläubigen in den zahlreichen katholischen Verbänden Halt fanden (nach Repgen gab es damals zweihundertachtzig große und kleine „Organisationen und Organisatiönchen"),[15] so war mit Fortfall dieser Institutionen die Gefahr einer Orientierungslosigkeit gegeben, in der sie leicht ein Opfer der nationalsozialistischen Propaganda werden konnten. Nach den Zusicherungen Hitlers in seiner Reichstagserklärung und erst recht nach Abschluß des Reichskonkordats war ein Teil der katholischen Zeitungen „in ihrer grundsätzlichen Einstellung zum Nationalsozialismus unsicher und schwankend geworden",[16] sei es aus Angst vor dem SA-Terror oder vor wirtschaftlichen Sanktionen, aus Opportunismus oder auch aus Blindheit für die heraufziehenden Gefahren. Bei den zeitlich und regional unterschiedlichen Maßnahmen gegen Zeitungen, Herausgeber, Verleger usw. müssen wohl von Fall zu Fall die Ursachen für den Kurswechsel der Zeitungen untersucht werden. Doch es gab Blätter, die über Jahre hin auch massiven Beeinflussungen widerstanden. Man darf mit Recht vermuten, daß ein Teil der katholischen Bevölkerung eine entschiedene(re) Haltung gegenüber der neuen herrschenden Partei erwartete. Denn anders ist der Bezieherschwund „allzu linientreuer" katholischer Blätter und die gleichzeitige Auflagensteigerung mehr oder weniger kritischer oder doch ihre Vorbehalte artikulierender Blätter kaum zu erklären.[17]

Nach dem Reichskulturkammergesetz mit dem Ziel, „unter der Führung des Reichsministers für Volksaufklärung und Propaganda die deutsche Kultur in Verantwortung für Volk und Reich zu fördern",[18] und dem Schriftleitergesetz erfolgte mit der „Anordnung zur Wahrung der Unabhängigkeit des Zeitungsverlagswesens" vom 24.4.1935 die Liquidierung der katholischen Tagespresse. Für das kirchlich geprägte Pressewesen ist der Artikel IV entscheidend:

„Zeitungen dürfen nach ihrer inhaltlichen Gestaltung nicht auf einen konfessionell, beruflich oder interessemäßig bestimmten oder bestimmbaren Personenkreis abgestellt sein. Ein Verstoß hiergegen hat den Ausschluß des Zeitungsverlegers aus der Reichspressekammer zur Folge."[19]

Für die konfessionell ausgerichtete Presse wurde eine Übergangsfrist von 3 Monaten bestimmt. In einem umfangreichen Schreiben hat sich der deutsche Episkopat über seinen Vorsitzenden am 5.5.1935 an Hitler, Frick und Goebbels gewandt, in dem es u.a. heißt:

„Man könnte daher angesichts dieser Bestimmungen glauben, sie seien der Anfang einer planmäßigen Aktion mit dem Ziele rücksichtsloser Ausschaltung aller christlichen Elemente aus dem öffentlichen Leben, wenn nicht die eindeutigen und unantastbaren, wiederholt und feierlich gegebenen Erklärungen des Führers und Reichskanzlers dieser Annahme entgegenständen."[20]

Unter dem 4.6.1935 gab der Reichsverband der deutschen Zeitungsverleger ein Schema mit einem umfänglichen Fragenkatalog zur Prüfung der konfessionellen Zeitungen heraus. In 14 Punkten mit jeweils bis zu sechs Fragen – aufgeschlüsselt in die Sparten „Was ist zu beachten?" und „Warum ist dies zu beachten?" – wurde ein engmaschiges Netz geflochten, in dem die religiös ausgerichteten Zeitungen sich verfangen sollten.[21]

Am 1.9.1935 wurde auf allen Kanzeln das Gemeinsame Hirtenwort der Fuldaer Bischofskonferenz vom 20.8.1935 verlesen, in dem u.a. konstatiert wird: „Die Freiheit der Presse ist, was wir mit tiefem Schmerz feststellen, so weit eingeschränkt, daß die früher katholischen Zeitungen religiöse Artikel nicht mehr bringen dürfen und zuweilen zur Aufnahme von Artikeln gezwungen werden, die den katholischen Leser verletzen."[22]

Damit haben die deutschen Bischöfe vor aller Öffentlichkeit auf das Ende der katholischen Presse hingewiesen und außerdem darauf, daß auch jene Zeitungen, die bisher als katholisch gelten konnten, zur Veröffentlichung von Artikeln genötigt seien, die nicht kirchlicher Überzeugung entsprachen. Der Protest der deutschen Bischofe „gegen die Diktatur der Geheimen Staatspolizei"[23] verhallte ebenso erfolglos wie die Intervention des Vatikans vom 29.1.1936, in der nicht nur „die totale Vernichtung der katholischen Tagespresse in Deutschland" sondern u.a. auch „die zwangsmäßig durchgeführte Gleichschaltung der übrigen Presse" festgestellt wurde.[24]

Nach all diesen nur in groben Zügen skizzierten Vorgängen darf man heute wohl nur mit großer Vorsicht und erst nach Prüfung der Herkunft bestimmter Texte Äußerungen in „katholischen" Blättern als katholische bzw. kirchliche Meinung betrachten.

Anders als bei der Tagespresse liegen die Verhältnisse beim Zeitschriftenwesen. Es lag in der Tendenz der nationalsozialistischen Gesetzgebung, alle journalistisch oder schriftstellerisch Tätigen zu erfassen, sie ihrer Kontrolle zu unterwerfen und sie in ihren Äußerungen bis hin zu detaillierter Sprachregelung zu dirigieren. Bis zum Ende des Krieges blieb der nach § 1 des Schriftleitergesetzes zentrale Begriff „politische Zeitschriften" ungeklärt. Um sich dem Zugriff des Staates zu entziehen, mußte der katholischen Kirche alles daran gelegen sein, daß die verschiedenen katholischen Zeitschriften nicht als politische bezeichnet und eingestuft wurden.

Am 12.12.1933 wurde die „Fachschaft katholisch-kirchliche Presse in der Reichspressekammer" gegründet. Sie umfaßte außer Tagespresse und Buchproduktion alles periodisch erscheinende katholisch-kirchliche Schrifttum, von den theologisch-wissenschaftlichen Fachzeitschriften über die Kirchenblätter und Sonntagszeitungen bis hin zu den Pfarrei-Blättchen. Personenmäßig waren die Schriftleiter, die Verleger, die Redaktionsangestellten sowie die Verlagsangestellten in der Fachschaft zusammengefaßt. Mit der Ernennung des Domvikars und Chefredakteurs des Berliner Kirchenblattes, Walter Adolph, durch das Berliner Ordinariat „ergab sich der wohl einmalige Fall innerhalb der Gliederungen der Reichsregierung, daß ein im Auftrag der Kirche ernannter katholischer Geistlicher Leiter einer Institution der NS-Reichspressekammer war. Die katholischen Zeitschriften blieben dadurch in kirchlicher Hand."[25]

Nach einer am 12.5.1936 vom Pressereferenten der Fuldaer Bischofskonferenz, Bischof von Preysing, herausgegebenen Statistik der katholischen Presse Deutschlands gab es Mitte 1935 an 147 Erscheinungsorten 295 Verlage oder Herausgeber mit insgesamt 416 Zeitschriften: 97 Schriften katholischer Verbände, Vereine und Einrichtungen (Auflage: ca. 2,25 Mill.), 84 Kirchen(amtliche)-Blätter (1,47 Mill.), 83 Erbauungs-, Belehrungs- und Unterhaltungsblätter einschließlich der Sonntagspresse (3 Mill.), 51 Fachzeitschriften (90.000), 51 Zeitschriften der katholischen Jugend (1,77 Mill.), 39 Missionsschriften (2,55 Mill.) und 11 Nachrichten- und Aufsatzdienste. Von diesen 416 Zeitschriften erschienen 105 wöchentlich und 186 monatlich. Die Gesamtdurchschnittsauflage hatte sich vom 1. Vierteljahr1933 mit etwa 9,6 Mill. bis zum 2. Vierteljahr 1935 auf rd. 11,4 Mill. erhöht.[26] Die Zunahme der Abonnenten um jährlich ca. 1 Million ist sicher auch als „stumme(r) Protest der deutschen Katholiken" zu verstehen.[27]

Die Zielsetzung der nationalsozialistischen Pressepolitik wird besonders deutlich in dem Schreiben Amanns vom 11.1.1936 an den Jugendführungsverlag, mit dem die Jugendzeitschrift „Michael" aus der Reichspressekammer ausgeschlossen und damit dem Jugendführungsverlag jede weitere verlegerische Tätigkeit untersagt wurde. Nach dem Hinweis, daß „jede pressemäßige Betätigung ... tiefste, innere Verpflichtung auf die nationalsozialistische Weltanschauung" voraussetze, moniert Amann beim „Michael" das auffallende „Fehlen jeglichen nationalsozialistischen Gedankengutes, so daß der durch Ihre Wochenschrift betreute Leserkreis denjenigen Ideen und Thesen entfremdet wird, die heute Volk und Staat tragen".[28]

Wenig später gab der Präsident der Reichspressekammer einen Erlaß über die Gestaltung der kirchlich-konfessionellen Zeitschriften heraus. Durch diesen Erlaß wurden die Verleger der katholischen Zeitschriften zur Beschränkung auf präzise beschriebene Inhalte gezwungen. Die Einengung der Zeitschriften auf „die rein religiöse Aufgabe" – so im Erlaß

– „erfordert, daß jeder einzelne Teil des Inhalts seinen Ausgangspunkt vom Religiösen nimmt".[29] Mit diesem Verbot der unterhaltenden und aktualisierenden Sparten in den Zeitschriften war eine weitgehende Einschränkung des Inseratenteils mit entsprechenden wirtschaftlichen Folgen verbunden.

Ergänzend zum Schriftleitergesetz vom 4.10.1933 nahm Goebbels mit der „Schriftleiterordnung" am 14.2.1936 eine Neuinterpretation und Verschärfung dieses Gesetzes vor, derzufolge alle Blätter, deren Inhalt „über die Veröffentlichung der kirchenamtlichen Anordnungen und sonstiger amtlicher, die geistliche Leitung der Gläubigen betreffenden Verfügungen hinausgeht", als politische Zeitschriften anzusehen seien und darum den Vorschriften des Schriftleitergesetzes unterlägen. Die Begründung für diese Anordnung, die das noch bestehende kirchliche Zeitschriftenwesen dem unmittelbaren Zugriff der Partei auslieferte, ist kennzeichnend:

„Ich habe die Erfahrung gemacht, daß diese Bestimmungen von einer großen Anzahl von Kirchen- und Gemeindeblättern beider Konfessionen dazu mißbraucht worden ist, um entgegen der vorgenannten ausdrücklichen Einschränkung gleichwohl in weitgehendem Maße über politische Dinge zu berichten, Maßnahmen der Regierung zu glossieren oder zu kritisieren und durch die Art der Veröffentlichung verächtlich zu machen. Das ist nicht länger tragbar."[30]

Diese Verordnung wurde voll wirksam durch die Abberufung des Fachschaftsleiters und seine Ersetzung durch den SS-Mann Anton Willi am 1. Juli 1936.[31]

Von der bischöflichen Auseinandersetzung mit der Reichspressekammer zwischen Februar 1936 und Anfang Juli geben 16 längere Schreiben, 3 Konferenzprotokolle und 8 Telegramme Zeugnis.[32] Nachdem die bischöflichen Bestrebungen, die Unterstellung der kirchenamtlichen Zeitschriften unter das Schriftleitergesetz zu verhindern und deren Ausgliederung aus der Reichspressekammer und der Fachschaft zu erreichen, als endgültig gescheitert angesehen werden mußten, entschied sich Kardinal Bertram als Vorsitzender der Fuldaer Bischofskonferenz in einem Rundschreiben vom 30.3.1937 an die deutschen Bischöfe für das Weitererscheinen aller 416 Zeitschriften und gab als Marschroute bekannt: „Vielmehr dürfte nun abzuwarten sein, ob tatsächlich etwa seitens der Reichspressekammer, Fachschaft, dem Reichspresseverband usw. im Einzelfall konkrete, grundsätzlich untragbare Forderungen an diese Zeitschriften oder deren Schriftleiter gestellt werden."[33] Der Preis für die vorläufige Rettung der katholischen Zeitschriften war hoch: starke inhaltliche Kürzung und zunehmende staatliche Kontrolle bzw. Beeinflussung.

Man kann nur ahnen, welches Maß an Klugheit und Phantasie, an Taktik und Standfestigkeit von Verlegern und ihren Mitarbeitern gefordert war, um trotz aller Schikanen pastoral weiter wirken zu können. Doch das Ende des Zeitschriftenwesens war vorauszusehen. Die staatliche Beschlagnahme von Druckereien, Schreibmaschinen und Vervielfältigungsgeräten, von Dekanats- und Gemeindeblättern (selbst dann, wenn sie nur gottesdienstliche Mitteilungen enthielten), ja sogar von Gebetszetteln," das Verbot der Berichtigung von Falschmeldungen oder tendenziös aufgemachten Nachrichten in anderen Presseorganen sowie der Zwang zum Abdruck nationalsozialistischer Auflage-Nachrichten führten nach Mitteilung dieses Sachverhaltes durch Bischof Preysing an die Gläubigen am 30.11.1937 zu der in dieser Eindeutigkeit seltenen Anklage: „Man kennzeichnet nur die wahre Lage der offenbarungsgläubigen Christen in unserem Vaterlande, wenn man feststellt: der gläubige Katholik steht in Deutschland unter Ausnahmerecht."[35]

Zwischen dem 1.1.1934 und dem 1.10.1939 hatte es in Deutschland (ohne Österreich und das Sudetenland) 435 katholische Zeitschriften gegeben. Davon erschienen im Oktober 1939 noch 124. 74 Zeitschriften hatten wegen Verbots, 176 wegen Papierknappheit ihr Erscheinen eingestellt. Als Ursachen für den Untergang weiterer 61 katholischer Zeitschriften sind zu nennen: der Zwang für die Verleger, sich in der Inhaltsgestaltung auf rein konfessionelle Aufgaben zu beschränken; wirtschaftliche Schwächung durch Beschränkung der anzeigenmäßigen Wirtschaftswerbung; die Selbstauflösung katholischer Verbände; die Zusammenlegung von Zeitschriften und Bezieherschwund. Die 124 noch erscheinenden Zeitschriften hatten eine monatliche Gesamtauflage von etwa 12,7 Millionen.[36]

Während nach Kriegsbeginn die direkten Angriffe der Partei- und Staatsorgane auf die Kirchen und kirchlichen Einrichtungen vorübergehend nachließen,[37] stiegen umgekehrt die Erwartungen gegenüber den

Kirchen, die moralischen Kräfte der Gläubigen zu mobilisieren und sich in den Dienst des Krieges zu stellen.

Der neue Pressereferent für die Fuldaer Bischofskonferenz, Bischof Berning von Osnabrück – Bischof Preysing hatte das Referat wegen „tiefgehende(r) Verschiedenheit" zwischen ihm und Bertram mit dem 6.5.1940 zurückgegeben[38] –, äußert in einem Bericht über eine Konferenz zur Besprechung kirchlicher Pressefragen in Berlin:

„Wenn die Bistumsblätter von sich aus zur pflichttreuen und opfermutigen Haltung der Soldaten und zu einer in christlichem Mut und Gottvertrauen begründeten Haltung der Heimatbevölkerung aufrufen, wird eine Beeinflussung der Bistumsblätter von seiten anderer Stellen dadurch überflüssig."[39]

Berning war sich mit den Schriftleitern und den Vertretern der Ordinariate anscheinend einig in der Auffassung, um des Weiterbestehens der Kirchenzeitungen willen die von einigen süddeutschen Bistumszeitungen getroffene Vereinbarung zu übernehmen, in den „Bistumsblättern für die Kriegsdauer von Zeit zu Zeit Artikel vaterländischen Inhalts, gezeichnet durch den Schriftleiter, erscheinen zu lassen. Weil die allgemeine Beschwerde der Reichspressekammer (Willi) dahin geht, daß die Bistumsblätter es durchwegs versäumen, aktiv die innere Front zu bestärken".[40]

Zur Beurteilung der weiter bestehenden Zeitungen und Zeitschriften und zur richtigen Einschätzung des Stellenwertes bestimmter „Nachrichten" und Kommentare bis zum Kriegsende ist die Kenntnis und Berücksichtigung einiger Reglementierungspraktiken unerläßlich. So war die 1917 eingerichtete Pressekonferenz bei der Reichsregierung seit 1933 in „Pressekonferenz der Reichsregierung" umbenannt. Hier gab das Propagandaministerium Weisungen, „Sprachregelungen", Tages- und Wochenparolen mit Direktiven, wie Kommentare und Aufsätze gebracht werden sollten. „Diese Sprachregelung legte alles fest, was Politik, Kunst, Kultur, Partei, aber auch Pferderennen, Führer-Bilder, Hebammen, Leibesübungen, Gemüseanbau usw. betraf. Es gab im Dritten Reich kaum ein Lebensgebiet, das in derartigen Parolen nicht erfaßt wurde."[41]

Die Fachschaft wies am 11.9.1939 die katholischen Blätter unmißverständlich an:

„Auch die katholisch-kirchliche Presse wird in diesem Lebenskampf zeigen müssen, was sie in der Mobilisierung der gesamten Energie unseres Volkes zu leisten vermag. Für den Erfolg sind wir alle, Verleger und Schriftleiter, in gleicher Weise verantwortlich. Alle Dinge, die in Ihren Zeitschriften zur Veröffentlichung gelangen, müssen und können nur das eine Ziel haben: die Widerstandskraft und den Opfermut unseres Volkes auf das höchste zu steigern ... Die Parole kann niemals sein Gottergebenheit ‚in ein ungewisses Schicksal‘, sondern allein der Glaube an den endgültigen Sieg. Ich erwarte, daß jeder Beitrag in Ihren Zeitschriften von diesem Grundsatz geleitet wird. – Wer das nicht will oder kann, stelle seine Arbeit unverzüglich ein ... Ich werde in jedem Falle, in dem dieser Zielsetzung Schaden zugefügt wird, sofort und unnachsichtig einschreiten.“[42]

Galt es schon als Erfolg, wenn man die vom Propagandaministerium verordneten „Auflagen“ (Pflichtmeldungen und -kommentare) auf irgendeine Weise umgehen und sich davon „sauber“ halten konnte, so war es geradezu ein Sieg, wenn man die „Sprachregelung“ zu umschreiben vermochte.[43]

Die konsequenten Versuche und Maßnahmen, die gesamte Presse als ein Mittel der Nachrichtenverbreitung und Meinungsbildung im Sinne des NS-Staates zu benutzen, konnte niemanden verwundern, der Hitlers Ausführungen über die Presse gelesen hatte.

„Wenn also irgendwo, dann darf gerade hier der Staat nicht vergessen, daß alle Mittel einem Zwecke zu dienen haben; er darf sich nicht durch das Geflunker einer sogenannten ‚Pressefreiheit‘ beirren und beschwatzen lassen, seine Pflicht zu versäumen und der Nation die Kost vorzuenthalten, die sie braucht und die ihr gut tut; er muß mit rücksichtsloser Entschlossenheit sich dieses Mittels der Volkserziehung versichern und es in den Dienst des Staates und der Nation stellen.“[44]

Die katholischen Bischöfe scheinen diese Zielsetzung des Nationalsozialismus relativ spät durchschaut zu haben, denn anders ist der Ausruf im Hirtenwort der Fuldaer Bischofskonferenz vom 19.8.1936 kaum zu erklären: „Wir können es nicht begreifen, daß die katholische Presse, bis zur rein kirchlichen und religiösen einschließlich, durch Verordnungen eingeschnürt wird ...,“[45] es sei denn, es handle sich um rhetorische Formulierungen oder – wahrscheinlicher – um Beschwörungen.

Für unsere Untersuchung spitzt sich die Frage nach der Funktion der

noch existierenden kirchlichen Presse während des Krieges zu: Gingen
die Äußerungen zum Kriege und die Aufforderung zum Einsatz für
Volk und Vaterland in den verschiedenen Zeitschriften auf eigenen An-
trieb zurück? Sind solche Äußerungen lediglich taktische Zugeständnisse, um das Weitererscheinen der Zeitschriften nicht noch mehr zu gefährden, wobei man die Hoffnung haben konnte, daß die Leser solche
Äußerungen anders interpretieren würden, als der Wortlaut es nahe-
legte? Gingen derartige Auslassungen im einzelnen auf Sprachregelungen zurück? Und falls bestimmte Artikel nur unter Androhung von
Zwangsmaßnahmen veröffentlicht wurden, bleibt immer noch die
Frage, ob es sich im Einzelfall um erlaubte, gerade noch vertretbare, oder
um „grundsätzlich untragbare Forderungen an diese Zeitschriften oder
deren Schriftleiter"[46] handelte. Auch nach den Untersuchungen von
Zahn über *„Die deutsche katholische Presse und Hitlers Kriege"* sind diese
Fragen bis heute nicht befriedigend beantwortet worden.

Ende Mai 1941 erhielten etwa 540 Tageszeitungen durch die Reichspressekammer den Stillegungsbescheid. Kriegsbedingte Einsparungen
an Papier und Druckereiblei sowie der Bedarf der Rüstungsindustrie an
Arbeitskräften waren die Gründe für diese Maßnahme, die jedoch nach
Goebbels „eine gute Gelegenheit (bot), die gesamte kirchliche Presse ab-
zuschaffen und zu verbieten".[47] 1939 erschienen in Deutschland 4.789
verschiedene Zeitschriften, ihre Zahl ging bis 1944 auf 458 zurück.[48] Vom
katholischen Zeitschriftenwesen blieb ein kümmerlicher Rest: 1943 gab
es außer sieben Fachzeitschriften[49] nur noch die Bischöflichen Amtsblätter.

Die Kampfmaßnahmen des Nationalsozialismus gegen das katholische Presse- und Zeitschriftenwesen besagen natürlich noch nichts über
dessen theologische, politische oder literarische Qualität. Das Urteil über
einen Großteil der für das „christliche Volk" oder die „christliche Familie" gedachten Blätter dürfte nicht allzu schmeichelhaft ausfallen. Jedenfalls zählten politische Sensibilisierung und Befähigung zur politischen
Auseinandersetzung nicht zu den erklärten Zielen kirchlicher Presse-
und Bildungstätigkeit.

Da wir auch in diesem Abschnitt immer die Tätigkeit der *„Kirchlichen
Kriegshilfe"* im Auge haben, muß neben der Pressegesetzgebung auch jener Teil der katholischen Literatur zumindest angesprochen werden, der

sich direkt oder indirekt mit der Weltanschauung des Nationalsozialismus auseinandergesetzt hat. Die Beispiele sollen nicht mehr als Hinweise auf vorhandene Stimmungen und Strömungen, Überlegungen und Einstellungen geben, die auch die spätere Tätigkeit der Kriegspfarrer und der „Katholischen Kriegshilfe" beeinflußt haben. Dabei wird das weite Feld der zeitgenössischen Literatur ausgeblendet, der die Katholiken manchmal so ablehnend gegenüberstanden, daß Plum diese Haltung als „Vorwegnahme späterer Bücherverbrennungen" bezeichnet.[50]

Weite Teile (nicht nur) des deutschen Katholizismus zeigten Indifferenz und auch Unbeholfenheit gegenüber dem Gesellschaftlich-Politischen. Auch der Borromäus-Verein mit seinen etwa 6.000 Volksbüchereien, der von 1933-1944 durch seine Jahresgaben 3,4 Millionen Bücher in die deutschen Familien hineingebracht und 140 Millionen Bücher ausgeliehen hat,[51] beschränkte sich auf die Vermittlung von unterhaltender und allgemein bzw. religiös belehrender Literatur. Noch 1950 zählt Spael politische Abstinenz anscheinend zu dessen Tugenden:

„Immer schon war der Verein aufs Peinlichste darauf bedacht gewesen, die Politik aus seinen Mauern fernzuhalten, denn wo Politik ist, da bellen bald die Hunde. Seinen leitenden Angestellten war ein kluger Passus in den Anstellungs-Vertrag gesetzt ‚Das Gebiet der Politik ist absolut zu vermeiden'."[52]

War der Sinn für die Bedeutung des Politischen vor 1933 unterentwickelt, so zwangen die äußeren Bedingungen unter den neuen Machthabern zur Beschränkung auf den weltanschaulich-geistigen Bereich. Doch der weltanschauliche Gegner suchte nicht die geistige Auseinandersetzung, sondern wollte den Konflikt durch den Einsatz staatlicher Gewaltmaßnahmen entscheiden. Ein Beispiel möge für zahlreiche ähnlich gelagerte Vorgänge stehen.

Im Juli 1935 hatte Max Pribilla in den „Stimmen der Zeit" einen Aufsatz veröffentlicht („Der Kampf der Kirche"), der wegen seines breiten Echos überarbeitet als Flugblatt unter das Volk gebracht werden sollte. Um nicht schon durch den Titel sofort den Verdacht der Behörden zu wecken, wurde er in „Fürchtet Euch nicht!" abgeändert. Bis Dezember 1935 konnte man fünf Auflagen drucken und 40.000 Exemplare absetzen. Die dann folgenden Maßnahmen der Polizei – zu dieser Zeit noch nicht koordiniert und darum dem Beherzten „bei Verbreitung von christlichen Schriften im Wettlauf mit der Gestapo"[53] vorübergehend einige Möglichkeiten bietend – wurden mit dem § 7 der Verordnung des Reichspräsidenten zum Schutze des Deutschen Volkes vom 4.2.1933 begründet: Die Druckschrift sei eine „Hetzschrift übelster Sorte" und „geeignet, die öffentliche Ruhe und Sicherheit erheblich zu gefährden".[54] Mit den Auslassungen der Schrift werde „in maßloser Arroganz der autoritäre Staat angegriffen".[55] Entgegen sonstigem Brauch hatte der Erzbischof von Freiburg persönlich die kirchliche Zensur übernommen und das Imprimatur erteilt.

Neben der mit Weltanschauungsfragen befaßten Literatur gab es eine Reihe von Büchern mit stark apologetischem Einschlag, in denen man die heimatliche und volksgebundene Kultur (ein beliebter Terminus des NS) mit katholischer Kirche und Tradition in Beziehung brachte.[56]

Ganz im Sinne des nationalsozialistischen Interesses an den Ländern im Osten spricht das als „Familien- und Hausbuch" gedachte Werk „Deutsche Heilige" davon, daß die Länder östlich der Elbe bis weit über die Weichsel hinaus „in grauen Vorzeiten" von Germanen bewohnt gewesen seien und daß Karl der Große dem „langsamen aber stetigen Überfluten germanischen Gebietes durch slawische Völkerschaften" erstmals Einhalt geboten habe. Dann jedoch sei es zwischen dem 11. und 13. Jahrhundert „einträchtigem und zielbewusstem Zusammenarbeiten zwischen weltlicher Macht und kirchlich-religiösem Opfermute" gelungen, daß um 1300 die ostelbischen Gebiete bis über die Weichsel hinaus wieder deutsches Land wurden.[57] Walterscheids Ausführungen sind vor dem damaligen politischen Hintergrund zwar verständlich, doch darf man daran zweifeln, daß derartige Darstellungen ausschließlich apologetisch bedingt waren.

„Wenn immer von dem unübersehbaren Verdienst dieser Rückgewinnung deutschen Landes, dieser Kolonisation und Gewinnung weitester Landstrecken für germanische Kultur, die Rede ist, dann muß vor allem der unsterblichen Verdienste gedacht werden, die sich die Erzbischöfe von Hamburg und Bremen und neben ihnen Erzbischof Wichmann von Magdeburg, nicht nur um die Christianisierung der slawischen Völker, sondern vorwiegend auch um die Wiedergewinnung zum Deutschtum erworben haben."[58]

Walterscheid rühmt insbesondere die Mühen und Arbeiten der Mönche zur „Christianisierung und Germanisierung des slawischen Ostens", die „planmäßig ... ein Stück Wendenland nach dem anderen dem Deutschtum gesichert und in organischen Zusammenhang mit den deutschen Landschaften des Westens gebracht" hätten.[59] Der Appell, dieses Verdienstes um „deutsche Art und deutsche Sitte eingedenk zu bleiben",[60] zielt sicher auf jene, die Christentum und Kirche als Überfremdung ansahen.

Im Jahre 1937 veröffentlichte Albert Aich zusammen „mit zahlreichen katholischen Kriegstheologen" ein *„Heldenbuch der Kriegstheologen"*. Auf über 400 Seiten schildern die Autoren den „heldischen Geist", mit dem die „rassen- und blutmäßig ... aus den gesündesten deutschen Volksschichten" stammenden Theologen als „Träger christlichen Glaubens und nationalen Willens" für Gott und Kaiser gekämpft und oft ihr Leben hingegeben haben.[61] Ausführlich wird der überdurchschnittlich hohe Anteil an Theologiestudenten unter den Gefallenen des Krieges herausgestellt.[62] Gemäß dem Gott und Kaiser geschworenen Fahneneid machten sich die Kriegstheologen

„mit dem seit den Urzeiten des Christentums tief verankerten Märtyrertum der Ertragung von Schmerzen und Tod um Christi und seines stellvertretenden Erlösungswillen in seelischer, sittlicher, tugendvoller Berufsauffassung so vertraut, daß sie sogar dieses Martyrium ganz ihren Opfergedanken einfügten in Ölberg-, Kreuzweg- und Golgathastunden".[63]

Wie wenig aus dem verwendeten Vokabular auf die Position des jeweiligen Autors geschlossen werden darf, mag am Beispiel von Matthias Laros verdeutlicht werden. Dieser aufrechte und gelehrte Pfarrer verfaßte wahrend der Nazizeit u.a. eine kleine Arbeit über das Herrenwort „Seid klug wie die Schlangen und einfältig wie die Tauben" (Mt 10,16). Diese Schrift, zunächst heimlich vervielfältigt und erst 1950 gedruckt,[64] ist ein Ausdruck für das Bemühen zahlreicher Menschen, mit den bedrängenden Umständen fertigzuwerden und angesichts einer lautstarken, verlogenen, alle leiseren Stimmen übertonenden Propaganda und alle anders gerichteten Meinungen unterdrückenden Macht so zu sprechen und zu schreiben, daß man einerseits durch die verwendete und damals aus der Propaganda allen geläufige Terminologie gedeckt war, daß aber gleichzeitig die in solcher Diktion sich zeigenden Tendenzen, Anschauungen und Ansprüche in Frage gestellt oder umgepolt wurden. Was zu anderen Zeiten unter anderen Umstanden normal oder selbstverständlich, vielleicht aber auch befremdlich bis pathetisch klingen mag, hatte während der Nazizeit ein anderes Gewicht. Dazu gehören u.a. Formulierungen wie der „starke Wehrwille" neben der „geistigen Wehrhaftigkeit" und dem „heroischen Christentum".[65] Daß dabei vielleicht hier und dort Grenzen überschritten und vielleicht auch Hörer bzw. Leser mit geringerer geistiger Beweglichkeit überfordert wurden, ist ein berechtigter Einwand, der jedoch nichtüberstrapaziert werden sollte.

Ein besonderes Problem stellt das von Erzbischof Gröber „mit Empfehlung des deutschen Gesamtepiskopates" herausgegebene *„Handbuch der religiösen Gegenwartsfragen"* dar. Es erschien 1937, nachdem die mit dem Konkordat verbundenen Hoffnungen sich als Illusionen erwiesen hatten, nach dem Röhmputsch und nach den „Nürnberger Gesetzen". Es wurde neu aufgelegt nach der „Reichskristallnacht" und nach dem Krieg gegen Polen. Auch jetzt suchte man noch „das Gemeinsame" und betonte: „Auch bei grundsätzlichen Vorbehalten wollte sich die Darstellung auf die positive Sinngebung aus christlicher Schau beschränken." Gröber schreibt weiter:

„In der gegenwärtigen Schicksalsstunde unserer Nation stellen sich die Leiter der Kirche in besonderer Treue an die Seite der Männer des Staates, entschlossen zur einigen Abwehr des gemeinsamen Feindes. Indem sie für das Christentum und den echten Gottesglauben im deutschen Volke kämpfen, stützen sie auf ihre Weise am wirksamsten den Wall, den in unserem Vaterlande der Führer gegen den Bolschewismus aufgeworfen hat."[66]

Sicher darf man nicht übersehen und verschweigen, daß in den auf 661 Seiten behandelten Stichworten von Abendland bis Zölibat überall den nationalsozialistischen Anschauungen die naturrechtlich oder theologisch begründeten katholischen Positionen gegenübergestellt werden. Die traditionell starke Betonung der Autorität („Abbild der göttlichen absoluten Überordnung") wird relativiert durch die Hinweise auf deren Begrenzung durch das Naturrecht oder die Offenbarung.[67] Auf der einen Seite zollt man Anerkennung:

„Mit der christlichen Sinngebung und Begrenzung der Ehre soll daher in keiner Weise verkannt sein, daß dieses neue Ethos entscheidend beigetragen hat zu der bereits Geschichte gewordenen Tat, mit der der Führer des Dritten Reiches den deutschen Menschen aus seiner äußeren Erniedrigung und seiner durch den Marxismus verschuldeten innern Ohnmacht erweckt und zu den angestammten germanischen Werten der Ehre, Treue und Tapferkeit zurückgeführt hat."

Auf der anderen Seite weist man darauf hin, daß „erst die Beziehung der Ehre auf Gott ... den auf seine Ehre haltenden Menschen wahrhaft groß" mache.[68] Man „stellt sich ... freudig in den Dienst nationalpolitischer Erziehung" und geißelt marxistisch-materialistische und liberalistische Erziehungssysteme, bestreitet aber zugleich mit dem Hinweis auf das Wesen katholischer Erziehung, „bis in die letzten Bereiche des Lebens und der Kultur" hineinzureichen, den Anspruch auf die Allkompetenz des NS-Staates.[69]

Dieses durchgängig praktizierte Verfahren vermochte ohne Zweifel bei manch einem Leser das Unterscheidungsvermögen zu fördern und Hilfen in der weltanschaulichen Auseinandersetzung zu bieten. Doch gleichzeitig wird offenkundig, wie die für dieses Buch Verantwortlichen „zeitbedingten" Anschauungen – sicherlich von deren Richtigkeit überzeugt – ausgeliefert waren.

In einem fünfseitigen Artikel über den Bolschewismus wird dessen „Geisteshaltung" gekennzeichnet, die „im Dienst eines asiatischen Staatsdespotismus, praktisch im Dienst einer Gruppe jüdisch geleiteter Terroristen" stehe.[70] Den Hinweisen Pius XI. auf „die Verheerung, Gemetzel, Profanierungen und Zerstörungen" in Spanien, hervorgerufen „von wildgewordenen, unfaßbar grausamen, rohen Kräften, die nichts mehr gemein haben mit irgendwelcher Menschenwürde, sondern die Ausgeburt einer tiefst gesunkenen menschlichen Natur sind", folgt Hitlers Aufruf vom Parteitag 1936 gegen „die bolschewistische Weltverschwörung, ihre dunklen Triebkräfte und verbrecherischen Methoden" zur „Verteidigung europäischer Kultur gegen asiatische Unkultur".[71]

Expressionistische „Äußerungsformen der modernen Kunst schienen überhaupt mehr der epidemischen Neurasthenie oder einer anderen krankhaften Wurzel zu entstammen als dem naturwüchsigen, gesunden, nach künstlerischer Befreiung ringenden Empfinden". Die „Schuld an dieser deutschfremden Entwicklung" sieht man im „verderblichen Einfluß des aufdringlichen Auslandes" und in „jenen Kreisen ..., die entweder jüdisch waren oder der jüdischen Suggestion unterlagen". Den Ausführungen über die „jüdische Verheerung in der deutschen Literatur, bildenden Kunst und Musik" folgt der Satz: „Es war deswegen hoch an der Zeit, daß man sich wieder auf die Deutschartigkeit sowohl der Kunst im allgemeinen wie der deutschen christlichen Kunst besann ... und alles Artfremde im Kunstleben tunlichst ausschaltet."[72] Die aus der „Humanität des Liberalismus und Marxismus" entstehende „Gefühlsduselei" wird abgelehnt,[73] das „Festhalten am Frieden um jeden Preis" als unsittlich verurteilt.[74]

„Die Kirche weiß endlich auch, daß nicht bloß der Bestand der Staaten und Völker, sondern auch der christlichen Kultur, wie es in den Abwehrkriegen gegen die Araber in Spanien und gegen die Türken im Mittelmeer und in Osteuropa der Fall war, einzig durch die Macht des Schwertes verteidigt werden kann."[75]

Derartige Auslassungen sind wohl nicht mehr mit dem Hinweis auf taktische Überlegungen zu begründen. Hier werden Meinungen und Überzeugungen von Amtsträgern vorgetragen, die man nur als verhängnisvoll bezeichnen kann, da sie neben einem schwer zu leugnenden Antisemitismus ein fragwürdiges Verhältnis zu verschiedenen Bereichen menschlichen Lebens verraten und den Nationalsozialismus allen Vorbehalten zum Trotz in gravierenden (nicht zuletzt auf die Haltung der Katholiken im Krieg sich auswirkenden) Punkten partiell bestätigten und vielleicht auch stabilisierten.

Für eine im Verhältnis zur Gesamtzahl der deutschen Katholiken zwar kleine, wegen ihrer Vermittlerfunktion in der Lehre, Jugendarbeit, Seelsorge u.a. jedoch wichtige Schicht war die Weise der Auseinandersetzung mit dem Nationalsozialismus auf Seiten der Schriftsteller und Dichter Hilfe und Trost zugleich. Jochen Klepper sieht bereits 1936 in seinen Tagebuchaufzeichnungen anläßlich des Erscheinens von Reinhold Schneiders „Inselreich" in der bei Autoren wie Lesern festzustellenden „Wendung zur Historie" eine möglicherweise „letzte Zuflucht ohnmächtiger Opposition".[76] Zu dieser Form der Kritik schreibt Rothfels:

„Man konnte ins Ziel treffen, wenn man sich mit Demosthenes gegen

Philip von Mazedonien wandte oder mit Burckhardt gegen Nietzsche. Man konnte dem Angriff die Form eines Buches geben, das von Cromwell oder von Robespierre, von Pilsudski oder von der Massenhysterie der Münsterer Wiedertäufer im 16. Jahrhundert handelte."[77]

Trotz der Einrichtung von insgesamt 17 Aufsichtsstellen[78] konnte den Kontrollbehörden von Staat und Partei keine vollständige und lückenlose Ausrichtung des Literaturbetriebes gelingen. Es wuchs nicht nur das Geschick mancher Verleger, die Kompetenzstreitigkeiten zwischen den Behörden von Staat und Partei auszunutzen, um ein „positives" Gutachten für ihre Bücher zu erhalten,[79] mit dem Vermögen der Literaten, sich verschlüsselt mitzuteilen, entwickelte sich auch die Fähigkeit der Leser, „zwischen den Zeilen" zu lesen.[80]

Im Verlust dieser Fähigkeit, dessen Ursachen hier nicht aufzuhellen sind, dürfte ein Grund für manches harte Urteil über die Kirche zwischen 1933 und 1945 liegen.

1.3 Der Deutsche Caritasverband

Am 3. Mai 1933 wurde die Nationalsozialistische Volkswohlfahrt (NSV) als wohlfahrtspflegerische Organisation innerhalb der NSDAP für ganz Deutschland anerkannt und als „zuständig für alle Fragen der Volkswohlfahrt und der Fürsorge" erklärt. Der Aufbau erfolgte organisatorisch in Anlehnung an die Parteigliederung nach Ort, Kreis, Gau und Reich. Das Gesetz über die Einziehung volks- und staatsfeindlichen Vermögens vom 14.7.1933[1] führte zur Auflösung des sozialistisch orientierten Hauptausschusses für Arbeiterwohlfahrt und zur Beschlagnahme seines Besitzes. Aufgrund einer Verordnung des Reichsarbeitsministers und des Reichsministers des Innern galten ab 25.7.1933 allein die vier Verbände NSV, das Deutsche Rote Kreuz, die Innere Mission und der DCV als Reichsspitzenverbände der freien Wohlfahrtspflege. Am 27.7.1933 wurde der Deutsche paritätische Wohlfahrtsverband korporatives Mitglied der NSV, am gleichen Tage erfolgte die Umbildung der „Deutschen Liga der freien Wohlfahrtspflege" in die „Reichsgemeinschaft der Freien Wohlfahrtspflege Deutschlands". Mit der Ersetzung der „Reichsgemeinschaft" durch die „Arbeitsgemeinschaft der Spitzenverbände der Freien Wohlfahrtspflege" am 24.3.1934 – eine offizielle Aufhebung der Reichsgemeinschaft erfolgte nicht – und der Übernahme der Führung dieser AG durch den Amtsleiter der NSV Erich Hilgenfeldt hatte faktisch und rechtlich mit der NSV die NSDAP die Leitung, die Macht und eine weitgehende Kontrolle in der gesamten Freien Wohlfahrtspflege Deutschlands übernommen. Die Monate um die Jahreswende 1932/33 waren auch im DCV von „Lähmung, Abwarten und vorsichtige(m) Abtasten, hervorgerufen durch die Ungewißheit und Unsicherheit der politischen Lage", bestimmt.[2] Von der Machtergreifung überrascht und „völlig unvorbereitet" schwankte man in Unkenntnis der bevorstehenden Zeiten zwischen Befürchtungen und Hoffnung: Befürchtungen angesichts der offenen Propagierung von Haß, Rachsucht und Vernichtungswillen; Hoffnung angesichts der beruhigenden Regierungserklärung Hitlers vom 23.3.1933 und des Konkordatsabschlusses.

Die Ereignisse seit Frühjahr 1933 nötigten zu einer neuen Taktik gegenüber den Machthabern sowohl seitens der Bischöfe als auch des DCV. Das Hauptziel, um das mit allen Mitteln gekämpft wurde, nannte der deutsche Episkopat in seiner eindeutigen und allen verständlichen Erklärung zur Caritasarbeit vom 22.8.1935:

„Die Katholische Kirche sieht in der kirchlichen Caritas ein unveräußerliches Gut christlicher Liebesgemeinschaft, einen nicht übertragbaren Auftrag ihres göttlichen Stifters ... Die Kirche kann sich von dieser Verpflichtung nicht entbinden."[3]

Man muß sich vergegenwärtigen, daß der DCV rund 120.000 hauptberufliche Mitarbeiter(innen) und mehrere Hunderttausend ehrenamtliche Helfer(innen) zählte – „ein gewaltiges Kräftepotential".[4] Zu den pflegerischen Kräften gehörten etwa 70.000 Ordensschwestern. Der DCV unterhielt 1939 3.971 Anstalten, von sozialen Frauenschulen über Kindergärtnerinnen und Jugendleiterinnenseminare, Arbeitsvermittlungsstellen und Stationen für ambulante Krankenpflege bis hin zu Haushaltungsschulen und Kindergärten. Von diesen Anstalten wurden bis 1945 1.871 vorübergehend oder dauernd beschlagnahmt oder zweckentfremdet (von den Kriegszerstörungen wird hier abgesehen).[5] Als die NS-Schwesternschaft gegründet wurde – die „braunen" Schwestern –, erfolgte im Gegenzug 1937 die Gründung der Caritas-Schwesternschaft, um den freien, nicht durch eine Klostergemeinschaft gebundenen katholischen Schwestern einen Rückhalt zu geben. 1939 zählte diese Schwesternschaft bereits 5.000 Mitglieder.[6]

Alle Einengungs-, Unterdrückungs- und Verfolgungsmaßnahmen des NS führten zu neuen Überlegungen, wie man durch die Maschen der Verordnungsnetze schlüpfen und im Sinne der Caritas wirken könnte.[7]

Schon 1933 begann Frau Dr. Gertrud Luckner als Angestellte der Caritaszentrale in Freiburg mit ihren Aktivitäten im Dienst der Verfolgten, denen sie mit Hilfe treuer Freunde die Auswanderung oder das heimliche Verlassen Deutschlands ermöglichte, bis sie selbst im März 1943 verhaftet und bis zum Kriegsende im KZ Ravensbrück festgehalten wurde. Das von Benedikt Kreutz eingerichtete und später unter der Leitung von Heinrich Krone stehende „Caritas-Notwerk" verhalf seit 1934 besonders jenen Angestellten und Beamten, die wegen ihrer Ablehnung des Nationalsozialismus aus ihren Stellungen entlassen wurden, zu neuer Arbeit; 1939 entstand ebenfalls durch Benedikt Kreutz die „Caritas-Reichsstelle für nichtarische Katholiken"; der bereits 1871 gegründete Raphaelsverein, der zur Nazizeit besonders für die Auswanderung der Verfolgten arbeitete, wurde 1941 verboten und enteignet.[8] Die für alle diese Aktivitäten erforderlichen Geldmittel brachte man durch Kirchen-, Haus- und Straßensammlungen sowie durch weitere freiwillige Beiträge auf. Doch diese Quellen wurden bald weitgehend verstopft. Zunächst schränkte man die öffentlichen Caritassammlungen ein, dann verbot man sie mit der Begründung, daß alle Sammeltätigkeiten auf das Winterhilfswerk konzentriert werden müßten.

Das Winterhilfswerk – auch heute noch fälschlich der NS-Initiative zugeschrieben – wurde 1932/33 von der Caritas noch aus eigener Initiative und in eigener Regie durchgeführt und erbrachte in jenem Winter Geld- und Sachwerte in Höhe von 27-30 Millionen Reichsmark. Zur Verwendung der Gaben hatte die Deutsche Reichsbahn 25.000 Waggons frachtfrei zur Verfügung gestellt – eine Frachtkostenersparnis von 1,86 Millionen RM. Von den unter Partei-Regie durchgeführten Winterhilfs-Sammlungen erhielt die Caritas 1937 ca. 880.000 RM, 1938 nur noch ca. 185.000 RM und 1939 131.000 RM, obwohl sie sich aktiv durch Aufrufe und persönlichen Einsatz an den Sammlungen beteiligt hatte.[9]

Wie alle Presseorgane mußte auch die Caritas-Literatur um ihr Überleben kämpfen. Verschiedene kritische Artikel in der Zeitschrift „Caritas" hatten zur Folge, daß der Badische Minister des Innern unter dem 28.8.1933 u.a. folgendes schrieb:

„Die in Freiburg erscheinende, vom Deutschen Caritasverband herausgegebene Zeitschrift ‚Caritas' wird wegen des in Heft Nr. 6 vom Juni 1933 erschienenen Artikels ‚Etwas über die Liebe' schärfstens verwarnt. Die Ausführungen enthalten eine erhebliche Kritik an den Maßnahmen der Regierung, die zwischen den Zeilen als unbillig und ungerecht dargestellt werden. Im Wiederholungsfalle erfolgt ein mehrmonatliches Verbot der Zeitschrift."

Der mit FM gezeichnete und derart beanstandete Artikel war nach Karl Borgmann als „Probetest"(!) gedacht und sollte erkunden helfen, „ob und wie weit man für die von der NSDAP Verfolgten noch öffentlich eintreten konnte".[10] In der Folge hielt man sich in der erst im Mai 1941 eingestellten Zeitschrift „Caritas" zurück, verlagerte jedoch seine Tätigkeit auf andere Produktionen. Unter dem Druck der Verhältnisse und den dadurch bedingten Anforderungen an die tätige Hilfsbereitschaft war man in den Jahren vor 1933 kaum zu einer Reflexion auf die theologischen Grundlagen jeglicher Caritas-Arbeit gekommen. Sie wurde jetzt in der Auseinandersetzung mit dem Nationalsozialismus und seinem Verständnis von „Volkswohlfahrt" dringlich. Namhafte Autoren – P.C. Noppel, R. Angermair, L.A. Winterswyl, A. Beil, R. Guardini, J. Nar u.a. – gaben dazu ihre Unterstützung.

Nachdem eine Zusammenarbeit des DCV mit der NSV zunächst vor allem auf den Gebieten des „Winterhilfswerkes" und dem Hilfswerk „Mutter und Kind" möglich erschien und von der Caritas wie von den Bischöfen begrüßt wurde,[11] zeigten sich in dem Augenblick fundamentale Differenzen, als die Rassenidee im gesundheitsgesetzlichen Bereich durchschlug und die NSV ihr „Wesen" vorstellte.[12]

Nach Althaus hat der nationalsozialistische Staat mit dem Gesetz zur Verhütung erbkranken Nachwuchses[13] „die Ausschaltung der Erbkranken aus dem Erbstrom des Volkes in die Wege geleitet".[14] Zur Feststellung erblicher Qualitäten bzw. „der Träger erblicher Minderwertigkeiten" galten nicht allein medizinische Kriterien, sondern auch das persönliche „Verhalten gegenüber der Volksgemeinschaft". Die derart festgestellten „Minderwertigkeiten" sollten zum Wohl des Volkes „in einer ausmerzenden Erbpflege" zurückgedrängt werden.[15]

Dabei spielten auch ökonomische Überlegungen eine Rolle, eine unproduktive Fürsorge werde durch das Gesetz verhindert und die Zahl derer, die „immer wieder der Fürsorge zur Last fallen, erheblich vermindert".[16] Im Blick auf die Caritas und die Innere Mission und deren Einsatz für die Geisteskranken, Krüppel, Alten und Siechen äußert Althaus: „Auch die aus Barmherzigkeit geleistete Hilfe für die aussichtslosen Fälle wird sich insofern völkischen Gesichtspunkten unterstellen müssen, als nicht eine zu starke materielle Betreuung der Fälle zu einer Mittelverschwendung zuungunsten der Erbgesunden ausarten darf."[17] Die NSV war sich der tiefgreifenden Differenz „zwischen der christlichen Weltanschauung oder der christlichen Idee, die die Kirche lehrt, und der nationalsozialistischen Weltanschauung" bewußt. Während die NSV vom „Gesamtwohl des Volkes" ausgehe und erst von daher nach dem Individuum frage, richte sich kirchliche Liebestätigkeit „wesensmäßig an das notleidende Individuum aus dem Glauben an den einmaligen persönlichen Wert desselben vor Gott".[18]

Die hier wie in zahlreichen anderen Bereichen intendierte und realisierte „Gleichschaltung" ist also etwas entschieden anderes als nur eine organisatorische Maßnahme. Sie zielte auf „Sicherstellung einer nach einheitlichen Grundsätzen ausgerichteten Arbeit" nicht nur der gesamten Fürsorge,[19] sondern der Presse, der Jugendverbände usw. Sämtliche Einrichtungen sollten Agenturen der herrschenden Ideologie werden.

Der Kampf des DCV um seine Eigenständigkeit – vom deutschen Episkopat entschieden unterstützt – war alles andere als eine katholische Eigenbrödelei oder der Versuch, um jeden Preis den „eigenen Verein" zu retten. Denn ebenso, wie das Erziehungsprogramm auf eine planmäßige Ausrichtung des Denkens und Handelns nach der NS-Ideologie abzielte und notwendigerweise den Widerstand (nicht nur) der Christen herausforderte, so war auch die Fürsorge seit 1933 der nationalsozialistischen Weltanschauung, genauerhin der Rassentheorie, untergeordnet. Die in der Fürsorge tätigen Kräfte sollten den einzelnen „in seinem inneren seelischen Verhalten beeinflussen und unter Benutzung nationalsozialistischer Motive aus ihm ein nützliches, leistungswilliges Glied des Volksganzen machen. Nationalsozialistische Volkswohlfahrt ist darum Gesinnungspflege."[20]

Die in der Wohlfahrtspflege tätigen Verbände bzw. Vereine waren nicht nur gehalten, die sie betreffenden Gesetze zur Kenntnis zu nehmen, sie mußten diese Gesetze auch kommentarlos abdrucken. Gleichzeitig aber hatten der Papst und die Bischöfe eindeutig Stellung bezogen und Sterilisation als unvereinbar mit katholischer Lehre erklärt. „Damit war erstmals der prinzipielle Konflikt zwischen Kollaborationserfordernis und kirchlich gesetzten normativen Grenzen deutlich geworden."[21] Aus dem Zwiespalt, entweder den Anordnungen der anerkannten Obrigkeit zu folgen und damit gegen christliche Auffassungen zu verstoßen oder aber dem eigenen Gewissen zu folgen und dabei auferlegte staatsbürgerliche Pflichten zu verletzen, gab es bis zum Ende des Krieges keinen Ausweg.

Aus verschiedenen Gründen ist der DCV kein Opfer der Gleichschaltungspolitik geworden. Zwar wurden seine Tätigkeit kontrolliert, seine Wirkmöglichkeiten eingeengt, seine Mitarbeiter Schikanen ausgesetzt. Aber der DCV ist weder aufgelöst, noch ist seine innere Struktur angetastet worden. Der DCV wurde partiell aus-, jedoch nicht „gleichgeschaltet" in dem Sinn, daß er nur noch ein Instrument der NSV gewesen wäre. Zwischen der Selbstpreisgabe durch totale Anpassung und dem Verbot bzw. der Auflösung lag ein weites Feld von Möglichkeiten. Der DCV wollte ebensowenig wie der Episkopat Anlässe oder Vorwände zu Übergriffen liefern und hielt sich darum zurück. Man betonte die Besonderheit und den Eigenwert einer freien kirchlichen Liebestätigkeit, aber man suchte nicht die Konfrontation. Im Gegenteil, wo es möglich war, verwies man auf Gemeinsamkeiten, ohne eigene Grundsätze preiszugeben. Was als opportunistisches Verhalten gedeutet werden kann, geschah aus dem Willen zum Überleben, und zwar nicht nur um der eigenen Existenz, sondern ebensosehr um des Dienstes an den Menschen willen, die man nicht der „völkischen" Wohlfahrt ausgeliefert wissen wollte. „Man hat die Politik des Grases und nicht die Politik der Eichen betrieben."[22]

Auf die Frage, warum der DCV auch organisatorisch relativ intakt das „Dritte Reich" überstanden hat, lassen sich nur Vermutungen anstellen. Sicherlich hat sich das Reichskonkordat trotz aller sonstigen Verletzungen ausgewirkt, wobei Eigeninteressen des Staates eine nicht geringe Rolle gespielt haben dürften. Wenn die Bischöfe bei dem entschiedenen Einsatz für „ihre" Caritas[23] mehr Erfolg hatten als auf anderen Gebieten, so hat das seine Gründe.

Die Wehrmacht konnte bei der Ausrüstung und Kriegsplanung nicht auf die caritativen Einrichtungen verzichten. Seit etwa 1936/37 wußte auch der DCV um die Mobilmachungspläne und um die Einbeziehung des pflegerischen Potentials des DCV – einschließlich der 70.000 Ordensschwestern – in die militärischen Dispositionen.[24] So bot das Interesse der Wehrmacht einen gewissen Schutz gegen zu massive Angriffe der Parteiorganisationen.

Darüber hinaus pflegte der Präsident des DCV, Benedikt Kreutz, seine aus dem 1. Weltkrieg stammenden Verbindungen zu ehemaligen Offizieren (er selbst war Divisionspfarrer gewesen und mit dem EK I dekoriert), die inzwischen höhere Ämter bekleideten.

Geboren 1879, in der Wilhelminischen Ära geprägt, voller Liebenswürdigkeit und von unverwüstlichem Optimismus, mit großen organisatorischen Fähigkeiten, ein reaktionsschneller Verhandlungspartner („dem auch eine gewisse Bauernschläue nicht abging"),[25] mit einer ausgeprägten Vaterlandsliebe, ausgesprochen national gesinnt (K. Borgmann spricht von einem „romantischen … Patriotismus")[26] und mit einem Hang zum Militärischen, verhandelte Kreutz unermüdlich und in zahllosen Konferenzen mit Ministerien und Parteistellen in Berlin, wo er sich oft länger aufhielt als in Freiburg. Seine Losung „Die Caritas hat keine Gegner, die Caritas hat nur Aufgaben."[27]

Kreutz kannte in Berlin sehr viele einflußreiche Männer, sowohl im Arbeitsministerium als auch im OKW und im OKH. Doch seine Beziehung zum Chef der NSV als dem wichtigsten Gesprächspartner stellte für die Existenz der Caritas einen nicht zu überschätzenden Faktor dar. Wie immer die menschlich gute Beziehung zwischen dem Präsidenten des DCV Kreutz und dem Hauptamtsleiter Hilgenfeldt zustande gekommen sein mag – Gerüchte unter älteren Mitarbeitern im DCV führen das freundschaftliche Verhältnis auf eine Begegnung der beiden Männer 1918 an der Ostfront und auf ein damals gegebenes Versprechen zu gegenseitiger Hilfe zurück –,[28] Kreutz rang seinem Verhandlungspartner manches Zugeständnis für den DCV und die Innere Mission ab. In der Caritas-Zentrale wurde damals das Wort geprägt: „Wenn auch alle abstinent werden sollten, Kreutz darf es nicht werden, sonst kann er nicht bei Hilgenfeldt den Verband retten."[29] Kreutz hat nicht selten – und unter demütigenden Umständen – „in der gleichen Sache bis zu zehn- und zwanzigmal bei einzelnen Behörden vorgesprochen, bis er sein Ziel ganz oder wenigstens teilweise erreicht hatte".[30] Bei seinen Verhandlungen in Berlin trug er auf seinem Priesterrock stets die Ordensspange des EK I: Vielleicht gab es unter den Emporkömmlingen in der Bürokratie von Partei und Staat, auf deren Wohlwollen die Verbände angewiesen waren, hin und wieder jemanden, der verstand, daß es auch schon vor Beginn des „Dritten Reiches" und vor der Gründung seiner Partei vaterlandsliebende Deutsche gegeben hatte; jedenfalls brauchte man sich von den neuen Herren in dieser Hinsicht nichts sagen zu lassen. Zwar hatte Kreutz die „nationale Bewegung" anfangs sehr begrüßt, doch seine national-patriotische Grundeinstellung trübte ihm nicht den Blick für die machtpolitischen Realitäten. In einem Vortrag auf der Zentralratssitzung des DCV am 8./9.6.1933 sagte er: „Die NS-Volkswohlfahrt ist im Besitz der Machtmittel des totalen Staates; die Caritas ist im Besitz einer großen Idee und eines hohen Ethos."[31]

Schon bei dieser knappen Skizze und ohne Kenntnis der oft verwickelten Einzelvorgänge dringen sich einige Fragen auf: können Menschen, eine Gruppe oder ein Verband wie der DCV angesichts der konkreten Aufgabe, Menschen in Notsituationen ohne Ansehen der Person, der Rasse, der Religionszugehörigkeit usw. zur Seite zu stehen und mit unzulänglichen Mitteln zu helfen, prinzipiell anders handeln, als sie es getan haben? Durfte man Menschen mit ihrer Not allein und auch zugrunde gehen lassen, wenn man sie durch Verhandlungen, Taktieren, Zugeständnisse retten oder ihnen auch nur das Gefühl geben konnte, nicht im Stich gelassen und nicht vergessen zu sein? Was fällt mehr ins Gewicht: die absolut „weiße Weste" oder die Bereitschaft, sich um lebendiger Menschen willen die „Hände schmutzig zu machen" (wobei die Kriterien für ‚weiß' und ‚schmutzig' eigens zu untersuchen wären)? Damit sind zwar nicht alle Fragen gestellt, doch diese dürfen nicht unterschlagen werden.

Während der Zeit der Weimarer Republik stand die Reichswehr im Zwielicht. Als der Staat sich in der Krise befand, war auch die Reichswehr „ihrer selbst nicht sicher".[1] Von seinem historischen Ursprung her war das Offizierskorps über die Krone auf den Staat hin orientiert gewesen, nun stand es der demokratischen Republik kühl und ablehnend gegenüber. Zu stark war die Diskrepanz zwischen der politischen Realität und den eigenen Vorstellungen, in denen Deutschland außenpolitisch als national-staatliche Großmacht und innenpolitisch als autoritär strukturierter Obrigkeitsstaat erschien.[2]

Der Sonderwelt des Militärs – für den „Zivilisten" von jeher nur schwer durchschaubar – im Kaiserreich, während der Weimarer Republik und auch unter Hitler mit ihrer gepflegten Tradition, der von Seeckt dem Offizierskorps anerzogenen Haltung zur absoluten politischen Abstinenz und ihrer Pflichtauffassung gegenüber einem abstrakt verstandenen Staat ohne innere Bindung an die Republik entsprach auch ein besonderes Selbstverständnis. Während man die Parteien als Vertreter von Gruppeninteressen und im egoistischen Denken verfangen sah, hielt man sich selbst für interessenfreie Diener des Staates und „Hüter des Reiches".[3] Die starken Vorbehalte gegenüber der Weimarer Republik, die ausgesprochene Antipathie gegen das parlamentarische System und eine durchgängig konservative Grundeinstellung der Reichswehrführung wurden u.a. im „Flaggenstreit" sichtbar. Nach Einführung der Reichsfarben Schwarz-Rot-Gold (Reichsverfassung Artikel 3) setzte die Reichswehr es durch, daß für die Reichskriegsflagge die Farben *Schwarz-Weiß-Rot* mit einer schwarzrotgoldenen Gösch und dem Eisernen Kreuz zugestanden wurde.

Wie Seeckt sahen die maßgebenden Kräfte der Reichswehr die Republik „unter dem verschwommenen Gedanken der Weiterentwicklung nach vorn als ein Zwischenstadium auf dem Weg zu etwas Besserem an".[4] Man pflegte die soldatischen Tugenden und hielt die Tradition in Ehren, entzog sich aber der politischen Realität der Republik. Das Offizierskorps glaubte auch nach dem Ausscheiden des Chefs der Heeresleitung (1926) an dessen Prinzip festhalten zu können: Beschränkung auf den Beruf und Abstinenz von der Politik. Die Devise, „dem Stand ohne

Rücksicht auf das jeweilige ‚System' zu dienen", in einem geordneten und demokratischen Staatswesen durchaus sinnvoll, führte jedoch zu einer fast willenlosen „Unterwerfung unter eine verbrecherische Staatsführung".[5]

Ähnlich wie die katholische Kirche fühlte sich die Reichswehr durch die Regierungserklärung vom 23.3.1933 bestätigt. Viele glaubten wie Henning von Tresckow unter dem Einfluß der Beteuerungen Hitlers, „daß die ‚nationale Erhebung' in dem Rahmen des Rechts und der Ehre verlaufen würde".[6] Die von Blomberg gebilligte Beseitigung des Amtes des Reichspräsidenten als einer unabhängigen Institution und die Übertragung von deren Befugnissen auf den Reichskanzler, ebenso die eidliche Bindung der Reichswehr an die Person Hitlers mit der dadurch bedingten weitestgehenden Einschränkung der Entscheidungsmöglichkeiten lagen „konsequent in der Linie der bisherigen, ebenso illusionären wie bedenklichen Politik der Reichswehrführung, die durch ihre Usurpierungs- und Umarmungstaktik die Reichswehr zu einem, wenn nicht gar zu dem bestimmenden Faktor im Staate zu machen trachtete".[7]

Der seit dem 2. August 1934 auf die Person Hitlers, nicht auf die Verfassung zu leistende Eid ließ nach damaliger Lesart „keine Vorbehalte, keinen Ausweg" offen.[8]

„Dieser Eid ist die stärkste, die unlösliche Bindung der Wehrmacht an das Staatsoberhaupt, der gleichzeitig Führer der nationalsozialistischen Bewegung ist. Dieser Eid, der in unbedingter und persönlichster Form dem Führer des deutschen Reiches und Volkes geleistet wird, gibt dem Soldaten eine eindeutige und klare sittliche Grundlage seines Dienstes für Volk und Vaterland. Er löst ihn von abstrakten Begriffen und stellt die altsoldatische und altdeutsche persönliche Bindung zwischen dem einen letzten verantwortlichen Führer und seiner Gefolgschaft wieder her."[9]

Die Hoffnung zahlreicher Offiziere, unter dem Schutz und im Dienst des neuen Reiches die Autonomie der eigenen Sphäre wahren und die militärische Tradition wie bisher pflegen zu können, ging ebensowenig in Erfüllung, wie die Zuversicht von Politikern, Hitler „bändigen" zu können.

Die Bindung an Hitler durch den Eid bedeutete vorerst noch wenig für die selbständige Wehrmacht- und Heeresführung. Die Übernahme des Titels „Oberster Befehlshaber der Wehrmacht" besagte zunächst nur, daß Hitler damit die hoheitliche Funktion von Hindenburg übernommen hatte.

Viel weitreichendere Folgen hatte die Blomberg-Fritsch-Krise im Frühjahr 1938 mit den verschärften Spannungen zwischen der auf Selbständigkeit bedachten Wehrmacht und der die totale Führung intendierenden Partei. Mit der Neugliederung der Wehrmachtführung übernahm Hitler die Befehlsgewalt über die Wehrmacht als „Oberbefehlshaber der Wehrmacht", die bisher vom Kriegsminister wahrgenommen worden war; das Kriegsministerium als selbständiger Teil der Regierungsgewalt wurde abgeschafft; an die Stelle des bisherigen Wehrmachtsamtes des Kriegsministeriums trat das Oberkommando der Wehrmacht, das direkt Hitler unterstand und von dem ihm hörigen General Keitel geführt wurde. Der Chef des OKW und der Oberbefehlshaber des Heeres waren nun rangmäßig den Reichsministern gleichgestellt. Damit war die alte Ranghierarchie an der Führungsspitze der Wehrmacht beseitigt und Anlaß zu einer permanenten Rivalität zwischen OKH und OKW gegeben, die sich auch auf Fragen der Feldseelsorge auswirkte.[10]

Ein halbes Jahr später, am 17. August 1938, wurde trotz des Widerstandes der Wehrmacht- und Heeresführung die Waffen-SS als eigener Waffenträger neben dem Heer formell etabliert, im Oktober 1939 eine eigene SS- und Polizeigerichtsbarkeit.[11]

Wenngleich sich das nationalsozialistische System bis zu Beginn des Krieges durch seine wirtschaftlichen und außenpolitischen Erfolge konsolidiert hatte und die Offiziere der alten Reichswehr – mit den Aufgaben der aufzubauenden Wehrmacht vollauf beschäftigt – die verhängnisvolle Entwicklung der Innenpolitik nur eingeschränkt wahrnahmen, so gelang es dem Nationalsozialismus doch nur sehr schwer, die Offiziere im nationalsozialistischen Sinne zu beeinflussen. Sie waren bestrebt, „den Neubau im Geiste der alten soldatischen Traditionen und Tugenden zu vollziehen".[12] Selbst als mit Einführung der allgemeinen Wehrpflicht und erst recht seit Kriegsbeginn auch eine große Zahl von Hitler-Anhängern und Parteimitgliedern in die Wehrmacht strömte, war sie kein absolut willfähriges Instrument der Partei und des „Führers", der sich wohl nicht nur um eines Titels willen zum Oberbefehlshaber des

Heeres machte und bis zum Schluß sein Mißtrauen gegenüber der Wehrmacht nicht überwunden hat.[13]

Die Wehrmacht war darauf bedacht, neben der Partei als dem politischen Willensträger „der einzige Waffenträger der Nation" zu sein und neben dieser als staatstragende Säule zu gelten.[14] Umgekehrt versuchte die Partei, die in der Weltanschauung des Nationalsozialismus den „Garant(en) des Sieges der Wehrmacht" sah,[15] ihren Einfluß auf die Wehrmacht systematisch auszubauen. Dem diente z.B. das „Arbeitsabkommen" zwischen dem OKW und Rosenberg, das am 11.11.1940 unterzeichnet wurde. Darin heißt es:

„6. Das OKW wird den Beauftragten des Führers bei der Druckschriften-Zensur in der Weise beteiligen, daß das gesamte weltanschauliche Schrifttum zur Begutachtung an den Beauftragten des Führers geleitet wird. Das OKW erkennt das Gutachten des Beauftragten des Führers als bindend an ..."[16]

Das OKH lehnte jedoch alle Punkte der Vereinbarung ab und forderte nach wie vor, daß „der Truppenführer für Geist und Haltung seiner Soldaten allein verantwortlich" sei.[17] Wehrmachtführung und Heeresleitung waren primär an der Geschlossenheit von Offizierskorps und Truppe interessiert. Für die Militärseelsorge setzte man sich solange mit einiger Entschiedenheit ein, als sie diese Geschlossenheit und die von ihr erwartete Stärkung des Geistes traditionellen Soldatentums einigermaßen gewährleisten konnte. Doch alle Versuche und Anweisungen, die Armee aus den kirchenpolitischen und religiösen Auseinandersetzungen herauszuhalten, scheiterten angesichts der nationalsozialistischen Kirchenpolitik.[18] Die unentschiedene Haltung der Führungsspitze hatte eine Spaltung des Offizierskorps zur Folge. Es gibt sowohl Beispiele für demonstrative Bekundungen von Glaubens- und Kirchentreue verschiedener Kommandeure als auch für Forderungen, die Wehrmachtgeistlichen müßten sich positiv zum nationalsozialistischen Staat bekennen.[19] Müller sieht die Haltung der Militärs in dieser Frage als Ergebnis des Zusammentreffens verschiedener Faktoren. Auf der einen Seite sind es der Substanzverlust christlicher Glaubenskraft im konservativen Bürgertum und Offizierskorps, eine funktionalistische Auffassung von Wert und Sinn der Militärseelsorge, die historisch bedingte Schwäche christlicher Lebens-, Berufs- und Weltauffassung und eine Neigung zum

Obrigkeitsstaat, auf der anderen Seite ist es die konkrete historische Situation mit der anfangs noch undurchsichtigen Kirchenpolitik des Nationalsozialismus und der auf Ausgleich bedachten Haltung der Kirche.[20]

War seit der Einführung der allgemeinen Wehrpflicht und erst recht seit den außenpolitischen Erfolgen Hitlers festzustellen, daß Opportunismus und Willfährigkeit gegenüber der Partei zunahmen – nicht zuletzt darum, weil manch einer mit einer schnellen Karriere rechnete –, so beschleunigte sich dieser Prozeß während des Krieges, zumal während der für das nationalsozialistische Deutschland erfolgreichen ersten Phase. Nur eine Minderheit von Offizieren raffte sich angesichts der zunehmenden Pervertierung des Volks-, Nation- und Staatsbegriffes, des bekannt werdenden massiven Unrechts in den Besatzungsgebieten und dem nunmehr unverschleierten Totalitätscharakters des Nationalsozialismus zu aktivem und entschlossenerm Widerstand auf. Ein Großteil tat seine vermeintliche Pflicht gegenüber einem Staat, der nur noch theoretisch von der nationalsozialistischen Führung zu unterscheiden, faktisch jedoch mit ihr und ihrem Ziel identisch war.

Mit der Entlassung von Brauchitsch am 19. Dezember 1941 und der Übernahme des Oberbefehls über das Heer durch Hitler wurde auch strukturell offenkundig, daß „eine bedingungslose Übereinstimmung zwischen den Grundauffassungen der Staatsführung und denen des Offizierskorps – nicht nur auf allen Gebieten des militärischen Daseins, sondern vor allem in weltanschaulicher Hinsicht –"[21] beabsichtigt war. Keitel wollte *„die Gedankengänge des Führers ... in der Form von Verfügungen und Richtlinien an die Kommandostellen gelangen lassen"*, um über die geistig-weltanschauliche Führung den Willen zum Durchhalten und den Glauben an den Endsieg zu stärken. Diesen Zielen dienten sowohl der Erlaß Keitels vom 15.7.1942 mit der Einsetzung von „Bearbeiter(n) für wehrgeistige Führung" als auch der Befehl des berüchtigten Generals Schörner vom 1.2.1943 nach der Niederlage von Stalingrad.[22] Was hier für das IX. Armeekorps formuliert war, galt bald für die gesamte Wehrmacht: Deutung des Krieges als Weltanschauungskrieg; Ablehnung einer „Teilung in militärische und geistige Führung"; kompromißlose Herausstellung der nationalsozialistischen Lebensauffassung.

Zur Realisierung dieser politisch-weltanschaulichen Führungsaufgabe wurde durch Führerbefehl am 22.12.1943 der NS-Führungsstab

OKW geschaffen, dessen Amtsgruppe Inland auch für konfessionelle Fragen, für „militärische Zensur von Buch, Broschüre und Bildwerk" und für Druckgenehmigung für alle Druckerzeugnisse der Wehrmacht" zuständig war.[23] Der Chef des NS-Führungsstabes war General Reinecke (zugleich Chef des allgemeinen Wehrmachtsamtes), der in den vorläufigen Richtlinien als Ziel der politisch-weltanschaulichen Führung „die Sicherstellung der politischen Willensbildung und Aktivierung in der Wehrmacht nach nationalsozialistischen Grundsätzen" proklamierte.[24] Allerdings wird auch hier noch betont, daß der Truppenführer „Träger der nationalsozialistischen Führung in der Wehrmacht" sei und daß der NSFO „immer im Auftrag und nach den Weisungen des Truppenführers" zu handeln habe. Unschwer ist zu erkennen, daß auch jetzt noch genügend Widerstand in der Wehrmacht gegen eine totale Vereinnahmung zu verzeichnen war. Unklar ist, ob sich dieser Widerstand mehr aus militärischem Ressortdenken oder überwiegend aus politisch begründeten Vorbehalten herleitete. Die Aufzeichnung des Hauptbereichsleiters Ruder – von Bormann als Leiter des geplanten Arbeitsstabes NSFO in der Parteikanzlei vorgesehen – vom 30.12.1943 läßt hinsichtlich der nationalsozialistischen Einstellung der Wehrmacht eine im Sinne der Partei fast trostlose Lage erkennen. Ruder notiert, daß „auf dem Gebiet der nationalsozialistischen Führung und Erziehung in sehr vielen Truppenteilen fast nichts getan wurde"[25] und führt diese Tatsache ausschließlich auf das „Nicht-Wollen und Nicht-Begreifen der betreffenden Kommandeure" zurück. Er vermerkt ferner, „daß bei bestimmten Offizieren trotz aller Erziehung kein Hauch von nationalsozialistischer Gesinnung zu spüren ist" und „ihre Maßnahmen allen nationalsozialistischen Grundsätzen ins Gesicht schlagen".[26] Bei dem umfangreichen Aufgabenkatalog des NSFO sieht Ruder voraus „Zwangsläufig werden die NS-Führungsoffiziere auch mit den Wehrmachtgeistlichen zusammenstoßen, die außer ihrer Konfessionsarbeit häufig noch bis jetzt ‚Betreuungsarbeit' in der Truppe leisten."[27] Selbst wenn man in Rechnung stellt, daß Ruder und die hinter ihm stehenden Kräfte ihre eigene Tätigkeit legitimieren oder ihre Bedeutung hervorheben wollten, so gibt es nach Besson doch „Hinweise", daß die nationalsozialistische Führungsarbeit vielfach als Bildungsvermittlung und gehobene Freizeitgestaltung aufgefaßt und so ihr Sinn nicht verstanden wurde oder nicht verstanden werden wollte. Es wird von Fällen berichtet, bei denen Theologen die Aufgaben eines nationalsozialistischen Betreuungsoffiziers zugewiesen erhalten hätten.[28]

Man kann sich eigentlich nur wundern, daß es der Partei erst relativ spät gelang, die Voraussetzungen zur systematischen Schulung der Wehrmacht im nationalsozialistischen Geiste zu nutzen und auszubauen. Am 8.1.1944 wurde vom Personalamt des Heeres als „Befehl des Führers" verlautbart, daß der Offizier „nicht nur Waffenträger der Nation", sondern „in gleichem Maße auch politischer Willensträger seines Volkes" sei. Die Schulung aller Soldaten habe nach dem Buch *„Wofür kämpfen wir"* zu erfolgen, und diese politische Schulung sei „ebenso kriegsentscheidend, wie die Ausbildung an der Waffe".[29]

Am 28.3.1944 gab der Chef des NS-Führungsstabes des Heeres Richtlinien für die nationalsozialistische Führung im Heer heraus, mit denen er seinem Auftrag zur Sicherstellung der politischen Willensbildung und Aktivierung im Heere durch einheitliche politische und weltanschauliche Führung nachkommen wollte. In diesen Richtlinien zur „Aktivierung der nationalsozialistischen Erziehung" durch den NSFO wurden nicht nur Ziele und Betätigungsfelder (Lehrgänge, Schulungen, Soldaten–, Urlauber- und Erholungsheime, Stäbe, Stabseinheiten, rückwärtige Dienste) beschrieben, es wird auch unübersehbar der totale Anspruch deutlich: „Die für die NS-Führung gegebenen Befehle sind zu befolgen, und ihre Durchführung ist ebenso wie die Ausführung taktischer Befehle unter vollem Einsatz der Persönlichkeit des Truppenführers notfalls mit scharfen Mitteln sicherzustellen."[30] Nach dem erklärten Willen der Partei-Kanzlei,[31] des nationalsozialistischen Führungsstabes im OKW[32] und Hitlers selber[33] sollte die Wehrmacht „ein Instrument der politischen Führung", „der Schwertarm des Politischen Leiters", eine „nationalsozialistische Revolutionsarmee" sein, die politisch zu aktivieren und zu fanatisieren die vordringlichste Aufgabe darstelle. In dieser Endphase des Krieges wird nicht nur die Zielvorstellung des Nationalsozialismus ohne weitere Verschleierung deutlich, es wird auch die Realitätsblindheit der Machthaber offenkundig.

Mit welchem personellen Aufwand man die politischer Aktivierung und Fanatisierung der Wehrmacht erreichen wollte, ist ersichtlich aus einem Entwurf Ruders *„1 Jahr nationalsozialistische Führungsarbeit in der*

Wehrmacht", der genaue Angaben über die Zahl der eingesetzten NSFO enthält. Danach betrug die Sollstärke der hauptamtlichen NSFO am 20.12.1944 1.251 und die Iststärke 1.074. Ebenfalls nach dem Stand vom 20.12.1944 waren beim Heer etwa 4.300 Offiziere, bei der Luftwaffe 3.452 Offiziere und bei der Marine etwa 900 Offiziere nebenamtlich als NSFO eingesetzt.[34] Die zahlreichen und intensiven Versuche des Propagandaministeriums, der Parteikanzlei und des OKW zur Beeinflussung, Erziehung und schließlich „Fanatisierung" der Soldaten besagen wenig darüber, ob und in welchem Maße Offiziere und Soldaten davon geprägt worden sind. Man wird davon ausgehen dürfen, daß sowohl menschliches Beharrungsvermögen als auch die Beanspruchung durch den Krieg, dann die sich abzeichnende Niederlage Deutschlands, nicht zuletzt die apolitische Haltung vieler Soldaten ein Wirksamwerden solcher Indoktrinationen verhinderten. So sehr die Leitung der Wehrmacht und ein Teil des Offizierskorps sich angepaßt hatten und dem Nationalsozialismus verfallen waren, so wenig wurde die Basis erreicht. Statistiken von Feldpostprüfstellen zeigen, „daß etwa 90% der Soldatenpost politisch ‚farblos' blieb und nur 4-5% sich positiv äußerten".[35]

1.5 Katholische Kirche und Zweiter Weltkrieg

Nach den Erfahrungen der katholischen Kirche mit dem Hitler-Regime seit 1933 konnte die „feierliche Erklärung" des österreichischen Episkopats vom 18.3.1938 zum Anschluß Österreichs an das „Reich" – von der NS-Propaganda breit ausgeschlachtet – nur als naiv und als „Fehlentscheidung"[1] bezeichnet werden, die zugleich die Gefahr eines Bruchs mit dem deutschen Episkopat in sich barg, der keineswegs vorbehaltlos den verschiedenen Aufforderungen seitens der österreichischen Bischöfe, der Reichsregierung und deutscher Katholiken nachkam.[2] Die deutschen Bischöfe befanden sich im Zwiespalt, ob es sich bei der kombinierten Reichstagswahl und Volksabstimmung zum Anschluß Österreichs an das Reich um ein politisches oder patriotisches Ereignis handelte.[3] Schließlich beugten sich die meisten dem vielfachen Druck, sowohl die Erklärung des österreichischen Episkopats zu veröffentlichen als auch die Glocken zu läuten. Von den internen Auseinandersetzungen konnte die Öffentlichkeit ebensowenig erfahren wie von der Weigerung Preysings, Propagandaartikel zur Volksabstimmung in der Bistumszeitung zu veröffentlichen. Auch hier waren die Bischöfe wie in früheren Jahren und bei anderen Angelegenheiten unterschiedlicher Meinung. Während Bischof Sproll von Rottenburg der Wahl fernblieb und dafür zum Verlassen der Stadt gezwungen wurde,[4] mußten in einer anderen Diözese Geistliche Rügen ihrer kirchlichen Vorgesetzten einstecken, weil sie mit dem Fernbleiben von der Wahl ihren Protest zum Ausdruck gebracht hatten.[5] Jedenfalls waren 18 Monate vor Kriegsbeginn „die Wogen der Hitler-Begeisterung (zum ersten Mal) auch in die Reihen der deutschen Katholiken" geschlagen,[6] und Hitlers außenpolitische Erfolge, vielleicht auch die verschiedenen Treue- und Dankbeteuerungen des Episkopats, machten es trotz der vorangegangenen offenen Protests dem einfachen Katholiken schwer, eine Unterscheidung zwischen Deutschland und nationalsozialistischer Partei, Vaterland und Nationalsozialismus, Staat und Ideologie zu vollziehen.

Doch weder in der deutschen Öffentlichkeit noch bei den Kirchen läßt sich beim Beginn des Krieges 1939 eine auch nur annähernd ähnliche Reaktion erkennen wie am Anfang des Ersten Weltkrieges, selbst nicht bei denjenigen, die Hitlers vor übergehende Erfolge in der Außenpolitik mehr oder weniger stürmisch begrüßt hatten. Es gibt auch keinen Beleg für die Behauptung Friedländers, daß „der überwiegende Teil des deutschen Klerus … auf allen Stufen der Hierarchie die ‚glühenden‘ Gefühle des Feldbischofs" geteilt habe.[7]

Begeisterung findet man in keinem Hirtenbrief der Diözesanbischöfe zum Kriegsbeginn, doch umso häufiger und nachhaltiger die Aufforderung an die Soldaten und an die Gläubigen in der Heimat zur Pflichterfüllung. Die Grundgedanken der Erklärung des deutschen Episkopates vom September 1939 kehren in fast allen Hirtenbriefen der einzelnen Bischöfe wieder:

„In dieser entscheidungsvollen Stunde ermuntern und ermahnen wir unsere katholischen Soldaten, in Gehorsam gegen den Führer, opferwillig, unter Hingabe ihrer ganzen Persönlichkeit ihre Pflicht zu tun. Das gläubige Volk rufen wir auf zu heißem Gebet, daß Gottes Vorsehung den ausgebrochenen Krieg zu einem für Vaterland und Volk segensreichen Erfolg und Frieden führen möge …"[8]

Diese Erklärung der deutschen Bischöfe wie auch die Hirtenbriefe zahlreicher Diözesanbischöfe mit den Aufrufen: „Erfüllt eure Pflicht gegen Führer, Volk und Vaterland!",[9] „Gott sei mit allen, die die schwere Kriegsarbeit auf sich nehmen und verleihe ihnen Mut und Kraft, für das teure Vaterland siegreich zu kämpfen oder mutig zu sterben",[10] oder auch: „Nachfolge Christi ist es, das eigene Leben einzusetzen zur Rettung unseres Volkes"[11] können schwerlich anders denn als Anerkennung der Rechtmäßigkeit des Krieges verstanden werden.[12] Damit waren die katholischen Christen im Gewissen gebunden und auf Hitler verpflichtet. Wer aber den Krieg Hitlers als gerecht anerkannte, legitimierte zumindest teilweise auch die durch die nationalsozialistische Propaganda dem Bewußtsein eingeprägten Feindstereotypen, sei es, daß man mit der Behauptung vom „uns aufgezwungenen Krieg"[13] die Vorstellung vom unschuldigen, friedensliebenden Deutschland und seinen kriegslüsternen Feinden suggerierte, sei es, daß man im jetzt begonnenen Krieg eine Art von Fortsetzung des „1919 durch einen erzwungenen Gewaltfrieden äußerlich beendet(en)" ersten Weltkrieges sah[14] und damit die früheren Bilder von den Deutschland umgebenden Neidern beschwor. Es ist und bleibt eine für die deutschen Bischöfe peinliche Tatsache, daß sie in fast allen Verlautbarungen kontinuierlich vaterländische Pflichterfüllung und Opferbereitschaft, Treue und Gehorsam forderten. Man muß aber auch anerkennen, daß die bei Zahn genannten Beispiele von Gröber und Galen Ausnahmen darstellen. In Deutungen des Krieges übten die Bischöfe bis zum Angriff auf die Sowjetunion, der als „Kampf gegen den gottlosen Bolschewismus" ausgegeben wurde, äußerste Zurückhaltung.

Unter allen Bischöfen ging allein Bischof Preysing von Berlin mit keinem Wort auf den „Krieg für das Vaterland" ein. Er rief vielmehr auf zum Gebet, das ein Gebet von Gerechtfertigten zum gerechten Gott sein müsse. Er fordert die Gläubigen und die Soldaten auf, bereit zu sein, jeden Augenblick vor das Angesicht Gottes treten zu können. Nach den Hinweisen auf Buße und Beichte spricht Preysing eindringlich und ausführlich über „die vollkommene Reue" als Akt des Glaubens, der Hoffnung und der Liebe. „Und Ihr, die Ihr in besonderer Lebensgefahr seid, wappnet Euch durch diese Gebete gegen Gefahren der Seele und schöpft Trost und Stärke in der Überzeugung, daß ihr mit Gott im Frieden seid."[15] Auch die von den Bischöfen angeordneten oder vorgeschlagenen Gebete und Andachten[16] beschränken sich auf Bitten um einen ehrenvollen Frieden oder einen glücklichen Ausgang des Krieges. Dem Verfasser ist aus der frühen Phase des Krieges lediglich eine Verordnung zum Gebet „um den Sieg für unsere Waffen und einen baldigen Frieden" bekannt geworden, nämlich die des Feldbischofs Rarkowski.[17] „Sieg" klingt zu Beginn des Krieges nur selten an, so z.B. in einem Hirtenwort des Kardinals von Köln: „Müssen nicht wir alle … unsern Tapferen im Felde mit treuem täglichen Gebet zu Hilfe kommen, auf daß sie nach ehrenvollem Sieg und Frieden bald glückliche Heimkehr feiern können?"[18] Der Bischof von Rottenburg kennt in seinem Hirtenbrief zum 10.9.1939 für die Soldaten nur die Alternative, „für das teure Vaterland siegreich zu kämpfen oder mutig zu sterben".[19]

Die mit Vorliebe gebrauchten Wendungen „segensvoller", „glücklicher", „ehrenvoller" Ausgang des Krieges konnten zwar im Sinne von „Sieg" interpretiert werden, ließen aber auch andere Auslegungen offen. Der Herausgeber der Gesetze, Verfügungen und Richtlinien zur Seelsorge und kirchlichen Verwaltung im Krieg kommentiert jedenfalls, daß die Bischöfe „mit dem Gewicht der geistlichen Autorität die Gläubigen (auffordern), … um einen segensreichen Sieg und Frieden zu beten".[20]

Im Unterschied zu den Bischöfen lieferten die Kirchenblätter die von der Reichspressekammer „gewünschten" Kommentare zum Krieg und zu den Siegen in Polen und Frankreich.[21] Gemäß der Verordnung des Ministers für die kirchlichen Angelegenheiten läuteten nach dem Einzug der deutschen Truppen in Warschau sieben Tage lang zwischen 12 und 13 Uhr in drei Abschnitten alle Kirchenglocken, ebenso nach dem Sieg über Frankreich. In dieser Situation ließen sich einige Bischöfe zu Ausbrüchen patriotischer Begeisterung hinreißen.[22]

Unter dem Druck des Propagandaministeriums und auch in diesem Punkt mit dem Vorsitzenden der Fuldaer Bischofskonferenz und dessen Nachgiebigkeit solidarisch, setzten sich einige Bischöfe seit dem Spätherbst 1940 stärker für „einen siegreichen Ausgang dieses jetzt brennenden Krieges in einem für Deutschland und Europa segensreichen Frieden" ein, eine Folge auch von zwei Verhandlungen Bischof Wienkens, der den Episkopat bei der Reichsregierung vertrat, im Propagandaministerium am 12. und 21.9.1940.[23]

Die Tendenz bischöflicher Verlautbarungen zum Krieg läßt sich in etwa wie folgt beschreiben: man war bedrückt und besorgt ob des „ausgebrochenen" Krieges, rief aber gemäß der katholisch-traditionellen Lehre von den Pflichten gegenüber der Obrigkeit und im Willem zu patriotischer Solidarität mit Ernst und Zurückhaltung zur Pflichterfüllung und Bewährung auf. Seit Mitte 1940 setzt sich streckenweise ein gewisses Pathos durch, das einmal im Stolz auf die „Leistungen" der deutschen Soldaten begründet, zum Teil auch durch die Forderung des Propagandaministeriums nach größerem Engagement bedingt sein kann. Vielleicht spielte hier und dort auch der Gedanke eine Rolle, den möglichen Sieger für die Zeit nach dem Krieg günstig stimmen zu können. Der Krieg gegen die Sowjetunion scheint in gewisser Weise befreiend gewirkt zu haben: die bisherigen Vorbehalte gegenüber dem Krieg, die man nicht hatte aussprechen können, waren bei diesem sogar als „Kreuzzug" apostrophierten Kampf hinfällig geworden. Da es nun um „die Errettung der Kirche aus der Bedrohung durch den antichristlichen Bolschewismus" ging – und nichts deutet darauf hin, daß diese und ähnliche Charakterisierungen nicht der Überzeugung der sich derart äußernden Bischöfe entsprachen –, brauchte man bei den Aufrufen zur Tapferkeit u.a. kein schlechtes Gewissen mehr zu haben. Bisher wurde nur das Vaterland verteidigt, jetzt aber galt der Kampf Vaterland und Christentum.[24] Nach der offenkundigen Kriegswende im Winter 1942/43 zeichnete sich auch ein Wandel im Ton bischöflicher Schreiben ab, doch die Durchhalte-Aufrufe waren nun stärker von der Sorge vor der Zukunft bestimmt.

Die Einstellungen und Äußerungen der Bischöfe zum Krieg sind nicht auf einen Nenner zu bringen, da der Episkopat auch in dieser Frage gespalten war und einzelne Bischöfe mit dem Fortgang des Krieges ihre Positionen wechselten. So kann man weder von einer „rückhaltlosen Unterstützung der deutschen Kriegsziele" seitens der deutschen Bischöfe sprechen,[25] noch davon, daß „Bischöfe und Gläubige nie für den Sieg des Dritten Reiches beten, sondern immer nur für einen gerechten Frieden".[26]

Die mangelnde Entschiedenheit des Episkopats und die Undurchsichtigkeit seiner Einstellung bewogen einige Katholiken dazu, nach den aufrüttelnden Predigten des Bischofs von Münster im August 1941 an die deutschen Bischöfe ein dreieinhalbseitiges Schreiben zu richten, das mit dem Ruf beginnt: *„Bischöfe, seid uns Führer!"*[27] Nach dem Hinweis auf einen Hirtenbrief der deutschen Bischöfe vom 20.8.1913 und den dort verwendeten Schriftstellen Jes 3,12; 9,16 (dort werden die Leiter des Volkes „Verführer" genannt; der Verf.) sowie einer freudig-dankbaren Darstellung der Wirkungen der Worte von Galens heißt es:

„Niemand darf sich darüber täuschen, daß die Zeit für fruchtlose, papierne Proteste ebenso vorüber ist wie für zaghafte Umschreibungen der furchtbaren Verfallserscheinung in unserem Land. Gegenüber der satanischen Bekämpfung unseres christlichen Erbguts hilft keine noch so formvollendete diplomatische Abwehr. Das Volk versteht sie nicht und erträgt sie nicht mehr ... Wir erwarten von unseren Bischöfen, daß sie ohne Umschweife die Dinge beim richtigen Namen nennen, daß sie den Mord Mord, und Unrecht Unrecht nennen. Nur so kann den Verführern des Volkes die lügnerische Maske heruntergerissen werden, damit auch dem Letzten die ungeheure Gefahr offenbar wird, von der wir alle bedroht sind ... Das katholische Laienvolk ist überzeugt, daß kein deutscher Bischof sich von der Erfüllung seiner Gewissenpflicht abhalten lassen wird, auch nicht (von) verlogenen Parolen wie ‚Zerstörung der inneren Front' oder ‚Untergrabung des Siegeswillens des deutschen Volkes'."

Daß mit dieser Forderung nach Eindeutigkeit nicht auch der Krieg abgelehnt wurde, geht aus folgendem Satz hervor: „Ein wahrer und dauerhafter Sieg des deutschen Volkes ist untrennbar verknüpft mit der Wahrung seiner heiligsten Güter, der christlichen Kultur, Gesittung und Gerechtigkeit ..."

Die weiteren Ausführungen lassen erkennen, daß die Schreiber durch die Haltung der Bischöfe den Glauben besonders der Jugend gefährdet sahen und eine vorübergehende Schließung der Kirchen vorzogen, mit der sie offensichtlich bei einer Kundgebung ähnlich der des Bischofs von Münster rechneten.

In einer der wenigen Zeitschriften, die bis zum Ende des Krieges erschienen, legte Matthias Laros 1939 eine Skizze zu einer Predigtreihe *„Der Christ und der Krieg"* vor.[28] In diesem Aufsatz deutet Laros den Krieg als „nichts anderes als das zusammengeballte Gewitter der gehäuften Sünden",[29] der die Menschen zur Einsicht in die Schwere ihrer

Sünden und in die Bedrohtheit der menschlichen Existenz sowie zur Erneuerung des Glaubens führen solle. Bei der Frage nach dem, was nun „praktisch zu tun" sei, antwortet Laros: „Wir sollen nicht grübeln und klagen. Damit wird nichts geschafft, sondern alle Kraft gelähmt."[30] Nach dem Hinweis auf die besinnliche Grüblernatur des Deutschen und auf die Gefahr, über allem Nachdenken das Handeln zu vergessen, greift Laros die Frage des gerechten Krieges auf.

„Darüber haben die Theologen lange Untersuchungen angestellt; aber die Frage ist für uns mangels sicherer Unterlagen gar nicht zu beantworten, und darum ist es zwecklos, darüber zu grübeln. Wenn die gesetzmäßige Obrigkeit zum Einsatz des Lebens aufruft, dann darf sich dem niemand entziehen, und sein Einsatz ist auf Grund des guten Glaubens und des besten Willens auf alle Fälle vor Gott wertvoll und pflichtmäßig."[31]

Statt nachzugrübeln, zu hadern und zu klagen gelte es nun, sich sowohl an der Front, wie in der Heimat zu bewähren.

„So ist der Krieg nicht nur an der Front, sondern auch in der Heimat der Aufbruch heroischen Geistes, allerdings nur bei denen, die sich bewähren. Der Anderen gibt es natürlich auch genug; aber wonach willst Du Dich ausrichten: nach dem Abfall und den Versagern, oder nach den Edlen, die sich bewähren und in sich selber und vor Gott in Ewigkeit stehen, während der kleine Vorteil der Drückeberger und Selbstlinge schnell vorübergeht und vergessen ist?"[32]

Zum Schluß stellt Laros seine Leser und Hörer vor die Entscheidung, den religiösen Sinn des Krieges anzunehmen oder abzulehnen:

„So ist uns auch heute der Krieg zur Entscheidung vorgelegt, wie einst Moses dem Volke das Gesetz Gottes vorgelegt: ‚Ich nehme heute Himmel und Erde zum Zeugen, daß ich Euch Leben und Tod, Segen und Fluch vorgelegt habe. So wählet denn das Leben, auf daß Ihr lebet, Ihr und Eure Nachkommen!' (Dt 30,19.) Benützet den Krieg, daß er den Frieden Gottes in uns aufrichte und wir darin bleiben bis zum Ende unseres Lebens!"[33]

Was ein evangelischer Theologe 1933 schrieb, galt auch für die Katholiken im Zweiten Weltkrieg: die Kirchen „helfen Menschen erziehen, die alles daran setzen, ihrem Volksnamen Ehre zu machen, sei es als christliche Soldaten des Krieges, sei es als christliche Soldaten des

Friedens".[34] Das mochte zur Ausbildung einer individuellen Moral beitragen, bedeutete aber eine Verzichterklärung auf die Frage nach jenen Faktoren(-Konstellationen), die Krieg oder Frieden bewirken. In der Hilflosigkeit vor dem politischen Geschehen zog man sich auf die Vorsehung oder den Lenker der Völkerschicksale und Schlachten zurück, der bzw. dem zu vertrauen man die Gläubigen mahnte, während man sie gleichzeitig unter Berufung auf eine angebliche Pflicht nötigte, zu marschieren, zu kämpfen, zu bluten und zu sterben. An diesem schwer zu ertragenden Faktum ist nicht vorbeizukommen.

Anmerkungen

1.1 Katholizismus zwischen Republik und Diktatur

1. Predigt am 27. 8. 1922 auf dem Königsplatz in München: Speckner 24.
2. Der unerbittliche Gegner und scharfsichtige Kritiker des NS Theodor Haecker erinnert sich in seinen Tagebuchaufzeichnungen an seine Angst über den möglichen Verlust Deutschlands an „Ruhm und Geltung" in der Welt nach dem 1. Weltkrieg und sagt: „Das war eine große geistige Schwäche" (199). Beim Lesen seines Pamphletes „Versailles" (Satire 195-222) mit seinen wüsten Ausbrüchen zumal gegen Frankreich erkennt man, daß das üble Vokabular der NS-Hetzpresse nicht nur auf deren Boden gewachsen ist. Frankreich ist ihm „zur irren Hure geworden, deren Ausbeuter und zugleich wieder Zuhälter die gottlosesten Goldanbeter sind" (197); die Engländer lassen „als Sklaven einer unchristlichen Idee, seit der Gotteslästerung von Versailles ihre politische Ehre schleifen … und anrüchig machen in dem Seelenunrat der Hysteriker und Psychopathen Frankreichs, seiner Apostaten des Glaubens und Advokaten der Pest, seiner machtgierigen inbezillen weißen Negermarschälle und ehrlosen Generalbanditen" (217); den Marschall Foch nennt er einen „Banditen" und „Bordellmarschall der Rheinlande" (201); der Völkerbund ist eine „Spottgeburt aus Wilsongift und gallischem Dreck" (220). Angesichts des Verbrechens, der teuflischen Tat von Versailles (vgl. 215), werde es „nun wohl Deutsche geben, die jenen Dreierauswurf der Sieger verachtend mit jener grenzenlosen, absoluten Verachtung, die nichts ist, nichts, aber auch sonst garnichts, als nur Verachtung, die, weil sie eben nur Verachtung ist und sein will, auch, was man für möglich halten sollte, den kleinsten Funken von Haß in sich nicht duldet, weil der etwas nehmen könnte von ihr: von der Verachtung; eine Verachtung, die noch den Speichel, umwandelte er sich in Eiter, lieber hinunterschluckt, als daß sie ihn ausspuckt (weil jene selbst das nicht wert seien!) …" (213) Nach solchen über Seiten hin sich ergießenden Wortkaskaden vermag man kaum noch einen Satz bewußt wahrzunehmen wie diesen: „Und doch müssen und sollen die Deutschen, um Europas und ihrer selbst willen, um der Ehre des Christentums

willen, das Harte, das unnatürlich Harte, lernen: nicht zu hassen und nicht an Rache
zu denken." (205 f.).

3. Vgl. K. Färber, Der deutsche Sturz vor 40 Jahren, in: Der christliche Sonntag 10 (1958)
348. Der kath. Dogmatiker E. Krebs schrieb 1919: „Die gerechte Sache ist unterlegen.
Die Lüge hat gesiegt." Völkergeschichte und Gerechtigkeit Gottes, Freiburg 1919, 5.

4. Vgl. G. Mann, 182 ff.

5. H. Müller, Kirche 5.

6. Vgl. dazu Repgen 19 ff. Auch bei Anerkennung der Kritik Repgens' an der geistesge-
schichtlichen Fragestellung gibt das Wahlverhalten der Katholiken noch keinen Aufschluß über deren demokratische Einstellung; denn wenn mehr als zwei Drittel der
bekenntnistreuen Katholiken hinter dem Zentrum und der Bayerischen Volkspartei
standen, kann das auch ein Ergebnis der eindeutigen bischöflichen Wahlaufforderun-
gen gewesen sein.

7. Vgl. Henrich 110, Anm. 277; 206 f.

8. Vgl. Ideologramm bei Gamm, Führung 19.

9. Vgl. Breuning 81-99 (Lit.); Sontheimer, Denken 280-306, bsd. 282 f.; für den Quickborn
vgl. die Aufsätze von R. Grosche (46-52), A. Mirgeler (53-56) und K. Schmidthüs (529-
538) in: Die Schildgenossen 13 (1933/34).

10. Sontheimer, Denken 399. – Daß man im NS vorübergehend eine Parallele zum italie-
nischen Faschismus sah und Hitler ähnlich einschätzte wie Mussolini, geht auch aus
einem Beitrag von Schwer in der Festschrift für Fritz Tillmann hervor. Nicht ohne
Sympathie für Carl Schmitt und die Integrationstheorie meint Schwer, die Verwirklichung des totalen Staates brauche „an sich" nichts anderes zu bedeuten „als eine zeit-
weilig sehr weitgehende Ausdehnung der staatlichen Sphäre auf Kosten des Frei-
heitsraumes des Individuums" (220). Die nicht in Urkunden niedergelegte und zu
Paragraphen erstarrte, sondern in „Gesinnung, Wollen und Tat" verwandelte Verfassung sei damit „vermenschlicht" (ebd.). – Vgl. auch Schellenberger 26.

11. Sontheimer, Weg 53; zur Tagung in Maria-Laach vgl. Breuning 207-211.

12. Erdmann 436.

13. Schellenberger 19.

14. Ebd. 22. – Da ein Jugendverband keine Partei ist, sollte man ihn hinsichtlich Zielsetzung und Arbeitsweise jedoch nicht überfordern.

15. Zur Geschichte und Begründung des Verbots vgl. Gotto 150 ff., zur Weiterarbeit nach
dem Verbot ebd. 198-202.

16. Gotto 4 f. Zur politischen Berichterstattung und Kommentierung nach der Machtübernahme durch Hitler vgl. bsd. 159-161; wie man Kritik üben konnte oder „zwischen den Zeilen" zu lesen lernte vgl. 84 f.; 242.

17. H. Roth 57-67, hier 62.

18. Ebd. 63.

19. Ludwig Wolker in „Junge Front" vom 8.10.1933, zit. nach H. Roth 65.

20. Vgl. die Dokumente bei H. Roth z.B. 131 f.; 176; 180.

21. Vgl. z.B. den Gemeinsamen Hirtenbrief der Oberhirten Deutschlands Juni 1933:
Corsten 5-11.

22. Vgl. z.B. *Der Weg des Soldaten Johannes*, Brief- und Tagebuchauszüge vom 3.4.1940,
15.4.1940. Das Heft enthält keine Seitenangaben.

23. Vgl. Böckenförde, Auftrag 33, bsd. Anm. 5; H. Müller, Kirche 49 ff.; Lewy 20-28; Conway 42.

24. Vgl. den Text der Regierungserklärung bei Kloss 93-108, hier 99; 105 f.; 108. – Diese Sätze aus Hitlers Regierungserklärung wurden verständlicherweise gerade im konfessionellen Schrifttum in den ersten Jahren immer wieder zitiert, teils im guten Glauben an das Wort eines Kanzlers, teils um sich mit „Führerworten" gegen Übergriffe der Partei zu wehren. Noch 1934 vertrat K. Algermissen die Ansicht, Hitler wolle „das neue Reich auf den Grundlagen des positiven und wirklichen Christentums ... errichten" (Germanentum und Christentum, Hannover 1934, XIII), um die Zurückweisung der Angriffe auf das Christentum als „wahrhaft nationale Tat" kennzeichnen zu können (ebd. XIV).

25. Vgl. Volk, Akten Faulhaber 670; 673; zur Reaktion des Papstes auf Hitler als Reichskanzler, ders., Reichkonkordat 63-65, bsd. auch Anm.26 und 28.

26. Entwurf und Text der Kundgebung bei H. Müller, Kirche 76-78.

27. Scholder, Kirchen 13.

28. Maron N 266.

29. Volk, Bertram 281.

30. Zu Bischof Wienken und seiner „politische(n) Kulissenarbeit in der ‚Drecklinie'", vgl. Adolph, Vergessen 133-171. Wienken vertrat die „irrige Auffassung, daß man durch ein Bündnis mit dem Nazismus diesen entschärfen oder gar ‚taufen' könne – eine hoffnungslos starr bei ihm eingepflanzte These ..." (169).

31. Volk, Bertram 285.

32. Ebd. 274.

33. Stasiewski, Bernhard, „Wir sind in den Händen von Verbrechern und Narren". Kardinal Preysing: Ein Verteidiger der Gerechtigkeit und Menschenrechte, in: Publik 25.12.1970. Zur Charakterisierung Preysings vgl. Adolph, Der Primas und sein Suffragan, in: Wichmann-Jahrbuch 1970-1975, 91-94; neben den Beiträgen Adolphs sind die Bemerkung von Volk, Bischofskonferenz 94 f., besonders aufschlußreich.

34. Volk, Bertram 283.

35. B. Schneider 74 f.; Adolph, Preysing 159f.

36. Adolph, Vergessen 31.

37. Volk, Bertram 285.

38. Conway 430; vgl. Schwarte 57, Anm. 115. Adolph berichtet, daß das politische Urteil Orsenigos entscheidend durch seinen Sekretär, Pater Gehrmann, beeinflußt worden sei, der eingestanden habe, daß er „innerlich" bereits seit 1928 Nationalsozialist gewesen sei. Seine politische Haltung sei entscheidend durch seinen Aufenthalt in Sowjet-Rußland gebildet worden, wo er sich als Mitglied der päpstlichen Kommission zur Linderung der russischen Hungersnot im Jahre 1923 aufgehalten hatte. Adolph, Vergessen 24. Zu Gehrmanns Rolle bei der russischen Hilfsmission vgl. Stehle bsd. 69 ff.; 81 ff.; 85 ff.; 89-92.

39. Volk, Bertram 283.

40. Vgl. Kopf-Miller 121. Der Erzbischof von Paderborn hatte am 29.11.1933 an den Erzbischof von Freiburg geschrieben: „Ich kann nur sagen, daß ich ungeheuer schwer darunter leide, daß man in weitesten Kreisen unseres Klerus und unseres Volkes die

Uneinigkeit des Episkopats als feststehende Tatsache bezeichnet und an derselben argen Anstoß nimmt." EBA Freiburg, Nachlaß Gröber 18.

41. Volk, Bischofskonferenz 79.

42. Vgl. die Entwürfe und Überlegungen zu diesem Hirtenbrief bei H. Müller, Kirche 139-152, der Text des Hirtenbriefes ebd. 152-161.

43. Zu den Reaktionen im Vatikan auf die Zwangskollektivierung der Landwirtschaft seit 1928 und die Tschistka („große Säuberung") seit 1935 in der Sowjetunion und auf den Bürgerkrieg in Spanien vgl. z.B. Stehle 155; 161; 196.

44. Vgl. dazu Gröber, Mitarbeit: Volk, Akten 312.

45. Vgl. Adolph, Erinnerungen, in: Wichmann-Jahrbuch 1970-1975, 34-85, bsd. 84 f. – Zur Beurteilung der Situation nach dem 30.1.1933 durch Martin Buber ist ein Brief an Ernst Simon vom 14.2.1933 aufschlußreich: Briefwechsel aus sieben Jahrzehnten, Band II: 1918-1938, Heidelberg 1973, 466 f. – Auch Rudolf Morsey (Der Untergang des politischen Katholizismus. Die Zentrumspartei zwischen christlichem Selbstverständnis und „nationaler Erhebung" 1932/33, Stuttgart - Zürich 1977) weist auf die Ratlosigkeit und Unsicherheit in allen demokratischen Lagen hin. Man ließ „sich von der nationalen Dynamik erfassen und überrollen". „Die Zentrumsführung schwankte zwischen illusionären Hoffnungen auf ein Auslaufen der revolutionären Welle und auf das Funktionieren des Zähmungskonzepts auf der einen und der Zweckmäßigkeit und dem Ausmaß politischer Vorleistungen auf der andern Seite." (220). – Wie sehr auch Leitsätze und Richtlinien nur im jeweiligen politischen Kontext zu verstehen sind, wird aus folgender Feststellung deutlich: „An die Wahl Brünings zum Parteiführer am 6. Mai 1933 knüpften sich irreale Hoffnungen, ebenso an die Wirksamkeit des Rückgriffs auf das christlich-konservative ‚Erbgut der Väter', das als Rettungsanker empfohlen wurde. Zu diesem neu entdeckten ‚Erbgut' gehörte auch der Satz aus den letzten programmatischen Richtlinien des Zentrums von Januar 1922: ‚Umsturzbewegungen ist kraftvoll entgegenzutreten, ohne Rücksicht auf Person und Partei der Urheber.' Er erweist sinnfällig, wie sehr sich die politischen Fronten umgekehrt hatten. Die Tatsache, daß skrupellose Verbrecher die Machtmittel des Staates in Händen hielten, dennoch aber als ‚gottgewollte Obrigkeit' staatsbürgerlichen Gehorsam und Loyalität beanspruchen konnten und unwidersprochen fanden, war neu." (221).

46. Buchner 442.

47. Der Traum vom Reich: StdZt 185 (1970) 208-212, hier 209.

48. Volk, Akten 92 f. — Zur Beurteilung des Konkordats aus Brünings Sicht vgl. u.a. Harry Graf Kessler, Tagebücher 1918-1937, hrsg. von Wolfgang Pfeiffer-Belli, Frankfurt 1961, 737-743; zu Brünings Memoiren: Volk, Reichskonkordat 48, Anm. 23.

49. Pius XI. hat mit folgenden Ländern ein Konkordat abgeschlossen: Lettland (1922), Bayern (1924), Polen (1925), Rumänien und Litauen (1927), Italien und Preußen (1929), Baden (1932), Österreich und dem Deutschen Reich (1933) und Jugoslawien (1935, nicht ratifiziert), ferner Abmachungen mit der Tschechoslowakei (1926), Frankreich und Portugal (1928) und mit Ecuador (1937). Vgl. LThK2 VIII, 541.

50. Maron N 220.

51. Kaas an Gröber 12. 12. 1933: Stasiewski, Akten I, 483.

52. Gröber an Pacelli 28. 12. 1933: ebd. 494.

53. Gröber an Klein 2. 12. 1933: ebd. 874 f.

54. Gröber, Mitarbeit: Volk, Akten 308.

55. Ebd. 345.

56. Ebd. 351.

57. Ebd.

58. Vgl. Scholder, Staat 103.

59. Vgl. Volk, Reichskonkordat 186 f.; Schellenberger 102.

60. Vgl. Maron N 224.

61. Speckner 65.

62. Die Bischofe betonen eigens, daß in den an den Staat gerichteten Forderungen hinsichtlich der Freiheit kirchlichen Lebens „nicht etwa ein versteckter Vorbehalt dem neuen Staat gegenüber" liege: H. Müller, Kirche 159f.

63. Speckner 182.

64. Ebd. 9 – Zumindest in einem Punkt lief dieses Buch den Intentionen Faulhabers zuwider. Während der Kardinal den Klerus in seinen pastoralen Anweisungen vom 5.4.1933 gemahnt hatte, alles zu vermeiden, was „als würdelose Verbeugung gedeutet werden konnte" (Volk, Akten Faulhaber 700), erreicht Speckner gelegentlich die Grenze der Servilität. Vgl. z.B. das Pathos in Verbindung mit der Äußerung des Prälaten Franz Hartz: „Das ist die Grundhaltung des katholischen Deutschen gegenüber dem neuen Staat: Staatstreue ist Gottestreue!" (142) Die apologetisch orientierte Charakterisierung der Bischöfe entspricht in ihrer Einseitigkeit so mancher (nur mit anderen Vorzeichen versehenen) Veröffentlichung nach 1945.

65. Vgl. K.-J. Müller 156, Anm. 171.

66. Volk, Kirchenminister 212. – Hans Kerrl war zunächst mit Problemen der Raumordnung betraut und übernahm 1936 das neugegründete Reichsministerium für die kirchlichen Angelegenheiten. Kerrl war zwar überzeugter evangelischer Christ, hatte sich jedoch im Selbststudium eine eigene Theologie zusammengebastelt. Er lehnte Rosenberg ebenso ab wie Bormann, konnte aber auch mit der evangelischen Kirche wegen seiner eigenbrötlerischen Theologie kein Übereinkommen erzielen. Kerrl mühte sich redlich um Vereinbarungen zwischen den Kirchen und der Partei, wurde jedoch „von beiden in die Zange genommen". Schwerin von Krosigk 259f. – Zu den Kontroversen zwischen Goebbels und dem SD vgl. Lochner 303; 313; zur Einschätzung des „Mythus" durch Hitler: Picker 213. Zum juristischen Aspekt der Kirchenpolitik vgl. Nikolaus Hilling, Die kirchenpolitische Gesetzgebung des Nationalsozialismus von 1933-1945, in: Archiv für katholisches Kirchenrecht, hrsg. von N. Hilling, Mainz 1950, Band 124, 3-23.

67. Hockerts 132; zur Zielsetzung der ca. 250 Sittlichkeitsprozesse ebd. 132 ff.; zur propagandistischen Auswertung 78 ff.

68. Außer den Akten vgl. vor allem Adolph, Hirtenamt; Conrad; Corsten; Hofmann, Zeugnis.

69. Vgl. dazu auch Stehle 9; 14; 404.

70. Besonders hervorzuheben sind hier die Veröffentlichungen der Kommission für Zeitgeschichte bei der Katholischen Akademie in Bayern, hrsg. von Konrad Repgen, mit den Reihen A: Quellen und B: Forschungen. Zumal die in diesen Reihen und in den

„Stimmen der Zeit" veröffentlichten Arbeiten von Ludwig Volk sind als mustergültig anzusehen.

1.2 Presse und Schrifttumslenkung

1.   Vgl. Altmeyer, Presse 94.
2.   Brodersen 69 f. – Auf Grund dieser Verordnung wurde z.B. das „Katholische Kirchenblatt für das Bistum Berlin" am 10. 9. 1938 verboten. Zur Begründung dieser Maßnahme und zu den Reaktionen des Bischofs vgl. Adolph, Preysing 67ff.
3.   Brodersen 91. Die Verfahrensweise einiger Staaten zeigt auch heute noch, wie man „Schädigung des Ansehens" oder auch „unwahre Behauptung" interpretieren und entsprechend strafwürdig machen kann.
4.   H. Müller, Kirche 135.
5.   Ebd. 188f. Eine ausführliche Darstellung und Dokumentation des Kampfes gegen die katholische Presse bei Altmeyer, Presse; vgl. auch Lewy 152-170; Zipfel 60-75.
6.   Brodersen 164-172, hier 164 f.
7.   Picker 299; vgl. 110.
8.   Vgl. Brodersen 163 f.; Hale 97.
9.   Zur Organisation der Reichspressekammer vgl. Hale 339 und Altmeyer, Presse 126.
10.   Brodersen 78 f.
11.   § 10 der Durchführungsverordnung, zit. nach dem Rundschreiben Barres, in: EBA Freiburg, Nachlaß Gröber 18.
12.   Ebd.
13.   Ebd. – Zum angegebenen Datum umfaßte die Fachschaft der katholisch-kirchlichen Presse 488 Zeitschriften katholisch-kirchlichen Charakters, von denen bis dahin 366 einen versandten Auskunftsbogen beantwortet hatten. 106 dieser Blätter hatten eine Auflagenhöhe zwischen 1.000 und 5.000 Exemplaren. Dabei handelte es sich überwiegend um Pfarr- und Dekanatsblätter geringeren Umfangs. Die Gesamtauflage der in der Fachschaft bisher statistisch gefaßten Blätter belief sich auf 9.168.158. Zum Vergleich: 1976 waren in der Arbeitsgemeinschaft katholischer Verbände 65 Verlage mit Zeitschriften in einer Gesamtauflage von 10,5 Mill. zusammengeschlossen. Ruhrwort 1976 Nr. 45, S.2.
14.   Vgl. z.B. KA Paderborn 28.7.1932 und 2.3.1933, Nr.32.
15.   Repgen 19.
16.   Einige Gedanken zur bevorstehenden Kundgebung des Episkopates, zit. nach H. Müller, Kirche 140.
17.   Vgl. H. Müller, Kirche 237. Anm. 10.
18.   §3 der Ersten Verordnung zur Durchführung des Reichskulturkammergesetzes vom 1.11.1933: Altmeyer, Presse 32.
19.   Ebd. 55.
20.   Ebd. 61.
21.   Vgl. Wulf 41-49.
22.   H. Müller, Kirche 393.
23.   Denkschrift an Hitler vom 20. 8. 1935, bei H. Müller, Kirche 364-389, hier 376.

24. Altmeyer, Presse 72.

25. Ebd. 75.

26. Ebd. 94-96; vgl. Adolph, Preysing 41.

27. Altmeyer, Episkopat 377.

28. Altmeyer, Presse 104.

29. Erlaß vom 17. 2. 1936: Adolph, Dokumente 25.

30. Altmeyer, Presse 109.

31. Mitteilung und Begründung der Abberufung bei Altmeyer, Presse 130.

32. Altmeyer, Episkopat 377.

33. Altmeyer, Presse 151.

34. Belege u.a. bei Corsten 113 f.; 147; 207 u. ö.

35. Dokumente 23.

36. Adolph, Dokumente 40. Allerdings ist dabei zu berücksichtigen, „daß sich unter den erfaßten Zeitschriften solche befinden, wie Zum Beispiel ‚Hoffnung', die zur Zeit nur als zweiseitig bedrucktes Blatt erscheint und eine monatliche Auflage von 1.760.000 hat; ferner fallen darunter der größte Teil der Bistumsblätter, von denen die größte Auflage das Kölner Bistumsblatt hat mit einer monatlichen Auflage von 908.000 und einem Umfang von 6 Seiten." ebd. 41.

37. Vgl. dazu die Tagebuchnotizen Goebbels': Lochner 94; 118; 260; 341; 348 u.ö.

38. Adolph, Hirtenamt 164 mit Wortlaut des Schreibens an Bertram sowie dessen Antwort 164 f.

39. Altmeyer, Presse 189.

40. Ebd. 184.

41. Wulf 81; über Presseparolen, Anweisungen usw. vgl. 86-105; 21. 8. 1935, Anweisung Nr. 1570: „Es ist verboten, Meldungen über Vergiftungserscheinungen deutscher Kühe aufgrund von Einwirkungen deutschen Kalis auf das Futter zu veröffentlichen" (91); 11.8.1936, Anweisung Nr. 821: „Die Formulierungen ‚Katholisches Volk', ‚Kirchenvolk', ‚Evangelisches Volk' sind unbedingt zu vermeiden. Es gibt nur ein Deutsches Volk, und die Zeitungen haben unter allen Umständen zu vermeiden, Artikel und Berichte anzufangen mit dem Hinweis: ‚Wir Katholiken …' Diese Anweisung ist ausdrücklich vom Propagandaministerium ergangen. Alle Zeitungen, die dagegen verstoßen, werden belangt." (94) – Vgl. auch Hofer 91-95; Kopf-Miller 79, Anm. 2; Adolph, Hirtenamt 127 f.

42. Altmeyer, Presse 182 f. Dort auch Beispiele für „Sprachregelungen". Die Beiträge zum Weihnachtsfest „müssen münden in der sicheren Zuversicht auf den Endsieg, nicht auf den Frieden, der ja nur eine selbstverständliche Folge ist". (183).

43. Vgl. die wichtigen Hinweise des Kölner Ordinariats: Corsten 250. – Bei den Bemühungen, den Kontrollorganen möglichst wenig Anlässe zum Eingreifen zu geben, versuchten die Schriftleiter vor allem, die von der Partei gebrauchten Begriffe zu verwenden, ihnen jedoch mit einer anderen Sinngebung auch eine andere Ausrichtung zu verleihen und damit die Intentionen der Propaganda zu unterlaufen. Das geschah in einem frühen Stadium mit dem Reichsbegriff, aber auch mit dem Begriff „Führer", der *„mit besonderer Vorliebe auf Christus"* angewendet wurde (Goebbels am 20.12.1940: Boelcke 160). Solchen Versuchen sollte „mit aller Schärfe ein Riegel vorgeschoben" werden: „Jeder, der sich in dieser Weise gegen die geheiligten Staatsbegriffe vergehe,

werde zur Rechenschaft gezogen werden." Den Vertretern der Kirchen sei zu „eröff-
nen, daß in Zukunft jede Zeitschrift und jedes Buch, das unsere Begriffe verfälscht,
sofort beschlagnahmt wird ..." (ebd.); zu den Versuchen, an geläufige Terminologie
anzuknüpfen und sie umzuinterpretieren vgl. auch Boberach, Berichte 531; weitere
Beispiele bei Wulf 43 f.

44. Hitler 264.
45. Corsten 132.
46. Kardinal Bertram an den deutschen Episkopat: Altmeyer, Presse 151.
47. Boelcke 167.
48. Ebd. 47.
49. Schreiben von Bischof Wienken an Kardinal Bertram vom 2.7.1943, nach Altmeyer,
     Presse 195. – Zur „erstaunlich" späten Einstellung der Zeitschrift „Hochland" (Aufla-
     genhöhe Anfang 1933: 5.000, Ende 1939: 12.000) vgl. Ackermann 90 f.
50. Plum 159. Wem dieses Urteil zu scharf erscheint, lese nicht nur Belege bei Plum, son-
     dern auch z.B. den Artikel „Kunst", in: Gröber, Handbuch 368-373, der nach der Bü-
     cherverbrennung und anderen Ausschreitungen abgefaßt wurde.
51. Spael 342.
52. Ebd. 334.
53. Pribilla, Schicksal 13.
54. Ebd.10 f.
55. Ebd. 11. – über die Schwierigkeiten, auf das Buch Alfred Rosenbergs „Der Mythus
     des XX. Jahrhunderts" (1930) nach dem 30.1.1933 eine aufklärende Gegenschrift her-
     auszubringen, vgl. Joseph Teusch, „das muß ich Ihnen verbieten ..." in: Ruhrwort
     2.10.1976. Teusch schilderte 1975 in seiner Dankansprache anläßlich der Verleihung
     der Ehrendoktorwürde durch die japanische Nancan-Universität das Entstehen der
     Gegenschrift und den abenteuerlich anmutenden Weg ihrer Veröffentlichung – ein
     Beispiel für die Hindernisse, „zeitbezogene" Werke der Öffentlichkeit vorzulegen. –
     Zur Reglementierung der Kultur und des Pressewesens vgl. Bracher-Sauer-Schulz,
     Die nationalsozialistische Machtergreifung 288-307; zur Organisation der Reichskul-
     turkammer und Reichsschrifttums vgl. Strothmann, Tab. II, der Dienststelle des Be-
     auftragten des Führers für die Überwachung der gesamten geistigen und weltan-
     schaulichen Schulung und Erziehung der NSDAP Tab. III, der Behörden und Bereiche
     der Vorzensur Tab. IV, der Behörden, Bereiche und Veröffentlichungsformen der
     Nachzensur Tab. V. – Ein Verzeichnis der durch die Staatspolizei beschlagnahmten
     Bücher und Broschüren (Stand vom 23.3.1937) bei Adolph, Dokumente 30-32.
56. Vgl. Wulf 43 f.
57. Walterscheid, Heilige 274.
58. Ebd. 274 f.
59. Ebd. 275 f.
60. Ebd. 276.
61. Aich 17 f.
62. Ebd. 22-24.
63. Ebd. 26 f.
64. Vgl. Grosse 28.

65. Belege bei Grosse 44, Anm. 63. – Aufschlußreich hinsichtlich der persönlichen Einstellung Laros' wie auch für eine im Katholizismus verbreitete Denkweise ist folgende von ihm erzählte Geschichte: „Ein uns bekannter Geistlicher ging eines Tages zu seinem Generalvikar, um einige wichtige seelsorgerische Dinge zu besprechen und fragte ihn angesichts des Nazi-Regimes: ‚Wie können wir noch ehrlich um den Sieg unserer Waffen im jetzigen Weltkrieg beten? Wohl für unsere Soldaten, aber nicht für den Sieg der Führung!' Der Generalvikar, ein ehemaliger Offizier, schnellte zornig empor von seinem Sitz und rief laut: ‚Natürlich müssen wir siegen!' ‚Aber wie soll es mit einem siegreichen Hitler werden? Wird der seine kirchenfeindlichen Methoden nach dem Siege nicht noch mehr verschärfen?' – ‚Der Hitler muß natürlich fallen!' ‚Aber wie denken Sie sich, daß ein siegreicher Hitler fällt?' – ‚Aber, das muß der liebe Gott machen!' Da erhob sich der Geistliche und sagte: ‚Ist der Herrgott für Sie ein Hampelmann, den man am Seilchen ziehen kann? Und Sie waren doch Dogmatik-Professor! Mir einem solchen Mann ist über diese Fragen kein vernünftiges Wort zu sprechen!' Und er verließ das Zimmer. Die Folge war natürlich eine tiefe Abneigung des Herrn Generalvikars gegen den Pfarrer, und die Folgen hat er mutig durchgetragen." (32) – Diese, einem Vorgesetzten und Mitbruder gegenüber eindeutig bezeugte Position, glaubhaft angesichts der zahlreichen Aktivitäten Laros' während jener Jahre, ist jedoch in manchen seiner Schriften nicht erkennbar.
66. Gröber, Handbuch, Vorwort.
67. Ebd. 75; 76.
68. Ebd. 148; 149.
69. Ebd. 163-165. – Welche Behandlung dieses Thema erfahren konnte, dafür bietet A. Stonner, Nationale Erziehung und Religionsunterricht, ein Beispiel. Der 1. Vorsitzende des Deutschen Katechetenvereins lieferte dazu das Vorwort. Stonner möchte – und mit diesem Ziel befand er sich in Übereinstimmung mit zahlreichen Seelsorgern – die jungen Menschen so bilden und erziehen, daß sie „ihres Deutschseins und Christseins froh sind" (64). Diese Zielsetzung hat auf weite Strecken die Jugendarbeit der 1920er und 1930er Jahre bestimmt, nicht zuletzt bedingt durch eine neue Sicht und Betonung des Verhältnisses von Natur und Gnade (vgl. Henrich 19). Zu den Auswirkungen auf die Konzeption dieses Religionspädagogen vgl. Stonner u.a. 60 ff.; 95 ff.; 136ff.
70. Gröber, Handbuch 85 f.
71. Ebd. 87. – Daß derartige Urteilsweisen noch nicht völlig überwunden sind, wird erschreckend deutlich durch einen Kommentar des „L'Osservatore Romano" vom 18.10.1977. Dort wird von den Luftpiraten, die den Kommandanten der Lufthansamaschine, Jürgen Schumann, ermordet hatten, gesagt, daß sie „das Recht verwirkt haben, Menschen genannt zu werden". L'Osservatore Romano, Wochenausgabe in deutscher Sprache Nr. 42, 21.10.1977.
72. Ebd. 371-373.
73. Ebd. 290; vgl. auch das im folgenden Absatz ausgesprochene Verständnis für die Maßnahmen des NS gegen „diese Art von ‚Humanität'" (ebd.).
74. Ebd. 631.
75. Ebd. 631 f.

76. Jochen Klepper, Unter dem Schatten deiner Flügel. Aus den Tagebüchern der Jahre 1932-1942, Stuttgart 1956, 393.

77. Rothfels 42.

78. Vgl. Strothmann 21.

79. Vgl. ebd. 61.

80. Vgl. Ackermann 39 ff.; Karl Barth, Der Christ als Zeuge, in: Theologische Existenz heute. Eine Schriftenreihe hg. von K. Barth und Ed. Thurneysen, Heft 12, München 1934, Vorwort.

1.3 Der Deutsche Caritasverband

1. Brodersen 74; Borgmann, Caritas 95.

2. Borgmann, Caritasverband 92. – Zum DCV und dessen Zentrale in Freiburg vgl. auch Friedrich Muckermann, Im Kampf zwischen zwei Epochen. Lebenserinnerungen, bearbeitet und hrsg. von Nikolaus Junk, Mainz 1973, 354-359.

3. Caritas 1935, 281. – Seit 1916 stand der DCV unter dem Protektorat des jeweiligen Erzbischofs von Freiburg (1932-1948: Dr. Conrad Gröber). Präsident des DCV war 1921-1949 Dr. Benedikt Kreutz, Generalsekretär 1921-1958 Dr. Kuno Joerger.

4. Borgmann, Caritasverband 99.

5. Ders., Caritas 103.

6. Ders., Caritasverband 98.

7. Über die Auseinandersetzungen des DCV mit der NSV bzw. dem NS vgl. Ihorst 22 ff. Die fachlich-fürsorgerisch orientierte Arbeit des DCV ließ die Auseinandersetzung mit dem NS vor 1933 – anders als etwa bei der sozialdemokratischen Arbeiterwohlfahrt – in den Hintergrund treten; vgl. Ihorst 24 ff.

8. Vgl. neben Borgmann, Der Deutsche Caritasverband im ‚Dritten Reich‘, die knappe Übersicht bei Herrmann 139-143; eine ausführliche Darstellung der Arbeit für die vom NS Verfolgten bei Reutter, Hilfstätigkeit.

9. Borgmann, Caritas 103; vgl. Ihorst 52; 68 ff.; 158 Anm. 249; 168 Anm. 359.

10. Borgmann, Caritasverband 94. Der Artikel stammte von Friedrich Muckermann S.J. Es gab allerdings auch andere Beiträge, die einen gewissen (künstlich hochgehaltenen?) Optimismus bekunden; vgl. Caritas 38 (1933) 196; 435-439 sowie die ‚Notizen zur Lage‘ in verschiedenen Heften dieses Jahres; dazu Ihorst 27-31. Der Chefredakteur der Zeitschrift Heinrich Höfler hatte „1932 als Hauptredner auf einer Kundgebung der Zentrumspartei Hitler einen Scharlatan genannt, was die zahlreich anwesenden Nationalsozialisten zu stürmischen und handgreiflichen Protesten veranlaßte". Borgmann, Caritas 92.

11. Vgl. den Artikel „Caritas" von B. Kreutz in: Handwörterbuch der Wohlfahrtspflege, hrsg. von H. Althaus und W. Betcke, Berlin ³1937-1939, 191-215, hier 194. Kreutz hebt in diesem Artikel, der immerhin in einem Werk enthalten ist, das von einem Amtsleiter und einem wissenschaftlichen Referenten im Hauptamt für Volkswohlfahrt herausgegeben und mit einem Vorwort von E. Hilgenfeldt, Hauptamtsleiter in der Reichsleitung der NSDAP, versehen war, besonders die Gemeinsamkeiten zwischen Caritas und Volkswohlfahrt hervor.

12. Der Untertitel von Althaus, Nationalsozialistische Volkswohlfahrt, lautet: Wesen, Auf
    gaben und Aufbau. Wir zitieren aus der 2. Auflage 1936, die an einigen wichtigen
    Stellen genauer als die 1. Auflage von 1935 die Absichten erkennen läßt.
13. Brodersen 116-120.
14. Althaus 17.
15. Ebd.
16. Ebd. 12.
17. Ebd. 27.
18. Ebd. 25; 26
19. Pankoke-Schenk 115.
20. Althaus 13.
21. Pankoke-Schenk 113. – Zur Sterilisationsfrage vgl. Corsten 15; 67f.; Stasiewski, Akten
    I, bsd. 357-365; 433-436; 493 Anm. 4; 585 Anm. 2; 654-657.
22. Vorgrimler nach Ihorst 118.
23. Vgl. Ihorst 94 ff.
24. Borgmann, Caritasverband 99.
25. Borgmann, Kreutz 9; vgl. den Exkurs bei Ihorst: Zur Persönlichkeit des DCV-Präsi-
    denten Benedikt Kreutz und seiner Rolle in der NS-Zeit, 150-153.
26. Ebd. 6.
27. Ebd. 14.
28. Borgmann, Caritasverband 95. Borgmann berichtet u.a., daß Hilgenfeldt auf einer
    „Zentralratssitzung des DCV in Münster am 7. November 1934 eine Rede gehalten
    (hat), in der er weit freundlicher und entgegenkommender war, als er sonst in der
    Öffentlichkeit sein durfte, so daß er die Veröffentlichung seiner Ansprache nicht ge-
    nehmigte". Ebd.
29. Borgmann, Kreutz 14.
30. Borgmann, Caritas 106 f.
31. Zit. nach Ihorst 40.

1.4 Reichswehr und Wehrmacht

1. U. Mann 165.
2. Vgl. K.-J. Müller, 13; 21.
3. Vgl. Wohlfeil-Dollinger 125 f., ähnlich 96; zum Ganzen auch Gotthard Breit, Das
    Staats und Gesellschaftsbild deutscher Generale beider Weltkriege im Spiegel ihrer
    Memoiren, Boppard 1973.
4. Wohlfeil-Dollinger 95. Nash Wedel (9) hat v. Seeckt die Reichswehr zum „Führer-
    heer" entwickelt und damit auf „Zukunftsziele" eingestellt.
5. Schwerin von Krosigk 107. – Der Herkunft nach ist kein großer Unterschied zwischen
    den Offizieren und Offiziersanwärtern der Reichswehr und denen der vorangegan-
    genen Epoche festzustellen. 1926 stammten die Offiziersanwärter zu 44% aus Offizi-
    ersfamilien, zu 41% waren die Väter Beamte, Professoren, Geistliche und Angehörige
    der akademischen Ober- bzw. Mittelschicht, zu etwa 6% stammten sie aus dem Wirt-
    schaftsleben und 5% der Väter waren Gutsbesitzer. Vgl. Wohlfeil-Dollinger 129.

6.   Das Gewissen steht auf, Frankfurt 1960, 158; vgl. K.-J. Müller 35-87.

7.   K.-J. Müller 133. Zur Organisation der Reichswehr vgl. Wohlfeil-Dollinger 91; die komplizierte Stellung des RW-Ministers, der der Richtlinienkompetenz des Reichskanzlers ebenso unterstand wie dem Reichspräsidenten als Staatsoberhaupt und Oberbefehlshaber der RW, wird ausführlich dargestellt ebd. 76.

8.   Foertsch 29.

9.   Ebd. 26. Der Wortlaut des Eides: „Ich schwöre bei Gott diesen heiligen Eid, daß ich dem Führer des Deutschen Reiches und Volkes Adolf Hitler, dem Obersten Befehlshaber der Wehrmacht, unbedingten Gehorsam leisten und als tapferer Soldat bereit sein will, jederzeit für diesen Eid mein Leben einzusetzen."

10.   Zur Organisation des Heeres 1938 vgl. Wedel 23.

11.   Seit Oktober 1936 gab es bereits ein eigenes von den bürgerlichen Gerichten gelöstes Militärstrafrecht: Wedel 21.

12.   Krausnick 268.

13.   Vgl. Kielmannsegg in Messerschmidt, Wehrmacht X.

14.   Foertsch 23.

15.   A. Roth VI.

16.   Berghahn 29.

17.   Ebd.; zum Konflikt zwischen Rosenberg und Bormann vgl. ebd. 60-68; Messerschmidt, Wehrmacht 277.

18.   Aufschlußreiche Beispiele für die Auseinandersetzungen bieten die Aufzeichnungen Halders: Franz Halder, Kriegstagebuch. Tägliche Aufzeichnungen des Chefs des Generalstabes des Heeres 1939-1942, 3 Bd., hrsg. vom Arbeitskreis für Wehrforschung, Stuttgart 1962-1964. Vgl. auch K.-J. Müller 196-204.

19.   Vgl. K.-J. Müller 201 f.

20.   Vgl. ebd. 203; Messerschmidt, Militärseelsorgepolitik 63 ff.

21.   Besson, 84, Dokument 1 vom 1.6.1942.

22.   Dokument 2 und 3, Besson 84-90; zur Verwendung Schörners als „Fanatiker" vgl. Weinberg 456.

23.   Besson 95, Anlage 1 zur Verfügung Chef NSF/OKW vom 9. 2. 1944.

24.   Besson 97, Anlage 2 zur Verfügung Chef NSFOKW vom 9. 2. 1944.

25.   Besson 100.

26.   Ebd.103.

27.   Ebd.

28.   Ebd. 80.

29.   Wofür kämpfen wir?, in: Jacobsen-Jochmann III. Die Dokumente sind nach Daten in Lose-Blatt-Form geordnet. Das Buch hatte eine Erstauflage von 300.000 Exemplaren; ebd. Anm. 2.

30.   Jacobsen-Jochmann III.

31.   Rede Ruders vom 23.2.1944: Besson 104.

32.   Erlaß vom 3.8.1944: Besson 113.

33.   14.3.1945: Besson 114.

34.   Besson 80, Anm. 7.

35.   Berghahn 70, Anm. 238.

1. Adolph, Kirche 95.
2. Vgl. Boberach, Berichte 294 ff.
3. Vgl. Lewy 236-241.
4. Vgl. die ausführliche Darstellung von Kopf-Miller; Lewy 240 f.
5. Lewy 240; 413.
6. Adolph, Kirche 95.
7. Friedländer 37.
8. Zit. nach Strobel 268. Auszüge von „christlich-vaterländischen Hirtenworten" bzw. Rundschreiben sind von Hofmann, Seelsorge 3-15, zusammengestellt. Genannt sind die Bischöfe von Hildesheim, Meißen, München und Freising, Osnabrück, Rottenburg, Eichstätt, Freiburg, Trier, Paderborn, Limburg, Breslau, Regensburg und der Katholische Feldbischof.
9. Hofmann, Seelsorge 3.
10. Ebd. 7.
11. Strobel 59.
12. Zum Problem des gerechten Krieges vgl. K. Hörmann, Der „gerechte Krieg" im christlichen Denken, in: R. Weiler-v. Zsifkovits, Unterwegs zum Frieden, Wien 1973, 335-367 (Lin); Höffner 52-60; 255-269; zum Verständnis der Lehre von der iusta causa vgl. den Kommentar von J. Endres in: Die deutsche Thomas-Ausgabe, Bd. 17B, Heidelberg-Graz-Wien-Köln 1966, 446 f. Cajetan (1469-1534), Francisco de Vitoria (1483-1546) und Bellarmin (1541-1621) haben die Lehre des Thomas vom gerechten Krieg (vgl. STh II—II 40,1) entfaltet und kommentiert. Mit der Zuerkennung des Rechts, der Gewalt mit Gewalt zu begegnen und ihm oder seinen Untertanen zugefügtes Unrecht zu rächen, wird dem Staat „eine richterliche Funktion in eigener Sache" zuerkannt. „Dieses angebliche Recht ist wohl der problematischste Punkt der scholastischen Kriegsmoral." Reding 303. Wichtig sind auch die Überlegungen von Gerhard Otte, Über geschichtliche Wirkungen des christlichen Naturrechts, in: Naturrecht in der Kritik, hrsg. v. Franz Böckle und Ernst-Wolfgang Böckenförde, Mainz 1973, 61-79. bsd. 74 ff.; Ernst-Wolfgang Böckenförde, Kirchliches Naturrecht und politisches Handeln, ebd. 96-125, bsd. 112 ff. – G.C. Zahn hat darauf hingewiesen – und er ist bislang nicht widerlegt worden –, daß von der Lehre vom „gerechten Krieg" keinerlei verhaltenssteuernde Wirkung ausgegangen sei, weder im aggressiven Deutschland noch bei den Alliierten bzgl. der Terrorangriffe auf offene Städte. Der Papst hat sich in seinen zahlreichen Briefen an die deutschen Bischöfe zur Frage des gerechten Krieges nicht geäußert, und die Verlautbarungen der deutschen Bischöfe während des Krieges mit ihren vielfachen Mahnungen zu Opferbereitschaft, Vaterlandsliebe und Staatstreue gehen bei aller Gegnerschaft zum Nationalsozialismus von der sittlichen Erlaubtheit des Krieges aus (vgl. Böckenförde 114). – Zur politischen Auswirkung „rein religiös" bzw. „rein naturrechtlich" begründeter Entscheidungen vgl. Böckenförde ebd. 103-106. Böckenförde weist auf „die jahrzehntelange Fixierung der deutschen Katholiken und ihrer geistlich-politischen Führer auf die naturrechtlich abgedeckten kirchen- und kulturpolitischen bona particularia (hin), die für sie den Kernbestand des konkreten Gemeinwohls ausmachten" (103).

13. Fastenhirtenbrief Gröbers 1940, nach Strobel 59.

14. von Galen im September 1939, nach Zahn, Kriege 134.

15. Amtsblatt des Bischöflichen Ordinariats Berlin, Stück 10, 15. 9. 1939, Nr. 108.

16. Vgl. Hofmann, Seelsorge 26-43.

17. KFBVBl 2/1939, 1. 9. 1939, Nr.19.

18. 20.11.1939, nach Hofmann, Seelsorge 26.

19. Ebd. 7.

20. Ebd. 3.

21. Beispiele bei Lewy 250 ff.

22. Vgl. Lewy 251 f.

23. Bericht und Erwägungen betreffend Maßnahmen betr. kirchl. Schrifttum. Berichtliche Niederschrift des Sachbearbeiters des Ordinariats Breslau, 10. Oktober 1940, von Bertram allen Ordinarien in Groß-Deutschland übersandt: EBA Freiburg 35/69. – Der Bericht Lewys (252) gibt den Inhalt dieser Zusammenkünfte nicht ganz zutreffend wieder. Der Staat hat von der Kirche nicht „mehr Begeisterung" verlangt (dieser Terminus kommt in dem neunseitigen Bericht nicht vor), sondern forderte Anerkennung und positive Unterstützung der „großen geschichtlichen Ziele". Für die „fremde Einstellung" der Kirchen wurden Wienken einige (übrigens lächerliche) Beispiele genannt (vgl. das Kapitel dieser Arbeit über die Schrifttumshilfe, die den Anlaß und Hauptinhalt der hier erwähnten Besprechung abgab). Korrekt ist Zahns Wiedergabe der Erklärung Wienkens vom 21.9.1940. Allerdings sollte man auch die vorgebrachte Kritik des Bischofs an den staatlichen Zensurpraktiken nicht unterschlagen. – Als Beispiele dafür, daß nun „viele Mitglieder des Episkopats ... ausdrücklich um einen deutschen Sieg" beteten, nennt Lewy nur Berning, Gröber und Kaller (253). Zu Kaller vgl. Reifferscheid 213 f.

24. Vermutlich schwangen bei manchen Bischöfen bestimmte Vorstellungen vom ‚miles christianus' und seinem Kampf gegen den Teufel und seine Gestaltwerdungen mit"; vgl. J. Auer, ‚Militia Christ', in: LThK2 VII, 418; A. Wang, Der ‚miles christianus' im 16. und 17. Jahrhundert und seine mittelalterliche Tradition, Bern-Frankfurt 1975, bsd. 117.

25. Lewy 251.

26. Strobel 60. Strobel hat insofern recht, als der Begriff „Drittes Reich" in den bekannten Gebeten nicht zu finden ist und schwerlich Eingang in ein privates Gebet gefunden haben dürfte. Eine Unterscheidung zwischen Deutschland und Drittem Reich, sollte sie nicht auf einen Selbstbetrug hinauslaufen, war nur dann real, wenn man für Deutschland gegen das „Dritte Reich" kämpfte. – Vgl. B. Brecht mit seiner Formulierung im „Beginn des Krieges": „Wenn der Trommler seinen Krieg verliert / Wird Deutschland seinen Krieg gewinnen." Gesammelte Werke 9, Gedichte 2, Frankfurt 1967, 604.

27. Ohne Adressaten, Absender und Datum: Durchschrift in EBA Freiburg, Nationalsozialismus Fasc. 6. Der Brief ist zwischen einem Schreiben des Vorsitzenden der Bayerischen Bischofskonferenz an das Bayerische Staatsministerium für Unterricht und Kultus, München, vom 16.2.1938 und einer Sonderbeilage zum Katholischen Kirchenblatt für das Bistum Berlin vom 3.4.1938 „Zur Volksabstimmung am 10.4.1938" eingeordnet.

28. Kirche und Kanzel 22 (1939) 319-328.

29. Ebd. 320.

30. Ebd. 324.

31. Ebd. 325.

32. Ebd. 327.

33. Ebd. 328. – Vgl. auch die in fünf Teilen erschienene Schriftenreihe von Matthias Laros zur Kriegsfrage, die 1940 in drei Auflagen erschienen ist; im 5. Heft dieser Reihe „Was ist zu tun?" schreibt Laros, daß der Wert der Opferbereitschaft unabhängig sei von der Frage des gerechten Krieges und von der objektiven Richtigkeit der Sache, für die der Soldat kämpfe (9). Auszüge aus diesen Kleinschriften bei Lewy 259; Zahn, Kriege 87 f.

34. Frick 39.

2. Das Arbeitsfeld

2.1 DIE KATHOLISCHE MILITÄRSEELSORGE

2.1.1 Die rechtliche Basis und Organisation
der Militärseelsorge

Die Weimarer Verfassung vom 11.8.1919 enthielt in den Artikeln 140 und 141 einige grundsätzliche Bestimmungen zur besonderen Militärseelsorge, die „vor allem wegen ihres großen erzieherischen Wertes" in der Verfassung berücksichtigt wurde.[1] Allerdings zählten nun die Wehrmachtseelsorger zu den Zivilbeamten der Heeresverwaltung, weil die Militärbeamten des neuen Heeres auf 10 % des etatmäßigen Standes von 1913 reduziert werden mußten (Artikel 161 des Versailler Vertrages)[2] und man diese Stellen voll mit Offizieren auffüllen wollte.

Die exemte Militärseelsorge war schon bei ihrer ersten Einrichtung in Preußen (Apostolisches Breve: 22.5.1868) umstritten. Der Episkopat verhielt sich mißtrauisch bis ablehnend, vor allem Bischof Ketteler von Mainz lieferte wichtige, auch heute noch bedenkenswerte Argumente.[3]

Als es 1872 zwischen Feldpropst und preußischer Regierung wegen der vom Feldpropst abgelehnten, vom Kriegsminister aber befohlenen gemeinsamen Nutzung der evangelischen und katholischen Garnisonkirche Sankt Pantaleon zu Köln auch durch die neu gebildete altkatholische Gemeinde („Protestkatholiken") zu einem Streit kam, wurde das Amt des katholischen Feldpropstes durch eine Kabinettsordre „bis auf weiteres aufgehoben" und erst 1888 wiederhergestellt. Bemerkenswert erscheint die Haltung des Episkopates. Der Fürstbischof von Breslau regte (zugleich im Namen der übrigen preußischen Bischöfe) die Frage an, „ob nicht in Anbetracht dieses Verhaltens des preußischen Kriegsministeriums die völlige Aufhebung der Feldpropstei ratsam erscheine".[4] Um einer bestimmten, für wichtig gehaltenen Frage willen erwog man also den Verzicht auf die Seelsorgearbeit beim Militär.

Nach dem Ersten Weltkrieg zog sich die Auseinandersetzung um die Militärseelsorge bis zu ihrer Regelung im Reichskonkordat über ein volles Jahrzehnt hin. Hatten bis 1918 entsprechend der Verfassung des Deutschen Reiches von 1871 die Königreiche Preußen (mit den Truppenverbänden aus Baden und Hessen), Bayern, Sachsen und Württemberg jeweils eigene Heeresverbände und auch unterschiedliche Regelungen der Militärseelsorge, so wurde nach der Auflösung der einzelstaatlichen Truppenkontingente, der zahlenmäßigen Reduzierung des Heeres auf 4.000 Offiziere und 96.000 Mann und der Marine auf 15.000 Mann zum 31.12.1920 und der Bildung der neuen Reichswehr (23.3.1921) eine reichseinheitliche Regelung erforderlich. Der Hauptstreit ging dabei von Anfang an um die Frage, ob bei der neuen Reichswehr eine exemte oder eine nicht-exemte Militärseelsorge eingerichtet werden solle. In Preußen unterstanden die Angehörigen des Heeres in Friedens- und Kriegszeiten jurisdiktionell einem Feldpropst im Bischofsrang. Damit bildeten sie im Unterschied zum üblichen Territorialprinzip (Diözesen) ein Personalbistum. In Bayern hingegen gab es gemäß der „Allerhöchste(n) Verordnung über die religiöse Pflege in der bayerischen Armee vom 5.8.1863" in Friedenszeiten keine das Territorialprinzip durchbrechende Militärseelsorge. Soldaten und Unteroffiziere wurden von jenen Pfarrämtern und entsprechenden Seelsorgseinrichtungen betreut, in deren Bereich sie stationiert waren. Nur für den Kriegsfall war ein Feldpropst vorgesehen, dessen Amt der Erzbischof von München und Freising ausübte. Die größere Eigenständigkeit der Militärseelsorge in Preußen war allerdings erkauft um den Preis einer Einbindung in die Militärverwaltung und einer möglichen gefährlichen Isolierung von den in der normalen Seelsorgetätigkeit stehenden Geistlichen. Die bayerische Regelung betrachtete die Militärseelsorge prinzipiell als Teil der „ordentlichen" Seelsorge, die nur im Bedarfsfall (Krieg) Sonderregelungen erforderlich machte.

Ob nun das gesteigerte Selbstbewußtsein der Militärseelsorger seinen Grund in der besonderen Wertschätzung des Soldatenstandes in Preußen hatte oder nicht, jedenfalls brachten die Bischöfe einer „allzu selbstherrlichen Militärseelsorge" wenig Sympathie entgegen und haben sich bis zuletzt gegen die exemte Militärseelsorge zur Wehr gesetzt.[5] Dabei spielte das „wie ein roter Faden die gesamte Auseinandersetzung um die Militärseelsorge" durchziehende Argument eine Rolle, die Zahl der Katholiken in der Reichswehr beliefe sich auf etwa 30.000 und übersteige damit kaum den Umfang einer größeren Pfarrei.[6]

Die Bischöfe vermochten sich jedoch nicht durchzusetzen, die taktischen Überlegungen Pacellis wurden nicht zuletzt durch die Ungeschicklichkeiten Orseniges durchkreuzt.[7]

Nach Einführung der allgemeinen Wehrpflicht im Jahre 1935[8] wurde die Wehrmachtseelsorge verwaltungsmäßig nach den drei Wehrmachtteilen (Heer, Kriegsmarine und Luftwaffe) gegliedert und (vermutlich aus Gründen des Haushalts) in je eigener Zuständigkeit bearbeitet. Eine Koordinierung der Seelsorgeangelegenheiten gab es hingegen auf folgenden Gebieten: 1. Kirchenrechtliche Fragen; 2. Politische und wehrrechtliche Fragen, soweit diese die Seelsorge berührten; 3. Vorschriften auf dem Gebiet der Militärseelsorge. Diese Angelegenheiten wurden von der Amtsgruppe Seelsorge (AgS) im Allgemeinen Heeresamt (AHA) federführend für alle drei Wehrmachtteile bearbeitet.[9] Die Amtsgruppe Seelsorge war zwar nach einer Verfügung des OKW federführend für alle Fragen feldseelsorglicher Art, welche die drei Wehrmachtsteile betrafen, aber praktisch hatte sie keinerlei Einfluß auf die Entwicklung der Militärseelsorge. Sie sank im Laufe der Jahre zu einer Abwicklungsstelle für technische Fragen der Feldseelsorge herab. Gegen Ende des Krieges erstreckte sich ihre Tätigkeit ausschließlich auf Behandlung von Beschwerden, die gegen einzelne Kriegspfarrer einliefen.[10]

1934 war nicht nur die Amtsbezeichnung Feldpropst in Feldbischof geändert,[11] sondern auch das Amt des Feldgeneralvikars eingerichtet worden. Der Feldgeneralvikar, ständiger Vertreter seines Bischofs und von diesem (nach Genehmigung durch das OKH) ernannt, fungierte u.a. als Verbindungsstelle zwischen dem Feldbischof und der Amtsgruppe. Wichtig war das unmittelbare Vortragsrecht beim Amtsgruppenchef, das der Gruppenchef hartnäckig, aber vergeblich zu ändern anstrebte.[12]

Dem Feldbischof und seinem Generalvikar standen je ein Geistlicher bei den Heeresgruppen-Stäben und bei den Stäben der Armee-Oberkommandos zur Seite. Sie trugen die Verantwortung für die Seelsorge in den unterstellten Truppenteilen. Die Last der praktischen Arbeit lag jedoch bei den Divisionspfarrern, und jede Division verfügte über nur eine Planstelle für einen katholischen Pfarrer.[13]

Obwohl die Marinepfarrer ein eigenes, in sich geschlossenes Korps darstellten, hat nie ein Zweifel darüber bestanden, daß sie kirchenrechtlich dem katholischen Feldbischof der Wehrmacht unterstellt waren. Die

Luftwaffe hat die Einrichtung einer besonderen Luftwaffenseelsorge abgelehnt. Diesbezügliche Verhandlungen fanden im Jahre 1942 durch eine Entscheidung Görings ihren endgültigen Abschluß. Die Luftwaffeneinheiten wurden sowohl im Frieden als auch im Krieg durch die territorial zuständigen Heeres- bzw. Marinegeistlichen seelsorglich betreut, unbeschadet des im Oberkommando der Luftwaffe bestehenden Seelsorgereferates.[14]

Im März 1939 wies die katholische Wehrmachtseelsorge in den damals bestehenden 15 Wehrkreisen sowie in den beiden Marinebereichen (Nord- und Ostsee) neben dem Feldbischof folgenden Bestand auf: 5 Wehrmachtdekane, 1 Marinedekan, 22 Wehrmachtoberpfarrer, 1 Marineoberpfarrer, 41 Wehrmacht- und 5 Marinepfarrer, 16 Kommissarische Wehrmachtpfarrer, 1 Standortpfarrer im Hauptamt, 215 Standortpfarrer im Nebenamt, insgesamt also 93 hauptamtliche und 215 nebenamtliche katholische Wehrgeistliche.[15]

2.1.2 Die Militärseelsorgepolitik des Nationalsozialismus

Die kirchenfeindliche Politik des Nationalsozialismus im Bereich der Feldseelsorge schlug sich in zahlreichen einzelnen Anordnungen und Erlassen mit folgenden Schwerpunkten und Zielen nieder:

1. Zunächst engte man die Tätigkeit der Militärpfarrer auf den Vollzug der äußeren Praktiken der „Religionsausübung" ein;
2. dann untersagte man ihnen jegliche Tätigkeit über die rein konfessionelle Betreuung der Soldaten hinaus;
3. die Arbeit der Wehrmacht- und Kriegspfarrer wurde durch das Schlagwort „konfessionell gebunden" abgewertet und damit als nicht dem Ganzen der Wehrmacht und des Volkes dienlich verfemt;
4. durch das Verbot der Neuernennung von Kriegspfarrern im Oktober 1942 versuchte man die Feldseelsorge „auszuhungern";
5. durch Einsparungsmaßnahmen sollten die Kriegspfarrer bei der Fronttruppe beseitigt werden;
6. über die Sperrung der Papierzuteilung für die Feldseelsorge und die Liquidierung christlichen Schrifttums wollte man den Einfluß der Kirchen auf die Soldaten unterbinden.

Die Phasen der Militärseelsorge zwischen der Einführung der allgemeinen Wehrpflicht und dem Zusammenbruch des nationalsozialistischen Deutschland lassen sich etwa wie folgt abgrenzen und kennzeichnen: Während 1935/36 die Reichswehrseelsorge ein Ende fand, stand die Wehrmachtseelsorge 1937-1939 im Zeichen der kirchenpolitischen Spannungen; 1939-1941 war ein relativ ungehinderter Aufbau unter dem Protektorat der militärischen Führung (OKH) möglich; 1942 begannen die systematischen Abbaumaßnahmen mit dem Ziel der Vernichtung der Feldseelsorge.

Die für die Wehrmachtseelsorge Verantwortlichen machten am 10.12.1934 den Versuch, den Reichswehrminister zu einer „Erläuterung" seines den Wortlaut des Fahneneides betreffenden Erlasses vom 13.11.1934 zu bewegen. Da der Eid außer dem Anfang „Ich schwöre bei Gott" weiter „keine religiösen Worte in ausgesprochen christlicher Prägung" enthalte, möge Blomberg die „entsprechend den Verhältnissen im Volksleben und der durch die Geschichte bewährten soldatischen Überlieferung, für Führer und Mann die christliche Grundrichtung der Wehrmacht" feststellen.[16] Mit diesem Schreiben ließen die Wehrmachtgeistlichen erkennen, daß sie nicht blind waren für die heraufziehenden Gefahren und – ähnlich wie die Bischöfe in Sachen Konkordat – bemüht waren, die Führungsstellen durch verbindliche Erklärungen festzulegen. Ein solches Ersuchen entsprang nicht ausschließlich einem Wunschdenken. Denn noch am 8.12.1934 hatte ein Erlaß Blombergs, den Göring am gleichen Tag auch für die Luftwaffe als verbindlich erklärte, das christliche Bekenntnis als Voraussetzung für die Einstellung in die Wehrmacht gefordert.[17] Zwar wurde dieser Erlaß bereits am 13.1.1935 wieder aufgehoben, doch zeigten sich Unsicherheiten und Widersprüchlichkeiten in der Kirchenpolitik, die immer noch die Hoffnungen auf eine Durchsetzung der alten Ordnungskräfte berechtigt erscheinen ließen.

Mit Einführung der allgemeinen Wehrpflicht 1935 und der Heranbildung des „Volksheeres" strömten Mitglieder aller möglichen Konfessionen und Glaubensrichtungen in die Wehrmacht, die um ihrer Einheitlichkeit und inneren Geschlossenheit willen darauf bedacht war, keinerlei konfessionellen Streit in ihren Reihen aufkommen zu lassen. Waren noch 1934 Kirchenaustritte für Reichswehrangehörige verboten[18] – eine eindeutig verfassungswidrige, und dennoch von den Geistlichen gern gesehene Verordnung –, so rückte die Wehrmacht 1935 von dieser „konfessionellen Begünstigungspolitik"[19] ab.

Eine der ersten Maßnahmen nach der Einführung der allgemeinen Wehrpflicht bestand in dem Verbot, Wehrmachtangehörige zur Teilnahme an Exerzitien zu beurlauben.[20] Ein Erlaß vom 3.12.1935 betont die Freiwilligkeit religiöser Praxis. Gegenüber konfessionslosen Soldaten wird „die Ausübung jeglichen mittelbaren oder unmittelbaren Zwanges mit dem Zweck der Beeinflussung ihres religiösen Empfindens" untersagt. Dazu sollte es keiner besonderen Verfügung bedürfen, doch angesichts der in der Reichswehr geübten Praxis, Veranstaltungen der Wehrmachtseelsorge als dienstliche Einrichtung zu betrachten, ist eine solche Verordnung verständlich. Andererseits kann dieser Erlaß angesichts zahlreicher anderer Maßnahmen, die wenig Respekt vor dem „religiösen Empfinden" von Zeitgenossen verraten, kaum anders als heuchlerisch bezeichnet werden.[21]

Unter dem 25.6.1937 wird die Erörterung religiöser Streitfragen innerhalb der Wehrmacht verboten, „da sie eine Gefahr für ihre Disziplin und Schlagfertigkeit" darstellen.[22] Seit dem März 1938 war den Soldaten sowohl bei Wehrmachtgottesdiensten als auch bei militärischen Beerdigungen sowie während des Urlaubs die Ausübung des Ministrantendienstes untersagt, selbst dann, wenn sie sich freiwillig dazu meldeten. Für diesen Dienst waren nur „Zivilpersonen" zugelassen, die der zuständige Militärgeistliche gegebenenfalls (z.B. bei Gottesdiensten auf abgelegenen Truppenübungsplätzen) „rechtzeitig aus dem nächsten Ort heranziehen" sollte.[23] Während des Krieges war bei Feldtruppenteilen der Ministrantendienst durch Soldaten erlaubt, während für die Truppen des Ersatzheeres die oben genannte Verfügung in Kraft blieb.[24]

Auch das Verbot, in Gruppen an einer Prozession teilzunehmen oder auch nur zuzuschauen, wurde mit dem „Grundsatz äußerster Zurückhaltung in religiösen Fragen"[25] begründet, läßt jedoch die Ansicht erkennen, Wehrmachtseelsorge und kirchliche Veranstaltungen seien im Grunde dem Soldatendienst nicht angemessene Einrichtungen. Aus dieser Tendenz ist auch die Anordnung zu erklären, die bis dahin geübte Praxis einzuschränken, „daß Musik-(Trompeter-)Korps in Uniform bei religiösen Veranstaltungen" spielen. Eine Teilnahme bzw. Gestellung von Musikkorps zu Wehrmachtgottesdiensten „darf nur dann erfolgen,

wenn die Zahl der freiwillig an einem Wehrmachtgottesdienst teilneh-
menden Soldaten mindestens doppelt so groß ist wie die Zahl der zu
stellenden Musiker. Auf dem Marsch zu und von den Wehrmachtgottesdiensten darf nicht gespielt werden."[26]

Eine geschlossene Teilnahme von Truppenteilen oder Wehrmacht-
dienststellen an zivilkirchlichen Veranstaltungen war ebensowenig erlaubt wie eine Entsendung von Vertretern der Wehrmacht.[27] Wenn
Wehrmachtgeistliche außerhalb der Wehrmacht Vorträge über Fragen
hielten, die die Wehrmachtseelsorge berührten, so galten derartige Refe-
rate als politisch bzw. kirchenpolitisch und mußten vom nächsten militärischen Vorgesetzten genehmigt werden.[28]

Die „Evangelische militärkirchliche Dienstordnung für das Reichs-
heer und die Reichsmarine" (E.M.D. – H.Dv. 370) vom 28. 2. 1929, die
auch für die katholische Wehrmachtseelsorge Geltung hatte,[29] kannte
zwei Arten des Militärgottesdienstes: zunächst den normalen Militärgot-
tesdienst, dann den „Gottesdienst im Freien" (Feldgottesdienst). Diese
Gottesdienste waren kirchenrechtlich abgedeckt durch Art. XX der „Statuten" für die katholische deutsche Militärseelsorge vom 19.9.1935.

Diese rechtlich abgesicherte und lange geübte Praxis wurde mit dem
„Merkblatt über Feldseelsorge" des OKH vom 21.8.1939 in Frage gestellt.[30] Ohne jede vorherige Fühlungnahme mit den beiden Feldbischöfen und ohne deren Mitwirkung bzw. Einvernehmen wurde dieses
„Merkblatt" beschleunigt an die Kommandobehörden und Truppen, sowie an sämtliche kalenderführende Dienststellen solcher Einheiten verteilt, die im Mobilmachungsfall mit Seelsorgern ausgestattet waren. In
Punkt 7 dieses Merkblattes stellt OKH fest: „Kernstück des seelsorgerlichen Dienstes im Felde wird immer die gottesdienstliche Feier sein, die
entsprechend der inneren Einheit der Truppe in der Regel nicht nach
Konfessionen getrennt, sondern für den gesamten Truppenteil gehalten
wird." Punkt 10 besagt: „Darüberhinaus den besonderen Bedürfnissen
der Angehörigen seines Glaubens zu entsprechen, ist selbstverständliche
Pflicht jedes Feldseelsorgers."

Nach allen mehr außerhalb als innerhalb der Wehrmacht vorausge-
gangenen Auseinandersetzungen war zunächst wichtig, daß mit diesem
„Merkblatt" zu Beginn des Krieges die Bedeutung und Wichtigkeit der
Feldseelsorge anerkannt wurde. Was sich aber angesichts der NS-Kir-

chenpolitik auf die Dauer verhängnisvoll auswirken konnte und mußte, war die Tatsache, daß hier der Versuch seinen Niederschlag fand, der christlichen Feldseelsorge ihren kirchlichen Charakter zu nehmen und ihr ein allgemein-christliches, im Letzten überkonfessionelles Gepräge zu geben und sie damit letztendlich auszuhöhlen. Aus dem Militär- bzw. Feldgottesdienst wurde hier eine „in der Regel nicht nach Konfessionen getrennte gottesdienstliche Feier", die man zum „Kernstück" der Feldseelsorge erklärte. Zu den sakramentalen Feiern sollte „darüberhinaus" Gelegenheit gegeben werden. Anders gesagt: die zentrale Aufgabe des Feldgeistlichen, der als Vertreter seiner Kirche bei seiner Truppe stand, wurde zu etwas Peripherem degradiert, und eine Veranstaltung, für welche die Bezeichnung „Gottesdienst" nach dem bisherigen Sprachgebrauch abwegig war, sollte „Kernstück" der seelsorglichen Arbeit werden.

Die militärischen Stellen hatten wahrscheinlich gehofft, mit dieser Regel einer Weisung des Reichswehrministers und Oberbefehlshabers der Wehrmacht vom 15.6.1935 zu entsprechen, „religiöse und weltanschauliche Streitfragen nicht in den Reihen der Wehrmacht" auszutragen. Sie waren wohl der Meinung, daß die Truppe, die im Gefecht als Ganzes eingesetzt wurde, auch beim Gottesdienst nicht „auseinandergerissen" werden dürfe. Die beiden Feldbischöfe jedoch lehnten es ab, den Inhalt des „Merkblattes" in ihren Verordnungsblättern zu veröffentlichen. Auch der größere Teil der Wehrmacht- und Kriegspfarrer sah bei allem Willen zu gemeinsamer Arbeit die Gefahr einer Aushöhlung kirchlicher Tätigkeit. Auch die Soldaten zeigten oft keine Vorliebe für solche Veranstaltungen, die sie als „Eintopfgottesdienste" bezeichneten.[31]

Das „Merkblatt" bestimmte ferner in Ziffer 11, daß Truppenführer und alle soldatischen Vorgesetzten in den Feldseelsorgern ihre Gehilfen bei der ihnen obliegenden „inneren Betreuung der Mannschaft" erblicken sollten. Ihre „Pflicht ist es, den Seelsorger in der Ausübung seines Dienstes zu unterstützen ..." Doch damit waren noch keine Richtlinien und Weisungen der Art gegeben, daß sie den Kommandeuren ihre Verantwortung für die Seelsorge klar umrissen hätten. Ebensowenig wie eine präzise Formulierung der Rechte und Pflichten der Truppenführer hinsichtlich der Seelsorge[32a] gab es eine Koordinierung der Arbeiten und Aufgaben für die drei Wehrmachtteile. Das Heer hielt an seiner traditionellen Seelsorge fest, die Luftwaffe lehnte die Einrichtung einer eigenen Seelsorge ab und die Marine entwickelte eine der Gesamtseelsorge nicht dienliche Eigenständigkeit. Die Folge war, daß die Arbeitsmöglichkeit und die Gesamtatmosphäre in einer Truppe weitestgehend von der Einstellung des jeweiligen Kommandeurs zu Pfarrer, Kirche, Religion und Glaube abhängig waren. Zudem vertrat man in militärischen Kreisen vielfach die Auffassung, daß die seelsorgliche Tätigkeit das „Gemeinschaftsbewußtsein" zu fördern habe und forderte dementsprechend über- und interkonfessionelle Gemeinschaftsgottesdienste. So lassen sich – besonders seit 1935 – Beispiele für sehr unterschiedliche Wertungen der Wehrmachtgeistlichen und ihrer Tätigkeit anführen: Förderung und Duldung, Ablehnung, Verachtung und Vereinnahmung.

Doch bei aller Problematik der Einzelbestimmungen liegt das Gewicht des „Merkblattes" in jenen Abschnitten, die „Wesen und Aufgaben der Feldseelsorge" beschreiben. Nach aller Kriegserfahrung sei „die seelische Kraft eines Heeres seine beste Waffe". Diese Kraft aber werde primär aus einem festen Glauben gezogen. „Die Feldseelsorge ist daher ein wichtiges Mittel zur Stärkung der Schlagkraft des Heeres." Darum habe sie „in erster Linie der kampffähigen Truppe (zu) dienen". Wer seinen soldatischen „Dienst und Einsatz für das Vaterland als Gottes Auftrag" verstehe und ernstnehme, auf Gott vertraue und ein ewiges Leben erwarte, „kann standhaft bleiben, tapfer kämpfen und mutig sterben". Diese aus traditioneller Glaubensauffassung, Apologetik und Kriegspredigt genährte Vorstellung wurde von Militärgeistlichen aufgegriffen und zur Legitimierung ihres Wirkens (nicht zuletzt gegenüber Staats- und Parteiinstanzen) verwendet. Kein Zweifel, daß viele Seelsorger diese „Argumente" als begründet ansahen, ernst genommen und geglaubt haben.[32b]

Die Herausgabe des „Merkblattes" bedeutete jedoch kein Ende der Einzelbestimmungen. Nach Kriegsbeginn wurde eingeschärft, „daß die Benachrichtigung der Angehörigen von gefallenen oder verwundeten Soldaten allein Sache der militärischen Führer oder, wenn der Tod im Lazarett eingetreten ist, der Chefärzte ist und keinesfalls den Feldgeistlichen übertragen werden kann".[33] Eine spätere Verfügung verbietet den Kriegspfarrern, Angehörigen von Gefallenen oder Verwundeten vor dem Ablauf von 10 Tagen seit Abgang der Benachrichtigung der Hinterbliebenen durch den Einheitsführer zu schreiben. Außerdem mußte der Verstorbene einen diesbezüglichen Wunsch geäußert haben. Dabei war es „unstatthaft, dem Schreiben sonst einen seelsorgerischen Inhalt zu geben und Sprüche, Bibeltexte oder sonstige Schriften beizulegen". Die seelsorgerische Betreuung der Angehörigen zähle nicht zu den Aufgaben der Kriegspfarrer und es stehe auch nicht fest, ob die Angehörigen eine seelsorgerische Einflußnahme wünschten.[34]

Ein Geheimerlaß des ObdH vom 13.12.1940 weist noch einmal auf die Verbindlichkeit des „Merkblattes" hin und nimmt zu einigen Punkten Stellung.[35] Die „rein seelsorgliche Betätigung" im Feldheer sei ausschließlich den Kriegspfarrern vorbehalten, während die Ausübung von seelsorgerlichen Handlungen durch Soldaten, die im Zivilberuf Geistliche sind, „nur in Ausnahmefällen mit Genehmigung der Truppenkommandeure" vorgenommen werden dürfe. Punkt 8 hebt abermals die „rein religiöse Aufgabe" der Wehrmachtseelsorge hervor, doch seien „bei deren Lösung die vaterländischen Erfordernisse des Krieges weitgehendst zu berücksichtigen". Die politische Unterrichtung der Soldaten stehe allein dem Truppenvorgesetzten zu.

Zusammenkünfte der Kriegspfarrer auf Veranlassung der Kriegspfarrer bei den Heeresgruppen und Oberkommandos zwecks Belehrung und Erfahrungsaustausch sind erlaubt, müssen jedoch den Feldbischöfen angezeigt werden, die ihrerseits das OKH benachrichtigen. Es wird eigens betont: „Die Einbeziehung allgemein-politischer, wehrpolitischer und kirchenpolitischer Fragen in die mit den Kriegspfarrern zu veranstaltenden Besprechungen hat zu unterbleiben."

Gegenüber den Anforderungen der Kriegspfarrer nach religiösem Schrifttum[36] weist das OKH darauf hin, „daß in erster Linie das evangelische und katholische Feldgesangbuch anzubieten ist, da es diesem Bedürfnis voll Rechnung trägt". Allen Ernstes ist das OKH der Meinung:

„Wenn der Soldat mit diesem einen Buch wirklich vertraut wird, ist damit mehr gewonnen, als wenn ihm zahlreiche religiöse Schriften, in denen obendrein sehr verschiedene Auffassungen zum Ausdruck kommen, ausgehändigt werden. Außer dem Feldgesangbuch kommen, wo ein Bedürfnis dazu besteht, zur Verteilung durch die Kriegspfarrer nur die vom OKH zugelassenen Schriften infrage."

Man muß sich die Bedeutung von Erlassen oberster Militärbehörden vergegenwärtigen, um ahnen zu können, in welchem Dilemma die Militärseelsorger sich befanden. In religiös-kirchlichen Angelegenheiten völlig ahnungslose und unbedarfte Militärs maßten sich ein Urteil darüber an, was für das „religiöse Leben" der Soldaten erforderlich, was überflüssig sei und gaben Verordnungen heraus, deren Verletzung Verfahren nach Militärstrafrecht zur Folge hatte. Man erlaubte keinerlei politische Äußerungen und Stellungnahmen, erklärte aber die Berücksichtigung der „vaterländischen Erfordernisse des Krieges" für verbindlich. Ob ein Priester, der während des Krieges als Sanitäter Dienst tat, einem Sterbenden zur Seite stehen oder eine Messe feiern durfte, wurde in das Belieben eines Truppenkommandeurs gestellt, dem dazu eine Genehmigung zu erteilen „nur in Ausnahmefällen" gestattet war.

Außer den Wehrmacht- und Kriegspfarrern gab es während der Kriegszeit etwa 15.000 Geistliche, die in der Wehrmacht als Soldaten oder als Wehrmachtbeamte Dienst taten. Ihnen war für die Dauer ihrer Zugehörigkeit zur Wehrmacht nicht nur die Ausübung kirchlicher Handlungen innerhalb der Wehrmacht generell untersagt, auch wenn sie während des Urlaubs in der Heimat kirchliche Handlungen vornahmen, war ihnen ein „Auftreten in Wehrmachtuniform verboten".[37] Ein Jahr später wurde diesen Geistlichen „nur in ganz besonders dringend gelagerten Ausnahmefällen (z.B. Sterbefällen, Vorliegen eines besonderen Wunsches der Truppe unmittelbar vor oder nach einer Kampfhandlung)" gestattet, bei Fehlen eines Kriegspfarrers kirchliche Handlungen vorzunehmen. Dazu bedurfte es jedoch einer Genehmigung des Truppenkommandeurs, der „mindestens im Range eines Regimentskommandeurs" stehen mußte.[38]

Eine Entflechtung der traditionellen – und problematischen – Verbindung militärischer mit religiösen Feiern, z.B. vor und bei Vereidigungen, war grundsätzlich auch aus theologischen Gründen zu befürworten und zu begrüßen. Wenn jedoch eine Verordnung vom 15.3.1941 eine solche Trennung mit der Berufung auf die Freiwilligkeit verfügte, so war die in dieser Verordnung liegende Intention bei der ansonsten zur Regel gewordenen Mißachtung von Freiheit und Freiwilligkeit nur allzu offenkundig.[39] Der gleiche Erlaß verbot Wehrmachtpfarrern Vorträge, „deren Inhalt außerhalb des religiösen Gebietes liegt".[40]

Mit dem Jahre 1941 verschärften sich die Bestimmungen, die eine Minderung des Einflusses der Wehrmachtseelsorge zum Ziel hatten. Seit dem 17.10.1941 war die „Erziehung der jungen Soldaten … einzig und allein Angelegenheit der militärischen Vorgesetzten". Nach lang geübter Tradition fiel bis dahin vor allem die Belehrung über die Wichtigkeit des Fahneneides in die Kompetenz der Militärseelsorger. Diese Zuständigkeit wurde ihnen nun ausdrücklich genommen.[41] Hier wie anderen Fällen sollte man dankbar sein, aus einer Verpflichtung entlassen zu werden, die von sich aus aufzukündigen Sache der Kirchen bzw. der Geistlichen gewesen wäre. Denn sowohl der Wortlaut der Eidesformel als auch das Verständnis und die Interpretation des Eides ließen eine verantwortbare Befürwortung des Eides längst nicht mehr zu. Wehrmachtgeistliche beschränkten sich in der Regel nicht auf den Vollzug liturgischer Handlungen und auf die Betreuung von Verwundeten, sondern sorgten sich auch um Unterhaltung und kulturelle Betreuung der Soldaten. Mit Erlaß vom 24.2.1942 wurde ihnen verboten, „von sich aus in das Gebiet der Truppenbetreuung vorzustoßen".[42]

Weil die im „Merkblatt" zu Beginn des Krieges formulierten Bestimmungen für die Ausübung der Seelsorge im Ersatzheer inzwischen in zahlreichen Punkten überholt waren, erstellte die Gruppe Seelsorge im Jahre 1942 einen Entwurf für eine neue H.Dv. 372. Die Arbeit kam zwar zum Abschluß und wurde dem Amtsgruppenchef sowie dem Befehlshaber des Ersatzheeres vorgelegt, doch Generaloberst Fromm verweigerte seine Unterschrift, wahrscheinlich im Hinblick auf die damals schon eindeutige Stellungnahme der Partei zu Fragen der Wehrmachtseelsorge. Statt dessen erschienen am 24.5.1942 als Anlage 2 zur H.Dv. 373 die „Richtlinien für die Durchführung der Feldseelsorge".[43] Sie faßten eine Anzahl bereits verabschiedeter Bestimmungen zusammen und ließen gleichzeitig erkennen, was man von späteren Verordnungen zu erwarten hatte. Die „Richtlinien" führten (auch oder besonders wegen unklar gehaltener Formulierungen z.B. wegen des „gemeinsam oder nach Konfessionen getrennt" zu haltenden Gottesdienstes) vielerorts zu harten Auseinandersetzungen. Darum sah sich das OKH schon wenige Wochen später (29.7.1942) zu einer Verfügung veranlaßt, in der „die Herausgabe von Erläuterungen zu den Richtlinien für die Durchführung der Feldseelsorge" und „ die Aufforderung zu kritischer Stellungnahme

zu ihnen" untersagt wurde. „Besprechungen und Gedankenaustausch
über Handhabung der Seelsorge an Hand der Richtlinien sollen damit
nicht unterbunden werden."[44]

Nach wie vor galt die Feldseelsorge als „eine dienstliche Einrichtung
der Wehrmacht". Während aber die Einzelbestimmungen den Wunsch
des einzelnen Soldaten nach „religiöse(m) Trost" durch den Kriegspfarrer betonten, verfügte Artikel 1 mit aller Deutlichkeit:

„Der siegreiche Ausgang des nationalsozialistischen Freiheitskamp-
fes entscheidet über die Zukunft der deutschen Volksgemeinschaft und
damit jedes einzelnen Deutschen. Die Wehrmachtseelsorge hat dieser
Tatsache eindeutig Rechnung zu tragen."

Zwar wußte man seit Beginn des Krieges und erst recht seit dem Angriff auf die Sowjetunion, daß die Staatspartei von den Kirchen einen
stärkeren Einsatz erwartete, als diese zu leisten bereit waren. Doch nun
wurde diese Erwartung für den Bereich der Feldseelsorge derart unver-
hohlen ausgesprochen, daß sie einem Ultimatum glich.

Die „Richtlinien", nach Messerschmidt „das wichtigste Dokument
der Militärseelsorgepolitik der Wehrmachtführung",[45] waren ein Versuch des OKW/Inland, die Wünsche der Parteikanzlei hinsichtlich der
Feldseelsorge mit denen des Heeres in Einklang zu bringen. Das „Merkblatt" galt der Partei als Ausdruck einer reaktionären, das Christentum
begünstigenden Haltung des Heeres und als Versuch der konservativen
Kräfte im Heer, die „Freiwilligkeit der Religionsausübung" zu sabotie-
ren. Nach Lage der Dinge konnte die Neufassung der Bestimmungen für
die Seelsorge nur geschehen zu Lasten der noch immer vom Heer fest-
gehaltenen, wenngleich verwaschenen „christlichen Tradition". Unter
den gegebenen Umständen war es erstaunlich, daß noch ein Konzept zustande kam, welches der Feldseelsorge Möglichkeiten der Arbeit ließ. Im
übrigen dürfte die Verabschiedung der Richtlinien im Mai 1942 mit dem
Abgang des Oberbefehlshabers des Heeres, Generalfeldmarschall Brauchitsch, zusammenhängen, der von der Notwendigkeit eines „christlichen" Heeres überzeugt war.

Die Maßnahmen zur Drosselung des Einflußes der Kirchen auf die
Wehrmachtangehörigen waren unter dem zunehmenden Einfluß der
nach wie vor kirchenkämpferisch eingestellten Parteiinstanzen konsequent und setzten an verschiedenen Stellen an. Auf der einen Seite

wurde die Ausübung der seelsorgerlichen Tätigkeit der Kriegspfarrer davon abhängig gemacht, daß Soldaten freiwillig und auf ausdrücklichen Wunsch deren Dienst in Anspruch nahmen. Man spekulierte bei dieser Freiwilligkeits-Forderung auf mangelnde Initiative und bei der oft wenig kirchenfreundlichen Einstellung der jeweiligen Umgebung auf fehlenden Mut der Soldaten. Auf der anderen Seite beschnitt man Pfarrern wie Soldaten die Möglichkeit, sich mit religiösen Fragen auseinanderzusetzen, indem man die Versorgung mit religiöser Literatur radikal drosselte. Die Kriegspfarrer durften außer dem NT, den „Hirtenbriefen" des Feldbischofs und den wenigen vom OKW genehmigten Broschüren seit Juli 1942 keinerlei Literatur an Wehrmachtangehörige verteilen. Dieses Recht war „ausschließlich den militärischen und Dienststellen der Partei vorbehalten".[46] In der Luftwaffe durfte selbst das genehmigte Material nicht zur Verteilung kommen.[47]

Hatte sich schon ein Erlaß vom 22.11.1940 fast rührend darum besorgt gezeigt, „daß auf keinen Fall eine religiöse Beeinflussung der Verwundeten durch die Inhaber der Krankenhäuser (Ordensschwestern, Diakonissen usw.) erfolgt", so regelte ein weiterer Lazaretterlaß vom 28.12.1942 bis in Details, wann und unter welchen Umständen ein Wehrmachtgeistlicher verwundete und kranke Soldaten besuchen durfte.[48] Die Pfarrer mußten sich vor dem Betreten der Krankensäle darüber informieren, welche Verwundeten und Kranken ihres Bekenntnisses den Wunsch nach seelsorgerischer Betreuung geäußert hatten. Nur bei diesen war ein Besuch erlaubt. Die zuständigen Schwestern hatten bei jeder Lazarettaufnahme festzustellen, ob der eingelieferte Verwundete oder Kranke den Besuch eines Geistlichen wünschte. Sie mußten dessen Namen in eine eigens dafür anzulegende Liste eintragen.

Der zunehmende Einfluß der Partei auf die Wehrmacht in all ihren Teilen im Verlaufe des Krieges wirkte sich auch auf das Einstellungsverfahren von Standortpfarrern aus. Deren Bestellung erfolgte zwar durch die Feldbischöfe im Einvernehmen mit den zuständigen Zivilkirchenbehörden und mit Genehmigung der Gruppe Seelsorge im AHA, doch zuvor durchliefen die Kandidaten eine abwehrmäßige und eine kirchenpolitische Überprüfung.[49] Damit ergaben sich für Gestapo, Parteidienststellen und Kirchenministerium neue Möglichkeiten für massive Eingriffe.[50] Ende 1942 begann die Phase der personellen „Aushungerung" der

Feldseelsorge. Im Oktober 1942 waren von den ohnehin schon unzureichenden 1.342 Planstellen für die evangelische und katholische Feldseelsorge 198 unbesetzt. Durch Tod, Verwundung oder Gefangenschaft von Kriegspfarrern freigewordene Stellen blieben offen. Auch für die in Stalingrad gefallenen und vermißten 19 katholischen und 15 evangelischen Kriegspfarrer wurde ein Ersatz nicht bewilligt.[51] Neu aufgestellte Divisionen erhielten von vornherein keinen Kriegspfarrer zugeteilt. Damit war das Ende der Feldseelsorge abzusehen.

Seit dem 22.10.1943 durften amtierende Zivilgeistliche nicht mehr eingezogen werden, da deren unauffälliges Wirken als Sanitätssoldaten der Partei hinderlich war.[52] Die Mitglieder der „Gesellschaft Jesu" (Jesuiten) waren schon mit OKW-Erlaß vom 31.5.1941 aus der Wehrmacht entlassen und zur Landwehr II übergestellt worden.[53]

Schließlich wurden im Juni 1944 alle katholischen Geistlichen, Priesteramtskandidaten und Ordensleute, die Offiziere i.R. und z.V. waren, aus der Wehrmacht entlassen.[54] Der Plan der Parteikanzlei, auch die einberufenen Geistlichen aus der Wehrmacht zu entfernen und in die Ersatzreserve zu überführen, scheiterte am passiven Widerstand des OKW, das im Hinblick auf die gespannte Ersatzlage auf diese Soldaten nicht verzichten wollte.[55]

Bei den Zielvorstellungen des Nationalsozialismus und angesichts der Versuche der Partei, auch die Wehrmacht zu einem ihr dienlichen Instrument zu machen, gibt das Weiterbestehen der Wehrmachtseelsorge bis zum Ende des Krieges trotz aller Hinderungsmaßnahmen einigen Anlaß zur Verwunderung. Über die Gründe für die Nichtbeseitigung der Wehrmachtseelsorge lassen sich jedoch nur Vermutungen anstellen:

1. Das unbestreitbare und in zahlreichen Zeugnissen vorliegende Bedürfnis der Truppe, das – im Unterschied zum Ersten Weltkrieg – im Laufe der Jahre nicht nachließ, sondern intensiver wurde;
2. die höhere Führung zumal des Heeres hielt die Feldseelsorge um der Kampfkraft der Truppe willen für erforderlich, auch wenn sie nichts Entscheidendes tat, um die Aushöhlung der Feldseelsorge zu verhindern;
3. das Wissen um die religiöse Betreuung der Soldaten stärkte die

Moral der Angehörigen in der Heimat, während eine Liquidation der Feldseelsorge noch mehr Anlaß zu Ressentiments und Defätismus gegeben hätte;

4. außenpolitische Rücksichtnahmen bezüglich der Konkordatsbestimmungen und propagandistische Möglichkeiten.

Wenn die Partei besonders mit Keitel und dem Chef AWA, General Reinecke, im OKW über Lakaien zur Durchführung ihrer Wünsche gegen die Feldseelsorge beider Kirchen verfügte, so sorgten auf der anderen Seite Freunde der Wehrmachtseelsorge vorsorglich oder reaktiv für Verhinderungen, Verzögerungen und Abschwächungen von Verordnungen bzw. deren Durchführung.[56]

Die Wehrmacht war außer den Gefängnissen vielleicht der einzige Bereich, in dem noch eine relativ geregelte und geordnete, weil dem unmittelbaren Zugriff der Partei entzogene, „Seelsorge" möglich war. Auch wenn die Zahl der Wehrmacht- und Kriegspfarrer bei weitem nicht ausreichte, um den anfallenden Dienst zu versehen, so muß man bei dem Versuch einer Beurteilung z.B. der die Militärseelsorge betreffenden Konkordatsbestimmungen auch eine Antwort auf die Frage finden, ob man dieses Arbeitsfeld einfach und von vornherein hätte preisgeben dürfen. Wenn im Bereich der Wehrmachtseelsorge sehr viel weniger Konkordatsverletzungen zu verzeichnen sind als in anderen Bereichen, so dürfte der Grund wohl darin liegen, daß die Wehrmacht – besonders in der ersten Zeit – mehr Sinn für Recht und Gerechtigkeit bewahrt hatte als andere staatliche Stellen.

Man muß jedoch auch das Problem sehen, daß die latente Gefahr einer Verquickung der Predigt des Evangeliums mit vaterländischen Motiven zu bestimmten Zeiten in ein akutes Stadium treten kann. Dabei stellt sich die Frage, ob die Gefahr solcher Verquickung sogar noch institutionell verankert werden darf, weil man damit – wenngleich ungewollt – sowohl dem Verlust der Unabhängigkeit der Seelsorge als auch der Verzweckung des Evangeliums Vorschub leistet.[57]

Der Kriegspfarrer trug an seiner Uniform gleichzeitig das Kreuz und das Hakenkreuz. Damit wurde der Zwiespalt offenkundig, unter dem er mit seinem gesamten Wirken stand.[1] Wenngleich in einem Kriegspfarrer diese Widersprüche in besonderer Weise aufeinanderprallten, weil er amtlich mit der Verkündigung des Evangeliums befaßt war und gleichzeitig (zudem im Offiziersrang) zur Hitlerarmee gehörte und den Eid auf Hitler geleistet hatte, so würde doch die Perspektive verzerrt, wenn man nicht im Auge behalten würde, daß jeder Christ, gleichgültig wo er lebte und welcher Tätigkeit er nachging, diesem kaum auflösbaren Zwiespalt ausgeliefert war. Es gab Menschen, die für ihre eigene Person eine Lösung fanden: durch die Emigration oder durch den Widerstand um den Preis auch des eigenen Todes. Unzählige Menschen mögen mit diesem oder jenem Gedanken gespielt haben, faktisch blieb jedoch den weitaus meisten keine andere Wahl als die des Durchstehens und Bestehens einer Situation, die herbeizuführen man vielleicht indirekt mitgeholfen, die man so jedoch keinesfalls gewollt hatte.

Die Wehrmacht- und Kriegspfarrer trugen Offiziersuniformen, der Feldbischof die eines Generals mit goldenem Spiegel und goldener Kordel an der Mütze, mit violetten Aufschlägen am Mantel und breiten violetten Streifen an der Hose; die Kriegspfarrer standen nach einjähriger Tätigkeit im Rang eines Majors, Wehrmachtdekane waren als Oberste eingestuft. Im Unterschied zu den übrigen Offizieren trugen die Wehrmachtgeistlichen keine Schulterstücke und standen „also in der Truppe an einer der Würde des Standes entsprechenden Stelle und doch außerhalb der Rangstreitigkeiten, die sich an Epauletten, Raupen und Sterne knüpfen".[2] Als Zeichen ihres Amtes trugen sie an einer Kette das Brustkreuz, das „zwischen 2. und 3. Knopf der Feldbluse einzustecken und bei Amtshandlungen und sonstigen seelsorglichen Anlässen auf der Brust herabhängend zu tragen" war. In „Feindesland" trugen sie eine Pistole.[3]

Die Kriegspfarrer rekrutierten sich aus den aktiven Wehrmachtgeistlichen und jenen Zivilpfarrern, die nach mindestens sechs Monaten Frontdienst zu Kriegspfarrern a(uf) K(riegszeit) ernannt wurden.[4] Auf eigens eingerichteten Lehrgängen erhielten die von allen Fronten des

Krieges zusammenkommenden Priestersoldaten in acht Tagen eine Einführung in ihre bevorstehende Arbeit. Sie wurden mit den wichtigsten Bestimmungen vertraut gemacht, erhielten Klarheit über die ihnen erteilten kirchlichen Vollmachten und konnten ihre Predigtfähigkeit unter Beweis stellen. Der Feldbischof hatte außerdem die Möglichkeit, die vorgeschlagenen Bewerber persönlich kennenzulernen und unter Umständen den einen oder anderen in letzter Minute zurückzuweisen und das OKH zu veranlassen, daß es von einer Ernennung Abstand nahm. Durch die feierliche Vereidigung wurde die Wichtigkeit der ihnen übertragenen Aufgaben eindrücklich unterstrichen.

Kurz vor Beginn des 10. Lehrganges, der mit 90 Anwärtern bereits einberufen war, setzte die Partei im Oktober 1942 ein Verbot der Kriegspfarrerlehrgänge wie auch der weiteren Neuernennung von Kriegspfarrern durch.

Einkehrtage und (bis zu deren Verbot) Frontlehrgänge für die Kriegspfarrer gehörten zu den festen Einrichtungen der Wehrmachtseelsorge. Über die Veranstaltungen in Dresden[5] und in Riga[6] liegen die dort gehaltenen Vorträge von J. Stelzenberger gedruckt vor. Die fünf bibeltheologischen Vorträge des Einkehrtages kreisen um das Thema der Königsherrschaft Gottes. Dabei skizziert Stelzenberger auch die Aufgabe der Wehrmachtseelsorge:

„Unsere Aufgabe und heilige Verantwortung ist es, die *Basileia tou theou* ins deutsche Volk und besonders in die Herzen unserer Kameraden zu tragen. Das ist Wehrmachtseelsorge: In die Königsherrschaft Gottes jene Träger deutscher Waffen immer enger hinzuführen, die in der Taufe an Christi Gnade angeschlossen wurden und der heiligen Gemeinschaft der Kirche angehören … Gibt es eine schönere Aufgabe als diese deutsche Männerseelsorge? Und ein nationaleres Tun als über das Haus und den Raum des deutschen Volkes den Überbau der Königsherrschaft Gottes heben? … In dieser Bindung von Deutsch und Göttlich liegt unser Feld …"

Auch die drei Vorträge auf den Frontlehrgängen sind rein geistlich bestimmt:

1. Exegese von Mt 22,21: Gebet Cäsar, was des Cäsars ist und dem Gott, was des Gottes ist;

2. die Ostkirche;
3. christliche Existenz als Überwindung der Zeit.

Nur in wenigen, doch die herrschende Meinung wiedergebenden Sätzen wird die gegenwärtige Problematik angesprochen. „Das ist katholische sittliche Haltung, und diese hat allezeit die Träger der Militär- und Feldseelsorge durch die Jahrhunderte ausgezeichnet: den Staat und seine Waffengewalt als Ausdruck göttlicher Ordnung innerlich anzuerkennen und auch für Herrscher zu beten, die ihre *Exousia* (Möglichkeit und Vollmacht zum Handeln; der Verf.) gegen die Kirche richten. Jede Autorität hat ihre Mission. Letztlich werden Gottes Pläne in der Geschichte verwirklicht."[7] Gegen Ende der historischen und theologischen Ausführungen über die Ostkirche heißt es:

„Vieles in der Zukunft wird vom Ausgang dieses Krieges und dem Geschick des Sowjetregimes abhängen. Gebe Gott, daß der Bolschewismus auf die Knie gezwungen wird. Als Deutsche und als Katholiken wünschen wir das. Auf daß das Feld frei werde für bessere Saat!"[8]

Mit Erlaß des OKH vom 23.2.1942 wurde „zur einheitlichen Ausrichtung der Feldseelsorge" die Durchführung von zweitägigen Frontlehrgängen verordnet, für deren Ablauf ein vom OKH im Einvernehmen mit den Feldbischöfen aufgestellter Lehrplan verbindlich war.[9] Die Vorbereitung und Durchführung lag beiden Heeresgruppenpfarrern, die über den Verlauf dem OKH (AHA/Ag/S) Berichte vorzulegen hatten. Der Lehrplan sah für den Vormittag des ersten Tages je 2 Stunden für die Bedeutung und Erläuterung der H.Dv. 373 und für „Wesen und Aufgaben der Feldseelsorge an Hand des Merkblattes über Feldseelsorge und der hierzu ergangenen Nachträge" vor. Am Nachmittag waren die Soldatenpredigt im Kriege und „Gestaltung und Inhalt der überkonfessionellen Feldgottesdienste" zu behandeln. Am zweiten Tag beschrieb ein Vortrag „die vaterländischen Aufgaben der Feldseelsorge", während ein „geeigneter Offizier" den Pfarrern über die Erwartungen der Feldtruppe hinsichtlich der Feldseelsorge berichten sollte. Weitere Vorträge u.a. über Erfahrungen und Aufgaben der Truppen bzw. Lazarettseelsorge sowie Aussprachen waren für den weiteren Verlauf vorgesehen.

Aus dem Jahr 1942 liegen teils kürzere, teils ausführlichere Ankündigungen bzw. Verlaufsskizzen über die Frontlehrgänge an folgenden

Orten vor (in der Reihe der Veranstaltungsdaten): Den Haag, Divonne, Charkow, Riga, Artemowsk, Bonsecour/Rouen, Wilma, Stalino, Reval, Belgrad, Riga, Athen, Wjasna, Orel und Oslo.[10] In einem Beitrag zur vaterländischen Aufgabe der Feldseelsorge heißt es:

„Wir stehen mitten in einem Krieg, von dessen Ausgang die Zukunft unseres Vaterlandes und die künftige Neuordnung Europas abhängt. Der Feldseelsorge sind große und einmalige Aufgaben gestellt bei der Verankerung und Vertiefung der Liebe und Treue des Soldaten zu Volk und Vaterland als den höchsten irdischen Werten."

Die Skizze handelt unter I über „die Stellung von Volk und Vaterland in der göttlichen Weltordnung", unter II werden falsche Auffassungen hinsichtlich der vaterländischen Aufgabe der Feldseelsorge zurückgewiesen, vor oberflächlichem Patriotismus und vor Einmischung in allgemein- und wehrpolitische Fragen wird gewarnt, Zurückhaltung in kirchenpolitischen Fragen wird empfohlen. Unter den „Einzelaufgaben" wird die „Verpflichtung des Christen zu kompromißlosem Einsatz" betont. Bei der Behandlung der „Idee des gerechten Krieges" läßt der Aufbau die Deutung des Hitler-Krieges vermuten: „Persönliche Notwehr – soziale Notwehr – völkische Notwehr". Die anschließende Erörterung der deutschen Soldatentugenden und des Wehrwillens sowie deren „Pflege" weisen in die gleiche Richtung. Der „Dienst für das Vaterland" wird als einer der „vornehmsten Zweige des Gottesdienstes" und der „Kriegsdienst als sinnvolle Hingabe an ein große Aufgabe" vorgestellt. Die Ausführungen beschäftigen sich ferner mit der Erziehung zur Ehrfurcht gegenüber der Obrigkeit und mit der „religiösen Grundlegung des Fahneneides". Ein eigener Abschnitt gilt der „Verklärung des Opfertodes für das Vaterland". Die Skizze schließt mit den Worten: „Die Feldseelsorge muß stets klar ausgerichtet sein auf Volk und Vaterland, auf den Führer und Obersten Befehlshaber der Wehrmacht. Sie hat mitzuhelfen zur Erreichung des großen Zieles: Endgültiger Endsieg in diesem Kriege."[11]

In der gleichen Zusammenstellung gibt es eine zweieinhalbseitige Skizze über *„Die Soldatenpredigt im Kriege"*. Nach einführenden allgemeinen Bemerkungen etwa derart, daß die Predigt „stets das große Geschehen berücksichtigen" müsse, fordert der Autor in dem Abschnitt über die „Aufgabe der Predigt" u.a. „unbedingte(n) Einsatz für die vaterländischen Belange ..." Der Kriegspfarrer müsse „diesen Krieg um den deutschen Lebensraum als einen vor Gott gerechten und zu belohnenden Kampf und den Führer als den von Gott begnadeten Mann herausstellen".[12] Gewarnt wird jedoch vor jenem oberflächlichen Hurrapatriotismus, der sich mit Schaumschlägerei und Phrasengeklingel begnügt: „Der Frontsoldat hat dies im Weltkrieg abgelehnt und hat in diesem Kriege ebenfalls ein sicheres Empfinden für das, was echt und unecht ist auf diesem Gebiete."

In einem erhaltenen Vortrag „*Was erwartet die Truppe von der Feldseelsorge?*" von Major Dr. Hofert auf dem Frontlehrgang für Kriegspfarrer der 20. (Geb.)Armee finden sich neben der Betonung der sittlichen Notwendigkeit des gegenwärtigen Krieges und der Kennzeichnung des Soldatentodes als Opfertod und als „höchste Stufe der Erfüllung des Lebens" folgende Ausführungen:

„Als mit den siegreichen Feldzügen in Polen, Frankreich und auf dem Balkan der Vorhang weggezogen war, da trat die teuflische Maske des Bolschewismus ungeschminkt hervor. Nun verstanden wir, warum es, zunächst aus geringfügigerem Anlaß, überhaupt zu diesem Krieg kommen mußte. Ist es nicht, als sollten wir geprüft werden, ob wir uns bewährten, da Gott ein solches Staatswerk der Verneinung und des Unglaubens zuließ? Gott selber ist darin abgeschafft. Es gibt nur noch die Göttin Maschine, eine Weltanschauung des elektrischen Stroms und der Maschine, die den Menschen zu einem Ding macht, das eben zu funktionieren hat, bis es zerstört wird, das heimtückisch und fernab von jeder Regel der Ritterlichkeit und Sauberkeit und mit Betrug, nicht mit kluger und erlaubter List, kämpft, das eine Bestie ist, allerdings in der Gefangenschaft schnell zahm wird, vielleicht weil sich dann noch wieder Menschliches und damit Göttliches in ihm regt. Meine Herren Kriegspfarrer, dieser Krieg gegen den Bolschewismus und seine Helfershelfer ist damit zum heiligen Krieg geworden. Wir haben gelernt zu hassen ..."[13]

Die Einrichtung dieser Lehrgänge durch das OKH wie auch die dort durch einen „geeigneten" Offizier zu haltenden Vorträge sind (wie so manch anderer Vorgang) nicht eindeutig zu interpretieren. Es kann sein, daß auch dem OKH der Wehr- und Siegeswille der Kriegspfarrer unterentwickelt schien und man auf diesem Wege Nachhilfeunterricht erteilen wollte. Es ist aber auch möglich, daß man dem OKW gegenüber einen neuen und überzeugenden Nachweis dafür brauchte, daß die Feldseelsorge die in sie gesetzten Erwartungen zu erfüllen bereit war, um dem Dringen der Parteikanzlei auf Abschnürung der Seelsorgearbeit entgegenzuwirken. Keines dieser beiden möglichen Ziele wurde erreicht. Spätestens 1943 verflüchtigten sich die bei manchen Kriegspfarrern vorhandenen Träume von einem neuen (christlichen) Europa unter deutscher Führung. Im Herbst 1942 begann seitens des OKW der systematische Abbau der Feldseelsorge.

Es ist nicht möglich, über die damaligen Einstellungen der Kriegspfarrer zum Krieg Auskunft zu erhalten. Die wenigen vorhandenen Unterlagen spiegeln nur die persönlichen Auffassungen einzelner zu einem bestimmten Zeitpunkt und erlauben keine Verallgemeinerung in dieser oder jener Richtung. Um das breite Spektrum damals bei Wehrmacht- und Kriegspfarrern vorhandener – und vermutlich auch ihre Arbeit und Predigten beeinflussender – Anschauungen zu verdeutlichen, seien hier einige Beispiele vorgelegt.

Von den über 500 Wehrmacht- und Kriegspfarrern kann wohl nur einer als bewußter Vertreter nationalsozialistischer Ideen bezeichnet werden. Dieser Mann [*Joseph Bernhard Heinrich Thomann, 1894-1962; pb*] – erst Wehrmachtpfarrer, später Wehrmachtdekan, nach dem Krieg Pfarrer und Dechant im Erzbistum Paderborn – grüßte nicht nur seinen Generalvikar in kirchlichen Diensträumen mit dem „deutschen Gruß" und beschwerte sich beim Feldbischof darüber, daß der Generalvikar nicht in gleicher Form zurückgrüßte, er hielt auch Vorträge, die vom weitaus größten Teil seiner Mitbrüder als skandalös empfunden wurden."[14]

Die etwa zehn anderen mit einem Hang zum Nationalsozialismus behafteten Wehrmachtpfarrer stellten eine verschwindende Minderheit dar und fielen insgesamt kaum ins Gewicht. Sicherlich waren auch die wenigen, die (wenn auch nur partiell) der Suggestionskraft Hitlers oder dem Nationalsozialismus verfielen, um ihrer selbst und um der von ihnen zu vertretenden Sache willen schon zu viel. Doch sollte man darüber nicht die Einstellung jener zahlreicher Priester vergessen oder herabwürdigen, die schlicht „Seelsorger" sein wollten und angesichts der immer schwieriger werdenden Umstände ihre unauffällige Arbeit taten und diese Arbeit nicht einmal durch ihren Feldbischof beeinträchtigen lassen wollten. Die von Parteistellen begünstigten Wehrmachtpfarrer sind der Wehrmachtseelsorge z.T. aufgedrängt worden. Allerdings ist keiner dieser Geistlichen in den Wehrmachtklerus bzw. in die Feldseelsorge ohne ausdrückliche Zustimmung und besonders bestätigte Qualifizierung durch seinen zuständigen Ortsbischof aufgenommen worden. Wenn diese nicht erteilt wurde, lehnte das Feldbischofsamt den Bewerber ohne Rücksicht auf die Bemühungen politischer Stellen ab. In einigen Fällen nahm das Feldbischofsamt auch das Risiko auf sich, Interessenten trotz des eindeutigen Placet des Ortsordinarius von sich aus abzuweisen.[15]

Anders als mit der Ablehnung des Nationalsozialismus verhielt es sich mit der Einstellung der Kriegspfarrer zum Krieg. Dabei finden sich nur in Einzelfällen Anklänge von Begeisterung.[16] Die Grundeinstellung der meisten Kriegspfarrer läßt sich in etwa so umschreiben: die nicht gesuchte und nicht zu ändernde Situation gilt es im Vertrauen auf die geheimnisvolle Geschichtsführung Gottes anzunehmen und durchzutragen, ohne nach Gründen zu fragen, in „eine(r) Art tapferer Ergebenheit" und in der Hoffnung, dadurch „das Schicksal zu verwandeln".[17]

Neben diesem Versuch, den Anspruch der Situation zu deuten,[18] steht ein starker Wille zur Solidarität und zur menschlichen Nähe bei denen, für die man gearbeitet und mit denen man (zumal als Jugendseelsorger) gelebt hatte: „Ich will das Erlebnis dieses Krieges, die Teilnahme am Gesamtschicksal und die Nähe zu den Kameraden."[19] Dieser Wille zum Dabeisein ist sicherlich auch als Reaktion auf die unaufhörlichen Versuche der Partei zu verstehen, die Priester vom Volk zu isolieren. Daß Kriegspfarrer (und Priestersoldaten) mit ihrem Versuch, in einer mörderischen Umwelt „Inseln des Lebens"[20] zu schaffen, nicht erfolglos blieben, zeigen die bereits beschriebenen Maßnahmen von OKW und Partei.

Doch außer dieser skizzierten Spiritualität und dem Solidaritätswillen war es noch etwas anderes, spezifisch Katholisches, das die Kriegspfarrer in ihrer Tätigkeit aufgrund einer langen und internalisierten Tradition bestimmte. Sie waren und wußten sich mehr oder weniger deutlich als Vertreter einer Institution, die schon vor der Völkerwanderung bestanden hatte und die mit ihrem jahrhundertealten Ritus, fremd und vertraut zugleich, Heimat nahe sein ließ und doch mit allen Katholiken in der Welt verband, der Halt gab, wenn Menschenwort angesichts der Schrecken des Krieges und des Todes sich als blaß und leer erwies, und in dem – durch vielfache Erfahrung bestätigt – bezeugt wurde, daß der einzelne in seiner Privatheit des der Verfügung des Individuums entzogenen Zeichens bedurfte, um der besonders im Krieg erfahrenen Sinnlosigkeit standzuhalten. Hierin dürfte der entscheidende Grund dafür liegen, daß der Vollzug „gottesdienstlicher Veranstaltungen" das Hauptmerkmal der Tätigkeit der Kriegspfarrer darstellte.[21] Doch diese Einstellungen waren für manch einen kein Hindernis, den Krieg als berechtigt anzusehen und sich entsprechend einzusetzen. Perau notiert in seinen Aufzeichnungen unter dem 13.6.1940:

„Einige junge Theologen stürzen sich geradezu begeistert ins Soldatenleben. Sie wollen zeigen, daß sie ‚auch' national sind. Die ständigen Verleumdungen der Propaganda haben so etwas wie einen Minderwertigkeitskomplex erzeugt."[22]

Aus einigen Äußerungen Pius' XII. in Briefen an deutsche Bischöfe geht hervor, daß man auch im Vatikan die Situation der Feldseelsorge wie das Verhalten der Kriegspfarrer aufmerksam verfolgte. So registriert der Papst neben „Hiobsbotschaften" über den anhaltenden Kirchenkampf auch „erfreuliche Berichte über die Heeresseelsorge".[23] In einem Schreiben an Kardinal Faulhaber vom 2.2.1942 spielt Pius XII. auf auch von deutschen Bischöfen bemerkte Mängel der regulären Feldseelsorge an, ohne auf Einzelheiten einzugehen. Angesichts „bestimmte(r) Mitteilungen aus dem Gebiet des Ostkrieges" sieht er unter Hinweis auf Tit 3,4 und mit einem Blick auf spätere Zeiten als besondere Aufgabe der katholischen Feldgeistlichen und Soldaten, sich „unerschrocken" als Vertreter der Güte und Menschenfreundlichkeit des Erlösers zu bewähren.[24]

Daß der Papst hinsichtlich der nationalen Einstellung der Priester bei der Wehrmacht nicht ganz ohne Sorge war, ist seinem Schreiben an Erzbischof Gröber vom 1.3.1942 zu entnehmen. Er versichert den Bischof seines Gebetes für die zum Heeresdienst eingezogenen Priester und Priesteramtskandidaten, daß sie sich u.a. „von irrigen Auffassungen freihalten" mögen. Dabei steht „Auffassungen" als Korrektur für aus „nationaler Überspannung".[25]

Der Papst hat keine Gespenster gesehen, auch wenn die nationale Überspannung lange nicht den Grad von 1914 erreichte.[26] Zahlreiche

Priester und auch Bischöfe hatten gehofft, daß unter den Anforderungen des Krieges die kirchenfeindlichen Maßnahmen eingestellt würden. Man war gerne bereit, seinen Teil zum Krieg beizutragen. Doch trotz der Bemühungen seitens der Kirche(n), ihre Vaterlandstreue unter Beweis zu stellen, erfuhr die aggressive Kirchenpolitik nach einer kurzen Pause ihre Fortsetzung. Werthmann vermerkt unter dem 3.7.1945:

„Die während des Krieges nicht nur anhaltende, sondern sich teilweise steigernde Verfolgung der Kirche, das Aufheben von Klöstern und Schulen, die Beschlagnahme von kirchlichem Eigenturn, das Verschleppen von Geistlichen nach Dachau, das Verbot von Hirtenbriefen, die Sperrung jeglicher Papierzuteilung für religiöses Schrifttum, für Katechismen und Gesangbücher rnußte auf unsere Kriegspfarrer draußen an den Fronten ungünstig einwirken. Solche Nachrichten waren allzu leicht dazu angetan, die passive Resistenz zu fördern. So kam es, daß sich ein großer Teil der Kriegspfarrer immer mehr herauslöste aus irgendwelcher Betonung vaterländischer Motive und sich beschränkte auf die Verkündigung der Glaubenswahrheiten."[27]

Wenn diese Beobachtungen des Feldgeneralvikars zutreffen, dann war es weniger die Einsicht in das Verbrechen des Hitlerkrieges als vielmehr die Erkenntnis, daß eine Haltungsänderung des Systems gegenüber der katholischen Kirche auch nicht durch die Hingabe des eigenen Lebens erreicht werden konnte, die von einer „Betonung der vaterländischen Motive" Abstand nehmen ließ.

An dieser Stelle mag auch jener Mann genannt und vorgestellt werden, der nach und neben dem Feldbischof seit 1936 als Feldgeneralvikar die Verantwortung für die Wehrmacht- und Feldseelsorge trug. Georg Werthmann wurde nach der Teilnahme am 1. Weltkrieg Mitglied des „Quickborn" und vertrat eine radikal-pazifistische Einstellung. Als junger Priester nahm er 1926 an dem großen Friedenstreffen deutscher und französischer Jugendlicher in Douaumont bei Verdun teil und war später bis 1935 nicht nur Religionslehrer, sondern auch Bezirkspräses der „Sturmschar" in Bamberg. Sein Auftreten gegen den Nationalsozialismus galt als so provokativ, daß die Leitung des Gymnasiums um Werthmanns Ablösung als Religionslehrer bat, weil man die Existenz der kirchlichen Schule durch ihn gefährdet glaubte. Diese Einstellung Werthmanns und seine Erfahrungen in der Jugendarbeit veranlaßten den damaligen Bischof von Bamberg, Werthmann für das Amt des Standortpfarrers von Bamberg vorzuschlagen. Daß Werthmanns Weg anders verlief, lag am damaligen Feldpropst und späteren Feldbischof Rarkowski, der Werthmann 1935 nach einer Probepredigt (mit dem Thema: Franziskus von Assisi) entgegen allen vorherigen Absprachen in Berlin behielt. Nach dieser Entscheidung stellte Werthmann sich ganz auf diesen ihm bis dahin völlig fremden Arbeitsbereich ein. Seine Devise dürfte ähnlich wie die zahlreicher Priester in etwa gelautet haben: gut deutsch und erst recht katholisch, aber nicht und auf keinen Fall nationalsozialistisch. 1936 wurde er, obwohl zweitjüngster unter den Wehrmachtpfarrern, zum Feldgeneralvikar ernannt.

Als Christ und Priester dem Evangelium verpflichtet, war er in diesem Amt in besonderer Weise den Ansprüchen des NS-Staates ausgesetzt und an die Konkordatsbestimmungen gebunden. Die aus dieser Konstellation sich ergebende Spannung macht die Problematik Werthmanns (und anderer Amtsträger) aus. Wer bei einer Analyse und Kritik von Einrichtungen und Personen diesen Zusammenhang nicht im Auge behalt, läuft Gefahr, die historische und strukturelle Problematik zu übersehen bzw. zu verharmlosen und sie auf das Problem von Personen zu reduzieren.[28]

2.3 DER FELDBISCHOF FRANZ JUSTUS RARKOWSKI

Die Veröffentlichung von Auszügen aus Hirtenbriefen des Katholischen Feldbischofs der Wehrmacht Franz Justus Rarkowski durch G. C. Zahn im Jahre 1965 weckte vorübergehend das Interesse an einem bis dahin fast unbekannten Mann, über dessen Tätigkeit zu reden in kirchlichen Kreisen auch in den Jahren heftiger Diskussionen über das Verhältnis von Kirche und Nationalsozialismus keinerlei erkennbare Neigung bestand. Welche Gründe auch immer jene zum Schweigen bewogen haben mögen, die Rarkowski und sein Wirken kannten (und es gibt einige Gründe für die Vermutung, daß schlichte Hilflosigkeit, und nicht Verschleierungsabsicht diesen oder jenen Kenner der Verhältnisse hinderte, seinen Beitrag zur Aufklärung über eine schwierige und problematische Phase des deutschen Katholizismus zu leisten) – auf die Dauer ist es nicht zu verantworten, Franz Justus Rarkowski und seine Rolle aus dem vielleicht verworrensten, jedenfalls unheilvollsten Stück deutscher (Kirchen-)Geschichte auszublenden. 1974 schrieb W. Adolph: „Unbestreitbar bleibt, daß der Militärbischof ein begeisterter Hitler-Anhänger war und sich vorbehaltlos für den Krieg einsetzte."[1]

Es verschlägt einem Leser noch heute den Atem, wenn er bei Zahn die verschiedenen Verlautbarungen eines katholischen Bischofs – Ordinarius gemäß can 198 § 1 CIC[2] – aus den Jahren 1937 bis 1944 liest.[3] Zwar zitiert Zahn nur aus einem Dutzend der bischöflichen Rundschreiben z.T. umfangreiche Texte. Doch das Bild des Bischofs wird auch bei Berücksichtigung eines umfassenderen Materials kein völlig anderes. Es gewinnt jedoch in nicht unwesentlichen Details eine andere „Färbung". Und das dürfte bei dem Bild, das man von einem Menschen zeichnet, nicht unwichtig sein. Bei diesem Versuch einer Konturierung sollen zunächst bisher nicht veröffentlichte Äußerungen das durch Zahn vorgelegte Material vervollständigen, dann aber auch Stimmen mitgeteilt werden, die über damals hinterlassene Eindrücke des bischöflichen Verhaltens berichten, um der Gefahr einer allzu leicht vorgenommenen Identifizierung von Feldbischof und Wehrmachtseelsorge zu entgehen. Schließlich gilt es, einige biographische, historische und strukturelle Faktoren zu bedenken, die zum Verständnis Rarkowskis wie der Feldseelsorge unerläßlich sind.

2.3.1 Hirtenbriefe und Aufsätze des Feldbischofs

Dem Verfasser liegt mit 41 Texten das gesamte Material aus der Feder des Katholischen Feldbischofs vor, das im „Archiv" des Katholischen Militärbischofsamtes (mit Ausnahme der Zeitungsartikel) vorhanden ist: 15 Hirtenschreiben, 10 Schreiben an die Wehrmachtpfarrer und Kriegspfarrer (davon 1 als stellvertretender Feldbischof in der „Kasernenstunde" Nr. 4, Januar 1936), 2 Hirtenschreiben an die kranken und verwundeten Soldaten sowie deren Seelsorger, 14 Beiträge für die Soldatenbeilage „Glaube und Kampf" der Zeitung „Der Neue Wille". Nicht mitgezählt sind die aus nur wenigen Sätzen bestehenden Aufrufe und Grußworte wie z.B. die vom September 1939 an die Kriegspfarrer des Feldheeres und die Standortpfarrer beim Ersatzheer in der Heimat.[4]

126

Wenngleich die begeisterten Auslassungen des Bischofs über Hitler und seinen Krieg sich vor allem in den Schreiben der Jahre 1940/41 finden, so muß man doch feststellen, daß keiner der vorliegen den Texte völlig frei ist von zumindest verwaschenen und irreführenden Formulierungen, die dem damals unbefangenen Leser oder Hörer (– gab es sie zu jener Zeit noch? –) einen fast blinden Gehorsam und Dienst in Hitlers Heer zur Pflicht machten.

2.3.1.1 Die Hirtenbriefe

In seinem ersten Hirtenbrief[5] als neugeweihter Bischof spricht Rarkowski sich unmißverständlich für Hingabe und Gehorsam und „gegen diese Revolte der sogenannten Selbstbestimmung" aus, „die immer alles besser wissen möchte und vielfach den Geist des Gehorsams und der Hingabe verneint". „Heroische(r) Einsatz des Leibes und der Seele" des Soldaten gelten als „bewußte(s) und unbeugsame(s) Prinzip" (27.2.1938). Fünf Wochen später, am 3.4.1938, schreibt der Feldbischof anläßlich der Besetzung Österreichs und grüßt die vermeintlich seiner Iurisdiktion unterstellten Wehrmachtgeistlichen des österreichischen Bundesheeres: „In kameradschaftlicher Zusammenarbeit wollen wir uns gegenseitig überbieten in der Treue zum Herrgott, in der kraftvollen Betätigung unseres christlichen Glaubens und in der Hingabe an das eine Volk, an das eine Reich und an den einen Führer ..." (hektographiert). (Tatsächlich durfte der Feldbischof die Jurisdiktion nur ausüben über die Wehrmachtangehörigen, die zu dem bei Konkordatsabschluß zum Deutschen Reich gehörigen Gebiete zählten, wie auch in anderen Fällen die Bestimmungen des Konkordats nur auf das Gebiet des Altreiches, und nicht auf „Großdeutschland", geschweige denn auf die besetzten Gebiete, Anwendung fanden.[6]

Der Fastenhirtenbrief des Feldbischofs an die Wehrmachtangehörigen vom 16.1.1939 rühmt in einem ersten Teil begeistert den Führer und Obersten Befehlshaber der Wehrmacht als „Hüter und Mehrer des Reiches", der mit dem Sudetenland „uraltes deutsches Land von der Fremdherrschaft" befreit habe. Der zweite Teil des Hirtenbriefes gilt der „Tugend der soldatischen Einfachheit". Nachdem Christus als Vorbild der Einfachheit und des anspruchslosen Lebens vorgestellt wurde, klagt der

Feldbischof über die „Entartung" im deutschen Volk in den vergangenen Jahren: „Entartet war die Sprache der Presse und Literatur", entartet waren Kunst und Mode durch das eingeflößte „Gift der Unnatur": „Das alles wird, Gott sei Dank, gründlich anders seit der geschichtlichen Tat unseres Führers im Jahre 1933 und der davon ausgegangenen Neuordnung auf allen Lebensgebieten unseres Volkes".

Der „Heimatgruß" des Bischofs an die kranken und verwundeten Wehrmachtangehörigen vom 4.10.1939 enthält keinerlei Anspielung auf die Größe der Zeit oder Aufrufe, wie sie in anderen Schreiben zu finden sind. Wenn Rarkowski die Verwundeten „geheiligte Opfer des Krieges" und ihre Wunden die „schönste(n) Ehrenzeichen" nennt, so dürften derlei pathetisch anmutende Formulierungen z.T. auch aus dem damaligen Sprachfeld zu erklären sein. Sie lassen jedoch ebenso auf eine völlig unkritische Haltung gegenüber dem von Hitler angezettelten Krieg schließen.[7]

„Wir wollen es weitertragen, daß Deutschland dort ist, wo wir opfern, wo der Geist Christi lebendig ist, wo die Forderung des Herrn verstanden wird, daß wir uns selbst verleugnen sollen." Diese Sätze könnten durchaus auch als Kritik am Nationalsozialismus und seinem Eroberungskrieg verstanden werden, wenn nicht unmittelbar darauf der Satz folgte: „Im Zeichen dieses Opfergeistes wird unser Volk siegen." Der Bischof schließt seinen Fastenhirtenbrief vom 16.1.1940 mit dem „Osterwunsch", daß „sich die deutsche Seele in diesem ihr aufgezwungenen Kampfe sieghaft bewährt und einen Frieden erringt, der dem müden Europa ein neues Antlitz gibt und unserem Volke Ruhe, Sicherheit und Aufstieg gewährleistet!".

Ein Hirtenwort an alle Kriegspfarrer endet:

„An Ihnen liegt es nun, als Teilnehmer an diesem gegenwärtigen schweren und entscheidenden Waffengang im Auftrage unseres Obersten Befehlshabers durch Ihren selbstlosen Einsatz nach besten Kräften mitzuwirken an der Herbeiführung eines siegreichen Friedens, der unserem Volke jene Stellung unter den Nationen Europas gibt, auf die es nach Gottes Schöpferwillen einen inneren Anspruch erheben kann."[8]

Das Hirtenschreiben an der Wende des 1. Kriegsjahres[9] ist wie kaum ein anderes Schreiben Rarkowskis von Terminologie und Pathos nationalsozialistischer Propaganda durchtränkt. Da wird das nackte Leben

„gegen die Überheblichkeit satter Völker, die in ihrer Verblendung glaubten, uns auslöschen und zertreten zu können", verteidigt; da wird der Krieg als „unvermeidlich" bezeichnet; da liest man auch: „Es ist eines der Geheimnisse des Krieges, daß er dem Menschenleben eine aufs Höchste gesteigerte Daseinsform gibt ...". Christlicher Glaube sei nicht nur „Bestandteil eurer seelischen und sittlichen Ausrüstung", er gebe auch „Klarheit darüber, daß der Kriegsdienst als Einsatz für die Gemeinschaft, für Volk und Heimat, nicht nur ein hoher menschlicher Beruf ist, nicht nur eine Hingabe an die höchsten völkischen Werte, sondern auch eine echt christliche Aufgabe und Tat nach dem Beispiel und Worte Christi".[10]

Im Fastenhirtenbrief vom 2.2.1941 werden Karfreitag und die „deutsche Passion", die „Totengruft eines harten Friedensvertrages" (Versailles) ebenso einander gegenübergestellt wie der Ostermorgen und „das Osterlicht unserer Auferstehung als Volk und Nation". Damit verbunden ist eine glorifizierende Sicht deutscher Geschichte („Herzvolk Europas", „unsere Ahnen waren Ewigkeitsmenschen", „deutsche Leistung bis an die Grenze der Erde"), die Rarkowski den Soldaten, den „junge(n) Weltstürmer(n)", von der „Ewigkeit" her zu deuten versucht. Der Krieg gegen die Sowjetunion gilt nicht nur dem Feldbischof als „europäischer Kreuzzug" und Einsatz „für die ganze europäische Kulturwelt gegen die bolschewistische Barbarei" (24.7.1941) mit dem Ziel, „den Bolschewismus für alle Zeiten aus der Geschichte" zu vertilgen.

Der vom Glauben und Gottvertrauen handelnde Fastenhirtenbrief vom 20.3.1942 soll die katholischen Soldaten zur Treue und zur Tapferkeit ermutigen: „Du weißt, was uns erwarten würde, wenn es unseren Feinden gelänge, uns zu besiegen." Doch in der Kraft des Glaubens, im Gottvertrauen und in Gottes Gnadenhilfe besitzt der Soldat „nie versiegende Quellen der Opferfähigkeit und Einsatzbereitschaft": „Ihr werdet in stolzem Vertrauen auf den Führer und Obersten Befehlshaber der Wehrmacht als seine erprobten Soldaten auf der Straße weitermarschieren, die zum Endsieg führt." Am Ostersonntag 1942 gilt ein eigenes Schreiben den kranken und verwundeten Wehrmachtangehörigen sowie ihren Seelsorgern: „Was in der Gegenwart geschieht, ist groß und einmalig. Die Weltgeschichte wird zum Weltgericht und Ihr seid es vor allem, die in dieser gigantischen Auseinandersetzung den Hauptteil der

Aufgabe zu tragen habt." Der Hirtenbrief des Feldbischofs vom 15.8.1942 ist dem Thema Treue gewidmet, die „schon von jeher eine sittliche Großmacht im deutschen Volkscharakter" gewesen sei.

„Mag der Bolschewik kämpfen, weil ihn die Pistole seines Kommissars bedroht, mag der Engländer seine Hilfsvölker in die Feuerzone schicken, weil er sein Weltreich bedroht sieht – der deutsche Soldat führt sein Schwert und schlägt die Schlachten aus treuer Liebe zu seinem Vaterlande und zu seiner deutschen Heimat."

Das Hirtenwort endet mit den Sätzen:

„Wir wollen das Wort Treue so wenig mißbrauchen wie den Namen Gottes, denn es trägt eine Segnung und einen Fluch zugleich in sich. Die Segnung für den Würdigen, den Fluch für den, der abtrünnig oder auch nur gedankenlos mit ihm umgeht. Die Treue um jeden Preis sei Eure Parole! Treu Dir selbst und Deinen Aufgaben! Treu Deinen guten Vorsätzen! Treu dem Vermächtnis der Toten! Treu Deinen Kameraden! Treu Deinen Vorgesetzten! Treu dem Führer und Obersten Befehlshaber der Wehrmacht! Treu Deinem Gott, der aller Treue Urquell ist! Eines Tages wird dieser gegenwärtige Krieg zu Ende sein. Dann werdet Ihr wiederkommen von den Ländern und von den Lüften und von den Meeren; der Treu-Schwur, den Ihr in der Stunde Eurer Vereidigung dem Führer und Obersten Befehlshaber der Wehrmacht geschenkt und durch alle Phasen dieses gigantischen Ringens unentwegt hindurch getragen habt, wird in der Stunde des endgültigen Sieges eine herrlichste Krönung erfahren; ein im Feuer der Schlachten gehärtetes Mannestum wird Euch aus den Augen blitzen und die schönste Auszeichnung wird Euch von den Stirnen leuchten: das Bewußtsein erfüllter Mannes- und Soldatentreue. Möge der getreue Gott Euch dazu verhelfen und Euch segnen ..."

Zur 4. Kriegsweihnacht schreibt der Feldbischof im Advent 1942:

„Die Anstrengungen, aus denen der Sieg erwächst, werden von uns allen viel Kraft und Hingabe verlangen. Unser Führer und Oberster Befehlshaber steht uns hier als leuchtendes Vorbild vor Augen. Er fordert von uns an Anstrengung und Einsatzbereitschaft nicht mehr, als er selbst zu geben bereit war und ist. In unerschütterlichem Vertrauen auf ihn werden wir das Ziel erreichen, um das gekämpft wird. Es ist das Höchste und edelste, was es geben kann: Heimat, Freiheit, Vaterland und Lebensraum für unser Volk."

Der Hirtenbrief zur Fastenzeit 1943 stellt den Soldaten den Opferweg Christi als Vorbild für das Leben des Christen und des Soldaten vor Augen. Er schließt mit den Worten:

„Christus ist es, der von sich sagen konnte: ‚Ich habe die Welt überwunden.‘ Er stand über allen Stürmen, die über ihn hereinbrachen, als sein großer Opfergang begann. Er ging mitten durch all diese Stürme hindurch und blieb Sieger über sie. Möge Euch allen, Ihr tapferen Soldaten, ein starkmütiges und entschlossenes Herz in der Brust schlagen, wenn Euch der Führer und Oberste Befehlshaber der Wehrmacht um des Endsieges willen zu neuen Aufgaben ruft! Möge Euer Mut und Eure Treue alle Zeit größer sein als die Schwierigkeiten, die Ihr zu bestehen habt! Möge keiner von Euch in der Stunde der Gefahr darauf vergessen, daß ‚Gott denen nahe ist, die ihn fürchten‘. Möge Euch alle der Aufblick zu Christus wissend, sehend und hellhörig machen, damit Ihr an den Euch auferlegten Prüfungen des Lebens und der Zeit nicht zerbrecht, sondern immer härter und entschiedener werdet in den gegenwärtigen und kommenden Stürmen, die Ihr zu bestehen habt. Dazu verhelfe Euch der allmächtige Gott …"

Auch der letzte vom Feldbischof verfaßte Hirtenbrief für die Fastenzeit 1944[11] zeigt noch einmal in aller Deutlichkeit, mit welcher Naivität und Ahnungslosigkeit biblische Aussagen als militärisches Energiepotential genutzt werden und Soldaten mit einer pseudogeistlichen Argumentation zu willfährigen Befehlsempfängern degradiert werden können.

„Je mehr die Entwicklung des gegenwärtigen Krieges von jedem einzelnen den Einsatz von Gut und Blut unerbittlich fordert, je mehr dieser Einsatz mit Verzicht und Entsagung verbunden ist, desto lockender klingt vielleicht jene Melodie des Versuchers in die Ohren und in die Seele hinein: Sieh zu, wie Du all diesem Schweren entgehen und es von Dir fernhalten kannst! Christus war sich völlig darüber klar, um was es sich in jener Stunde der Versuchung und lockenden Betörung handelte: Um Leben oder Tod, um Sieg oder Niederlage. Ohne Schwanken setzte er deshalb dem Locken Satans das kurze, inhaltsreiche Wort entgegen: ‚Es steht geschrieben: Du sollst Gott allein dienen!‘"

Im Opfergang des eigenen Lebens sollen die Soldaten auf die Passion und das Opfer Jesu Christi sehen:

„Das Opfer ist schon von jeher ein Schrittmacher für Licht und Leben gewesen, und große Opfer sind Wegbereiter und Bahnbrecher bei allen bedeutenden Ereignissen ... Unter dem Zeichen des Opfers wird unsere Gegenwart Neues und Großes gebären ... jetzt vollzieht sich die Scheidung zwischen großen und kleinen Menschen, zwischen Helden- und Krämerseelen, zwischen Menschen, auf die man sich stützen kann, und Menschen, bei denen man verlassen ist. Alles Starke und Große wird aus der Leidenstaufe erhoben und es gibt keinen Satz, der heute mehr Sinn und Bedeutung für unser Volk und besonders für seine Soldaten hätte als jenes Wort des Dichters: ‚Die Lorbeerkränze ruhen stets auf verwundeten Häuptern.'

In den kommenden Tagen und Wochen werden sich Eure Feldgeistlichen und Standortpfarrer mehr denn je bemühen, als Verkünder der Lehre Christi und als ‚Ausspender der göttlichen Geheimnisse' vor Euch hinzutreten. Sie werden Euch allenthalben die Möglichkeit geben, Euch aufzurichten an dem herrlichen Vorbilde Jesu Christi. Sie werden Euch das Brot des Lebens reichen, und ich bin gewiß, daß die Kraft des Herrn über Euch kommen und Euch befähigen wird, als Soldaten der deutschen Wehrmacht das Beste zu geben für Führer, Volk und Vaterland. Dazu verhelfe Euch der allmächtige Gott ...“

Bei der Beurteilung der Hirtenbriefe und der Person Rarkowskis ist die Berücksichtigung der Tatsache unerläßlich, daß er ständiger Kontrolle unterlag. Nach den Aufzeichnungen Werthmanns[12] wurden die Hirtenbriefe des Feldbischofs wegen der Einordnung der Militärseelsorge in das OKH/AHA/AgS in folgenden Etappen überwacht:

Zunächst behielt sich der Amtsgruppenchef das Recht vor, Hirtenbriefe des Feldbischofs vor ihrer Herausgabe zu überprüfen. Oberst Edelmann tat dies in der guten Absicht, den Gegnern der Feldseelsorge keinen Grund zum Einschreiten zu geben. Seine Tätigkeit bei dieser Zensur bestand vor allem in der Sorge dafür, daß der „Führer" jedesmal genannt wurde. Fast immer wurde von ihm – geeignet oder unpassend – eine Apostrophierung des „Führers" eingeflickt.

Zusätzlich zu dieser Zensur (Vorzensur) wurde im weiteren Verlauf des Krieges eine Vorlage der Hirtenbriefe beim OKW/Inland eingeführt. Oberstleutnant Wulff war bei der Überprüfung der Hirtenbriefe sehr großzügig und hat selten etwas moniert. Bezeichnend war es, daß der

Weihnachtshirtenbrief 1943 bei seiner Vorlage beim OKW/ Inland unbeanstandet blieb. Als er Weihnachten 1944 erneut Verwendung fand, wurden von dem Vertreter des zufällig abwesenden Oberstleutnants Wulff an drei Stellen Einwände erhoben. In der zweiten Hälfte des Jahres 1944 kam zu diesen zwei Zensurstellen noch eine dritte hinzu: der NSFO beim OKH. Dieser hatte jedoch keine Möglichkeit mehr, seine Zensurtätigkeit auszuüben, da vom Frühjahr 1944 bis zum Ende des Krieges (abgesehen von dem Weihnachtshirtenbrief 1944, einer gekürzten Fassung der Ausgabe von 1943) kein Hirtenbrief mehr herausgegeben wurde.

Wie man die Hirtenbriefe des Feldbischofs beurteilte und aufnahm, läßt sich naturgemäß nicht mehr eindeutig und erst recht nicht generell ausmachen. Für die letzte Phase des Krieges kann man den Kommentar Pfarrer Peraus vielleicht als repräsentativ annehmen: „Das konnte man doch keinem Soldaten sagen oder in die Hand geben. Die hätten doch nur gelacht!"[13] Hingegen schreibt ein Wehrmachtpfarrer am 29.3.1940 an den Feldgeneralvikar: „Die Soldaten haben seine (des Feldbischofs; der Verf.) Weihnachtsbotschaft sehr gerne gelesen."[14]

Am 25.3.1944 teilt Höfler seinem Freund Werthmann mit: „PS Nr. 2: Etwas Unglaubliches hat sich begeben: ein Lazarettpfarrer aus Borghorst/Westfalen verlangt, denke Dir: 40 Fastenhirtenbriefe des Feldbischofs. Dem Mann müßte geholfen werden."[15]

2.3.1.2 „Glaube und Kampf"

Auch der Einsatz des Feldbischofs für die seit dem 5.2.1939 in Frankfurt/M erscheinende „Wochenzeitschrift für Katholische Deutsche" „Der Neue Wille", ein von einigen Katholiken herausgegebenes und fast bedingungslos auf dem Partei-Kurs liegendes Blatt (die erste Ausgabe enthielt u.a. einen Beitrag von Michael Schmaus), gibt Aufschluß über die Wirklichkeitsblindheit Rarkowskis wie über seine Außenseiterposition. Kein anderer Bischof hat diese Zeitung in Wort oder Tat empfohlen oder unterstützt; Radio Vatikan hat mit einem negativen Kommentar keinen Zweifel über seine Einstellung zu der von dieser Zeitung vertretenen Position gelassen; Pius XII. äußerte in einem Brief an den deutschen Episkopat vom 6.8.1940 sein „Befremden" über das Blatt.[16] Der Herausgeber hoffte, durch die Befürwortung des Feldbischofs der Wehrmacht die Ablehnung seiner Zeitung durch den Gesamtepiskopat neutralisieren zu können. Werthmann an Höfler: „Die H.H. Episcopi geben Zunder, einer sogar schriftlich. Man muß mal sehen!"[17]

Kurz nach Kriegsbeginn erhielt die Zeitung eine „Soldatenbeilage für Katholische Deutsche" mit dem Titel *„Glaube und Kampf"*. In der Ausgabe vom 4.2.1940 nennt der Feldbischof drei Aufgaben der Soldatenzeitung: sie soll eine Brücke schlagen zwischen Front und Heimat, damit der Wille zum Schutz der Heimat und zum Sieg gestärkt werde; ein „guter Kamerad" sein, der ermuntert und „geistige Kost" bietet; den „Anruf aus dem Ewigen" vermitteln und vom Glauben künden, der „die denkbar beste Voraussetzung für den Kampf (ist), nicht nur für den Kampf des Lebens im allgemeinen, sondern vor allem auch für den Kampf, den ihr Soldaten täglich in vorderster Front erlebt und für das große Ringen unseres Volkes um seine Ehre und Freiheit".

In fast jeder Ausgabe bis zur Einstellung des Blattes Mitte 1941 ist auf der ersten Seite ein Aufsatz Rarkowskis zu finden. Da geht es um die „Verantwortung des Einzelnen für das Ganze" („für Waffen und Gerät", „für Leib und Seele", „für das, was du redest") und gegenüber Gott:

„Wenn in der deutschen Soldatenseele Vaterlandsliebe, Soldatentum und Religion zum Dreiklang werden, wenn sich mit der fanatischen Bereitschaft für das eigene Volk die unerbitterliche und kraftvolle militärische Schulung sowie das völlige Vertrauen auf Gott verbinden, dann wird in entscheidenden Stunden Verantwortungsbewußtsein und Ausharren bis zum letzten vorhanden sein …" (3.3.1940).

Zu Hitlers Geburtstag enthält die Ausgabe vom 7.4.1940 einen Artikel „Frühling unseres Volkes",[18] „Den Mühen unseres Volkes" gilt ein Beitrag vom 5.5.1940:

Weil wir Heldenmütter besitzen, „wird sich Deutschland in diesem Kriege aus Gräbern und Grüften erheben zu neuer Größe und Kraft. Und wenn einer von euch verzagen würde bei der großen Bewährungsprobe, die nunmehr angebrochen ist, hätte er sich nicht nur an seinem Volke, sondern auch an seiner Mutter versündigt, die ihn geboren hat."

„Unvergängliches deutsches Soldatentum" wird am 2.6.1940 vorgestellt („unbedingte Hingabe an die soldatische Pflicht"; „das eherne Gesetz des Gehorchens und Befehlens"), über den „Wanderer zwischen beiden Welten", der „dem Ruf des Führers und Obersten Befehlshabers gefolgt" ist, prophezeit Rarkowski:

„Ihr gehört zu jener Generation, deren Andenken die Geschichte festhalten wird und von der zukünftige Geschlechter mit Staunen und Bewunderung ein Heldenlied singen werden, wenn ihr euch selbst auch durchaus nicht als Helden fühlt und ohne euch dessen recht bewußt zu werden zum Gipfel des Opferberges emporgestiegen seid …" (4.8.1940).

„Unser Erntedank im Krieg" (6.10.1940) stellt der „innere(n) Zerrüttung" Frankreichs den bevorstehenden „ungeheuren seelischen Aufstieg" der eigenen Nation gegenüber, dann nämlich, wenn das Bauerntum „nach unserem Sieg zum Kern- und Ausgangspunkt der neuen Volksgemeinschaft gemacht wird".

„Unseren Gefallenen", „die uns vorangegangen sind auf der Straße des Sieges", gilt der Beitrag am 3.11.1940. Sie sind nur „scheinbar die Beute des Todes geworden", in Wirklichkeit stehen sie „als strahlende Sieger vor uns".

Bei der „Soldatenweihnacht" (8.12.1940) tragen die Soldaten in ihren Händen „das herrlichste Weihnachtsgeschenk, das jemals dem deutschen Volk von seinen Soldaten überreicht werden konnte, den Sieg der vergangenen Monate", und den „Neujahrsgedanken" zufolge wird „der allmächtige Gott auch in diesem Jahr mit uns sein" (5.1.1941). Im Februar schreibt Rarkowski „von der Fröhlichkeit des Herzens", am 2.3.1941 fordert er die Soldaten auf, zum Opfer bereit zu sein im Kampf „gegen das Verbrechen, das unsere Feinde gegen das von Gott gegebene Lebensrecht unseres Volkes verüben". Zu den „Pfingstgedanken" gehört auch die Erkenntnis, daß dieser Krieg „nicht nur eine Kraftprobe militärischer Art, sondern mehr noch eine Erprobung geistiger und moralischer Kraft" sei.

„Möge es eines jeden deutschen Soldaten Ehrgeiz und Stolz sein, die gewaltigen soldatischen Leistungen der deutschen Wehrmacht in diesem Krieg durch persönliche moralische Größe und sittliche Kraft zu krönen und so mit der Treue zum Volke die Treue zu Gott und die innere Bejahung der göttlichen Gesetze zu verbinden! Dann wird uns nichts unmöglich sein!"

Vereinzelt schrieben auch Wehrmachtpfarrer in *„Glaube und Kampf"*: „In seinem Opfergang für Führer und Heimat holt sich der katholische

Soldat Vorbild, Schwung und Gnadenkraft aus der Höhe im Opfergang des Erlösers auf dem Altare! ... Mit solchen Soldaten wird der Führer siegen!" (6.10.1940)

Ein Soldat Ernst Deuerlein schreibt in Erinnerung an die während des Ersten Weltkrieges in Flandern singend gefallenen kriegsfreiwilligen Studenten:

„Und sie warteten, bis wir die endlosen, kreuztragenden flandrischen Fluren betraten, um ihnen die Erfüllung zu melden: Das Reich und seine Herrlichkeit. Wie wir aber über die Felder schritten, wie die Fallenden sich der Gefallenen erinnerten, indem sie ihrer Haltung nachstrebten, da war für sie die Stunde der Auferweckung und der Auferstehung gekommen ..." (Flandrische Stunden, 3.11.1940).

Der nämliche (inzwischen zum Gefreiten beförderte) Ernst Deuerlein beendet ein Gebet „In dieser Zeit" mit den Worten: „Dein Reich werde verherrlicht und erweitert in unserem Reiche, auf daß es werde ein Reich des Friedens und der Gerechtigkeit, der Ordnung und der Treue, der Bruderliebe und des Glaubens!" (5.1.1941)

Die Bemühungen der Zeitung um Anerkennung und Resonanz wurden von Werthmann und Höfler aufmerksam verfolgt. Als wegen einer vorübergehenden Feldpostsperre Versandverzögerungen eintraten, schreibt Werthmann: „,Der Neue Wille' jammert, daß die 50.000 Exemplare vom 2. Juni verpackt sind und nicht hinausgehen. Wie schade!" (7.6.1940)

Während einer Konferenz von Kriegspfarrern Anfang 1941 stellte sich bei einer lebhaften Debatte über diese Wochenzeitung heraus, daß *„Der Neue Wille"* bei den Pfarrern „kaum Anklang findet und daß allgemein der Wunsch nach einem besonderen religiösen Blatt für die Soldaten katholischer Konfession besteht".[19] Wenig später fragte Höfler an, ob es stimme, was er gehört habe, daß nämlich Rarkowski, OKH und maßgebliche Geistliche der Wehrmacht sich „vom NWFfm trennen wollten oder gar schon getrennt hätten". Darauf Werthmann am 10.4.1941: „Die Sache mit dem NW wird sich wohl in den nächsten Tagen bzw. Wochen von selbst erledigen. Was dann wird, weiß heute niemand in Anbetracht dessen, was auf dem Gebiete der Presse von oben her beabsichtigt ist."[20]

Als dann *„Der Neue Wille"* wie alle anderen Kirchenblätter den Abbaumaßnahmen im Jahre 1941 zum Opfer fiel, löste das „große Verwunderung" aus, da man allgemein angenommen hatte, diese Zeitung solle die anderen Kirchenblätter verdrängen und ersetzen.[21]

Im Mai 1941 teilt Höfler mit, daß das von ihm herausgegebene 2-Pfennig-Wochenblatt eingestellt werden müsse, ebenso wie *„Der Neue Wille"* – „trotz seines beweisbar besten Willens". Und er fügt hinzu: „Wir müssen uns eben damit trösten, daß auf einige Zeit wenigstens die wirtschaftliche Kraft Deutschlands zur Herstellung von Flugzeugen, um über England zu fahren, wichtiger ist als das, was wir gerne sagen möchten. Wir vertrauen sehr darauf, daß sich das Opfer lohnt."[22]

2.3.2 Der Feldbischof und seine Mitbrüder

Der „Neujahrsgruß" an die Wehrmachtseelsorger vom 1.1.1937, der älteste vorliegende Hirtenbrief des damaligen Apostolischen Administrators und kommissarischen Feldbischofs der Wehrmacht, dürfte zu den von nationalem und ideologischem Einschlag reinsten Briefen Rarkowskis zählen. Es ist nicht erkennbar, was der Feldbischof mit den „Enttäuschungen und Widerwärtigkeiten" meint, denen „geduldig zu trotzen" er die Priester auffordert. Selbstlos, mit Idealismus und Optimismus, sollen seine Mitbrüder eine Seelsorge ausüben, die beschrieben wird als „Hilfe am Werden junger Menschen, die ihre höchste und wichtigste Verpflichtung Volk und Reich gegenüber durch Erfüllung der Wehrpflicht einlösen". Im Hirtenwort an die Wehrmachtgeistlichen zum Osterfest 1940 erklärt der Bischof die Osterbotschaft als

„Ruf zu einer fröhlichen Gewißheit, daß auch für unser Volk über kurz oder lang der strahlende Ostermorgen anbrechen wird. Dieser Gewißheit hat der Führer und Oberste Befehlshaber der Wehrmacht am Heldengedenktag Ausdruck verliehen, indem er als Bekenntnis und Schwur erklärte, daß dieser uns aufgezwungene Krieg zum glorreichsten Sieg der deutschen Geschichte werden muß."[23]

Der „Neujahrsgruß" vom 1.1.1941[24] ist ganz dem Thema „Christus verkünden" gewidmet, das der Bischof als Inhalt priesterlicher Lebensarbeit, „Kernpunkt priesterlicher Lebenshaltung" und als „hohe Aufgabe des Kriegspfarrers" beschreibt. Auch in diesem sehr geistlich bestimmten Schreiben unterläßt Rarkowski es nicht, auf das Zeitgeschehen Bezug zu nehmen:

„Das vergangene Jahr war für das deutsche Volk reich an höchsten Leistungen, an umwälzenden Ereignissen und an geschichtlichen Entscheidungen. Sie alle … haben lebendigen inneren Anteil genommen an den großen Geschehnissen der Zeit …"

In innerer Ruhe, Kaltblütigkeit und Seelengröße des Kriegspfarrers während des Einsatzes erkennt Rarkowski den „Geist tapferen priesterlichen Einsatzes". Nur dann könne er zur Bildung jener „gehärtete(n) Soldatenseele" beitragen, die zur Meisterung der „großen Aufgaben" in den kommenden Monaten erforderlich sei. Abgesehen davon, daß uns auch hier wie in zahlreichen damaligen Äußerungen ein heute schwer verständliches Pathos begegnet – „als im Gewitter der Schlacht das Flügelrauschen der Ewigkeit zu vernehmen war" –, zählt dieser Brief Rarkowskis zu den zurückhaltendsten seiner Bischofsjahre.

Der Brief an die Wehrmachtgeistlichen vom November 1941 enthält nur Hinweise allgemeiner Art auf das Kriegsgeschehen innerhalb der Gedanken über die Feier der hl. Messe, etwa so, daß Gott dem deutschen Volk in diesem „über unsere Zukunft als Volk" entscheidenden Krieg „seinen Segen nicht versagt" habe und daß „jeder von uns in diesem gigantischen Ringen bedingungslos sein Bestes geben" müsse. Von Gott und seiner Vorsehung, von Gebet und Opfer, vom Leben als „Vorspiel … für das große und eigentliche Leben, das in der Ewigkeit für uns beginnt", handelt der Neujahrsbrief 1943. Soldatische Töne werden in dem Hirtenwort an die Wehrmachtgeistlichen vom 20.6.1943 angeschlagen, als der Feldbischof nach seinem 70. Geburtstag den von ihm gewählten Wappenspruch „Deo et militi" (für Gott und den Soldaten) „aus der Erfahrung meines siebzigjährigen Lebens heraus" deutet: Anerkennung Gottes, Tapferkeit und Treue, Gottesfurcht – das sind die Stichworte, um die Rarkowskis Gedanken kreisen.[25] Er schließt seinen Brief: „Wir wollen die Fahne nicht verlassen! Treue in der Notzeit ist Mannesart. Treue ist Glaube an den Allmächtigen, der Ihnen seinen Segen schenken möge …"[26]. In der Ahnung der bevorstehenden Kriegsstürme, „die vielleicht in den kommenden Tagen uns alle noch wilder als bisher umbrausen werden", ruft der Bischof seine Mitbrüder am Neujahrstag 1944 auf, das „Ehre sei Gott!" als Leitmotiv ihres Wirkens zu übernehmen: „In dem Augenblick, den wir von anderen Motiven unser priesterliches Handeln bestimmen lassen, hören wir auf, Diener Gottes zu sein und zerschneiden das Band, welches uns mit Gott verbindet."[27] Es war der letzte Brief des Feldbischofs an die Seelsorger der Wehrmacht.

Zwar waren zahlreiche Wehrmachtseelsorger dem Feldbischof wegen seiner Bescheidenheit und Freundlichkeit zugetan. Doch damit ist nicht gesagt, daß sie seine Auffassungen oder sein Verhalten billigten. Bis auf wenige Ausnahmen lehnte man zumindest seine Einstellung zum „Führer" ab, oft auch seine Nachgiebigkeit gegenüber den verschiedenen Dienststellen von Wehrmacht und Partei.

Rarkowskis Besuche bei den militärischen Einheiten müssen den spärlichen Informationen zufolge z.T. eher Verwirrung ausgelöst haben, ohne daß zu sagen wäre, was der Bischof im einzelnen gesagt und getan hat. So schreibt Werthmann am 8.1.1943 an Höfler: „Was der Febi auf seiner letzten Dienstreise alles verzapft hat, ist toll. Die Armeepfarrer rufen jeweils post festum hier an und bitten händeringend darum, man soll ihn nicht auf die Kriegspfarrer loslassen. Ich kann da immer nur den Rat erteilen, die Herren möchten es ihm selbst sagen und bemerke im übrigen jeweils, daß auch ich schließlich froh bin, wenn er für einige Wochen nicht vorhanden ist."[28]

Über den sachlichen und persönlichen Gegensätzen zwischen Rarkowski und dem für die Marineseelsorge zuständigen Dr. Estevant, der schon im Ersten Weltkrieg als Marineseelsorger gearbeitet hatte, ein scharfer Gegner des Nationalsozialismus war und sich zudem in Charakter, Lebensstil und Begabung von Rarkowski erheblich unterschied, kam es faktisch zu einer Trennung zwischen der kirchlichen Arbeit im Heer und der Marine – zum Nachteil der Gesamtseelsorge.

Aus den nur zum Teil erhaltenen Personalakten der Wehrmacht- und Kriegspfarrer läßt sich nicht erkennen, in welcher Weise der Feldbischof in bestimmten Fällen entschieden hat. Der Schriftwechsel mit den zuständigen Stellen der Wehrmacht und der Partei ist nicht mehr vorhanden. Reifferscheid führt jedoch zwei Fälle an, die ein nicht gerade günstiges Licht auf den Feldbischof werfen.

Der Kaplan Johannes Evers aus Tolkemit wurde inhaftiert, aus Ostpreußen und Danzig-Westpreußen ausgewiesen und unter dauernde Polizeiaufsicht gestellt, weil er u.a. polnischen Gefangenen die Beichte abgenommen hatte. „Die Beschwerden von Evers in seiner Eigenschaft als Standortpfarrer im Nebenamt beim OKH wurden von Feldbischof

Rarkowski mit dem Bescheid abgetan, er hatte entgegen einer wahrhaft deutschen Gesinnung und einer bekannten Bestimmung polnische Zivilarbeiter zum Besuch einer ‚allgemein katholisch-kirchlichen Veranstaltung' eingeladen."[29]

Schon früher hatte Rarkowski in Personalangelegenheiten befremdlich wirkende Entscheidungen getroffen. So wurde zweimal (am 31.12.1936 und 14.5.1937) die Anstellung des seit November 1934 in Elbing als Standortpfarrer tätigen Anton Kuhn als Heerespfarrer abgelehnt. An dieser Ablehnung war der wegen seiner nationalsozialistischen Gesinnung bekannte Thomann – seit 1933 Nachfolger des abgesetzten Wehrkreispfarrers I Anton Karl Poschmann – beteiligt, während mehrere Offiziere sich vor Kuhn stellten. „Rarkowskis einzige Hilfe war- unter allergrößter Geheimhaltung auch den Angehörigen gegenüber – das Angebot an Kuhn, 1936 als Militärgeistlicher zur Legion Condor nach Spanien zu gehen." Offiziere von Elbing erreichten jedoch, daß Kuhn als nichtbeamteter Heeresseelsorger weiterarbeiten konnte, bis er 1938 in die Steiermark versetzt und dort zum Heerespfarrer ernannt wurde.[30]

Da jedoch die genauen Umstände jener Vorgänge kaum aufzuhellen sind, ist ein abschließendes Urteil nicht möglich. In manchen Fällen hat Rarkowski jedenfalls anders entschieden, als die Partei es von ihm erwartete, bei einem besonders gravierenden Bevormundungsversuch (Militärgebet- und -gesangbuch 1939) sogar mit dem Rücktritt gedroht, so daß man den Bischof nicht schlechterdings als Handlanger des Regimes ansehen sollte.

Der Kontakt des Feldbischofs zu den Ortsbischöfen beschränkte sich auf das unbedingt Notwendige. Außer Glückwunschtelegrammen zu seiner Bischofsweihe und zum 70. Geburtstag (1943) gibt es nur spärliche Unterlagen.

Für diese Isolierung lassen sich ein sachlicher und ein persönlicher Grund anführen: die Exemtion des Feldbischofs und seine (durch die Hitler-Freundlichkeit mitbedingte) Unzuverlässigkeit.

Rarkowski war nicht nur kein Mitglied der Fuldaer Bischofskonferenz, er wurde auch nicht zu deren Versammlungen als Gast eingeladen. In Fragen der Militärseelsorge, von denen auch die Ortsbischöfe betroffen waren (z.B. Freistellung und Beurteilung von Diözesangeistlichen für die Wehrmachtseelsorge), mußte Rarkowski schriftliche Eingaben machen. Zu groß war das Mißtrauen gegenüber diesem „Nazi-Bischof" und die Angst vor seinen unbedachten Redereien, als daß man in seiner Gegenwart über die anstehenden Fragen sprechen wollte.

Sicherlich war es für die Bischöfe befremdlich, als sie „zur persönlichen Information" ein Schreiben des Feldbischofs vom 18.9.1939 erhielten, das dazu verführt, sich den Feldbischof als kommandierenden General vorzustellen, der seine Truppen aufmarschieren läßt:

„Die Seelsorge für das Kriegsheer wurde bereits in Friedenszeiten im Rahmen des Gesamt-Mob-Planes vorbereitet und organisiert. Als in den letzten Tagen des August die Einberufung der wehrfähigen Männer vor sich ging, wurden mit präziser Schlagfertigkeit alle schon in Friedenszeiten für die vorhandenen Planstellen des Feldheeres einschließlich der Luftwaffe vorgesehenen Kriegspfarrer auf die ihnen bekannten Sammelplätze beordert und fanden dort das für den Kriegsseelsorgedienst notwendige Kultusgerät einschließlich Küster und PKW vor. Nur in Ausnahmefällen mußte das vorgesehene Gerät erst nachträglich von den militärischen Beschaffungsstellen angefordert werden ...“

Nach Hinweisen auf die vorgesehenen Planstellen bei Armee, Divisionen und in den Kriegslazarettabteilungen heißt es weiter:

„Die im Kriegsheere tätigen Feldgeistlichen setzen sich zusammen:
a. Aus dem hauptamtlichen Wehrmachtsklerus, der bekanntlich in den Jahren 1938/39 zahlenmäßig stark vermehrt worden ist. Die hauptamtlichen Wehrmachtgeistlichen stehen gegenwärtig fast alle an der Front.
b. aus den schon in Friedenszeiten für die Tätigkeit als Kriegspfarrer vorgesehenen und militärisch erfaßten Geistlichen aus dem Welt- und Ordensklerus. Diese stehen wie die hauptamtlichen Wehrmachtpfarrer im Offizierrang und tragen Uniform. Nach Beendigung des mob. Verhältnisses werden sie wieder aus dem Bereich der Wehrmacht entlassen. Aus Gründen der Geheimhaltung ist es nicht möglich, die Gesamtzahl dieser Kriegspfarrer anzugeben ...
Ich darf in diesem Zusammenhang darauf hinweisen, daß in Friedenszeiten nicht möglich gewesen ist, dem hochwürdigsten Gesamtepiskopat über die Einzelheiten Mitteilung zu machen, da die

Vorbereitung der notwendigen Maßnahmen ans verständlichen
Gründen unter strengster Geheimhaltung vor sich ging. Ich bitte
auch den Inhalt dieses Schreibens lediglich zur persönlichen Information entgegenzunehmen und ihn unter keinen Umständen ganz
oder teilweise zu veröffentlichen ..."[31]

Doch bei allen negativen Erfahrungen mit einer exemten Militärseelsorge darf man auch hier die besondere Situation der Kirche unter einem
diktatorischen und kirchenfeindlichen Regime nicht übersehen. Die Einrichtung der Militärseelsorge unter einem Bischof, der gleichzeitig dem
zivilkirchlichen Bereich angehörte, wäre für den Nationalsozialismus
auch aus militärischen Gründen nicht tragbar gewesen. Man hätte mit
Sicherheit Aspekte militärischer Geheimhaltung und deren Gefährdung
durch eine Doppelstellung des Feldbischofs als Argumente für eine noch
stärkere Beschränkung seelsorgerlicher Tätigkeit angeführt. Mit einem
selbständigen, keinem anderen Bischof unterstellten, an der Fuldaer Bischofskonferenz nicht beteiligten und nur dem Apostolischen Stuhl unmittelbar verantwortlichen Feldbischof war diesen und anderen Argumenten der Gegenseite jedoch von vornherein die Spitze abgebrochen.
Es wird zu fragen sein, ob der Preis für eine relativ geordnete „Seelsorge" unter den Wehrmachtangehörigen zu hoch war.

2.3.3 Anmerkungen
zur Person des Feldbischofs

Die Schwierigkeiten einer klaren Konturierung des Feldbischofs scheinen sich schon bei der Wiedergabe seines Namens anzudeuten. Während Adolph[36] und Friedländer[33] „Johannes" bevorzugen, entscheiden
sich Lewy[34], Messerschmidt[35] und neuerdings auch Visser[36] für „Josef".
In erweiterter Fassung erscheint Rarkowski dann als „Franz Josef" bei
Zahn[37], Lewy[38] und Stehle.[39] Adolph gibt 1974 „Johannes" auf und stellt
den Feldbischof im gleichen Buch als Franz Joseph[40] und als Franz
Justus[41] vor. Und doch hat der Bischof alle seine Schreiben seit 1937 als
Franz(iskus) Justus herausgegeben.

Welche Assoziation die Anfangsbuchstaben FJ auch ausgelöst haben
mögen, sicher ist, daß das Urteil jener, die Rarkowski gekannt haben,

nicht auf einen Nenner gebracht werden kann.[42] Bei dem hier notwendigen Verzicht auf die Klärung biographischer Details gilt es jedoch jene Vorgänge und Züge im Leben Rarkowskis darzustellen, die für die Wehrmacht- und Feldseelsorge einerseits und für die Tätigkeit der *„Kirchlichen Kriegshilfe"* andererseits, sowie zur Würdigung der hier wie dort engagierten Personen von Bedeutung sein dürften. Geboren 1873 in Achenstein/Ostpreußen, zeigt Rarkowski zeit seines Lebens jene Art von Nationalbewußtsein, das häufiger in umstrittenen Grenzlandgebieten zu finden ist und sich vom Bewußtsein der Bewohner nicht in Frage gestellter Bestandteile des Reiches insofern unterscheidet, als wirkliche oder vermeintliche Bedrohungen der nationalen Existenz unmittelbarer erfahren werden und zu ausgeprägteren Reaktionen führen können.[43] Rarkowski sah Deutschland immer von Feinden umgeben, die sich voller Arglist und in blindwütigem Neid und Haß[44] gegen das edle deutsche Wesen verschworen hatten. Was „uns jene sogenannten Siegermächte von Versailles" zufügten, wirkt lange nach: „Wir können es nicht vergessen, was man uns nach dem Weltkrieg angetan hat."[45] In solchen Vorstellungen befangen, bedeutet das Jahr 1933 dem Feldbischof eine „herrliche Wiedergeburt",[46] neue Kraft und Größe, nicht zuletzt ein neuer Geist: „Wen das harte Opfer in der Heimat trifft (gemeint ist der Tod eines Angehörigen an der Front; der Verf.), der wird aufgefangen von der Liebe und Dankbarkeit des ganzen Volkes. Im Reiche des Führers ist das keine leere Phrase mehr, nachdem er es zum unerbittlichen Gesetz seines Reiches gemacht hat, daß einer für den anderen einzustehen hat ...".[47] Nach der Neuordnung des Reiches sieht der Feldbischof ein anderes Europa heraufziehen: „Nehmt es ernst mit eurer gigantischen Aufgabe! Seid euch eurer Sendung bewußt! Lebt aus der Kraft eures Gottesglaubens! Dann wird der Sieg euer sein, ein Sieg, der Europa aufatmen läßt und den Völkern eine neue Zukunft verheißt."[48]

Unter den wenigen erhaltenen Personalakten befindet sich die Beurteilung des späteren Wehrmachtoberpfarrers L. durch Rarkowski.[49] Während ein Ortspfarrer die Predigten des L. „für überschwenglich patriotisch" hält, lobt Rarkowski den Wehrmachtpfarrer, einen „Grenzländer", als Mann „von kerndeutschem Wesen der voll und ganz auf dem Boden der nationalsozialistischen Regierung steht". Die „vaterländische Gesinnung" des L. war für Rarkowski der Anlaß, diesen Mann in den östlichen Teil des Reiches zu versetzen, wo „die Betonung deutscher Werte auf der Kanzel von vornherein argwöhnisch beurteilt wird".

Dieser Befangenheit in vermeintlich patriotischem Denken steht eine Art kirchlicher Heimatlosigkeit gegenüber. Rarkowski gehörte von Haus aus dem Bistum Ermland an, studierte jedoch im Ausland bei einer Ordensgenossenschaft (Werthmann vermerkt, daß er „verschiedenen Ordensgenossenschaften angehörte") und wurde 1898 durch den Fürstbischof von Brixen zum Priester geweiht. Einige Jahre ist er in Tirol auf verschiedenen Seelsorgestellen tätig, kehrt um 1910 in das Bistum Ermland zurück, wo er sich 1914 freiwillig für die Seelsorge in der Armee meldet. Als „königlicher Divisionspfarrer" veröffentlicht er 1917 ein Büchlein „*Die Kämpfe einer preußischen Infanterie-Division zur Befreiung von Siebenbürgen*" (Berlin) zur Erinnerung an die „ruhm- und erfolgreichen Kämpfe" vom September 1916 bis zum Februar 1917 zur „Befreiung Siebenbürgens von einem ländergierigen, arglistigen Feinde".[50] Nach dem Krieg verbleibt Rarkowski bei der Reichswehr und wird Wehrkreispfarrer. Seit dem Ausscheiden von Heinrich Joeppen (30.4.1920) war das Amt des Feldpropstes unbesetzt. Der am 24.12.1919 zum Generalvikar ernannte Dr. Schwamborn übernahm die Leitung der Feldpropstei, bis 1929 der Wehrkreispfarrer des Wehrkreises III in Berlin, Franz Justus Rarkowski, einstweilig mit der Wahrnehmung der Geschäfte des katholischen Feldpropstes beauftragt wurde.[51] Schwamborn war der Wortführer jener Gruppe unter den Wehrmachtpfarrern,"[52] die die Ernennung Rarkowskis zum Feldpropst mit allen Mitteln zu verhindern suchten. Aus einem in Abschrift vorliegenden Brief des damaligen Reichswehrministers von Blomberg vom 1. Dezember 1933[53] an einen Gegner Rarkowskis geht hervor, daß ein diesbezüglicher Schriftwechsel sich über mehrere Jahre erstreckt. Blomberg zitiert aus einer Stellungnahme des Ordinariats Berlin vom 11.9.1939, in der es u.a. heißt:

„Wir unsererseits schätzen den Wehrkreispfarrer Rarkowski als musterhaften Priester, der wegen seines anspruchslosen umgänglichen Wesens bei den Militärseelsorgern im Nebenamte, soweit unsere Diözese in Betracht kommt, sich großer Beliebtheit erfreut. Sein amtlicher Verkehr mit dem Ordinariate war durchaus korrekt und konziliant. Wir können Herrn R. das beste Zeugnis ausstellen und halten ihn nach unserer Erfahrung für das Amt eines Feldpropstes völlig geeignet. Es will uns scheinen, als wenn die Gegenvorstellungen gegen R. aus persönlicher Verstimmung heraus ergangen sind ...“

Nach der gemäß Reichskonkordat § 27 zugestandenen exemten Militärseelsorgewurde 1934 für das Amt des Feldpropstes die Bezeichnung „Katholischer Feldbischof der Wehrmacht“ eingeführt. Die „Statuten für die Deutsche katholische Wehrmachtseelsorge“, ein halbes Jahr nach Einführung der allgemeinen Wehrpflicht in Kraft gesetzt durch Apostolisches Breve vom 19.9.1935, nötigten den Hl. Stuhl zu einer Entscheidung hinsichtlich der personellen Besetzung.

Im März 1936 gab der Chef des Heeresverwaltungsamtes, General Dollmann, als Auswahlkriterium der Reichsregierung an, daß als Feldbischof der Wehrmacht nur ein Geistlicher in Frage komme, „der die Gewähr dafür bietet, daß er jederzeit rückhaltlos für den nationalsozialistischen Staat eintreten wird und auch sonst in jeder Weise für das wichtige Amt geeignet erscheint“.[54]

Die Ernennung Rarkowskis zum Feldbischof der Wehrmacht verzögerte sich jedoch wegen des Widerstandes des Apostolischen Stuhles, der Rarkowski mit Mißtrauen gegenüberstand. Man hatte von verschiedener Seite gegen Rarkowski in Rom starke Einwände erhoben und ging sogar so weit, die Gültigkeit seiner Weihe anzuzweifeln. Auch der deutsche Episkopat war nicht geneigt, Rarkowski als geeignet für die kommende Aufgabe anzusehen. Das Reichswehrministerium und später das OKH hielten hingegen hartnäckig an der Kandidatur Rarkowskis fest und machten seine Ernennung zu einer Prestigefrage. So kam es, daß die im Jahre 1935 einberufenen hauptamtlichen katholischen Wehrmachtgeistlichen nicht zu planmäßigen Beamten ernannt werden konnten, weil eine solche Ernennung vom OKH im Hinblick auf Rarkowski gesperrt wurde. In dieser Situation ließ der Nuntius den gerade erst in Berlin mit den Fragen der Wehrmachtseelsorge sich vertraut machenden Werthmann zu sich kommen und fragte ihn unvermittelt, ob Rarkowski „ein frommer Priester“ sei. Werthmann, erstaunt ob dieser seinen Vorgesetzten betreffenden direkten Frage, ohne Kenntnis von der seit Jahren geführten internen Auseinandersetzung, ahnungslos hinsichtlich des Zwecks der Frage wie auch des Frömmigkeitsverständnisses – „Ich war ein reiner Tor!“[55] – gab eine bejahende Antwort, da er in diesem Augenblick nur an den nach der Meßfeier still betenden Rarkowski dachte.

Noch 40 Jahre später ist Werthmann die Beunruhigung darüber anzumerken, daß diese seine Antwort den Nuntius bewogen haben könnte, Rarkowski zu akzeptieren und ihn in Rom als Feldbischof vorzuschlagen. Jedenfalls legte Orsenigo Papst Pius XI. nahe, Rarkowski zum Titularbischof zu ernennen, und dieser stimmte zu, da er des ewigen Hin und Her müde war.

Dieser Vorgang dürfte erkennen lassen, daß der Vatikan um der institutionellen Verankerung der Militärseelsorge willen einen hohen Preis zu zahlen bereit war. Rarkowski wurde am 13. Juni 1936 zum *Protonotar Apost. ad instar participantium* ernannt, zum *Apostolischen Administrator* am 11.8.1936.[56] Am 8. Januar 1938 erfolgte die Ernennung zum *Titularbischof*. Damit hatte der Vatikan Rarkowski „die für das Bischofsamt geforderten kanonischen Eigenschaften (c. 331)" trotz aller Bedenken zuerkannt. Er war „Inhaber ordentlicher bischöflicher Amtsgewalt".[57]

Am Tage seines 40jährigen Priesterjubiläums, das Rarkowski in der Heeresbasilika zum hl. Johannes in der Hasenheide, Berlin, feierte, verlas der Feldgeneralvikar Werthmann die Mitteilung des Vatikans über die Ernennung des 64jährigen Rarkowski zum Titularbischof von Hierocaesarea. Die Bischofsweihe nahm der Apostolische Nuntius Caesare Orsenigo am 20.2.1938 unter Assistenz des Bischofs von Berlin, Konrad Graf von Preysing und des Bischofs von Münster, Clemens August Graf von Galen, vor. (Von Galen war vor seiner eigenen Bischofsweihe Pfarrer an der Kirche St. Matthias in Berlin gewesen.) Weder bei der Weihe noch beim anschließenden Essen im Hotel Adlon waren weitere Bischöfe anwesend. Seine bischöflichen Amtsbrüder beschränkten sich auf die Übersendung kurzer Grußtelegramme. Das kann angesichts der damals geübten Praxis, Einheit und Geschlossenheit der Katholiken gegenüber Partei und Staat bei allen möglichen Gelegenheiten demonstrativ zu bekunden, schwerlich anders denn als offene Distanzierung von Rarkowski verstanden werden.

Rarkowskis Weg zum Priestertum, seine Tätigkeit in Heer, Reichswehr und Wehrmacht, seine staats- und kirchenrechtliche Stellung wie seine Amtsführung ließen ihn als Bischof in eine zunehmende Isolierung geraten, die sich für ihn selbst wie für seine Tätigkeit verhängnisvoll auswirkten.

Denn seine Anlagen und Fähigkeiten boten die denkbar ungünstigsten Voraussetzungen, die sich verschärfenden Auseinandersetzungen zwischen Kirche und Partei/Staat, Wehrmacht und Partei sowie die mit dem Krieg für die Seelsorge sich ergebenden Probleme durchzustehen und zu bewältigen. Sein verschlungener Weg ins Priesteramt zeugt eher von Labilität als von Flexibilität, Bildungsstand und theoretisches Wissen waren für einen Bischof unzureichend, seine Frömmigkeit trug eher „weichliche Züge".[58] Neben Güte und Freundlichkeit konnte er eine Schroffheit von „fast vulkanische(m) Charakter" an den Tag legen. Den größten Mangel jedoch dürfte das Fehlen nüchterner Sachlichkeit in der Beurteilung von Menschen, Situationen und Vorgängen darstellen. Als „besonders bemerkenswert" notiert der Generalvikar des Feldbischofs bei Rarkowski „eine oft unbegreifliche Angst und Furcht". In dieser Furcht, „bei den zuständigen staatlichen, parteilichen und militärischen Stellen in Ungnade zu fallen und womöglich noch einem Konzentrationslager zugeführt (zu) werden", sieht Werthmann den Grund für des Feldbischofs Konzessionsbereitschaft gegenüber dem Nationalsozialismus. Als Ursache für diese Ängste wie auch für die Unausgeglichenheit und zumal bei Konferenzen und Verhandlungen sichtbar werdende Hilflosigkeit Rarkowskis vermutet Werthmann krankhafte Störungen, die mit zunehmendem Alter immer stärker bei ihm auftraten. Schon am 15.4.1940 hatte Werthmann an den Diözesan-Caritasdirektor von Freiburg geschrieben, daß Rarkowski „an einer starken Verkalkung" leide.[59] Zwar kam es gelegentlich vor, daß der Feldbischof bei Verhandlungen mit Militärdienststellen einen harten Ton anschlug. Auch bei Personalfragen konnte er Entschlossenheit zeigen, wenn Parteidienststellen ihnen genehme Pfarrer in die Militärseelsorge einschleusen wollten. Doch diese Entschiedenheit gehörte keinesfalls zu den bestimmenden Grundzügen seiner Arbeit und seines Verhaltens. Höfler beklagt mehrfach in seinen Briefen an Werthmann die mangelnde Aktivität Rarkowskis. Werthmann spricht gelegentlich von „völlige(r) Passivität" zumal in Schrifttumsangelegenheiten.[60] Die dem Feldbischof seitens bestimmter Offiziere im AHA Gruppe Seelsorge zuteil gewordenen Demütigungen empörten Höfler: „Diese Art der Behandlung darf sich der Herr Feldbischof unter gar keinen Umständen gefallen lassen und auch Sie dürfen es nicht! … Es gibt auch eine Grenze in dem, was uns zugemutet wird und was wir ertragen können."[61]

Unangenehme Ereignisse, belastende Verhandlungen und Anschuldigungen seitens des AHA führten bei Rarkowski häufig zu heftigen Reaktionen und tiefen Depressionen,[62] daß er manchmal in bestimmten Angelegenheiten „auf Wochen und Monate hinaus" nicht ansprechbar war.[63] Was Perau nach einem Kursus in Berlin am 23.7.1941 in seinem Tagebuch an Eindrücken notiert, wird durch die vorhandenen Unterlagen voll bestätigt: „Der katholische Feldbischof Rarkowski ist klein und wirkt etwas schüchtern … Der aktive, führende und harte Mann auf unserer Seite scheint Generalvikar Werthmann zu sein."[64] Rarkowskis Bescheidenheit und Schwäche korrespondierte mit einer gewissen persönlichen Empfindlichkeit. So schreibt Werthmann nach der Feier zum 70. Geburtstag des Feldbischofs an Höfler: „Bittere Rache hat unser lieber Freund freilich all denen geschworen, die seiner nicht gedacht haben. H., Th. und A. sind unter den unglücklichen Bösewichtern, und er wird ihnen das nicht so leicht vergessen …".[65] Höfler in seinem Antwortschreiben vom 16.6.1943 über „Justus den Gefeierten": „Da kann ich mir ja Glück wünschen, daß ich Glück gewünscht habe." So wundert es nicht, daß Werthmann seinem Bischof so viel als möglich vorenthielt und anstehende Entscheidungen für Zeiten reservierte, da der Bischof krank oder nicht erreichbar war; daß er vieles einfach am Bischof vorbei regelte und auch versuchte, den Bischof zu beschäftigen, etwa mit dem Besuch eines Waisenhauses und dem Verteilen von Weihnachtsgeschenken. Und wenn Rarkowski von Vorgängen erfuhr, die ihm besser verborgen geblieben wären, so lebten Werthmann und Höfler in der Hoffnung, daß der Feldbischof „dank seines etwas angeschlagenen Denkapparates"[66] keine Dummheiten anstellte oder einfach nicht verstand, was gerade verhandelt wurde.

Während eines Besuches des Präsidenten des Deutschen Caritasverbandes Kreutz bei dem im Krankenhaus liegenden Werthmann kam der Feldbischof dazu. Werthmann schreibt darüber an Höfler: „Freilich hat sich Dein hoher Chef wieder ein wenig verplaudert und so allerhand erzählt, was der Febi nicht zu wissen braucht, so daß ich den Daumen drücken mußte, damit nichts passierte. Er hat aber den Inhalt der Ausführungen Deines Prälaten nicht so ganz mitgekriegt, so daß keine Panne entstand."[67]

Durch Ängste, Luftangriffe, Krankheit und die mit dem Amt verbundenen Belastungen zermürbt, weilte Rarkowski seit Anfang 1944 nicht mehr in Berlin, so daß der Generalvikar die Geschäfte allein führte. Am 1.2.1945 wurde Rarkowski pensioniert, Werthmann mit Schreiben des OKW vom 29.1.1945 mit der kommissarischen Wahrnehmung der Dienstgeschäfte beauftragt.[68] Der Verfall Rarkowskis während der Nazi-Herrschaft spiegelt sich in seiner Handschrift wieder: zu Beginn der 1930er Jahre eine kräftige, entschlossen wirkende, leicht nach rechts geneigte Schrift, in der besonders die langen senkrechten Buchstaben betont sind; zehn Jahre später kleine, fast krümelige, unsichere, senkrechte Buchstaben, als ob der Schreiber sich kaum mehr aufrecht halten konnte. Rarkowski starb mit 77 Jahren in München am 9. Februar 1950.

Über den noch zu erörternden Fragen hinsichtlich des Verhaltens dieses Bischofs und des Verständnisses des Bischofsamtes darf die persönliche Tragik des Menschen Franz Justus Rarkowski nicht übersehen werden. Auch er war wohl in mancherlei Hinsicht ein Opfer.

War der „fromme" und theologisch unbedarfte, der nationalistische und mit seiner Vorliebe für das Militär die eigene Schwäche vielleicht kompensierende Bischof ein „Nazi"? Sicher nicht im Sinn der Lehre und Weltanschauung, ebensowenig, wenn man mit dem Nazismus Arroganz, Gewalttätigkeit, Menschenverachtung und Herrschsucht verbindet. Das alles war Rarkowski von Wesen und Überzeugung her fremd. Aber er war ein treuer Gefolgsmann, der sich so verhielt, wie „das Gesetz" es befahl: das Kirchengesetz und das Konkordat, das Gesetz des Staates und der Wehrmacht. Das sollte – zumal bei einem Amtsträger, von dessen Verhalten das Schicksal einer letztlich gehaßten Institution abhängt – nicht von vornherein ausschließlich negativ gesehen werden. Doch in Verbindung mit der zu vermutenden Ich-Schwäche und dem damit korrespondierenden Traum von (Deutschlands) Größe, Ruhm und Macht, repräsentiert durch eine zunächst siegreiche Armee und durch einen „Führer", der ein vergewaltigtes Volk wieder zu einem einflußreichen Faktor in der Geschichte zu machen und darum der Verehrung würdig schien, wird die in normalen Zeiten selbstverständliche Loyalität des Bürgers zu einer für Realitäten blinden Hörigkeit bis an jene Grenzen, die durch Letztüberzeugungen, in diesem Fall durch die formulierte Glaubenslehre, gesetzt sind. Daß die Treuebekenntnisse zum „Führer" in den Hirtenbriefen nicht lediglich taktischer Natur waren, läßt sich auch daraus erkennen, daß Feldbischof Rarkowski sogar seine (nur spärlich erhaltene) persönliche Korrespondenz teilweise mit „Heil Hitler" schloß.[69]

Es gibt keinen ernsthaften Zweifel daran, daß zahlreiche Auslassungen Rarkowskis peinlich, dumm und – angesichts des Leidens der von Deutschlands Krieg betroffenen Millionen Menschen – auch empörend sind und die Klassifizierung des Bischofs als Militarist und Nationalist nahelegen. Doch sollte man sich hüten, den Feldbischof mit der gesamten Feldseelsorge zu identifizieren oder ihn als Repräsentanten des deutschen Episkopates anzusehen. Auch die Wirkung seiner Aufrufe dürfte bei der gegenüber jeglicher Propaganda eher reservierten Einstellung der meisten Soldaten nicht sehr hoch zu veranschlagen sein. Gerade eine Reihe der zitierten Abschnitte aus den Hirtenbriefen geben Anlaß zu der Vermutung, daß viele Hörer und Leser weder den Bischof noch seine Worte allzu ernstgenommen haben, weil sie aus dem Munde eines kirchlichen Amtsträgers allzu befremdlich klangen.

Gefährlicher scheinen vielmehr andere, weniger auffällige Äußerungen, die zumal bei Menschen mit unzureichend entwickelter Fähigkeit zu kritischer Distanz, zu Textanalyse oder Unterscheidungsvermögen eine längerfristige Wirkung zeitigen konnten, jene Abschnitte in den Hirtenbriefen, in denen fast nahtlos eine theologisch-geistliche Aussage mit der Interpretation von Zeitereignissen verknüpft wird: Auferstehungsbotschaft und „Auferstehung" des eigenen Volkes, die Tapferkeit als Tugend bis hin zum „heldenhaften" Einsatz in einem objektiv verbrecherischen Krieg.

Es gehört beinahe zur täglichen Erfahrung, daß aus längeren Reden von Politikern und Staatsmännern nur wenige Sätze zitiert werden; daß an ihnen eine Auseinandersetzung sich entzündet; daß nur diese Sätze als wichtig erachtet werden, vielleicht gegen die Intentionen des Zitierten, der sich unversehens falsch verstanden fühlen mag. Es ist auch keine Seltenheit, daß eine Veranstaltung nur darum arrangiert, eine (vielleicht stundenlange) Rede nur zu dem Zweck gehalten wird, um eine gezielte Aussage innerhalb weniger Sekunden vorzutragen. Ein Teil der Aufgabe zahlreicher Beamter in den Dienststellen der Regierungen und der Kommentatoren bei den Zeitungen besteht doch gerade darin, Verlautbarungen aller Art auf mögliche Intentionen, auf beabsichtigte Haupt- und

Nebenwirkungen hin zu analysieren. Es scheint rechtens, mit den Texten aus der Hand des Feldbischofs ähnlich zu verfahren. Bei einem solchen Verfahren kommt man zu dem Ergebnis, daß Rarkowski primär aus seelsorglichen Motiven handelte. Oft genug gibt es selbst das Leitwort seiner Hirtenbriefe an: „Wer mein Jünger sein will, der verleugne sich selbst, täglich nehme er sein Kreuz auf sich und folge mir!";[70] „Praedicare Christum";[71] „Ich glaube an das ewige Leben"; „Ehre sei Gott!".[72]

Andererseits berührt es merkwürdig, wenn in der Diskussion um den Feldbischof Rarkowski teils entschuldigend, teils erstaunt als Argument vorgebracht wurde, Rarkowski habe „nicht dogmatisch, sondern nur persönlich über die Stränge geschlagen".[73] Genau an dieser Stelle liegt das bislang nicht aufgearbeitete Problem der Theologie und der Kirche: Menschen von unbezweifelbarer Treue zur Orthodoxie, bewegt von pastoraler Sorge, in priesterlicher Gesinnung und von persönlicher Integrität haben während einer kürzeren oder längeren Zeit ihres Wirkens Urteile und Kommentare über Zeitereignisse von sich gegeben, die nur mit Mühe zu verstehen, schwerlich aber zu rechtfertigen sind. Und wenn schon jeder Mensch für sein Tun und Lassen, sein Reden und Schweigen die Verantwortung übernehmen muß, dann umso mehr jene Männer, die mit einem besonderen Anspruch (und in rechtlich abgesicherter Position) vor die Öffentlichkeit treten. Oder sollten hier die „gesellschaftlichen Verhältnisse" ausnahmsweise stärkere Beachtung finden, als man es von kirchlichen Kreisen gemeinhin gewohnt ist?

Die Frage, ob Rarkowski durch seine fast völlige Identifizierung mit Partei und Wehrmacht dazu beigetragen hat, Hitler und Goebbels dazu zu bewegen, die „Lösung der Kirchenfrage" auf die Nachkriegszeit zu verschieben, kann zwar gestellt[74], aber nicht beantwortet werden. Es sprechen jedoch zu viele Argumente gegen die Annahme, ein Mann wie Rarkowski könnte bei den Überlegungen der Machthaber auch nur die geringste Rolle gespielt und weitere kirchenfeindliche Maßnahmen verhindert haben.

2.1 Die katholische Militärseelsorge

1. Dünnwald 26.
2. Ebd. 27. für die sieben Wehrkreise (I Königsberg, II Stettin, III Berlin, IV Dresden, V Stuttgart, VI Münster und VII München) standen je ein Wehrkreispfarrer etatmäßig zur Verfügung. Jedoch wurde „wegen Fehlens eines besonderen Bedürfnisses" die Stelle des Pfarrers von Stettin nach Breslau verlegt. Dünnwald 35 Anm. 151. Über die Organe der Militärseelsorge – Feldpropst, planmäßig angestellte Militärpfarrer und vertraglich beauftragte Zivilgeistliche (Standortpfarrer) – vgl. Dünnwald 33-36. Daneben gab es noch zwei etatmäßige Marinepfarrer, je einen für die Nordseestation in Wilhelmshaven und für die Ostseestation in Kiel, ferner zwei Marinepfarrer für die Standorte und schwimmenden Einheiten.
3. Vgl. die Denkschrift Kettelers „Die Gefahren der exemten Militärseelsorge", in: Archiv für katholisches Kirchenrecht, hrsg. von Fr. H. Vering, 58. Band 1887 (= Neuer Folge 52. Bd.) 434-457. Im Blick auf die mit der exemten Militärseelsorge in Österreich gemachten Erfahrungen spricht Ketteler von ihr als einer Einrichtung, die „sich, um das Allermindeste zu sagen, für den christlichen Geist der Armee nicht in einer Weise vorteilhaft bewährt hat, daß sie sich zur Einführung in anderen Armeen empfehlen könnte" (439). Vgl. auch Pohl 240-249.
4. Dünnwald 14; Zum „Fall Namszanowski" und der Aufhebung der katholischen Feldpropstei vgl. Pohl 250-349.
5. Volk, Reichskonkordat 44 ff.; vgl. Lewy 74 ff.
6. Volk, ebd. 44, Anmerkung 2. über die Verhandlungen vgl. auch die Aufzeichnungen Bernings vom 15.-27.5.1933, in: Volk, Akten 28-38, hier 30.
7. Über „die Militärseelsorge als Konkordatshebel" mit zahlreichen Details über den Problemzusammenhang, speziell zur Frage der von der Reichsregierung hartnäckig geforderten Exemtion der Militärseelsorge, vgl. ebd. 44-58; zur Bewertung des Reichskondordates 212-218. – Der Wortlaut des die Militärseelsorge betreffenden Artikels 27: „Der Deutschen Reichswehr wird für die zu ihr gehörenden katholischen Offizieren, Beamten und Mannschaften sowie deren Familien eine exemte Seelsorge zugestanden. Die Leitung der Militärseelsorge unterliegt dem Armeebischof. Seine kirchliche Ernennung erfolgt durch den Heiligen Stuhl, nachdem letzterer sich mit der Reichsregierung in Verbindung gesetzt hat, um im Einvernehmen mit ihr eine geeignete Persönlichkeit zu bestimmen. Die kirchliche Ernennung der Militärpfarrer und sonstigen Militärgeistlichen erfolgt nach vorgängigem Benehmen mit der zuständigen Reichsbehörde durch den Armeebischof. Letzterer kann nur solche Geistliche ernennen, die von ihrem zuständigen Diözesanbischof die Erlaubnis zum Eintritt in die Militärseelsorge und ein entsprechendes Eignungszeugnis erhalten haben. Die Militärgeistlichen haben für die ihnen zugewiesenen Truppen und Heeresangehörigen Pfarrechte. Die näheren Bestimmungen über die Organisation der katholischen Heeresseelsorge erfolgen durch ein Apostolisches Breve. Die Regelung der beamtenrechtlichen Verhältnisse erfolgt durch die Reichsregierung." Kupper 385 f. – Der folgende Anhang zum Konkordat wurde nicht veröffentlicht: „(Die hohen Vertragsschließen-

den vereinbaren Geheimhaltung des Anhangs.) Im Falle einer Umbildung des gegenwärtigen deutschen Wehrsystems im Sinne der Einführung der allgemeinen Wehrpflicht wird die Heranziehung von Priestern und anderen Mitgliedern des Welt- und Ordensklerus zur Leistung der Militärdienstpflicht im Einvernehmen mit dem Heiligen Stuhl nach Maßgabe etwa folgender Leitgedanken geregelt werden: a) Die in kirchlichen Anstalten befindlichen Studierenden der Philosophie und Theologie, die sich auf das Priesterstudium vorbereiten, sind vom Militärdienst und den darauf vorbereitenden Übungen befreit, ausgenommen der Fall der allgemeinen Mobilisierung. – b) Im Falle einer allgemeinen Mobilisierung sind die Geistlichen, die in der Diözesanverwaltung oder in der Seelsorge beschäftigt sind, von der Gestellung frei. Als solche gelten die Ordinarien, die Mitglieder der Ordinariate, die Vorsteher der Seminare und kirchlichen Konvikte, die Seminarprofessoren, die Pfarrer, Kuraten, Rektoren, Koadjutoren und die Geistlichen, die dauernd einer Kirche mit öffentlichem Gottesdienst vorstehen. – c) Die übrigen Geistlichen treten, falls sie tauglich erklärt werden, in die Wehrmacht des Staates ein, um unter der kirchlichen Jurisdiktion des Armeebischofs sich der Seelsorge bei den Truppen zu widmen, falls sie nicht zum Sanitätsdienst eingezogen werden. – d) Die übrigen Kleriker in sacris oder Ordensleute, die noch nicht Priester sind, sind dem Sanitätsdienst zuzuteilen. Dasselbe soll im Rahmen des Möglichen mit den unter a) erwähnten Priesteramtskandidaten geschehen, die noch nicht die höheren Weihen erhalten haben. – In der Vatikanstadt, am 20. Juli 1933. L.S. gez. Eugenio Cardinale Pacelli. L.S. gez. Franz von Papen." (Kupper 390.)

8. Damit war das in Art. 27, 4 RK vereinbarte Apostolische Breve überfällig. Am 19.9.1935 unterzeichnete Pacelli die Statuten, in denen die Militärseelsorge für Deutschland geregelt wurde. Der Text (lat. u. dtsch.) bei Wenner 27-38.

9. Zur Umorganisation am 1.9.1937 vom Referat Seelsorge bei V 1 zur Gruppe Seelsorge beim Allgemeinen Heeresamt vgl. Absolon III, 153. Zu den mit der Neuorganisation verbundenen Problemen vgl. Schübel 73. Eine wichtige Änderung bedeutete das Verbot, Zivilgeistliche als Standortpfarrer im Nebenamt zu beschäftigen. Offenkundig wollte man den nicht kontrollierbaren Einfluß von Zivilgeistlichen auf die Soldaten unterbinden.

10. Notizen Werthmanns vom 26. 5. 1945: AW VII, 3.

11. Vgl. Absolon I, 51.

12. Notiz Werthmanns vom 14. 6. 1945: AW VII, 3. Werthmann wurde übrigens Mitte Juni 1940 „Dienststellenleiter beim OKH und als solcher für eine Reihe von Aufgaben – darunter relig. Schrifttum – zuständig, und zwar (dem Gruppenchef; der Verf.) Dr. Senftleben nicht unterstellt, sondern koordiniert … Ich hoffe überhaupt, nachdem diese Angelegenheit als Teilgebiet der Gruppe Seelsorge – nicht des Feldbischofsamtes – in meine Hände kommt, ohne FeBi manches drehen zu können …" Werthmann an Höfler, 7.6.1940: AW VIII, 6. (Werthmann und Höfler verwendeten in ihren Briefen das Kürzel „FeBi" oder „Febi" für Feldbischof.) Ohne den der Feldseelsorge sehr wohlgesonnenen Amtsgruppenchef General Edelmann wie auch dessen Nachfolger General Geissler wären die Bewegungsmöglichkeiten Werthmanns und Höflers noch geringer gewesen. – Zu weiteren Aufgaben des Feldgeneralvikars vgl. Schübel 70f.

13. Um zu ermessen, welches Aufgabenfeld dem einzelnen Wehrmacht- bzw. Kriegspfarrer zugeteilt war, sei hier der Aufbau einer Division bei Kriegsbeginn vorgestellt. Eine

Division hatte 3 Infanterieregimenter mit je 3 Bataillonen, ein Artillerieregiment (mit 3 Bataillonen bzw. Abteilungen), ein Pionierbataillon, je eine Aufklärungsabteilung, Nachrichtenabteilung und Beobachtungsabteilung (je in Bataillonsstärke), eine Panzerabteilung, zwei Sanitätskompanien (2 Verbandsplätze), ein Feldlazarett (etwa Kompaniestärke), eine Bäckereikompanie, eine Schlächtereikompanie und mehrere kleinere Einheiten, wie z.B. Feldpost, Trosse, Nachschub. Hierzu kamen in der Regel noch eine Reihe von nur vorübergehend unterstellten Einheiten wie Artillerie, Flak usw. Vgl. Wedel 24; 34. Es ist schwer, die Divisionsstärke in nackten Zahlen anzugeben. Man könnte die Ziffer 15.000 nennen; vielfach war es nahezu das Doppelte, also 30.000. – Es war in der Regel unmöglich, jeweils wenigstens ein ganzes Bataillon zu einem Gottesdienst zu vereinigen. Meistens waren dafür schon zwei oder drei Gottesdienste notwendig. So ergibt sich ohne weiteres, daß auch der eifrigste Divisionspfarrer höchstens einmal im Monat zu einem Gottesdienst zu den einzelnen Einheiten kommen konnte.

14. Zur Seelsorge bei den Luftwaffeneinheiten vgl. die Notizen Werthmanns: AW I, 9. – Natürlich gab es bei den Einheiten der Waffen-SS keine Seelsorger. Es kam jedoch vereinzelt vor, daß verwundete Angehörige der Waffen-SS, die sich in Lazaretten des Heeres befanden, seelsorgliche Betreuung durch den dortigen Kriegspfarrer erbaten. Anders war die Situation bei den fremdländischen SS-Divisionen. So hatten die SS-Divisionen Charlemagne, der Wallonen, der Ukrainer, Prinz Eugen und die aus Angehörigen der baltischen Staaten bestehende Einheit eigene Divisionspfarrer. Ein Pater aus Belgien, welcher der Degrellebewegung angehörte und belgische Angehörige der Waffen-SS betreute, erhielt zwar vom Feldbischof in Berlin das gewünschte Altargerät, nicht jedoch die von der Apostolischen Nuntiatur erbetenen Fakultäten: AW I, 15. Dort auch Mitteilungen über vereinzelte Versuche, in der letzten Kriegsphase Seelsorger für deutsche SS-Divisionen zu gewinnen, sei es aus propagandistischen Gründen, sei es für gemischte deutsch-ausländische Kontingente, sei es für die zwangsweise zur SS einberufenen Soldaten.

15. Vgl. Militärseelsorge 6 (1964) 195.

16. Messerschmidt, Wehrmacht 176; zum Komplex Kirchenfragen in der Wehrmacht vgl. ebd. 171-199 (Lit.)

17. Vgl. Messerschmidt ebd. 176 Anm. 639; 183 Anm. 657.

18. Ebd. 184, Anm. 662.

19. Ebd. 185.

20. 9.9.1935, in: Politisches Handbuch Teil I (= Pol. H. I) vom 1.4.1943, 73, D 25. Das Pol. H. faßt auf den Seiten 49-78 eine Reihe von Bestimmungen zu „Glauben – Wehrmachtseelsorge" aus den Jahren 1935-1942 zusammen und war als H.Dv. 22/I (bzw.M.Dv. Nr. 594 und L.Dv. 22) nur für den Dienstgebrauch bestimmt. Der Übersichtlichkeit wegen werden die Erlasse unter der im Pol. H. I angegebenen Nummer (D) zitiert. – Eine kurze Zusammenstellung einer Serie von Behinderungsmaßnahmen findet sich bei Steuber 8-12.

21. Pol. H. I, D 3.

22. Ebd. D 1.

23. Ebd. D 26 (1).

24. Ebd. D 26 (2).

25. 1.5.1938, ebd. D Z4.
26. 29.7.1938, ebd. D 9.
27. 3.11.1938, ebd. D 7 (2).
28. 30.3.1939, ebd. D 10.
29. Eine „Dienstordnung für die katholische Wehrmachtseelsorge" (D. K. W. = H.Dv. 373) vom 1.4.1939 lag zwar als gedruckter Entwurf vor, kam jedoch wegen kirchenpolitischer Spannungen nicht mehr zur Einführung. Am 18.6.1941 traten die „Bestimmungen für besondere Dienstverhältnisse der Kriegspfarrer beim Feldheer" (Krpf. Best.) als H.Dv.373 in Kraft.
30. OKH 31 u. AHA/Ag/5 – 2838/39.
31. Gegen die hier und dort geäußerte Vermutung, mit der Einführung der „gottesdienstlichen Feier" werde ein neuer Schritt zur Einrichtung einer Nationalkirche getan, sprechen zwei Gründe: 1. Das Bestreben einiger Kreise in der Partei, eine deutsche Nationalkirche einzurichten, gehörte einer mehrere Jahre zurückliegenden Phase des Kirchenkampfes an; 2. das „Merkblatt über Militärseelsorge" ist durch Angehörige der Wehrmacht gegen den Widerstand der Parteikanzlei erarbeitet worden. Immerhin war mit Generalfeldmarschall von Brauchitsch ein Mann Oberbefehlshaber des Heeres, der von der Notwendigkeit der Weiterführung der christlichen Tradition des deutschen Heeres überzeugt war. – Zu der in einer früheren Phase möglichen Absicht der Regierung, über eine „Militärkirche" zu einer „Nationalkirche" zu kommen, vgl. Stasiewski, Akten I, 110.
32. *32a.* Die konkreteste Bestimmung ist unter Ziffer 12 zu finden, die „Bereitstellung von Kraftwagen, notfalls Krad mit Beiwagen oder Reitpferd für die Feldseelsorger" vorschreibt. – *32b* Daß diese Meinung auch heute noch vertreten wird, beklagt Bamberg bsd. 267 ff., ohne daß wir ihm bei seiner Interpretation in allen Punkten folgen. – In ähnliche Richtung scheinen einige Ausführungen des ehemaligen Botschafters der BRD beim Hl. Stuhl, Dr. A. Böker, in seinem Vortrag am 6.9.1975 an der NATO-Verteidigungsakademie in Rom zu weisen, der in der „Religion in der ganzen Geschichte eine der Hauptstützen des Menschen und der Völker" sieht und von ihr als einer „mächtigen Triebfeder" spricht. In: Europäische Wehrkunde XXV (1976) 615-619, hier 615. Vgl. auch Karst 381.
33. 28.9.1939, Pol. H. 1, D 15 (1).
34. 14.7.1942, ebd. D 15 (2).
35. ObdH 13. 2. 1940, 31 v/mob AHA/AG S (I) – 51/40g, in: AW IV. Der Inhalt des Erlasses durfte, „soweit erforderlich, nur im Auszug" an die im Verteiler genannten Dienststellen weitergegeben werden.
36. Schon am 10.11.1939 hatte von Brauchitsch vertraulich an die Oberbefehlshaber der Heeresgruppenkommandos und Armeeoberkommandos geäußert: „Ich wünsche auch nicht, daß sogenannte Traktätchen von den Geistlichen an die Soldaten verteilt werden. Das Feldgesangbuch erfüllt voll und ganz seinen Zweck und bedarf keiner weiteren Ergänzung." ObdH 31 v/mob. AHA/Ag/S (I) – 3854/39, in: AW IV.
37. 18.3.1940, Pol. H. I, D 17 (1).
38. H.DV. 373, Nr. 26 vom 18. 6. 1941.
39. Pol. H., D 8 (1).
40. Ebd. D 8 (3).

41. Ebd. D 19 (3).

42. Ebd. D 11. Dieses Verbot ist im Zusammenhang mit den neuen Initiativen des RMVP zur nationalsozialistisch geprägten Feiergestaltung zu sehen. Vgl. Vondung 64 f.; 69.

43. OKW Az. 31 v AWA/J (Ia) Nr. 4100/42, veröffentlicht HVBI. vom 27.6.1942 Teil B, Blatt 12, Nr. 475 Seite 298; vgl. Pol H. I, D 12.

44. Pol. H. I, D 13; vgl. Schübel 107.

45. Messerschmidt, Wehrmacht 298.

46. Erlaß OKW vom 10. 7. 1942, Pol. H. I, D 20(1).

47. Rdl und Obdl vom 24. 9. 1942, ebd. D 20 (2). – Bereits 1940 war den Zivilgeistlichen unter Androhung von Strafmaßnahmen untersagt worden, irgendwelche religiöse Schriften ob Gemeinderundschreiben oder „genehmigtes" Material – an Soldaten zu verschicken. Vgl. Pol. H. I, D20. Die Schrifttumsfrage wird in einem eigenen Kapitel dieser Arbeit ausführlich dargestellt.

48. Pol. H. I, D 22 (1) und (2).

49. Vgl. Messerschmidt, Wehrmacht 290.

50. Beispiele dafür siehe bei Messerschmidt ebd. 290 f.

51. Schreiben der beiden Feldbischöfe an OKW vom 9. 3. 1943: AW III, 5a. Vgl. Messerschmidt, Militärseelsorgepolitik 78 f. – Die Zahl der Wehrmachtangehörigen betrug bis 1939 etwa 600-700.000 und stieg im Krieg bis zu rund 10 Millionen; vgl. Kielmannsegg, in: Messerschmidt, Wehrmacht VII. Nach Dünnwald standen während des 1. Weltkrieges für die preußischen Armeen insgesamt 1.441 kath. Geistliche zur Verfügung (davon 930 etatmäßig), für Bayern 225, für Württemberg 21 und für Sachsen 32. Die Reichsmarine hatte 42 kath. Geistliche. (24).

52. Während man in zivilkirchlichen Kreisen hier und dort die Vermutung hegte, die Partei sei zur Einsicht gelangt, daß die Lage in der durch die Luftangriffe bedrängten Heimat eine weitere Verminderung der Geistlichkeit nicht zuließe, teilt der damalige Chef des Wehrersatzamtes, Generalmajor Weidemann, dem Feldgeneralvikar vertraulich mit, daß lt. Schreiben der Parteikanzlei an OKW die Geistlichen durch ihr Verhalten während des Krieges das Recht verwirkt hätten, am Existenz- und Entscheidungskampf des deutschen Volkes teilzunehmen. Notiz Werthmann am 4.7.1945: AW VI, 1. 53 Vgl. Zipfel 516, Dokument Nr. 65. Dokument Nr. 67 enthält eine Zusammenstellung von Verordnungen betr. Heranziehung von Geistlichen zum aktiven Wehrdienst, Beförderung zu Offizieren u.a., Zipfel 519-527.

53. Vgl. Messerschmidt, Militärseelsorgepolitik 83.

54. Notiz Werthmann vom 4. 7. 1945: AW VI, 1.

55. Werthmann erwähnt vor allem die vorsorgliche Tätigkeit des Amtsgruppenchefs Edelmann: AW I, 14.

56. Vgl. Militärseelsorge, in: RGG IV, 946-949. – Angesichts der Gesamtsituation wirkt die Regelung über „Vergütungen für nebenamtliche Wehrmachtseelsorge" kurios. Die Seelsorger erhielten für Wehrmachtgottesdienste in wehrmachteigenen Kirchen und Gebäuden, im Freien (Feldgottesdienst) und in Zivilkirchen für die Wehrmachtangehörigen (Messe mit Predigt) bis zu 8 RM über die Grundvergütung hinaus. Die Grundvergütung betrug bei Standorten bis zu 50 Wehrmachtangehörigen 60 RM, bei über 200 Wehrmachtangehörigen 600 RM. Auch Organisten und „unteres Kirchenpersonal" erhielten ihren Dienst über die Zahlmeisterei der Wehrkreiskommandos

vergütet. Anlage zu Vfg.OKW AHA/Ag/S (II J) 31v20 Nr. 2014/42 vom 28. 12. 1942:
BA-MA RW 12 I/v. 5.

2.2 Die Wehrmacht- und Kriegspfarrer

1. Vgl. Perau 8; 26 f.
2. Ebd. 26. Zur Stellung der Kriegspfarrer vgl. H.Dv. 373 vom 18. 6. 1941 Nr. 1, zur Uniform, Bekleidung und Ausrüstung ebd. 20 und 21.
3. H.Dv. 373, Nr. 10.
4. H.Dv. 373, Nr. 3.
5. 13./14.2.1942, 23 Seiten.
6. 19. und 24.6.1943, 30 Seiten.
7. Stelzenberger, 3 Vorträge, S. 9.
8. Ebd. 22.
9. OKH (Ch H Rüst und Bde) 31 v 16m AHA/Ag/S (IV) – 704/42 vom 23.2.1942: AW III, 8.
10. AW III, 8. Hin und wieder werden bei der vorgeschriebenen Themenordnung einzelne Angaben gemacht, z.B. beim Frontlehrgang der kath. Kriegspfarrer der 1. Armee in Divonne vom 14./15.4.1942. Zur Soldatenpredigt im Kriege: „Inhalt: Gotteswort und Gottesweisheit". Zu den vaterländischen Aufgaben: „Stellung von Volk und Vaterland in der Wertordnung", „Christus und die Vaterlandsliebe", „Idee des gerechten Krieges", dabei unter „Einzelaufgaben" die „Verpflichtung zu kompromißlosem Einsatz". Die Vorstellungen entsprachen, soweit erkennbar, den Darlegungen in den damals gebräuchlichen Handbüchern der Moraltheologie.
11. Dieser Artikel enthält weder Verfasserangabe noch Datum und befindet sich in einem nicht gekennzeichneten Ordner im kath. Militärbischofsamt, Bonn.
12. Hinter diesem Zitat der handschriftliche Vermerk „General Edelmann", der jedoch mit Bleistift durchgestrichen wurde.
13. Eine Datumsangabe fehlt. – Ein Vergleich mit entsprechenden Veranstaltungen im ersten Weltkrieg zeigt bei allen zeitbedingten Unterschieden in den Grundzügen auffallende Parallelen. So enthält z.B. der „Bericht über die Militärpfarrerkonferenz der katholischen Militärgeistlichen in den Heimatgarnisonen des XIV. Armeekorps am 19. Juli 1916 in Offenburg in Baden, unter Leitung des Herrn Prälaten Wilhelm, Militär-Oberpfarrer des XIV. und XV. Armeekorps" (Caritas-Druckerei Freiburg i. Br. 1916) folgende „Programmpunkte" über das Arbeitsziel der Militärseelsorge: „Werde ein reifer Mann!"; „Werde ein ganzer Soldat!"; „Sei und bleibe ein echter Christ!" (an erster Stelle wird auf „die religiös-sittlichen Gefahren der Großstadt und der Kaserne" verwiesen: „Dirnentum, schlechte Kameradschaft, Alkohol usw."); „Halte dich marschbereit für den Opfergang auf das Schlachtfeld!". Der Bericht befindet sich als Einzelblatt im „Archiv" des Kath. Militärbischofsamtes, Bonn.
14. Als besonders skandalös empfanden einige Wehrmachtpfarrer einen anläßlich des 40-jährigen Priesterjubiläums Rarkowskis gehaltenen Vortrag über „Die organisatorische Neuordnung der Wehrmachtseelsorge in ihrer Bedeutung für die Wehrmachtpfarrer" (1938) mit Hymnen auf „das große Werk des Führers", der von Gottes

Vorsehung für das deutsche Volk erwählt und für große Aufgaben bestimmt sei. Der Vortrag schließt mit Phantastereien über die vom „Führer" angezielte religiöse Einheit des deutschen Volkes, die mit dem Militärseelsorgekonzept eingeleitet werde und deren „Morgenröte" der Pfarrer bereits „aufleuchten" sieht. Wortlaut in AW III, 10d. – Zu Tätigkeiten und Äußerungen dieses Herrn schreibt Werthmann an Höfler einige Jahre später: „Wenn die Hälfte oder auch nur ein Drittel von dem wahr ist, was der FeBi über ihn auf der letzten Dienstreise gehört hat … genügt es, äußerste Zurückhaltung anzuempfehlen. Er darf nicht in die Karten gucken; ergo: verbindlich, aber drei Schritte vom Leib!" 12.1.1943: AW III, 6.

15. Vgl. Notiz Werthmann in AW VI, 3 und Boberach, Berichte 355.

16. Der Nachlaß Erzbischof Konrad Gröbers (EBA Freiburg, Nr. 13, Feldpost 1939/43) enthält einige Briefe von Diözesanpriestern an ihren Bischof mit Bekundungen der Freude, „Glied der siegreichen Armee" zu sein (22.8.1940), oder der Hoffnung, daß der Kampf des Bischofs „gegen den Bolschewismus zugleich der größeren Verwirklichung des Gottesreiches im christlichen Europa gedient haben" möge (7.9.1941). Ein Priester schreibt am 7.3.1942 aus dem Osten: „Eine wahre Kreuzzugsbegeisterung ist in uns wach geworden, zu kämpfen, zu opfern u. zu ringen um ein christus- und gottesgläubiges (im wahren Sinn) deutsches Vaterland. Dieses hg. Gelöbnis unverbrüchlicher Treue u. Liebe zu Gott, Kirche u. Bischof lege ich heute am Jahrestag meiner hg. Priesterweihe in Ihre Hand …". Die in Durchschrift erhaltenen Antworten des Erzbischofs sind durch äußerste Zurückhaltung gekennzeichnet. Allgemein gehaltenen Segenswünschen und Gebetszusagen ist gelegentlich hinzugefügt, daß die Priester „den harten und großen Dienst: fürs Vaterland tun" (z.B. 20.9.1940).

17. Vgl. Perau 9; ferner 11; 15; Gespräch des Verf. mit Pfarrer Perau am 4.1.1977.

18. Vgl. auch die in dieser Arbeit unter 3.7.2 behandelten Rundbriefe „Lieber Kamerad!".

19. Perau 37.

20. Pfarrer Perau im Gespräch am 4.1.1977.

21. Besonders aufschlußreich sind die bei Schnabel zu findenden zahlreichen Briefe mit den Berichten von Kriegspfarrern über die Gottesdienste; zur Suche nach einem neuen Priesterbild vgl. ebd. 223 ff.

22. Perau 8. – Ein Priester, der offensichtlich einem geistlichen Vorgesetzten seine Vorbehalte gegenüber der Teilnahme am Krieg geäußert hatte, notiert: „Noch klingt mir das Wort eines Prälaten in den Ohren: ‚Schafsblut ist kein Märtyrerblut'. Ich muß also den Modus vivendi finden." I. A. Hamm, Als Priester in Rußland. Ein Tagebuch von … Trier o.J. (= Kreuzringbücherei) 10.

23. Brief an Kardinal Schulte/Köln vom 18.1.1940: B. Schneider 56.

24. Ebd. 161. Der Papst ist darauf bedacht, „daß die im Feld stehenden Priester sich freihalten von allen Auffassungen, die der Gerechtigkeit und christlichen Liebe widerstreiten". Die im Entwurf hinter ‚Auffassungen' stehenden Worte ‚über fremde Rassen und Völker' sind getilgt; vgl. ebd. Anm. y.

25. Ebd. 178, Anm. l-l. Zur reservierten bis „feindselige(n) Haltung des Klerus" gegenüber dem im Kriegszustand befindlichen Deutschland bis hin zum Wunsch einer Niederlage vgl. die Auszüge aus den Berichten Orsenigos ebd. 353; 355; 357.

26. Zur Erinnerung an die Vereidigung der Rekruten des Standortes Mannheim am 21. Oktober und 21. November 1936 veröffentlichten die katholischen und evangelischen

Militärseelsorger ein eigenes Erinnerungsblatt „Dein Fahneneid im Schloßhof zu Mannheim". Das Blatt enthält nicht nur eine ausführliche und merklich begeisterte Beschreibung der äußeren Umstände der Vereidigung, es enthält auch die Ansprachen der Wehrmachtpfarrer. Der katholische Standortpfarrer sagt u.a.: „Noch wenige Minuten, und der Augenblick ist da, wo du Kamerad, einen heiligen Eid schwörst. Weißt du, woran ich eben jetzt mich erinnere? An meine Mutter, die mich eines Tages unter das Kreuz stellte und sagte: Hier unter diesem Kreuz versprichst du mir! So tut es heute Mutter Germania, unser deutsches Vaterland. Es stellt dich, Kamerad, unter das Kreuz und sagt dir: Hier beim Heiligsten von allem was uns heilig ist – hier im Angesicht dessen, der heldenhaft wie keiner am Kreuze rang, kämpfte und starb und sterbend siegte, sollst du geloben, sollst du schwören: unbedingten Gehorsam, Mut und Tapferkeit; bis zur Hingabe des Lebens, bis zum Tode! Du wirst und kannst diesen Schwur dem Führer mit Vertrauen schwören. Der Führer weiß aus eigenster Erfahrung, was Krieg ist und heißt; er wird nicht spielen mit deinem Leben, das ihm verschworen ist. Du wirst und kannst diesen Schwur mit Freuden leisten, weil du des Führers Parole kennst: gegen den teuflischen Bolschewismus! für unser liebes Vaterland, sein Recht, seinen Ruhm und seine Ehre! Kamerad, die Stunde ist groß und heilig. Kommt, lasset uns beten!" Nicht viel anders lautet die Ansprache vom 21.11.1936, in der u.a. ausgeführt wird: „Es geht um unsere deutsche Ehre, um unsere deutsche Sicherheit und deutsche Freiheit! Es geht doch um unser deutsches Recht! Es gilt die deutsche Treue einem Führer feierlich zu geloben, dessen ganzes Streben nur eines kennt und will: Deutschlands Glück und Wohlfahrt. Und Deutschlands Glück und Wohlfahrt bedeutet auch dein und mein Glück und Wohlergehen. Kamerad! Vereidigung ist Gottesdienst. Darum wollen wir unsere Herzen zu Gott erheben, wollen die Hilfe des Herrn anrufen und beten: Vater unser ..." Das Erinnerungsblatt endet mit einem Text von Walter Flex: „Was! Frost und Leid! Mich brennt ein Eid, der glüht wie Feuerbrände durch Schwert und Herz und Hände. Es ende drum wie's ende, Deutschland! Ich bin bereit! Kamerad! ,Gehe hin und denke und rede und tue desgleichen!' (Luc 10,37)". Einzelblatt im „Archiv" des Kath. Militärbischofsamtes, Bonn.

27. AW III, 5.
28. Darum kann die Kritik Bambergs an Werthmann (Militärseelsorge, bsd. 24-35) in dieser Form nicht akzeptiert werden. Bamberg fragt zu Recht nach Inhalt und möglichen Auswirkungen von Werthmanns Buch „*Wir wollen dienen!*" (Berlin 1935), doch er berücksichtigt bei seiner Kritik nicht die Intention des Verfassers, die Entstehungsbedingungen wie das damalige Sprachfeld. Anlaß zu Bedenken gäbe es auch dann noch zur Genüge, doch eine Kritik wäre unter Berücksichtigung dieser und vielleicht auch weiterer Faktoren begründeter und der von Bamberg vertretenen Sache dienlicher. Auch wenn Werthmann vereinzelt Texte seines Soldatenbuches von 1935 in „Die Parole" (Hg.: Kath. Militärbischofsamt, Paderborn 1962) übernommen hat (vgl. z.B. ,Wir wollen dienen' S. 15f. und ,Die Parole' S. 100), ist damit noch nicht ausgemacht, daß er insgesamt die gleiche Position vertritt wie knapp 30 Jahre zuvor.

1. Adolph, Katholische Kirche 113.
2. Vgl. Albrecht, Notenwechsel II, 5-15, hier 6.
3. Zahn, Kriege 194-226.
4. KFBVBl 2/1939, 1. 9. 1939, Nr. 15 und 16. Sofern die Hirtenbriefe Rarkowskis nicht im Verordnungsblatt des Feldbischofs enthalten sind, liegen sie als Sonderdrucke vor in AW VIII, 5.
5. Vgl. Zahn, Kriege 194; 226.
6. Vgl. Picker 413 f.; über den „konkordatsfreien Raum der Ostmark" nach den Vorstellungen Bormanns: Scholder, Kirchen 27.
7. KFBVBl 3/1939, 18. 10. 1939, Nr. 23.
8. KFBVBl 5/1940, 15. 6. 1940, Nr. 49.
9. Vgl. KFBVBl 7/1940, 1. 9. 1940, Nr. 66; Zahn, Kriege 210-212.
10. Anläßlich dieses Hirtenbriefs gab es eine Sendung im Radio Vatikan am 6.10.1940, 20 Uhr, verfaßt von P. Leiber S.J.: „Es sieht fast so aus, als ob der Armeebischof sich manchmal den Nazis leichter gleichschalte, als seiner Kirche". Vgl. Albrecht, Notenwechsel II, 102, Anm. 1; 103, Anm. 2-4. In der Sendung heißt es u.a.: „Weiteste Kreise des katholischen Volkes teilen ebenfalls durchaus nicht die politische und historische Ansicht des Armeebischofs, sondern sind leider der Überzeugung, daß dieser Hitlerkrieg durchaus kein gerechter Krieg ist, und daß darum der Segen Gottes nicht auf ihm ruhen kann. Ja, es gibt sehr viele Katholiken, viel mehr, als sich der Armeebischof träumen läßt, die nicht in den Gegnern, die Hitler uns aufgezwungen hat, sondern in Hitler und dem Nationalsozialismus Deutschlands wahre Feinde erblicken, und wenn sich der Bischof die Mühe machen würde, die große Enzyklika des verewigten Papstes, Pius XI., ‚Mit brennender Sorge' durchzulesen, wüßte er auch warum." ebd. 102, Anm. 1.
11. Der Hirtenbrief zum Advent 1944 ist eine vom Feldgeneralvikar gekürzte und von ihm herausgegebene Fassung des Hirtenschreibens vom Advent 1943; der Feldbischof war seit Frühjahr 1944 durch Krankheit an der Ausübung seines Amtes verhindert.
12. Notiz vom 1.6.1945 während seiner Internierung im Kloster Niederalteich, AW VIII,5.
13. Gespräch d. Verf. mit Pfarrer Perau am 4.1.1977.
14. AW VIII, 5.
15. Aw VIII, 6.
16. B. Schneider, 91 Anm. 1.
17. Werthmann an Höfler 24.2.1940, AW VIII, 6; zum ‚Neuen Willen' vgl. auch Lewy 244; 272. In der Bibliothek des DCV, Freiburg, ist der ‚Neue Wille' einschließlich Soldatenbeilage fast vollständig vorhanden.
18. Vgl. Zahn, Kriege 219.
19. Bericht über die Versammlung der dienstaufsichtführenden Kriegspfarrer und die Einkehrtage in Dresden vom 11.- 14.2.1941 des katholischen Feldbischofs an OKH/ AHAAgS vom 10.3.1941, in: AW IV, 3.
20. Beide Briefe in AW VIII, 6. Soweit nicht anders vermerkt, befindet sich der Briefwechsel zwischen Heinrich Höfler und Georg Werthmann nach Daten geordnet: in meh-

reren Mappen unter der gemeinsamen Nummer VIII, 6. Werthmanns Briefe liegen handschriftlich vor, die Briefe Höflers in Durchschlägen.

21. Notiz Werthmanns am 20.6.1945: AW VIII, 2.
22. Höfler an Werthmann 16.5.1941.
23. KFBVBI 3/1940, 15.3.1940.
24. KFBVBl 1/1941, 1.1.1941, Nr. 1.
25. Vgl. Zahn, Kriege 205 f.
26. KFBVBl 5/1943, 20.6.1943, Nr. 36.
27. KFBVBl 1/1944, 1.1.1944, Nr. 1.
28. AW VIII, 6.
29. Reifferscheid 226, vgl. 268 Anm. 10.
30. Ebd. 232 f.
31. EBA Freiburg 35/69.
32. Adolph, Hirtenamt 183.
33. Friedländer 178.
34. Lewy 260.
35. Messerschmidt, Aspekte 80; Wehrmacht 179.
36. Visser 247, Anm. 132; 264.
37. Zahn, Kriege 194.
38. Lewy 443.
39. Stehle 229; 484.
40. Adolph, Kirche 113.
41. Ebd. 193.
42. Vgl. die Auseinandersetzung in der „Kirchenzeitung für das Bistum Aachen" nach einem dort erschienenen Aufsatz von Paul Roth, Irrtum und Wahrheit, 15. Dez. 1968, und Werner Thimm, Franz Justus Rarkowski (1873-1950), Feldbischof der Wehrmacht, Bericht über eine Kontroverse in der Beurteilung seiner Persönlichkeit, in: Unsere ermländische Heimat. Mitteilungsblatt des Historischen Vereins für Ermland, 15 (1969) Nr. 3.
43. Aus dem Kreis jener Katholiken, die im ‚Dritten Reich' zunächst Chancen für die Realisierung ihrer (Reichs-)Vorstellungen erblickten, stammten der ehemalige Abt Albanus Schachtleiter und H. Eibl aus dem Sudetenland, Joseph Lortz aus Luxemburg. Über die zum Nationalsozialismus tendierenden Theologen der Staatlichen Akademie Braunsberg/Ermland vgl. Reifferscheid 37 ff.
44. Vgl. Glaube und Kampf 2.6.1940.
45. Ebd. 2.2.1941.
46. KFBVBl 3/1939, 18.10.1939, Nr. 22.
47. Glaube und Kampf 2.3.1941.
48. Hirtenbrief 29.6.1941.
49. Schreiben Rarkowskis an OKH vom 20.4.1937, in: AW, Personalakte Hennecke Heft IV
50. Rarkowski 7.
51. Vgl. Dünnwald 35.
52. Es gab damals 7 Wehrkreispfarrer und 2 Marinepfarrer. Die Bemerkung Volks (Reichskonkordat 50), „viele" Wehrmachtpfarrer hätten sich gegen Rarkowski ausge-

sprochen, trifft den Sachverhalt also nur mit Einschränkungen. Zur Kontroverse um Rarkowski auch Lewy 260-266; über die Militärseelsorge als Konkordatshebel: Volk, Reichskonkordat 44-58.

53. AW VII, 1.
54. Messerschmidt, Wehrmacht 180.
55. Gespräch des Verf. mit Werthmann am 1.2.1977; vgl. auch Stasiewski, Akten II, 279f.
56. Scheuermann 216, Anm. 1.
57. Ebd. 217.
58. Diese Anmerkungen von Werthmann AW III, 12.
59. DCV R 775 II.
60. AW VIII, 6: 24.2.1940.
61. Höfler an Werthmann 30. 12. 1940, ähnlich 26.11.1941.
62. Werthmann an Höfler 8.2.1940; 23.10.1941 u. ö.
63. Werthmann an Höfler 3.8.1942.
64. Perau 28.
65. 11.6.1943.
66. Werthmann an Höfler 3.8.1942.
67. Werthmann an Höfler 21.4.1943.
68. Abschrift AW VII, 1.
69. z.B. an seinen Generalvikar am 14.7.1939 und an einen ihm nahestehenden Standortpfarrer am 22.6.1941.
70. Fastenhirtenbrief 1940.
71. Neujahrsgruß 1941.
72. Neujahrsgruß 1944.
73. Zahn, Kriege 223, Anm. 24.
74. Vgl. Messerschmidt, Wehrmacht 180.

3. Das Unternehmen
„Kirchliche Kriegshilfe"

3.1 Einrichtung und Organisation

Schon im Ersten Weltkrieg hatten die deutschen Bischöfe eine Stelle für kirchliche Kriegshilfe innerhalb des deutschen Caritasverbandes eingerichtet. Sie hatte – auch wenn die wenig glückliche Bezeichnung hier und dort wenig freundliche Vermutungen wecken könnte – die Aufgabe, *„Auskunft über deutsche wie feindliche Vermißte und Gefangene (zu) vermitteln und die Fürsorge und Seelsorge der Kriegsgefangenen (zu) organisieren"* und stand unter der Leitung des Kölner Kardinals Schulte.[1]

Unmittelbar nach dem ersten Mobilmachungstag (26.8.1939) faßte der deutsche Caritasverband den Entschluß, den deutschen Episkopat um Genehmigung und Auftrag zu bitten, eine kirchliche Kriegshilfestelle für die Dauer des Krieges einzurichten, die vom deutschen Caritasverband bzw. den Diözesan-Caritasverbänden getragen werden sollte. Der Präsident des deutschen Caritasverbandes, Dr. Kreutz, begab sich noch in den letzten Augusttagen nach Berlin, um die Möglichkeit und Durchführbarkeit dieses Planes dort zu prüfen. Zwar waren die Mobilmachungsbefehle noch geheim, doch das Deutsche Rote Kreuz und manche politische Organisation waren bereits aktiv geworden. Der Caritasverband wollte jedoch „noch Wesentliches mit einer eigenen kirchlichen Kriegshilfestelle im Dienste des Volkes leisten".[2] Die Verhandlungen mit den verschiedenen Behörden gestalteten sich schwierig, da die Absicht bestand, ausschließlich das Deutsche Rote Kreuz, einige Organisationen der NSDAP und die NSV mit der Wahrnehmung der anfallenden Aufgaben zu beauftragen. Wo Geistliche und Caritaskräfte sich einzuschalten versuchten, wurden sie manchmal zur Rede gestellt bzw. mit Strafe bedroht. Doch nach Beendigung des Polenfeldzugs gestalteten die Verhandlungen sich günstiger, so daß die *„Kirchliche Kriegshilfe"* mit Schreiben des OKW vom 9. Oktober 1939 als eigenständige Organisation mit allen rechtlichen und wirtschaftlichen Konsequenzen anerkannt wurde. Dadurch wurde unter anderem gewährleistet, daß eine sehr hohe Anzahl deutscher Ordensfrauen, die unmittelbar als Pflegekräfte für die freiwillige Krankenpflege eingesetzt wurden, nicht zu den Wehrmachtangehörigen zählten und auch nicht dem Deutschen Roten Kreuz eingegliedert wurden, sondern selbständig blieben und damit der Eigenart der klösterlichen Krankenschwestern Rechnung getragen werden konnte.

Der deutsche Episkopat erließ Mitte September 1939 einen Aufruf und gab eine Erklärung ab, die in den kirchlichen Amtsblättern der einzelnen Diözesen veröffentlicht wurde.

„Die gegenwärtigen kriegerischen Verwicklungen bedingen einen erhöhten Einsatz aller Caritaskräfte. In gesteigerter Form werden diese sich bemühen, die Leiden des Krieges lindern zu helfen, Wunden zu heilen und Vorsorgemaßnahmen zu treffen. Die Erfüllung dieser Christenpflicht, die im vergangenen Weltkriege so hell aufgeleuchtet hat, wird durch die Not der Zeit wieder zu einem besonderen Gebot der Stunde. In Erfüllung dieser Pflicht wollen deshalb die deutschen Bischöfe nicht nur das Volk zur Treue und Tapferkeit aufrufen, sondern erwarten insbesondere, daß alle caritativen Werke und Einrichtungen, wie sie im deutschen Caritasverband in unserem Auftrage eine beratende Zentralstelle haben, sich in Stadt und Land opferbereit betätigen und aus christlicher Haltung und in vaterländischer Treue den erhöht notwendigen Dienst am Volke leisten. Den deutschen Caritasverband hat der Episkopat deshalb beauftragt, eine kirchliche Kriegshilfestelle für das ganze Reich einzurichten, den Diözesan-Caritasverband zu beraten, auch in den einzelnen Diözesen die Errichtung entsprechender regionaler Diözesanstellen anzuregen, planmäßig wie überall auf den verschiedensten Gebieten, in denen Notstände eintreten, Hilfe in Rat und Tat zu bieten und so der freien Liebestätigkeit des katholischen Volkes führend zur Seite zu stehen."[3]

Bis Anfang 1940 hatte man folgende Abteilungen geschaffen:

I.   Allgemeines;

II.   Arbeitsgemeinschaft Bergung (Betreuung Rückgeführter);

III.   Sorge für die Kriegsgefangenen, Kriegsinternierten, Vermißten;

IV.   Ermittlungsstelle nach Evakuierten;

V.   Rechtsberatung (für Mitarbeiter der Caritas in wehrrechtlichen, wehrsozialen und wehrfürsorgerechtlichen Fragen);

VI.   Wehrpolitische und wehrtechnische Fragen, Wehrpersonalfragen;

VII.   Schrifttum;

VIII. Kriegswirtschaft (Versorgung der Caritaseinrichtungen mit bewirtschafteten Materialien).

Fast alle diese Stellen waren in Freiburg angesiedelt, während die Abteilung Schrifttum bis zum Januar 1940 in Berlin arbeitete, dann aber ebenfalls ihren Sitz in das Werthmannhaus in Freiburg verlegte.

Die Abteilung Schrifttum hatte sich am 20.9.1939 in Berlin in Anwesenheit von Vertretern des Bischofs von Berlin, des Feldbischofs, des Borromäusvereins, des DCV sowie von Verlegern und Schriftstellern konstituiert. Zu ihrem Leiter wurde der Chefredakteur und Schriftleiter Heinrich Höfler ernannt.[4]

Die Aufgabe dieser Abteilung wurde wie folgt beschrieben:

„Auswahl und Anregung geeigneter Lektüre für Heer und Heimat, insbesondere für die Wehrmachtsangehörigen. Überprüfung derselben. Zusammenarbeit mit Verlegern, Schriftstellern. Diese Stelle ist zugleich Durchgangspunkt für die wehramtlichen Zensurbehörden."[5]

In den Arbeitsausschuß für die zu prüfenden Schriften wählten die Anwesenden Prof. Dr. M. Schmaus und den Wehrdekan A. Walter (beide Münster), einen Vertreter des Borromäus-Vereins, den Schriftsteller L. A. Winterswyl (Berlin) und Fräulein E. Denis (Freiburg).[6] Da man seitens des OKW wie auch des Feldbischofs strenge Bestimmungen hinsichtlich der auszuwählenden Literatur erwartete, müsse das zur Genehmigung eingereichte Schrifttum eindeutig „im Dienst des deutschen Siegeswillen" stehen. Diese Richtlinie veranlaßte einen Anwesenden, seine Wahl in den Prüfungsausschuß abzulehnen. Es läßt sich nicht eindeutig feststellen, ob der „Siegeswille" der Ausschußmitglieder lediglich ein Etikett war, um die erforderliche staatliche Anerkennung zu erlangen.

Nach der offiziellen Anerkennung der *„Kirchlichen Kriegshilfe"* durch die zuständigen Amtsstellen von Staat und Wehrmacht am 9. Oktober 1939 – auch nach dieser Anerkennung gab es Versuche, die Abteilung Schrifttum auf den Status einer Privateinrichtung herabzudrücken und dadurch ihr Wirken zu unterbinden – wurden die Diözesan-Caritasverbände am 14.10.1939 über die Auswahlkriterien in groben Zügen informiert:

„Man wird freilich darauf achten müssen, daß hier nur eine Auswahl des gediegensten und besten möglich ist, weil sonst keinerlei Aussicht besteht, die Arbeiten durchzubringen."[7]

Der Reichsminister für die kirchlichen Angelegenheiten wies in einem eigenen Schreiben an die Evangelischen Landeskirchen und die katholischen (Erz-)Bischöfe am 27.10.1939 darauf hin, „daß die Sammlung von Feldpostanschriften zum Zwecke der Versendung religiösen Schrifttums aus Abwehrgründen unter allen Umständen unterbleiben muß". Er schärfte noch einmal ein, daß ausschließlich geprüftes und für geeignet befundenes Schriftgut an die Soldaten versandt werden dürfe. „Die Geistlichen und anderen nachgeordneten kirchlichen Stellen müssen verpflichtet werden, nur dieses vorgeprüfte Schrifttum an die Soldaten zu versenden".[8]

Fast gleichzeitig machte das Propagandaministerium den Versuch, an den Prüfstellen vorbei die gesamte Produktion der Verlage zu erfassen und auch bisher unbekannte Autoren aufzuspüren. Die Weitergabe vor allem kleinerer, illegaler Drucke sollte jedenfalls im Bereich der Wehrmacht mit den dort gegebenen verstärkten Kontrollmöglichkeiten unterbunden werden.[9]

3.2 HINDERUNGSMAßNAHMEN

3.2.1 Drosselung des Versandes religiöser Schriften

Schon vor der durch die *„Kirchliche Kriegshilfe"* organisierten Versendung religiösen Schrifttums an die Wehrmachtangehörigen hatten zahlreiche Seelsorger und Gemeindemitglieder Verbindung mit ihren Soldaten aufgenommen, um ihnen das Bewußtsein zu geben, daß sie nicht allein gelassen waren. Viele Pfarrer verfaßten in fast familiärem Ton gehaltene „Feldseelsorgebriefe" für die zur Wehrmacht eingezogenen Gemeindeangehörigen, eingeleitet mit „Mein liebes feldgraues Pfarrkind!", „Liebe Frontkämpfer und Soldaten!", „Liebe tapfere Freunde!", „Liebe

Pfarrkinder in der Ferne! Soldaten, Kameraden!" u.ä.[1] Die Inhalte dieser Briefe galten den gleichen Themen: Opfer für das Vaterland, Pflichterfüllung, Stolz über die erbrachten Leistungen, Verbundenheit mit der Heimatgemeinde. Außer diesen Briefen enthielten die Sendungen häufig Broschüren, Kirchenzeitungen und Flugblätter. Neben den Aufrufen an die Angehörigen, den privaten Feldpostbriefen religiöse Schriften beizulegen, wurden schon bald nach Kriegsbeginn Feldpostnummern durch die Pfarrgemeinden systematisch gesammelt. Das wurde bereits am 27. Oktober 1939 durch Erlaß des Reichsministers für die kirchlichen Angelegenheiten verboten.[2] Diese Aktionen liefen auch nach der Einrichtung der zentralen Schrifttumsstelle weiter und bildeten eine notwendige und z.T. systematisch geförderte Ergänzung der Arbeit der „Kirchlichen Kriegshilfe", die viel stärker dem Zugriff der Kontrollorgane ausgesetzt war als die breit gestreuten Einzelunternehmungen.

Nach dem Verbot der „organisierten" Versendung wandten sich die Seelsorger verstärkt an die Angehörigen der Soldaten, denen man entweder direkt Schriften für die Soldaten aushändigte, um sie der privaten Feldpost beizufügen, oder denen über Schriftenstände in den Kirchen religiöse Kleinschriften zugänglich gemacht wurden, um sie gegen eine geringe Gebühr zu erwerben oder auch kostenlos mitzunehmen. Ein weiterer Versuch bestand darin, Anschriften zu sammeln und sie der Kriegshilfestelle des Diözesancaritasverbandes mitzuteilen, die dann als „offizielle" Hilfsstelle den Versand bis zu dem Zeitpunkt übernehmen konnte, da ein neues Verbot dazu nötigte, einen anderen Weg der Vermittlung ausfindig zu machen.

Auf der Suche nach neutralen Absendern weitete man den Kreis der Angehörigen aus: Gemeinde- und Vereinsmitglieder, insbesondere Mitglieder kirchlicher Frauenvereine, Schulkinder usw. Empfänger von Sendungen wurden häufig gebeten, den Wunsch nach religiösem Schrifttum auszusprechen oder Dankschreiben für erhaltenes Schriftgut zu verfassen, um damit vor militärischen und parteilichen Dienststellen die Notwendigkeit des Versandes religiöser Literatur dokumentieren und Widerstände gegen diese Art der Tätigkeit als gegen den Wunsch der Soldaten gerichtet ausweisen zu können.[3]

Offensichtlich nahmen zahlreiche Geistliche die bestehenden Verbote kaum zur Kenntnis und verstanden es, „durch Umgehungen verschiedenster Art" die Verbote zu durchlöchern.[4] Auch die Maßnahmen der Staatspolizei vermochten den Versand nur einzudämmen, jedoch nicht vollständig zu verhindern. Die Schriften wurden z.T. für „weltanschaulich und politisch so abwegig" gehalten, „daß sie sich nachteilig auf die moralische Kampfkraft der Soldaten auswirken konnten".[5] Die am 1.3.1940 vom Chef des OKW an den RMfdkA ausgesprochene Drohung, gegen jene Geistlichen rücksichtslos einzuschreiten, die sich nicht an die Anordnungen hielten, wurden im Laufe des Krieges wahr gemacht.[6]

Einige Beispiele mögen verdeutlichen, wie man mit kleinlichen Schikanen Gemeindeseelsorger hindern wollte, mit ihren Pfarrangehörigen in Verbindung zu bleiben.

Am 6. Oktober 1939 berichtet der Erzbischof von Freiburg dem Reichsminister für die kirchlichen Angelegenheiten, daß das Stadtpfarramt in Neckarelz an Pfarrangehörige ein kleines Schreiben mit einem Gebetszettel verschickt habe und daß dieses mit Anlagen zurückgesandt worden sei mit der Bemerkung: „Unser Gebet ist der tägliche Dienst für Volk, Führer und Reich. Heil Hitler!" Gräber beschwert sich über dieses Verfahren und ersucht den Minister, derartige Vorgänge zu unterbinden.[7]

Unter dem 4.12.1939 informiert ein Pfarrer das bischöfliche Ordinariat über die Beschlagnahme der Anschriften von Soldaten im Pfarrhaus und über die Androhung von Hausdurchsuchungen. Auf den Bericht eines anderen Pfarrers über die Schwierigkeiten, mit den zur Wehrmacht eingezogenen Pfarrangehörigen Kontakte zu pflegen, antwortet das bischöfliche Ordinariat am 5.2.1940:

„In letzter Zeit ist mehrfach versucht worden, die regelmäßigen Rundbriefe der Seelsorger einer Zensur zu unterziehen. Auch die Sammlung von Adressen der Heeresangehörigen ist da und dort beanstandet worden. Es wird sich deshalb empfehlen, diese ganze Angelegenheit in aller Stille und möglichst vertraulich zu behandeln. Die Rundbriefe sollen auch nicht regelmäßig erscheinen, damit sie nicht als Zeitschrift der Reichspressekammer unterstellt werden können. Auch soll in den Rundbriefen nichts enthalten sein, was den Siegeswillen und die seelische Widerstandskraft der Soldaten schwächen könnte. Wir raten Ihnen, in dieser stillen Art die seelsorgerliche Betreuung der Pfarrangehörigen beim Heer nach besten Kräften fortzusetzen."

Ein anderer Pfarrer wird am 19. März 1940 ermuntert:

„Wie jeder Deutsche seinen Angehörigen im Felde ohne besondere Zensur schreiben darf, wird man es auch dem Seelsorger nicht verwehren können, mit seinen Pfarrangehörigen in lebendiger Fühlung zu bleiben."

Als der Reichsminister für die kirchlichen Angelegenheiten am 12. April 1940 die obersten Kirchenbehörden abermals darauf hinweist, daß „die Sammlung von Feldpostanschriften durch Geistliche oder andere kirchliche Stellen oder konfessionelle Organisationen aus allgemeinen militärischen Gründen untersagt" sei, bittet Erzbischof Gröber am 19. April 1940 Bischof Wienken, in Sachen Sammlung von Feldpostanschriften durch Geistliche beim Ministerium vorstellig zu werden. Wienken weist darauf hin, daß in dieser Angelegenheit wie auch über den Versand von religiösen Schriften an die Frontsoldaten im OKH bereits eine Besprechung stattgefunden habe.

„So viel läßt sich schon voraussehen, daß seitens des OKH bzw. OKW keine Erleichterung zu erwarten ist. Ich werde die Angelegenheit heute oder morgen auch im Kirchenministerium zur Sprache bringen und von dem Ergebnis dieser Besprechung es abhängig machen, ob dem Vorsitzenden der Fuldaer Bischofskonferenz eine Anregung gegeben werden kann, daß er seitens des Gesamt-Episkopates dem Ministerrat für die Reichsverteidigung eine entsprechende Eingabe unterbreitet."

Eine weitere Verschärfung und Einengung trat mit dem 14. Mai 1940 ein:

„Im Einvernehmen mit dem Wehrkreiskommando V-IcW. Pr. bitte ich Sie, sämtliche Pfarrämter in Baden veranlassen zu wollen, daß alle vervielfältigten Briefe der Pfarrämter oder der Geistlichen an Wehrmachtangehörige vor ihrem Versand dem Pressereferenten beim Reichspropagandaamt Baden vorzulegen sind. Nach weiterer Vorlage bei den zuständigen Wehrkreispfarrern werden die Briefe umgehend zurückgegeben. Es darf also in Zukunft kein vervielfältigter Brief mehr ohne den Freimachungsvermerk des Reichspropagandaamtes hinausgehen. Von dem Veranlaßten bitte ich mir Kenntnis geben zu wollen."

Am 27. Mai 1940 schreibt das bischöfliche Ordinariat den Dekanaten der Erzdiözese Freiburg über das Zensurverfahren der gedruckten oder vervielfältigten Briefe von Geistlichen an die Wehrmachtangehörigen:

„Die Rundbriefe sind in dreifacher Ausfertigung an das Reichspropagandaamt in Karlsruhe ... zur Zensur einzusenden und zwar nicht schon die vervielfältigten Briefe, sondern das Manuskript, damit vorgenommene Korrekturen oder Streichungen ohne unnötigen Papierverbrauch berücksichtigt werden können. Wenn der Rundbrief die weltanschauliche Zensur durchlaufen hat, wird er dem katholischen Standortpfarrer ... in Karlsruhe zur Militärischen Zensur vorgelegt. Dann wird er alsbald mit dem Erlaubnisvermerk zurückgegeben und kann dann an die Wehrmachtangehörigen unbedenklich versandt werden. Private Briefe der Geistlichen an die Soldaten unterliegen keiner Zensur. Da das listen- und karteimäßige Sammeln von Feldpostanschriften nach wie vor aus Abwehrgründen verboten ist, sind die Geistlichen auf andere Wege angewiesen, ihre Rundbriefe an ihre Pfarrangehörigen bei der Wehrmacht gelangen zu lassen, besonders durch die Mithilfe der Angehörigen der Soldaten ...“

Es blieb nicht bei den Maßnahmen des Reichsministers für Volksaufklärung und Propaganda, des Reichsministers für die kirchlichen Angelegenheiten und bei den Vorschriften seitens des OKW bzw. OKH. Auch der Minister des Kultus und Unterrichts schaltete sich in den Prüfungsprozeß ein.

„Aus Gründen der Reichsverteidigung ist vom Reichsverteidigungskommissar für den Wehrkreis V die kartei- und listenmäßige Erfassung von Feldpostanschriften durch Geistliche oder andere nicht bevollmächtigte Personen verboten worden. Bereits angelegte Karteien oder Listen, die dem Zweck der Sammlung von Feldpostanschriften dienen, müssen umgebend vernichtet werden, widrigenfalls sie der polizeilichen Beschlagnahme unterliegen ...“[8]

Auch der Regierungs-Präsident der Hohenzollerischen Lande weist unter dem 30. Mai 1940 das erzbischöfliche Ordinariat an, die nachgeordneten Stellen über das Verbot der kartei- und listenmäßigen Sammlung von Feldpostanschriften durch Geistliche zu informieren und übersendet dabei die Abschrift eines Erlasses des Reichsverteidigungskommissars für den Wehrkreis V vom 6.4.1940 sowie die Abschrift eines Erlasses des Reichsministers für die kirchlichen Angelegenheiten vom 12.4.1940.[9]

Daß die Angehörigen der Soldaten in die Versendungsaktionen

einbezogen wurden, blieb natürlich nicht verborgen und wurde als Versuch anerkannt,

„durch einen unkontrollierten Schriftenvertrieb die staatlichen Anordnungen über den konfessionellen Schriftenversand an die Soldaten zu umgehen und damit auch nicht zugelassenes Schrifttum an die Front gelangen zu lassen!".[10]

Nach den Verboten (vom 27.10.1939 und 12.4.1940) durfte gemäß einem Erlaß der gleichen Stelle im Einvernehmen mit dem OKW vom 12.7.1940 keine Stelle neben den hauptamtlichen Wehrmachtgeistlichen – also kein Zivilgeistlicher, Gemeindepfarrer, kein Verband, keine Gemeinschaft – gedrucktes oder vervielfältigtes Schrifttum, auch nicht das durch die Zensurbehörde genehmigte, an Soldaten versenden. Die Gründe für diese verschärfte Maßnahme liegen darin, daß man sich vielerorts nicht um den ersten Erlaß gekümmert hatte, wie auch in der Tatsache, daß die Zusendung religiöser Schriften an Soldaten „einen außergewöhnlichen Umfang" angenommen hatte.[11]

Betrafen die bisherigen Bestimmungen vornehmlich den Versand, so versuchte man durch ein weiteres Verbot auch den Vertrieb religiöser Schriften einzuschränken. Am 26.10.1940 verordnete der Präsident der Reichsschrifttumskammer auf Veranlassung des Reichsministers für die kirchlichen Angelegenheiten, daß „Schrifttum ohne Unterschied der Wertgrenze ... außerhalb von gewerblichen Räumen nur mit Genehmigung der Reichsschrifttumskammer ausgestellt, feilgeboten oder vertrieben werden (darf)". Eine Ausnahmegenehmigung für die in der Kirche aufgestellten Schriftenstände wurde nicht erteilt. Gleichzeitig mit der Veröffentlichung dieser Anordnung weist das kirchliche Amtsblatt auf einen Ausweg hin:

„Inwieweit die Möglichkeit zur unentgeltlichen Verteilung von kirchlichem Schrifttum besteht, wird mitgeteilt werden, sobald die dieserhalb schwebenden Verhandlungen abgeschlossen sind."[12]

Alle Eingaben, Proteste und Verhandlungsversuche blieben ohne Erfolg. Auch ein Protest gegen die Zusendung von Schriften des sog. „Deutschglaubens" mit der Begründung, auch die religiösen Sendungen von Geistlichen an soldatische Gemeindeangehörige seien verboten, führte zu keinem Ergebnis.[13] Umgekehrt jedoch beschwerte sich der Reichsminister für die kirchlichen Angelegenheiten beim Vorsitzenden der Fuldaer Bischofskonferenz darüber, daß Ordinariate durch Aufrufe an Klerus und Gemeinden die Gemeindemitglieder anregten und ermunterten, den Soldaten religiöses Schrifttum zu senden. Der Minister sieht darin „eine Umgehung seines Runderlasses vom 12.7.1940 betreffs Verteilung religiösen Schrifttums" (19.11.1942). Am 13.9.1943 erinnert er Bertram an frühere Erlasse vom 9.8.1940 und 2.7.1942, in denen er derartige Praktiken als Übergriffe von Zivilgeistlichen in die ihnen nicht zustehende Wehrmachtseelsorge bezeichnet.[14] Am 19.1.1944 wird dieser Erlaß auch auf die RAD-Angehörigen ausgedehnt. Aus den verschiedenen Berichten des Sicherheitsdienstes geht hervor, wie sehr die vielfältigen Versuche dieser Art den Parteistellen ein Dorn im Auge waren. Die Berichte lassen ebenso erkennen, daß die Aktivitäten der Seelsorger sehr sorgfältig beobachtet wurden und daß man auch die Versuche, amtliche bzw. parteiliche Bestimmungen zu unterlaufen, aufmerksam registrierte.[15]

Diese über die erste Kriegszeit anhaltende lebhafte Aktivität gibt jedoch nicht nur Anlaß zu Genugtuung und Freude. In einer Notiz Werthmanns vom 6.7.1945 über die „Flut von religiösem Schrifttum, Flugblättern und Broschüren" heißt es:

„Man konnte sich manchmal des Eindrucks nicht erwehren, daß älteste Ladenhüter aus ihrem Dornröschenschlaf in irgendwelchen verstaubten Lagerräumen zu neuem Leben erweckt und unter Ausnutzung der günstigen Konjunktur verkauft wurden. Der Inhalt war vielfach so wenig wertvoll, daß man diese Produkte sog. katholischer Verlage mit Entschiedenheit ablehnen muß, als Verfälschung der Glaubenswirklichkeit. Unter den gegebenen Umständen war es kein Wunder, daß sich bald die Parteikanzlei um diese Dinge kümmerte und die ersten einschränkenden Bestimmungen durch das OKW herausgeben ließ."[16]

3.2.2 Zensurverfahren und Verbote

Nach Kriegsbeginn nahm die Produktion der religiösen Schriften zunächst zu. Während der Anteil der religiösen Literatur am Gesamtschrifttum im September und November [1938] 9,5 % betragen hatte, stieg er in den gleichen Monaten des Jahres 1939 auf 10,5 %. Von den im ersten Vierteljahr des Krieges erschienenen 598 konfessionellen Schriften handelte es sich bei 292 um katholische Veröffentlichungen, die „bis auf wenige Ausnahmen keinerlei Bezug auf das Zeitgeschehen" nahmen. Lediglich vier katholische und 19 (von 293) evangelische Schriften „stehen inhaltlich in Beziehung zum Kriege". Und bei diesen spärlichen Schriften handelte es sich um Soldatengebetbücher und „Schriften zur seelsorglichen Ermahnung und Tröstung für Front und Heimat". Der Bericht vermerkt weiter: „Ausgesprochene Kampfschriften wurden nicht festgestellt."[17]

Rosenberg notierte am 11.11.1939 in seinem Tagebuch:

„Die kirchlichen Druckereien arbeiten mit Hochbetrieb, Traktätchen, Predigten und Psalmensammlungen überschwemmen die Front, in den Kirchen werden z.T. schon Predigten gehalten, die bewußte Sabotage darstellen. Ich erhalte Berichte aus allen Gauen, die fast übereinstimmend dies erhärten."[18]

Während der für die Dauer des Krieges fast täglich stattfindenden Ministerkonferenz erklärte Goebbels am 28.12.1939:

„Die Maßnahmen zur Einrichtung einer Vorzensur von kirchlichen Druckerzeugnissen sollen beschleunigt ergriffen werden. Herr Gutterer soll sich deswegen mit dem OKW und dem Auswärtigen Amt in Verbindung setzen und danach Verhandlungen mit dem Kirchenministerium aufnehmen."

Man sah „die Truppe in besonders hohem Maße der Überflutung mit derartigem Schrifttum ausgesetzt" und erblickte darin „eine gewisse Gefahr". Das hartnäckige Drängen des Propagandaministeriums führte am 17.7.1940 zur Verabschiedung der „Verordnung über den Nachweis der Zugehörigkeit zur Reichsschrifttumskammer" durch den Ministerrat für Reichsverteidigung.[19]

Im Bericht vom 22.12.1939 wird ein Feldpostbrief zitiert, in dem der Schreiber die für ihn „betrüblich(e)" Feststellung macht: „Die Vertreter der Kirchen überschwemmen die Truppenteile mit Flugschriften, die sehr geschickt auf die Psyche des Frontsoldaten eingehen." Damit und mit der Tätigkeit der Divisionspfarrer insgesamt, ihren Predigten und häufigen Truppenbesuchen, für die ihnen sogar Autos zur Verfügung stünden, sei der „Gegenstoß gegen unsere Weltanschauung … mit aller Macht und mit zweifellosem Erfolg eingeleitet worden".[20]

Doch diese Äußerungen – sicherlich mitbedingt durch die Aversion gegen jede Art kirchlicher Tätigkeit – vermitteln weder ein Bild von der wirklichen Lage auf dem Gebiet der Schrifttumsarbeit noch von den Beschaffungs-, Zensur- und Versandschwierigkeiten.

Weil die bisherigen Kontroll- und Einengungsmaßnahmen nicht mehr genügten, versuchte man, „für die Dauer des besonderen Einsatzes der Wehrmacht eine schärfere Überprüfung des religiösen Schrifttums zu erreichen".[21]

Im Einvernehmen mit RMVP und RMfdkA teilte das OKW am 9.10.1939 den beteiligten Stellen den Gang des Prüfungsverfahrens mit. Die Verlage hatten das gesamte religiöse Schrifttum den beiden vorgesehenen Prüfstellen vor Vertrieb bzw. Neudruck einzureichen. Für das katholische Schrifttum war das die kirchliche Kriegshilfestelle, die das Material im Einvernehmen mit dem Feldbischof prüfte, der dann die Genehmigung des Propagandaministeriums einholen mußte. Das vom RMVP freigegebene Material war daraufhin vom Feldbischof dem OKW/Inland „zur abschließenden militärischen Überprüfung zuzuleiten", das seinerseits „das nunmehr endgültig als geeignet anzusehende Material unmittelbar" dem Propagandaministerium zurückschickte. Der Feldbischof erhielt eine Abschrift dieser Zustimmungserklärung und konnte dann die nachgeordneten Feldgeistlichen über die freigegebenen Titel informieren. Das auf diese Weise gesichtete Material konnte jedoch nicht beliebig beschafft werden, sondern war beim Feldbischof anzufordern. Die Zusendung erfolgte auf Grund der Dienstordnung für Kriegspfarrer auf dem Dienstweg. Sollte trotz dieser Reglementierung der eine oder andere nicht geprüfte und freigegebene Titel „in die Hände oder zur Kenntnis der Kriegspfarrer" gelangen, so waren sie verpflichtet, dieses Schrifttum dem Feldbischof zuzuleiten und um „die Überprüfung auf dem vorgesehenen Wege" zu ersuchen.

Doch damit nicht genug: die *„Kirchliche Kriegshilfe"* erhielt außerdem die Auflage, dem OKW, dem Propaganda- und dem Kirchenministerium sowie dem Feldbischof monatlich eine Liste jener Schriften einzureichen, die von den verschiedenen Prüfstellen „als ungeeignet angesehen" worden waren. Anderseits behielt sich das OKW vor, „als besonders geeignet anzusehendes Schrifttum" in unmittelbarem Einvernehmen mit RMVP und RMfdkA, aber ohne Anhörung kirchlicher Stellen freizugeben. Zusätzlich wurden alle Verlage unter dem 25.10.1939 durch

RMVP angewiesen, „sofort Ihre gesamte Produktion seit 1. Januar 39 geordnet nach Sachgebieten" bekanntzugeben.

Die Angaben mußten u.a. enthalten: „Titel und genaue Kennzeichnung (Buch, Traktat, Flugschrift)", Auflagenhöhe, Umfang und Preis, Papierverbrauch in kg, Namen bzw. Decknamen der Autoren sowie deren Kammermitgliedschaft, Vertrag und Honorar.[22]

Die Arbeitsgruppe der Abteilung Schrifttum sichtete bis zum Januar 1940 etwa 400 religiöse Schriften und reichte dem RMVP über den Feldbischof 75 Titel zur Freigabe ein. Doch kaum war die Arbeit angelaufen, ergab sich eine neue Situation. Am 8.1.1940 wurde der Auftrag, als Vorprüfstelle zu arbeiten, mit der Begründung zurückgenommen, die Zusammenarbeit mit konfessionellen Stellen könne für das Propagandaministerium „aus grundsätzlichen Erwägungen nicht mehr in Frage kommen".[23] Weil damit der Verbleib der Abteilung Schrifttum in Berlin ihren Sinn verloren hatte, verlegte sie noch im Januar ihren Sitz nach Freiburg in die Zentrale des DCV.

Die Neuregelung vom 8.1.1940 sah vor, daß die Verlage sich unmittelbar mit dem RMVP in Verbindung setzten und um Genehmigung nachsuchten. Es ist verständlich, daß manch ein Verlag die direkte Konfrontation mit dem Propagandaministerium scheute und Höfler am 21.6.1940 feststellen mußte, die Verlage hätten von dem neuen Genehmigungsverfahren nur „wenig Gebrauch" gemacht, so daß angesichts der großen Nachfrage „eine mißliche Lage" entstanden sei.[24] Die „Kirchliche Kriegshilfe" war nunmehr auf die Informationen durch die Verlage über ihre Planungen, ihre Anträge, die erfolgten Genehmigungen und Ablehnungen usw. angewiesen. Höfler bittet nicht nur um kontinuierliche diesbezügliche Mitteilungen, er empfiehlt auch, nur „klares, straffes, auch vor dem Forum von Andersdenkenden vertretbares Schrifttum" dem RMVP zur Genehmigung einzureichen. „Traktatliteratur alten Stils und dickleibige Bücher haben keinerlei Aussichten!"[25] Zwar wurde die Arbeit Höflers und seines Stabes seit dem 8.1.1940 sehr erschwert, weil die Verlage ihre Produkte nicht mehr an ihn, sondern direkt an das Propagandaministerium schicken mußten, doch die die gesamte Tätigkeit der Schrifttumsstelle jahrelang belastende Auswirkung bestand vor allem darin, daß die Abteilung Schrifttum die mit der Regelung vom 9.10.1939 gewährleistete Anerkennung als Hilfsstelle des Feldbischofsamts und damit als Teil einer Reichsbehörde mit entsprechendem Schutz verlor. Der Verlust dieser Position mit dem 8.1.1940 hatte weitreichende Folgen und machte einen erheblichen Teil der späteren Schwierigkeiten Höflers aus. Er ließ sich jedoch nicht irritieren: „Wir nehmen von dieser Veränderung Notiz. Gleichzeitig stellen wir fest, daß sich damit auf dem Gebiete unserer eigentlichen Arbeit nichts geändert hat."[26]

Die Arbeitsbedingungen wurden durch folgende Probleme weiter verschärft: neben der Schwierigkeit, im Verlauf des Krieges mit immer weniger Mitarbeitern ein zunehmendes Arbeitspensum bewältigen zu müssen – zahlreiche Angestellte waren zum Heeresdienst eingezogen – gab es immer mehr Engpässe bei Materialbeschaffung. Man war schließlich sogar genötigt, die Paketempfänger um Rücksendung des Packpapiers, der Wellpappe und der Bindfäden zu bitten. Doch auch kircheninterne Hindernisse machten Höfler zu schaffen. In handschriftlichen Notizen vom 21.10.1941 für ein Referat vor Diözesan-Caritasvertretern äußerte er sich über „das Gefühl von unausgenützten Möglichkeiten". Er drängt darauf, daß die Diözesen mit ihren Priestern und Theologen mehr als bisher Verbindung aufnehmen und bestehende Verbindungen intensivieren, „trotz aller Behinderungen durch böswillige Anordnungen". Höfler betont eigens die „Notwendigkeit der gelegentlichen Illegalität!" (Über dem „gelegentlich" ist nachträglich vermerkt: „gelinde".)[27] Bereits Ende 1940 hatte er für ein Referat notiert:

„Wir sind jetzt 1 ¼ Jahre an der Arbeit und sehen heute auf Grund der Entwicklung und aus tausenden von Zuschriften, wie schwierig und wichtig zugleich das Unternehmen Kriegshilfe-Schrifttum sich anläßt. Wir sind ohne Illusion gewesen, wußten, daß bei vielfacher Behinderung an allen möglichen Stellen das ganze nur Stückwerk bleibt, – Torso wie die ganze Welt-Seelsorge überhaupt – daß wir aber das an und für sich mögliche nicht tun würden, wer hätte es geglaubt?"

Höfler beklagt die Schwerfälligkeit im Begreifen und die Zimperlichkeit im Geben. „Mancher mag dabei über seine persönliche Distanzierung vom Krieg vergessen haben, daß es sich ja bei unserer Arbeit um die Seele unserer kämpfenden und wartenden Soldaten handelt." Vorgebrachte Entschuldigungen für mangelnde Aktivität läßt er nicht gelten. Vielmehr sieht er in Müdigkeit, Ressentiment und Verdrossenheit die Ursache für die unzureichende Arbeit. „Es ist gar nicht so, als sei sie nicht möglich gewesen, wir haben es uns nur so vorgeredet, weil wir nicht Willens, vielleicht auch weil wir müde und resigniert waren." Das jedoch sei eine „für Caritasleute fast unmögliche Haltung". Er hält es für

„ein Versagen schuldhafter Art, wenn der Kriegspfarrer, der drei Pakete braucht, aus irgendeinem Mangel von uns nur eines bekommen kann; wenn der Priestersoldat oder -theologe monatelang sich von seiner Diözese vergessen glauben muß oder wenn der Laie von seiner Gemeinde, in der er sich doch im Krieg doppelt stark muß umsorgt wissen, überhaupt nichts mehr hört".

Und obwohl er wie kaum ein anderer mit den Schwierigkeiten dieser Arbeit vertraut ist, fährt er fort: „Man sage nicht: ja, aber all dies ist doch verboten! Gewiß, es ist manches nicht mehr möglich, aber es gibt auch Wege christlicher Klugheit, auf denen noch eine ganze Menge möglich ist! – Und es gibt ja wohl auch eine Pflicht zur christlichen Klugheit ...."

Das Schreiben des Präsidenten des Deutschen Caritasverbandes vom 20.7.1940 an die Erzbischöfe und Bischöfe Deutschlands, in dem er den Episkopat über die Arbeit der Zentrale der „*Kirchlichen Kriegshilfe*" innerhalb der vergangenen zehn Kriegsmonate informiert, schließt mit den Worten:

„Sollten Ew. Excellenz über das Ergebnis der Bemühungen der Kriegshilfsstelle befriedigt sein, darf ich auch fernerhin um das hohe Wohlwollen bitten und um das hohepriesterliche Gebet, damit Gottes Segen nicht nur bei unseren Waffen sei, sondern auch bei der Heimatfront, die der äußeren Front dienen will"[28].

Im Februar 1940 verschickte Höfler im Einverständnis mit den Diözesancaritasverbänden an alle Pfarrämter und Seelsorgestellen Großdeutschlands großformatige Doppellisten „*Religiöses Schrifttum für Soldaten*", die zum Aushang an den Kirchtüren und Schriftenständen der Kirchen bestimmt waren.[29] Dieses Plakat erhielt sowohl die bis zu diesem Zeitpunkt genehmigten 12 Schriften als auch weitere 66 beim Propagandaministerium und beim Oberkommando der Wehrmacht zur Prüfung eingereichte, doch noch nicht freigegebene Titel. Den Pfarrern wird empfohlen, sich auch von letzteren „frühzeitig Vorrat zu schaffen". Bereits in diesem Stadium wird darauf verwiesen, wie man trotz der bestehenden staatlichen und militärischen Vorschriften verfahren kann: „Nicht immer mag es möglich oder angezeigt sein, daß der Geistliche selber den bei der Wehrmacht stehenden Gemeindemitgliedern religiöse Schriften zuschickt. Umso mehr wird er dann die Angehörigen der Soldaten zu diesem für Seele und Haltung der Soldaten so wichtigen Werk anhalten". Weitere Hinweise sollten den Pfarrern, die auf diesem Weg erstmals mit der *„Kirchlichen Kriegshilfe"* Kontakt bekamen, über Bezug und Versand, über die Information der Gläubigen hinsichtlich ihrer Möglichkeiten der Schriftenzusendung wie auch über die „seelsorgliche Betreuung Fremdsprachiger" (besonders polnischer Kriegsgefangener) Anregungen und Hilfen geben.[30] Bis Mitte Juni 1940 hatten OKW und RMVP ein gutes Dutzend Schriften – überwiegend Kleinstschriften im Preis von 5-25 Pfg. das Stück – zum Versand freigegeben. Am 14.8.1940 erinnert die Hilfsstelle an einen bereits im Oktober bzw. November 1939 eingereichten und bislang nicht beantworteten Antrag auf Genehmigung von 19 Titeln und bittet um Freigabe von 16 weiteren Kleinschriften, „nachdem sie von uns und unter unserer Garantie nach ihrer nationalen, literarischen und religiösen Seite eingehend geprüft worden sind". Eine Antwort darauf liegt nicht vor.

Ein Schreiben des OKW vom 22.12.1939 an den Katholischen Feldbischof, nachrichtlich an die kirchliche Kriegshilfestelle, könnte (und sollte wohl auch) den Eindruck wecken, das OKW sei auf eine dem Verständnis des einfachen Soldaten angemessene Literaturauswahl bedacht:

„Wenn auch gegen die Bücher ,Was ist Christentum?' von Otto Kuß und ,Der Glaube von gestern und morgen' von Theodor Bogler an sich nichts einzuwenden ist, so kann doch der Absicht, sie für Wehrmachtpfarrer zur Ausgabe an Soldaten freizugeben, nicht zugestimmt werden. Beide Bücher sind – abgesehen von ihrem Umfange, der sie für eine derartige Ausgabe ungeeignet erscheinen läßt – inhaltlich viel zu schwer für die Allgemeinheit unserer Soldaten."

Diese Mitteilung wird am 9.1.1940 dahingehend modifiziert, daß gegen die Ausgabe der beiden genannten Titel „an katholische Theologiestudenten keine Bedenken bestehen".[31]

Andere Freigaben wurden mit bestimmten Auflagen verbunden. So mußten aus der Broschüre „Gottestrost" einige Bildseiten entfernt werden.[32] Unter dem gleichen Datum äußert sich das OKW:

„Da auf katholischer Seite ein großer Mangel an für die Wehrmachtspfarrer freigegebenen Schriften besteht, wird erwogen, die anliegende

Schrift ‚Der goldene Ring, Familientreue zur Kriegszeit‘, Kolping-Verlag, Köln, freizugeben. Eine Freigabe könnte aber nur erfolgen, wenn der Artikel ‚Vom Mädchen‘ auf Seite 35 im Hinblick auf die Stellen ‚Fangeisen der Ehe‘, ‚Oder schlau entgehst Du der Schlinge‘ und ‚Aber die Ehrfurcht vor dem Geheimnis bleibt hängen in ihrem Netz‘ herausgenommen wird. Das Oberkommando der Wehrmacht bittet daher, den Verlag dementsprechend zu unterrichten und gegebenenfalls eine erneute Vorlage beim OKW zu veranlassen.“[33]

Bei anderen Anträgen ist entweder keine Reaktion zu verzeichnen oder aber es erfolgt die lakonische Mitteilung, eine Verbreitung der genannten Schrift sei „nicht erwünscht“, so z.B. bei A. Stiefvater ‚Kämpfe und Kämpfer in der Bibel‘ und Maaßen ‚Briefe an einen Freund‘.[34]

Am 16.11.1939 beantragt die Hilfsstelle die Freigabe des Manuskripts von H.A. Stützer ‚Ein christlicher Seeheld, Admiral Graf Spee‘:

„Es handelt sich hier um eine kleine Schrift, bei der das Christliche an dem Admiral nirgends aufdringlich gezeigt wird. Die Abfassung erfolgte im Benehmen mit den Hinterbliebenen des Admirals, Gräfin Spee sprach dem Verfasser ihre Anerkennung aus. Da der kommende 8. Dezember der fünfundzwanzigste Jahrestag der Schlacht bei den Falklandinseln ist, wünscht der Verlag mit der Schrift rechtzeitig herauszukommen …“

RMVP teilt daraufhin der Vestischen Druckerei- und Verlags A.G. in Recklinghausen mit: „Die Verbreitung der oben genannten Schrift ist nicht erwünscht.“

In anderen Fällen wurde die zunächst erfolgte Freigabe später aufgehoben, da sich bei der Beurteilung „neue Gesichtspunkte ergeben (haben), die eine Aufnahme der Schrift in die von den Feldbischöfen geführte Liste nicht gestatten“. Das betraf z.B. die Schrift von Erzbischof Gröber *Arbeite als ein guter Kriegsmann Christi*, freigegeben am 19.3.1940, laut Mitteilung des OKW an das Propagandaministerium vom 4.4.1940 mit Verteilungsverbot belegt und am 9.5.1940 vom Propagandaministerium dem Herder-Verlag endgültig als für die Wehrmacht nicht erlaubt mitgeteilt. Ähnlich erging es dem Büchlein von L. Wolker ‚Flammendes Wort‘ und einigen Kleinschriften aus dem Paulus-Verlag, Recklinghausen: Becker ‚Vom rechten Gehorsam‘; ‚Vom großen Vertrauen‘; A. Krautheimer ‚Es geht heimwärts‘; H. Stöcker ‚Soldat und Mädchen‘.

Welches Gewicht die Behörden der (nicht nur quantitativ, sondern manchmal auch qualitativ unzureichenden) Schrifttumsarbeit beimaßen, mag daran erkennbar sein, daß religiöse Traktate sogar dem „Führer vorgelegen" haben. In einem Fall handelte es sich um die Schrift des Paters A. Kessler *Der selige Märtyrer Eduard Oldcorne'*, Drittordensverlag Altötting 1938. In dieser Broschüre war ein Gebet des 1606 gestorbenen englischen Märtyrers um die Rückkehr Englands zum katholischen Glauben enthalten. Pater Kessler wurde verhaftet, der Drittordensverlag aufgehoben, das dort vorhandene Schrifttum vernichtet.[35]

Dieser Vorgang führte zur Vollmacht für den Ministerialdirektor im RMVP, Gutterer,

„in Zukunft jede Druckerei zu schließen und Papier usw. zu beschlagnahmen, in der derartiger skandalöser Unfug hergestellt wird. Er soll sich darüberhinaus Vertreter der protestantischen und katholischen Kirche kommen lassen und ihnen in aller Deutlichkeit sagen, daß das Dritte Reich nicht beabsichtige, sich eine derartige Verballhornisierung des Fronterlebnisses gefallen zu lassen, und daß verlangt werde, diese sowie einige andere namhaft zu machende Traktätchen aus dem Handel zu ziehen. Der Unterredung sollen einige Herren des OKW beiwohnen, um damit zum Ausdruck zu bringen, daß die Wehrmacht genau den gleichen Standpunkt vertritt. Es soll weiter kein Zweifel darüber gelassen werden, daß von den Geistlichen verlangt werde, daß sie klar und uneingeschränkt für die deutsche Sache eintreten".

Die geforderte „Besprechung" fand am 12.9.1940 unter der Leitung Gutterers statt. Allerdings hat man nach der Lektüre des Berichtes von Bischof Wienken über den Verlauf eher den Eindruck von einem Befehlsempfang, zumal keine Gelegenheit zur Aussprache gegeben wurde. Gutterer erhob schwere Vorwürfe gegen die Kirchen wegen verschiedener der Partei unliebsamer Vorgänge, vor allem auch wegen der Versorgung der Soldaten mit „ungeeigneter Lektüre". Der Deutsche Staat müsse „von den beiden christlichen Kirchen verlangen, daß sie ‚die großen geschichtlichen Ziele' der Jetztzeit anerkennen und sich dafür positiv einsetzen. Beide Kirchen zeigen aber, so wurde betont, eine ‚fremde Einstellung'". Auf Drängen Kardinal Bertrams kam es am 21.9.1940 zu einer weiteren „Besprechung", bei der Wienken eine „Erklärung" abgab und eine längere Aussprache mit zwei Sachreferenten Gutterers hatte.

(Gutterer selbst weilte zu diesem Zeitpunkt im Ausland.) In seiner „Erklärung" wies Bischof Wienken darauf hin,

„daß die Kirche den gerechten Krieg, insbesondere zur Sicherung von Staat und Volk bejaht, um einen siegreichen Ausgang dieses jetzt brennenden Krieges in einem für Deutschland und Europa segensreichen Frieden betet, die Gläubigen zu den staatsbürgerlichen Tugenden aneifert, betonte, daß das alle maßgeblichen kirchlichen Stellen in Deutschland z. Z. mit der größten Bereitwilligkeit tun…"

Dieser abermaligen Loyalitätserklärung folgten dann – wie auch bei anderen Gelegenheiten seit Jahren üblich – Hinweise auf jene Verbote und Bestimmungen, die die Seelsorge (auch an Soldaten) erschwerten. Die Wirksamkeit bestimmter kirchlicher Maßnahmen – z.B. „mit ganz besonderer Beachtung und größter Sorgfalt die kriegswichtigen Lehren der Kirche zu behandeln und alles staats- und kriegspolitisch Schädliche und Abträgliche zu meiden" – würde durch Aufhebung bestimmter Verbote (z.B. in Schrifttumsfragen) „wesentlich … gefördert werden".

„Es sei den Deutschen Bischöfen aus religiösem Pflichtgefühl, aus Vaterlandsliebe und Verantwortungsbewußtsein Herzenssache, den zu Einsatz von Blut und Leben bereiten katholischen Wehrmachtsangehörigen jene religiösen, ethischen und übernatürlichen Kraftquellen immer erfolgreicher zu erschließen, die aus religiöser Liebe zum Vaterlande und zu Deutschlands Heil und aus unbedingtem Gottvertrauen quellen."[36]

Seit Frühjahr 1942 verschärfte sich die Situation durch weitere Papierverweigerung, Überprüfungen und Verhöre sowie einengende Erlasse.[37] Werthmann wurde immer wieder vorgeladen, wenn auf irgendeine Weise Informationen an das OKW oder OKH über unerlaubte Sendungen an Wehrmachtpfarrer gelangt waren. Am 4.3.1942 schreibt er an Höfler, daß man eine Sendung mit Rasierklingen, Wachslichtern und „Schriften aller möglichen Herkunft" vor ihm ausgebreitet und ihn nach der absendenden Stelle gefragt habe. Er habe den in Richtung Freiburg gehenden Verdacht vorerst zerstreuen können. Mehrere Kriegspfarrer seien jedoch aufgefordert worden, Bezugsquellen des unerlaubten Schrifttums anzugeben. Eine gezielte Nachfrage, ob die Schriften von der *„Kirchlichen Kriegshilfe"* stammten, werde zu planmäßiger Nachforschung führen. Werthmann hat den Eindruck, daß man systematisch

„Material sammelt, um eines Tages loszuschlagen".[38] Am 27.4.1942 verfügte Keitel:

„Der Führer hat auf meinen Vorschlag, ob Neudruck und weitere Verbreitung der von der Wehrmachtseelsorge (Heer) verfaßten Schriften innerhalb des Heeres erfolgen solle, in seiner Eigenschaft als Oberbefehlshaber des Heeres entschieden, daß er die Verbreitung im Heer nicht wünsche. Bei dieser Gelegenheit hat der Führer zum Ausdruck gebracht, daß auch bei den übrigen Wehrmachtsteilen eine Verbreitung derartiger Schriften nicht erfolgen solle."[39]

Ein weiterer OKW-Erlaß vom 10.7.1942 erlaubte den Kriegspfarrern nur noch die Verteilung des vom OKW genehmigten religiösen Schrifttums, „während die Verteilung alles anderen Schrifttums ausschließlich den militärischen und den Dienststellen der Partei vorbehalten" blieb.[40]

Auslösendes Moment für diesen Erlaß war ein im Grunde lächerlicher Vorgang. Die „Kirchliche Kriegshilfe" hatte neben dem wenigen, offiziell erlaubten Schrifttum nicht nur zahlreiche andere religiöse Titel, sondern auch unterhaltende Literatur über die Kriegspfarrer den Soldaten zukommen lassen. Unter diesem Titel befanden sich die in jeder Hinsicht anspruchslosen „Schwerthefte" mit „volkstümlichen" Erzählungen.

„Einige der Schwerthefte wurden von einem Leser (Soldaten bzw. Spitzel) mit vielen Anmerkungen versehen als gefährliche, religiös getarnte Schundliteratur an höchste Stellen gegeben. Himmler selbst gab diese Hefte an Keitel. Letzterer schrieb handschriftlich einen Brief an die Sachbearbeiter beim OKW und stellte darin die Frage: a) darf ein Pfarrer so etwas verteilen? Inwiefern macht er sich strafbar? Muß das unterbunden werden? Wenn ja, wie ist es anzufangen? Der Sachbearbeiter zeigte mir die ganze Geschichte ..."[41]

Nach den vielen Warnungen, die Werthmann Höfler hatte zukommen lassen, schreibt er am 26.7.1942: „Die Bombe ist also nun geplatzt. Das Schwertheft ‚Das Kreuz im Felsengebirge' hat den Zünder ausgelöst." Die Reaktion Höflers ist kennzeichnend für seine Einstellung und Arbeitsweise: er wolle nun „für längere Zeit einmal eine Generalpause" einlegen – und legt in demselben Brief seine Pläne für ein weiteres Vorgehen nach dem Bekanntwerden der jüngsten Verfügungen dar. Gleichzeitig erbittet er von der Amtsgruppe Seelsorge im AHA Geld für die weitere Arbeit.[42] Bis Anfang 1942 waren trotz des ungemein hohen Aufwandes an Verhandlungen und Schriftverkehr lediglich 23 Kleinschriften für Wehrmachtangehörige freigegeben. Die April-Verfügung Keitels machte auch jeden weiteren Versuch in dieser Richtung aussichtslos. Die geringer werdenden Zuweisungen von Papier bei gleichzeitig wachsendem Bedarf an Literatur ließen Höfler und seine Freunde ungewohnte Wege der Beschaffung gehen.

3.3 EXKURS:
HEINRICH HÖFLER (1897-1963)

Der phantasievolle, unermüdliche und vermittlungsfähige Leiter der Abteilung Schrifttum stammte aus Schwetzingen, hatte am Ersten Weltkrieg seit 1916 teilgenommen und war an der Ost- und Westfront sowie in der Türkei eingesetzt. Nach dem Krieg studierte er an den Universitäten Freiburg und Heidelberg Volkswirtschaft, Geschichte, Philosophie und Sozialethik. Seit 1922 war er als Schriftleiter des Heidelberger Zentrumblattes „Pfälzer Bote" tätig, daneben in etlichen Vereinen und Verbänden engagiert. Sein Interesse galt christlich-kulturellen und sozialen Fragen, seine Wortgewandtheit machte ihn schnell zu einem vielbegehrten Redner. Aufgrund seiner journalistischen und organisatorischen Fähigkeiten übernahm Heinrich Höfler auf Betreiben des Generalsekretärs des DCV, Msgr. Kuno Joerger, 1931 die Leitung der Propaganda- und Presseabteilung des DCV im Werthmannhaus/Freiburg und redigierte die Zeitschrift „Caritas" und den Caritaskalender bis zu deren Einstellung 1941. 1933 gründete er das „Zwei-Pfennig-Wochenblatt", das bald eine bedeutende Auflage erreichte und sich bis zum Juni 1941 – wenn auch in den letzten Jahren nur 4seitig und in den letzten Monaten im Kleinformat – halten konnte.

Mit der 1934 geschaffenen „Caritas-Korrespondenz" – in zwei Ausgaben auf die Bedürfnisse von Stadt und Land abgestimmt – wurde allen Mitarbeitern ein wichtiges Informationsblatt in die Hand gegeben. Als „Ableger" des Zwei-Pfennig-Wochenblattes kam seit April 1935 bis zu seinem Verbot 1939 regelmäßig der „Caritas-Ruf" heraus. Höflers Fähigkeit zur Integration zeigte sich u.a. darin, daß er neben mehr der Praxis

183

zugewandten Mitarbeitern auch theoretisch orientierte Männer gewinnen konnte, die das Wesen der Caritas neu durchdachten und beschrieben. Angesichts der in jenen Jahren geleisteten Arbeit, vorangetrieben durch Heinrich Höflers „Begeisterungsfähigkeit und durch die Kunst, sehr unterschiedliche Geister an sich und seine Aufgabe zu ziehen", spricht K. Borgmann von einem „neuen Frühling" der Caritas. Seinem – Höflers – Organisationstalent ist es u.a. zu verdanken, daß zu Beginn des „Dritten Reiches" erst- (und letzt)malig eine in ganz Deutschland gleichzeitig durchgeführte Caritas-Straßensammlung stattfand, die einen unübersehbaren Bekenntnis- und Demonstrationscharakter trug.

Höflers Aktivitäten gingen weit über jene Aufgabenstellung hinaus, die ihm mit der Tätigkeit eines Hauptschriftleiters zugewiesen war. Im gleichen Maße, da seine legalen Arbeitsmöglichkeiten beschnitten wurden, beging er auf eigenes Risiko Wege, auf denen ihn keine kirchliche Institution mehr decken konnte. Er suchte in ganz Deutschland Buchhandlungen, Verlage und Klöster auf, um Restbestände religiöser Literatur aufzutreiben und sie – durch „genehmigtes" Schrifttum getarnt – an Soldaten im Feld und in Lazaretten zu vermitteln. In einer handschriftlichen Notiz für einen Vortrag formuliert Höfler:

„Das ‚genehmigte' Schrifttum ist ein Nonsens; denn mit den paar Nummern der Liste, die noch nicht verboten sind, ist nichts anzufangen und außerdem ist davon nichts vorhanden. Es genügt kaum, um das zu tarnen, was wir sonst hinausschicken!"[1]

Seine große und unaufhörliche Sorge war, daß Chancen übersehen und Möglichkeiten aus Bequemlichkeit oder auch aus Angst vor dem Risiko nicht wahrgenommen werden könnten. Auch nach seiner Einberufung zur Wehrmacht (September 1943) in eine Flak-Ersatz-Abteilung führte er zunächst aus der Kaserne, dann in längeren Arbeitsurlauben seine Tätigkeit fort.

Am 5. Mai 1944 wurde Höfler wegen Spionage, die er zusammen mit dem Erzbischof von Freiburg betrieben haben sollte, verhaftet. In einem Schnellbrief an seine Truppe gab man politische Umtriebe und Wehrkraftzersetzung als Gründe für seine Verhaftung an. Zunächst war er im berüchtigten Gestapo-Gefängnis in der Prinz-Albrecht-Straße inhaftiert, dann im Gefängnis Berlin-Moabit, aus dem er im April 1945 entlassen wurde.[2]

Ungebrochen setzte Heinrich Höfler kurz nach seiner Befreiung die Arbeit fort, diesmal vorwiegend für die Kriegsgefangenen und die im Ausland inhaftierten (wirklichen oder vermeintlichen) Kriegsverbrecher. Viele tausend Pakete gingen trotz der Notlage in der Heimat in die Kriegsgefangenen-Lager. Zahlreichen Inhaftierten besorgte er einen Rechtsbeistand, ohne nach der Schuld der diesmal in einer Notlage sich befindenden Menschen zu fragen. Auf Drängen seiner Freunde kandidierte er 1949 für den ersten deutschen Bundestag und wurde mit großer Mehrheit gewählt. Auch in der 2., 3. und 4. Legislaturperiode erhielt er ein Mandat als CDU-Abgeordneter. Im Bundestag war er Vorsitzender des Unterausschusses für Kriegsgefangene und Heimkehrer und bis zu seinem Tode Mitglied der Beratenden Versammlung des Europarates in Straßburg.

Höfler ist zwar im Ersten Weltkrieg Soldat gewesen, doch sind ihm die Kategorien militärischen Denkens stets fremd geblieben. „Ich sehe, daß eine der Grundansichten meines politischen Denkens, daß Militärleute offenbar zumeist nur kadettenmäßig denken können, weiterhin bestehen kann."[3] An anderer Stelle nennt er bestimmte Militärs „uniformierte Affen"[4] oder „Berliner Monokel-Helden".[5] Keine Schikane vermochte ihn von seiner Arbeit und von seiner Zielsetzung abzubringen. „Wenn man mich nicht gewaltsam totschlägt, werde ich den Kriegspfarrern die Treue halten. Und wenn die Kriegspfarrer und ihre Trabanten schlau sind, dann lassen sie mich mit vielen dummen Anfragen ungeschoren!"[6]

Für den Nationalsozialismus und dessen Vorstellungen ist Höfler nie anfällig gewesen. Er hat ihn als eine schmutzige und widerwärtige Angelegenheit verabscheut. Als katholischer Schwabe mit romantischem Einschlag glaubte er, daß der NS die tieferen Schichten des deutschen Wesens nicht zu erreichen vermöchte. Diesem deutschen Wesen war man nahe in Glaube und Liebe, in Treue, Reinheit, Tapferkeit und Pflichterfüllung. Nur so konnte man es in gefährlicher Zeit retten und in eine neue Zukunft führen. Nach der Eingliederung der Saar und Österreichs, des Memellandes, Sudetenlandes und des Warthegaus, schließlich von Eupen und Malmedy kehrten auch Elsaß und Lothringen heim „ins größere Reich".[7]

„Das Reich" war für Höfler die geheime, stets gegenwärtige Wirklichkeit, real und mächtig in fast sakramentaler Art, bei der das Eigentliche nicht nur dem Auge verborgen ist, sondern auch durch Äußerlichkeiten wie das Tagesgeschehen nicht berührt wird. „Das Reich" war für Heinrich Höfler ebensowenig wie für Reinhold Schneider vom Reich Gottes und Christi zu trennen, das eine stand und fiel mit dem anderen.

Nachdem Hitler die Reichskleinodien 1938 von Wien nach Nürnberg, wo sie schon von 1424 bis 1796 aufbewahrt wurden, hatte bringen lassen, hatte Höfler große Angst, sie könnten völlig von den Propagandisten der NS-Reichsideologie vereinnahmt werden. Für Höfler scheinen die Reichskleinodien immer noch lebendige Zeichen gewesen zu sein, obwohl sie seit spätestens Anfang des 19. Jahrhunderts lediglich Symbole einer tausendjährigen Vergangenheit geworden waren.

Am 30.12.1940 schreibt Höfler an Werthmann: „Möge das neue Jahr unserem Volk Sieg und Frieden bringen." Werthmann, vom Verf. daraufhin befragt, kann sich nicht erinnern, daß Höfler jemals und auch nur einen Augenblick den deutschen Sieg erwünscht habe. Er kann sich diesen Satz in einem Brief Höflers nur so erklären, daß Höfler ihn, Werthmann, zu dieser Zeit noch nicht genügend gekannt und aus Vorsicht diese Formulierung eingebracht habe. Zur gleichen Zeit jedoch beendet Höfler das Rundschreiben „Lieber Kamerad" vom 21.12.1940 mit den Worten: „Wir grüßen Sie froh in der Hoffnung, daß 1941 unserem Volke Sieg und Frieden bringt!"[8] Da dies nach den zur Verfügung stehenden Unterlagen die einzigen Stellen in Höflers privater Korrespondenz und in seinen Rundschreiben sind, in denen vom Sieg gesprochen wird, darf man die Vermutung hegen, daß Höfler in dieser Phase des Krieges mit einem sich abzeichnenden deutschen Sieg die (verzweifelte?) Hoffnung auf eine innere Neuwerdung verband. Von dieser Hoffnung jedenfalls lebt seine ganze Arbeit.

Am 21.Oktober1963 starb er an einem Herzinfarkt. Karl Borgmann schreibt in seinem Gedenkwort u.a.: Heinrich Höfler „war immer ein Mann des Ausgleichens und der Versöhnung gegenüber weltanschaulichen oder politischen Gegnern. Nicht der kalte Intellekt war seine Stärke, sondern sein großes Herz."[9]

Ein beliebtes Mittel der Literaturlenkung bestand in der gezielten Papierzuteilung bzw. -verweigerung. War Druckpapier nicht auf normalem Wege zu erhalten, mußte man es illegal beschaffen. Das nach dem Frankreichfeldzug 1940 dem „Großdeutschen Reich" einverleibte Elsaß-Lothringen bedurfte einer intensiven „Umerziehung" im Sinne des NS. für Propaganda- und Schulungsmaterial hatte u.a. der Alsatia-Verlag in Colmar große Mengen Papier zugeteilt bekommen. Der Generaldirektor des Verlages Joseph Rossé nutzte das Papier jedoch weithin nicht im Sinne der Verteilerstelle. Auf diesem Papier wurden nicht nur Tausende von Ausgaben des Neuen Testaments gedruckt, das zwar zum „erlaubten" Schrifttum gehörte, zu dessen Druck es jedoch aus Papiermangel bzw. Verweigerung der Papierzuteilung kaum mehr kam; in Colmar erschienen auch illegal und in Massenauflagen die Kleinschriften und Sonette Reinhold Schneiders, ferner die später noch stark gefragten Bücher „Volksliturgie und Seelsorge", „Parochia" und „Vom Wesen und Walten christlicher Liebe" – ohne Jahresangabe und mit vordatierten Verträgen. Karl Borgmann, Mitarbeiter und Herausgeber, vermerkt dazu: *„Was damals gegen einen verbrecherischen Ungeist an geistigem Widerstand von einem verhältnismäßig kleinen, aber fest zusammenhaltenden Freundeskreis gewagt und geleistet wurde, grenzte oft an Tollkühnheit."*[1]

Als nach dem Entzug der Druckerlaubnis für die Zeitschrift ‚Caritas' in Freiburg noch drei große Keller voll Papier lagen, das zu beschlagnahmen man vergessen hatte, rollten die Vorräte in Möbelwagen, mit „Umzugsgut" verdeckt, ins Elsaß, wo elf Druckereien für Höfler arbeiteten.[2]

Weil die Nachfrage nach religiöser Literatur teils aus Papierknappheit, teils wegen Druckverbot nicht zu decken war, griffen auch Militärgeistliche hier und dort zur Selbsthilfe. In einer Druckerei in Berlin, die auch parteioffizielles Schrifttum erstellte, wurden noch im Dezember 1944 300.000 französische Texte für Kriegsgefangene auf illegal besorgtem Papier fertiggestellt. Ein Wehrmachtoberpfarrer ließ in Krakau, ein Wehrmachtdekan in Oslo religiöse Schriften drucken. Ein Kriegspfarrer hat in Prag illegal ein Feldgesangbuch, ein Wehrmachtoberpfarrer in Italien Handreichungen für die Seelsorge erstellen lassen.[3]

Wo das Leben der Menschen allzusehr reglementiert und durch Vorschriften eingeengt wird, versucht man, Verordnungen auf die in ihnen enthaltenen Möglichkeiten abzuklopfen oder Lücken im Gesetz zu entdecken. Das Verbot, nicht genehmigte Schriften zu verteilen, mußte man einhalten, wenn man sich nicht Sanktionen seitens der politischen oder militärischen Dienststellen zuziehen wollte. Aber man konnte ja Schrifttum verteilen lassen, man konnte es zur Selbstbedienung auslegen oder einfach irgendwo vergessen.[4] Wurden die Kriegspfarrer immer mehr gehindert, die Soldaten mit Literatur zu versorgen, dann mußte man eben den Privatversand intensivieren nach dem Motto: Was privat läuft, kann nicht unterbunden werden.[5] Auch der Feldgeneralvikar regt am 3.8.1942 in einem Schreiben die „private Belieferung durch Angehörige im engeren und weiteren Sinne… im ganzen Reichsgebiet" an. Als Höfler die Kriegspfarrer über das Verbot der Belieferung von Priestersoldaten und Theologen durch die „Kirchliche Kriegshilfe" informiert und treuherzig erklärt, er müsse sich streng an die Bestimmungen halten, gibt er zugleich auch Hinweise, wie die Mitbrüder dennoch in den Besitz von Schriftensendungen gelangen können.[6] Am 23.9.1942 schreibt Höfler den Kriegspfarrern, daß die „Sendungen ganz für den persönlichen Amtsgebrauch" des Wehrmachtseelsorgers bestimmt seien.[7]

Von Werthmann auf diese fragwürdige Wortkoppelung angesprochen, gibt Höfler zur Antwort: „Warum sollte es in einer Zeit, in der es den ‚schlichten Prunk', den ‚freiwilligen Zwang' und noch manches andere Seltsame gibt, nicht auch den ‚privaten Amtsgebrauch' des Pfarrers geben? – …"[8]

Die meisten Pfarrer aber verstanden, was gemeint war: Sendungen zum ‚Amtsgebrauch' waren legal; ‚privat' konnte ebenso die persönliche Weiterbildung zum Zwecke der Berufsausübung bedeuten wie auch die beabsichtigte illegale Verteilung der Schriften an Soldaten.

Die nicht aufhörenden Belästigungen durch teils vorhergesehene (und angemeldete!), teils plötzliche Kontrollen seitens der Gestapo hatten nicht nur einen starken Solidarisierungseffekt bei den Betroffenen zur Folge, sie führten auch dazu, daß Menschen, die im Grunde nichts anderes als ein normales Leben erstrebten, ein System von Techniken und Praktiken entwickelten, das in der Regel nur im „Untergrund" zu finden ist. Für die gesamte Arbeit hatte man sich auf die Formel „streng illegal" geeinigt.[9]

Die Konsequenzen reichten bis in die persönlichen Beziehungen: Familienangehörige erfuhren nur das unbedingt Notwendige; Vorgesetzte wußten nicht, was im eigenen Haus geschah; Mitarbeiter informierten sich gegenseitig lediglich über das für die jeweilige Arbeit Unerläßliche. Neben den Unterlagen, Karteien, Schriftverkehrsmappen, die für plötzliche Untersuchungen bereitstanden, gab es Arbeitsunterlagen und Anschriftenverzeichnisse, die keinem Kontrolleur jemals unter die Augen kamen. In der Wohnung Höflers stand eine Kollektion belangloser Schriften für die Gestapo „zum Beschlagnahmen" bereit, während die in ganz Deutschland aufgekauften Bücher und Broschüren in einem Bauernhaus auf einem kleinen Dorf gestapelt waren. Auch vor einem falschen Wehrmachtdienststellenstempel schreckte Höfler nicht zurück. Freundliche Nonnen am Portal, die unwillkommene Besucher mit Gesprächen solange aufhielten, bis man an anderer Stelle im Hause empfangsbereit war, gehörten ebenso zu den Ablenkungsmanövern wie Elsässer Wein. Das 1924 erworbene ehemalige Park-Hotel mit seinen vier Stockwerken, das jetzt als Zentrale des Caritasverbandes fungierte, bot mancherlei Möglichkeiten, den Hausfremden zu irritieren und gelagertes Material forschenden Augen zu entziehen.

Unter den Begriff der Illegalität fielen nach Auffassung des Sicherheitsdienstes auch alle Maßnahmen und Handlungen, die „geeignet sind, die weltanschaulichen Fundamente des 3. Reiches zu zerstören".[10] Wenn schon das Abhören von ausländischen Radiosendungen mit Zuchthausstrafe bedroht war,[11] mußte erst recht die „Kirchliche Kriegshilfe" wegen ihrer Tätigkeit mit Sanktionen rechnen. Über Verhöre und Maßnahmen der Gestapo liegen nur wenige Aktennotizen vor, die alle auch die Stellung der *„Kirchlichen Kriegshilfe"* betreffen. So wurde in Verbindung mit der Beschlagnahme einer Predigtskizze „Wo ist Dein Bruder?" festgestellt, daß die Tätigkeit der *„Kirchlichen Kriegshilfe"*

„eindeutig im Widerspruch mit dem Erlaß des Reichskirchenministeriums für die kirchlichen Angelegenheiten vom 12.7.1940 steht, der besagt, daß die religiöse Betreuung der Wehrmachtsangehörigen einzig und allein durch die Wehrmachtseelsorger zu erfolgen hat. Da die Kirchliche Kriegshilfe eine zivilkirchliche Stelle ist, ist die von ihr auf die Beschaffung von religiösem Schrifttum für Soldaten hinzielende Tätigkeit unzulässig und muß demzufolge unterbunden werden."[12]

Am 25.2.1942 war Höfler vormittags und nachmittags zur Einvernahme bei der Freiburger Außendienststelle der Geheimen Staatspolizei, Staatspolizeileitstelle Karlsruhe, geladen. Hauptgegenstand der Verhandlung war eine Aufhellung und Fixierung der „unklaren Tätigkeit" der *„Kirchlichen Kriegshilfe"*. Doch auch diese Verhandlung beseitigte nicht das seltsame Zwielicht, in dem die Hilfsstelle ihre Tätigkeit ausübte. Es ist nicht mehr zu klären, ob oder inwieweit wohlgesonnene Mitarbeiter der Amtsgruppe Seelsorge durch die Formulierung eines Erlasses vom 30.9.1941 zu der schwer faßbaren rechtlichen und organisatorischen Zuordnung der Hilfsstelle bewußt beigetragen haben. Der Dienststellen- und Instanzenwirrwarr machte es möglich, die Verordnung der einen Stelle gegen Maßnahmen der anderen auszuspielen und sich selbst über die Zeit zu retten. Adressenbeschaffung (Zuweisung durch das Feldbischofsamt für Sendungen auf dem Dienstwege; Einholen von Anschriften über die Wehrmacht- und Kriegspfarrer; von Kriegspfarrern vermittelte Anschriften von Soldaten; direkte Anfragen von Soldaten an die Hilfsstelle u.a.), Geldbeschaffung (Kollekten waren nicht erlaubt, jedoch war die „vom OKH geleistete pauschale Vergütung" nur ein Tropfen auf den heißen Stein) und Versandverfahren (Zustellung auf dem Dienstwege mit Stempeln des Feldbischofsamtes oder Benutzung der normalen Feldpost bei Sendungen bis zu 250 gr ohne Gebühr) – das waren die von Anfang bis zum Schluß des Krieges immer wiederkehrenden Streitpunkte. Am 30.4.1942 wurde Höfler die Versendung konfessionellen Schrifttums an Wehrmachtangehörige unter Androhung „strengster staatspolizeilicher Maßnahmen" untersagt. Am gleichen Tage erfolgte auf Anordnung des Reichssicherheits-Hauptamtes, Berlin, eine Beschlagnahmung und Sicherstellung einer Anzahl von Schriften und eines Weihnachtsbriefes. Bei dieser Gelegenheit wurde durch den bearbeitenden Kriminalsekretär bestätigt, „daß die Aussendung religiöser Schriften an Kriegspfarrer auf dem Dienstweg von der Maßnahme nicht betroffen ist". Auch dieser Vorgang zeigt, wie sehr es Höfler daran gelegen sein mußte, möglichst viele, wenn nicht gar alle Sendungen als im Auftrage des Feldbischofs vorgenommen bescheinigt zu bekommen. Eine weitere Beschlagnahme von Schriften wurde mit Erlaß vom 29.7.1942 durch das Reichssicherheits-Hauptamt in Berlin angeordnet.

„Außerdem hat das Oberkommando der Wehrmacht auf Anfrage

beim Reichssicherheits-Hauptamt bestätigt, daß die kirchliche Kriegshilfestelle als zivilkirchliche Stelle anzusehen ist und daher keine Berechtigung hat, die Beschaffung oder Verteilung von religiösem Schrifttum für Wehrmachtangehörige vorzunehmen."

Für weitere Übertretungen diesbezüglicher Anordnungen werden strengere staatspolizeiliche Maßnahmen angedroht.[13]

Hier wie an anderen Stellen wird deutlich, daß das OKW die Tätigkeit der *„Kirchlichen Kriegshilfe"* anders interpretiert und deren Arbeitsfeld entschieden enger umreißt als das OKH.

Die eigenartige Stellung der *„Kirchlichen Kriegshilfe"* ist ebenso Grund für die zahlreichen Schwierigkeiten wie auch für die Wirkmöglichkeiten dieser Einrichtung. Zunächst war sie als Gründung der deutschen Bischöfe Teil des Deutschen Caritasverbandes und damit eine kirchliche Institution. Durch das (wenn auch nur bis zum Anfang Januar 1940 geltende) Prüfungsverfahren für religiöses Schrifttum fungierte die Abteilung Schrifttum aber im Auftrag und als Versandstelle des Feldbischofsamtes, das als Einrichtung der Wehrmacht und als Reichsbehörde über Dienststempel und Versandrecht auf dem Dienstweg verfügte. Anschriften von Wehrmachtpfarrern – und das heißt auch: Paketadressen – durften nur von militärischen Dienststellen gesammelt und aufbewahrt werden. Die Abteilung Schrifttum konnte sich also von Fall zu Fall als ausführendes Organ des Feldbischofs betrachten, und insofern vollzog sich die bei jeder einzelnen Sendung neu vorzunehmende Adressenübergabe im Rahmen der Vorschriften.

Höfler wollte jedoch nicht nur die eingesetzten Wehrmacht- und Kriegspfarrer mit dem von Feldbischof, OKW und Propagandaministerium freigegebenen Material beliefern. Er hatte auch die vielen tausend Priester, Theologen und Ordensleute im Auge, die als (Sanitäts-)Soldaten ihren Dienst taten und über die er auch andere katholische Wehrmachtangehörige erreichen wollte. Doch er durfte weder deren Anschriften sammeln, noch war es ihm als Vertreter einer nicht-militärischen bzw. nicht-staatlichen Einrichtung erlaubt, Sendungen aufzugeben.

Freigegebene Schriften wurden den Kriegspfarrern auf dem Heeresdienstweg zugeleitet. Nach Zusammenstellung und Verpackung der Pakete von je etwa 10 kg durch die Schriftenauslieferungsstelle in Freiburg wurden sie von einem Militärbeamten ordnungsgemäß abgenommen, adressiert und an die Kriegspfarrer weitergeleitet. Die Wahrnehmung dieser Aufgabe erfolgte durch einen Beamten der Heeresstandortverwaltung Freiburg im Auftrag des OKH, die zu Beginn des Krieges vom OKW einen Auftrag zur Weitergabe bzw. Stempelung der Kriegshilfestellen-Pakete erhalten hatte.[14]

Obwohl sich der Status der „Kirchlichen Kriegshilfe" mit dem 8.1.1940 geändert hatte, verlief die Abwicklung des Versandes in Freiburg über viele Monate reibungslos, bis bei den bearbeitenden Zahlmeistern Zweifel daran auftauchten, ob der lange zurückliegende Auftrag des OKW als Dauerauftrag zu verstehen sei und sie um ihre eigene Sicherheit fürchteten. Durch die Einschaltung des Feldbischofsamtes in Person des Feldgeneralvikars gelang es, diese Zweifel immer wieder einzudämmen.

Mit großer Hartnäckigkeit versuchte Höfler den Generalvikar dahin zu bringen, die Sendungen aus Freiburg mit dem Freistempel des Feldbischofs versehen zu lassen oder ihm die Adressen der Wehrmachtpfarrer bzw. gestempelte Adressenklebezettel auszuhändigen.[15] Zunächst gab Werthmann dem Drängen Höflers nur in Einzelfällen nach, da es sich dabei um Verletzung der geltenden Vorschriften handelte:

„Ich persönlich möchte niemals daran Schuld sein, daß das wenige, was uns ermöglicht ist, durch Unkorrektheit zerschlagen wird. Das Feldbischofsamt ist Reichsbehörde, und für das, was ich amtlich tue, muß ich mit Kopf und Kragen einstehen."[16]

Dringend bittet er Höfler:

„Versuchen Sie mich bitte nicht zu Dingen zu verführen, die unter Umständen den ganzen Laden gefährden."[17] Doch als Werthmann erkennt, daß die Arbeitsmöglichkeiten der Wehrmachtseelsorger mehr und mehr eingeengt werden, überwindet er seine Vorbehalte, bis er schließlich gemeinsam mit Höfler überlegt, wie den Kriegspfarrern – auch an OKW und Feldbischof vorbei – zu helfen sei.

Höfler kümmerte sich von Anfang an um das Verbot des Adressensammelns ebensowenig wie später um die ihn empörende Literaturbeschränkung. Er besorgte sich den Dienststempel eines Standortpfarrers, bis Werthmann ihn anflehte:„aufhören!"[18], dafür jedoch großzügig Höflers Unternehmen von Berlin aus deckte.

Den ihm von Werthmann gewährten Schutz nutzte Höfler oft in einer Weise aus, daß der Generalvikar in steter Sorge lebte, ein Aufdecken dieses Sachverhaltes konnte die Existenz der ganzen Feldseelsorge gefährden. So beschwort er Höfler, „auf keinen Fall neue Experimente" zu riskieren. „Du scheinst in letzter Zeit erheblichen Versuchungen ausgesetzt zu sein bzgl. Deiner Arbeitsmethoden. Mach mir bitte keine Dummheiten …"[19]

Ohne das Wohlwollen von Freiburger Postbediensteten, Beamten der Heeresstandortverwaltung und vielleicht auch von Gestapo-Angehörigen – immerhin hat nach Gröber die SS „in Freiburg als die anständigste Organisation der Partei gegolten"[20] – wäre ein über Jahre sich erstreckender Massenversand kaum möglich gewesen.

3.5 DIE „KIRCHLICHE KRIEGSHILFE"
UND DAS FELDBISCHOFSAMT

Obwohl beide Einrichtungen der Soldatenseelsorge dienen sollten, kann von einer institutionellen Zusammenarbeit nicht die Rede sein. Der Feldbischof war auch dieser Aufgabe nicht gewachsen. Immer deutlicher zeigte sich sein Generalvikar Werthmann als Mann, der nüchtern die Situation erkannte, den Handlungsspielraum geschickt auszunutzen wußte und sich notfalls über Vorschriften hinwegsetzte. Rarkowski wurde die ganzen Jahre hindurch nur insoweit über die *„Kirchliche Kriegshilfe"* informiert, als es unerläßlich war. Die zahlreichen Schwierigkeiten zwischen der Freiburger Schrifttumsstelle und den Dienststellen von Partei und Wehrmacht konnten dem Feldbischof jedoch nicht verborgen bleiben. Er betrachtete Höfler aus dem fernen Berlin mit einer Mischung aus Angst und Mißtrauen. Höflers aufrechte und spontane Art machte diesen nun wiederum nicht gerade geneigt, auch unter „Brüdern" so zu taktieren, wie er den Behörden gegenüber zu lavieren genötigt war. Werthmann riet ihm, er solle Rarkowski gegenüber „nicht schwäbisch-scharf, sondern süddeutsch-nett" sein, ohne ihm gleich um den Hals zu fallen.[1] Höfler weiß, was er von Rarkowski zu erwarten hat und stellt sich darauf ein. Das Vertrauensverhältnis zwischen ihm und Werthmann ist so gewachsen, daß er schreiben kann:

„Das inaktive Reagieren des FeBi ist mir sachlich leid, persönlich egal; ich finde es sogar richtig, daß zwischen ihm und mir Spannungen bestehen. So ist es ehrlicher. Ich will es in nichts an der gebotenen Vorsicht und Höflichkeit fehlen lassen, ich lasse mir aber andererseits auch von meiner eigenen Meinung über seine Art und Arbeit, bei aller Anerkennung der dort obwaltenden Schwierigkeiten, nicht so leicht etwas nehmen."[2]

In den beiden Institutionen waren es Werthmann in Berlin und Höfler in Freiburg, die ihre Arbeit nicht nur immer mehr aufeinander abstimmten, sondern sich darüber hinaus auf eine nicht häufig zu findende Weise ergänzten. Über den regen Informationsaustausch hinaus fanden sie auch dem Feldbischof gegenüber eine gemeinsame Linie, wenngleich sich der Generalvikar in einer anderen Position befand als der Laie und Hauptschriftleiter.

„Es wäre notwendig, daß Sie mit FeBi sprechen. Seine Courage sinkt von Tag zu Tag und alles steht bereits seit langer Zeit unter dem Gefrierpunkt. Ich glaube nicht, daß Sie Erfolg haben werden, wenn ihn der heilige Geist nicht vorher so traktiert, daß ihm Hören und Sehen vergeht und er als neuer Phoenix, als homo novus, aus der Asche hervorgeht."[3]

Wenig später – inzwischen hatte es auf Grund der Freiburger Aktivitäten einen neuen Erlaß seitens des OKW gegeben – teilt Werthmann Höfler mit, verschiedene Ereignisse hätten dem Feldbischof „den letzten ‚Löwenzahn' gezogen und von irgendwelchen Initiativen in dieser oder anderer Beziehung ist auf Wochen und Monate hinaus – nach aller Erfahrung – keine Rede".[4]

Nach gescheiterten Verhandlungen über Papierzuweisung für die „Kirchliche Kriegshilfe" äußert Höfler den Verdacht, daß die seelsorgerlichen Anliegen nicht entschieden genug vertreten worden seien. „Wer sich aber Wassergläser nachwerfen läßt, ohne mindestens mit einer Bierflasche zurückzuwerfen, der scheint mir nicht verhandlungsfähig zu sein."[5] Nachdem Werthmann und Höfler im Laufe des Jahres 1942 rund 60 bis zu 8 Seiten lange Briefe miteinander gewechselt hatten, gingen sie bei einem Besuch Werthmanns in Freiburg um die Jahreswende 1942/43 zum freundschaftlichen „Du" über. Im ersten Brief nach jenem Treffen blickt Werthmann auf die vorangegangenen Monate und Jahre zurück, „als ich so oft mit einem Auge über Deine Frevel weinte, mit dem anderen zum Himmel emporsah und um ein neues Wunder bat, während das Herz über Deine listenreiche Phantasie frohlockte". Und der vorsichtige, alle möglichen Risiken abwägende und immer die Institution der Feldseelsorge im Auge behaltende Werthmann ringt sich durch zu sagen: „Mundus vult decipi. Also frisch drauflos!" Doch von allen Versuchen und Unternehmungen, die bestehenden Bestimmungen zu unterlaufen, dürfte „Ipsissimus" nichts erfahren.[6] Auf den Vorwurf des Präsidenten des DCV gegenüber Höfler, er betreibe „Gratwanderung hart an Abgründen vorbei", äußerte Höfler: „So wünschte ich sehr wohl, daß sie einmal von den Potentaten der Kirche im Regelfall unternommen würden. Manche von uns Laien fühlten sich dann weniger gedrängt, ihrerseits gefährliche Gipfelstürmereien zu unternehmen."[7]

3.6 Die Mittel und die materiellen Leistungen

3.6.1 Geld- und Papierbeschaffung

Seit jeher wurde in den Kirchen gesammelt, um der Caritas die Erfüllung der verschiedensten Aufgaben zu ermöglichen. jetzt trat die Kriegshilfe „in die erste Reihe der Sammlungszwecke … Für sie werden deshalb mit Vorliebe Kollekten angesetzt".[1] Einige Bischöfe erließen im November 1939 anläßlich der Ankündigung einer Kirchensammlung einen Aufruf, in dem auf die besondere Aufgabe der kirchlichen Schrifttumshilfe hingewiesen wurde:

„Außerordentlich warm zu begrüßen ist es, daß die ‚Kirchliche Kriegshilfe' eine besondere Abteilung zur Versorgung der Front- und verwundeten Soldaten mit religiösem Schrifttum eingerichtet hat. Wie bedeutsam diese Abteilung ist, bekunden die zahlreichen Stimmen aus den Kreisen der Kriegspfarrer und der Verwundeten, die sehnlichst nach religiösem Lesestoff verlangen. Die seelsorgerliche Bedeutung dieser Fürsorge kann nicht hoch genug bewertet werden."[2] Die Durchführung der Kollekten für die „Kirchliche Kriegshilfe" stieß zunächst auf erhebliche innere und äußere Schwierigkeiten. Der Zentrale in Freiburg war daran gelegen, möglichst bald reichseinheitlich eine Kollekte zur Deckung ihrer erheblichen Auslagen durchzuführen. Die meisten Diözesen hatten ihren Kollektenplan bis zum Ende des Jahres festgelegt, der ohnehin durch die Kriegsereignisse durcheinandergebracht war. Regional bedingte Aufgaben der Caritas, wie z.B. die Betreuung von Evakuierten und Flüchtlingen, ließen bei einigen Diözesen wenig Neigung aufkommen, sich an den zentralen Aufgaben sofort finanziell zu beteiligen. Ein umfangreicher Schriftverkehr zwischen der Freiburger Zentrale und den Vertretern der Diözesan-Caritas-Verbände sowie den diözesanen kirchlichen Kriegshilfestellen läßt erkennen, daß die Annäherung der unterschiedlichen Interessen und die Koordinierung der Arbeit erst nach einer längeren Zeit möglich waren.

In einigen Bereichen verlangte die Gestapo bei den Pfarrämtern Auskunft über die Höhe der Kollekten.[3] Später, am 30.9.1941, verbot der Chef der Heeresrüstung und Befehlshaber des Ersatzheeres grundsätzlich Kollekten, die zur Beschaffung von Schrifttum für Soldaten bestimmt waren. Zwar wurden auch weiterhin während der Gottesdienste in den Kirchen Sammlungen durchgeführt, doch durften nach diesem Verbot die Gläubigen nicht mehr über die Zweckbestimmung ihrer Spenden informiert werden. Diese Maßnahme zeigt zugleich, welche Gruppen und Instanzen sich das Recht nahmen, in Angelegenheiten der Seelsorge hineinzureden.

Die Verteilung der gesammelten Gelder wurde in jeder Diözese eigenständig geregelt. Jedoch setzte sich weithin folgender Schlüssel durch: ein Drittel stand der örtlichen Hilfe zur Verfügung, ein anderes Drittel floß der Diözesan-Caritasstelle, das restliche der zentralen Kriegshilfestelle in Freiburg bzw. Berlin zu.

Nach den Aufrufen der deutschen Bischöfe zu Kollekten für die *„Kirchliche Kriegshilfe"* sind bis zum Ende des ersten Halbjahres 1940 83.903,61 RM in Freiburg eingegangen, bis zum 30.11.1940 waren es 133.372,29 RM (ohne die Diözesananteile aus der „Ostmark" und 10.000 RM des OKH). Diese Summe entspricht einem Betrag von 0,74 Pfg pro Katholik im „Altreich". Der Pro-Kopf-Anteil erreichte seine größte Steigerung 1941 mit 1,53 Pfg und fiel 1942 auf 1,19 Pfg, 1943 auf 0,77 Pfg zurück. für 1944 liegen keine Statistiken vor, da Höfler inzwischen inhaftiert und damit kein Sachbearbeiter mehr vorhanden war. Die Unterlagen geben keinen vollständigen Aufschluß über die Höhe der zur Verfügung stehenden Geldmittel, da die Aufstellungen lückenhaft sind und die Angaben über die Leistungen der Diözesen an die zentrale „Kirchliche Kriegshilfe" z.T. in absoluten Zahlen (für 1940 und 1943), z.T. aber nur nach Pro-Kopf-Anteil der katholischen Bevölkerung (1941 und 1942) vorliegen. Jedoch läßt sich daraus und aus einigen erläuternden Hinweisen auf folgendes Volumen schließen:

1940 (bis Ende November): ca. 133.000 RM; 1941: ca. 340.000 RM; 1942: ca. 213.000 RM; 1943: 172.000 RM; zusammen ca. 858.000 RM. Diese Mittel reichten trotz namhafter Zuwendungen der Zentrale des DCV aus anderen Quellen nicht aus, allen Verbindlichkeiten nachzukommen. Am 21.10.1941 hat Höfler ein Defizit von 166.323 RM zu verzeichnen. Wertmäßig liegen die Leistungen der Hilfsstelle insofern entschieden höher, als diese durch günstigen Einkauf „das Kapital um etwa 1/5 effektieren" konnte und die Arbeitsleistung aus anderen Mitteln entgolten wurde.

Der Anteil der Diözesen am Gesamtaufkommen stellt sich recht unterschiedlich dar, auch die Kollektenüberweisungen der einzelnen Bistümer weisen von Jahr zu Jahr erhebliche Differenzen auf. So liefert die Diözese Eichstätt 1941 einen Pro-Kopf-Anteil von 1,89 Pfg, hat jedoch bis zum 17. Sept. 1943 keine weiteren Zahlungen vorgenommen. Die Erzdiözese Köln wies 1941 einen Pro-Kopf-Anteil von 1,62 Pfg, 1942 0,97 Pfg und 1943 0,20 Pfg aus, Paderborn hingegen steigerte seine Beiträge von 1,46 für 1941 auf 2,62 Pfg pro Kopf im Jahre 1943.

Um die für die Arbeit erforderlichen Gelder aufzubringen, sah Höfler das einzig geeignete Mittel in den Kollekten, die jedoch hier und dort abgelehnt, anderswo „lustlos" durchgeführt wurden. Da die bisher geübte Praxis, der Zentrale in Freiburg ein Drittel der Kollekten zuzuführen, den Bedarf nicht mehr zu decken vermochte, schlug Höfler ohne Erfolg vor, die Hälfte des Kollektenaufkommens nach Freiburg zu überweisen, während die andere Hälfte zu jeweils 50 % den gemeindlichen Caritasaufgaben und den diözesanen Kriegshilfestellen zur Verfügung stehen sollte.[4]

Doch neben den Kollekten und den Zuwendungen des DCV gab es noch eine andere Quelle. Auf einer Besprechung mit dem AHA/AgS, vertreten durch den Ministerialrat Dr. Senftleben, wurde am 30.11.1939 u.a. auch die schon bei einer früheren Zusammenkunft. erörterte Frage eines finanziellen Zuschusses seitens des AHA für die Versorgung der Truppen mit religiösem Schriftgut positiv behandelt. 10.000 RM wurden in Aussicht gestellt, die Kriegshilfestelle solle 200 bis 300 Pakete mit je 9 bis 10 kg versandfertig machen. Mit Meldung der Abrufbereitschaft erfolge seitens des AHA die Geldüberweisung an die Kriegshilfestelle.[5] Bis Mitte 1944 sind pro Kriegshalbjahr 5.000 RM an die „Kirchliche Kriegshilfe" überwiesen worden. Nur im Oktober 1944 wurde der Betrag auf 2.500 RM reduziert, da dem Schreiben des DCV vom 12.9.1944 nur zwei Rechnungen in Höhe von zusammen 7.402,20 RM beigelegen hatten und das OKH nicht willens war, den überwiegenden Anteil der Kosten zu tragen.

Die Dankschreiben des DCV-Präsidenten nach den erfolgten Überweisungen betonen immer wieder die Notwendigkeit, die Truppe mit religiösem Lesegut zu versorgen, um sie dadurch für ihre Aufgabe zu stärken. 17.8.1940: „Es wird unser Bestreben sein, den Wehrwillen und den sieghaften Glauben unserer mutigen Truppe auch fernerhin zu stärken, indem wir gerade sie mit einem Lesestoff versorgen, der aus den unversiegbaren Quellen religiöser Tiefe, inniger Volksverbundenheit und letzter, nationaler Verpflichtung schöpft."

31.10.1940: „Wie im abgelaufenen Jahr (gemeint ist das erste Kriegsjahr; der Verf.) werden wir bemüht sein, durch weitere Sorge um geeignetes Schriftgut alles in unseren Kräften Stehende zur Erhaltung und Mehrung der seelischen Widerstandskraft der Soldaten zu tun."

3.3.1941: „Viele Zuschriften aus den Reihen der Kriegspfarrer wie auch zahlreiche gelegentliche Äußerungen von betreuten Wehrmachtsangehörigen verschiedenster Rangstufen geben uns die Zuversicht, daß mit dem zu treuen Händen gegebenen Geld jene seelischen Kräftehinterlagen gestärkt werden, in denen soldatische Treue im Dienste wie hingabebereite Tapferkeit bei entscheidendem Einsatz ihre letzten Quellen haben."

Am 22.1.1942 gibt Kreutz als Ziel der Betreuungsarbeit an, „auch durch das geschriebene Wort die Höhenlage der Truppe seelisch zu stärken und ihre Einsatzbereitschaft zu erhöhen", und am 2.3.1942, „die seelische innere Stärkung unserer tapferen Wehrmacht durch religiöses Schrifttum zu fördern".[6]

Unter dem 4.9.1942 berichtet Kreutz über den „Mangel an verfügbaren größeren Mengen dieses Schrifttums und die leider zu beklagende Verweigerung jeglichen Nach-Neudruckes", obwohl doch die Soldaten immer wieder äußerten, die Bibel sei für sie „Element seelischer Stärkung und geistiger Selbstbehauptung". „Es wäre sehr zu bedauern, wenn man sie an maßgebender Stelle überhören würde." Am 30.6.1944 antwortet der Präsident des DCV auf die Überweisung von 5.000 RM für das 9. Halbjahr des Krieges:

„Es obliegt mir, Ihnen dafür aufrichtig zu danken. Am Segen, in den dieses Geld verwandelt wurde durch Ankauf und Vermittlung genehmigten Schrifttums für Wehrmachtangehörige, werden auch Sie teilhaben dürfen. Die Treue der Soldaten für den Endkampf ist dadurch nur gesteigert worden. Mit verehrungsvollem Gruß und Heil Hitler!"

Man darf zunächst davon ausgehen, daß die Hinweise auf die moralischen Auswirkungen religiöser Lektüre in diesem Schriftverkehr vorwiegend taktischer Natur sind. Wenn das OKH nur unter dem Aspekt der „moralischen Stärkung der Truppe" Mittel jedweder Art zu befürworten bereit war, dann mußte man nach der grundsätzlichen Entscheidung für eine „Kirchliche Kriegshilfe" sich laufend dieser beschämenden und demütigenden Argumentation bedienen. Dabei ist sehr schwer auszumachen, ob und in welchem Maße persönliche Überzeugungen in derartige Floskeln eingegangen sind. Denn an der nationalen bis nationalistischen und „militaristischen" Grundhaltung zumindest des Präsidenten des DCV gab es unter seinen Mitarbeitern wenig Zweifel.

Zum Verständnis des Schriftwechsels zwischen der *„Kirchlichen Kriegshilfe"* und dem OKH gehört wohl auch das Wissen um die Tatsache, daß es zwischen Kreutz und Senftleben häufige Besprechungen gab, deren Ergebnis dann der offizielle Briefwechsel war. Aus einer Aktennotiz Kreutz' vom 2.10.1941 geht hervor, daß er es als seine Aufgabe ansah, in Berlin „eine günstige Atmosphäre (zu) schaffen". Bei den Gesprächen erhielt Kreutz nicht nur eine Reihe ansonsten kaum zugänglicher Informationen – z.B. darüber, daß beim OKW eine Beschwerde vorliege, in Freiburg seien Bücher an Soldaten verteilt worden –, Senftleben gab auch Hinweise, wie noch Papier zu beschaffen sei, welche Wege man dabei einschlagen müsse und welche Formulierungen dabei angebracht seien, um „dann den Schriftsatz ganz persönlich (zu) vertreten und dafür (zu) sorgen, daß er auf dem Dienstwege an die Papier-Bewirtschaftungsstelle kommt".[7] Anderseits hatte man in Senftleben einen manchmal schwierigen – weil kleinlichen und ängstlichen, launischen und sehr empfindlichen – Verhandlungspartner, über den Werthmann und Höfler nicht selten in ihren Briefen klagten.

Werthmann „ergötzt" sich über das „große Getue" Senftlebens, der die halbjährliche Zuweisung von 5.000 RM des OKH an die „Kirchliche Kriegshilfe" für „außerordentlich großzügig" halte. Dabei sei mit diesem Geld nicht einmal das genehmigte Schrifttum zu finanzieren, geschweige das tatsächlich gelieferte. „Lassen Wir ihm diese Freude!"[8] Im übrigen gehört diese regelmäßige Zahlung seitens des OKH zu jenen Merkwürdigkeiten, die in manchen Fällen Menschen zu überleben oder durch das ansonsten engmaschige Netz der Verordnungen zu schlüpfen ermöglichten. In diesem Fall war der *Kirchlichen Kriegshilfe* vom OKW über die Gestapo mehrfach mitgeteilt worden, daß sie als zivilkirchliche Stelle zur Beschaffung und Verteilung religiösen Schrifttums nicht befugt sei, für die gleiche Tätigkeit erhielt sie jedoch seitens des OKH höchst offiziell und regelmäßig finanzielle Zuwendungen. Höfler dachte nicht daran, diesen Zustand zu klären, er fand ihn vielmehr „herrlich", weil ihm ohne eine endgültige Entscheidung, die ohne Zweifel das Ende eines Großteils seiner Arbeit bedeutet hätte, die Möglichkeit gegeben war, das OKH zumindest gegen untergeordnete Stellen auch der Gestapo auszuspielen.[9]

Mit dem zähen Kampf um jeden einzelnen Titel – seit 1941 praktisch aussichtslos – verband sich die ebenso aufreibende Bemühung um die erforderlichen Papiergenehmigungen. Noch Ende 1940 waren erst wenige Titel zum Druck freigegeben worden, und selbst für drei umfangmäßig äußerst dürftige Heftchen reichte das Papier gerade für eine nicht sehr große Erstauflage.[10] Eine wegen der starken Nachfrage erforderliche Neuauflage war nicht möglich.

„Dabei handelt es sich bei den Schriften um Gedankenreihen, deren Notwendigkeit erst jüngst von einem Heerespsychologen ausdrücklich festgestellt wurde. Die Papiergenehmigung für eine Neuauflage ist zwar seit Mitte September unterwegs, bis zur Stunde wird sie aber vergeblich erwartet. Wir haben Anlaß, dies mit einiger Bitterkeit zu beklagen, denn für andere, in ihrer moralischen Wirkung auf die Truppe weniger einwandfreie Druckerzeugnisse – z.B. Kleinromanliteratur und Magazinhefte – scheint offenbar die Papiergenehmigung nicht zu fehlen. Wir müssen leider die Hoffnung auf Änderung dieses Zustandes aufgeben;

wenn nicht erwartet werden darf, daß heeresamtliche Stellen sich dieses Notstandes annehmen."

Der Präsident des DCV erbittet die Ausstellung eines Dringlichkeitsscheines für religiöses Schrifttum, um bei der Wirtschaftsstelle des deutschen Buchhandels die benötigten Papiermengen eher erhalten zu können. Nach der Bitte an den Ministerialrat, sich „noch einmal erinnernd und befürwortend, insbesondere bei den Zensurstellen des OKH einzuschalten", um eine Freigabe von vor längerer Zeit eingereichten Schriften zu erreichen, stellt Kreutz die Lage als einen

„Mangelzustand dar, in dessen Auswirkung es in absehbarer Zeit unmöglich sein wird, den Kriegspfarrern das zur Hand zu geben, was sie zur religiösen Betreuung der Truppen und damit zur Stärkung der bedeutendsten Quelle soldatischer Haltung, Tapferkeit und Kampfmoral – wir verweisen hier auf bemerkenswerte Ausführungen des Chefs der Heeresarchive, General von Rabenau-Berlin – denkbar dringend bedürfen. Schließlich ist ja die Heimat verpflichtet, auch geistige Nahrung und Munition für ihre Söhne draußen bereitzuhalten. Nach der übereinstimmenden Ansicht aller großen Soldaten ist es zuletzt der Geist, der den Sieg entscheidet."

Am 16. Oktober 1941 teilt der Präsident des DCV den Bedarf an Papier für den Druck von Ganz- und Teilausgaben des NT, von kleineren Schriften, Gebetszetteln und Spruchkarten mit, insgesamt über 42.000 kg verschiedener Papiersorten von Dünndruck- bis zu Rotationsdruckpapier. Er schließt sein Schreiben:

„Sicherlich auch im Namen der vielen Soldaten draußen, denen das Religiöse Bedürfnis und Stärkung ist, wäre ich Ihnen sehr dankbar, wenn Sie im Sinne unserer Besprechung alles daransetzen wollten, um die oben notierten Papiermengen für die Kirchliche Kriegshilfe frei zu bekommen. Es handelt sich dabei gewiß im ernstesten Sinne um Heeresbedarf; denn die kampfgerechte Ausrüstung der Seele des Soldaten ist ja nicht minder wichtig als die Erhaltung und Stärkung seiner leiblichen Kräfte und Fähigkeiten."

Fünf Wochen darauf wird zwar eine Bescheinigung zur Beschaffung des erforderlichen Verpackungsmaterials übersandt (1.000 kg Packpapier, 30 Rollen Wellpappe, 100 kg Schnur, 10.000 Briefhüllen), eine Papierzuteilung jedoch mit der Begründung abgelehnt, die kirchliche

Kriegshilfestelle sei nur eine versendende Stelle und kein Verlag. Außerdem müßten die Gebetszettel, Spruchkarten und Bildchen „zunächst überhaupt erst in das für religiöses Schrifttum vorgesehene Prüfungsverfahren geleitet werden".

3.6.2 Die Empfänger und der Inhalt der Sendungen

Nach einer Aufstellung Höflers vom 21.10.1941 wurden durch seine Arbeitsgruppe folgende Personen betreut: 488 Kriegspfarrer (Wehrkreis–, Marine- und Kriegspfarrer i. e. S.) und 385 Standort- und Lazarettpfarrer. Während diese 873 Männer auf dem Dienstweg mit Schriftenmaterial versorgt wurden, weil sie als haupt- und nebenamtliche Wehrmachtseelsorger dem Amtsbereich des Feldbischofs zugehörten, stand die Abteilung Schrifttum zu diesem Zeitpunkt mit folgenden Personen, die als Sanitäter oder als Soldaten der Wehrmacht angehörten, in Verbindung: 2.456 Priester, 6.043 Theologen, 873 Laienbrüder (Ordensangehörige, die keine Kleriker oder Novizen sind), 1.115 weiteren Personen, zusammen 10.487, die nicht auf dem Dienstweg erreicht wurden.[11]

Die zahl- und umfangreichsten Sendungen gingen an die Kriegspfarrer, deren Zahl von 320 im Jahre 1940 auf ca. 490 im Jahre 1941 anwuchs und damit ihren Höchststand erreichte.[12] 1939/40 gingen fast 8.000 Sendungen an Kriegspfarrer und Theologen (Wert ca. 100.000 RM), 1942 an den gleichen Personenkreis ca. 10.500. Die Zahl steigerte sich 1942 auf über 14.000 und dürfte 1943 mit 6.200 10-Kilo-Paketen und 18.000 Päckchen den Höhepunkt erreicht haben.[13]

Am 16.3.1943 schreibt Höfler an Werthmann: „Einzelne werden sich wundern über die Masse von Paketen, die da anschwirrt." Höfler hat allein zum Verpacken des Materials bis zu zehn Mitarbeiterinnen beschäftigt, z.T. Seelsorgehelferinnen und Frauen, die wegen „politischer Unzuverlässigkeit" ihren Arbeitsplatz verloren hatten. Auch nach Höflers Inhaftierung im Mai 1944 lief der eingespielte Versand weiter. So standen am 8.11.1944 300 Pakete mit zusammen 75.000 Teilausgaben des NT zur Abnahme bereit.[14]

Die große Gruppe von fast 4.000 Priestern im Sanitätsdienst und rund 5.000 Theologen bei der Wehrmacht erhielt ebenfalls regelmäßig Schriftensendungen, allerdings geringeren Umfangs, von 1939-1941 ca. 16.000

Sendungen. Ferner wurden die etwa 380 Standort-, Lazarett- und Wehrmachtgefängnispfarrer mit größeren und kleineren Schriftenlieferungen
(je 3-10 kg) versorgt. Die Einzelbetreuung von Soldaten, die sich – durch
Wehrmachtpfarrer auf diese Möglichkeit aufmerksam gemacht – direkt
an die „Kirchliche Kriegshilfe" gewandt hatten, stieg sprunghaft an.
Diese Gruppe erhielt vorwiegend Ausgaben der Hl. Schrift und den
„Schott-Feldgrau", das für Soldaten bearbeitete Meßbuch. Bis Ende 1940
waren 2.600 Exemplare verschickt, über 2.500 weitere Bestellungen lagen
vor. Ende 1941 hatte die Hilfsstelle 16.500 „Schott-Feldgrau" allein auf
Grund von Einzelbestellungen ausgeliefert.[15]

Für das Jahr 1940 liegen folgende „Einzelangaben über verschiedene
beschaffte und versandte Schriften" vor:[16] 14.500 Ganz- und 96.000 Teilausgaben des NT, 50.000 „Christliche Besinnung", 74.000 Kleinschriften
aus dem Herder-Verlag, 20.000 Caritas-Kalender, 115.000 unterhaltende
Schriften, rund 34.000 religiöse Kleinschriften und Bücher, etwa 21.000
sonstige Kleinschriften, 80.000 Weihnachtsbildchen, 85.000 Weihnachts-
karten und 18.000 Rosenkränze. Die Zahlen für 1941 belaufen sich u.a.
auf 205.200 Klein- und 216.000 unterhaltende Schriften sowie über
260.000 Ganz- und Teilausgaben des NT.

Im Rundschreiben an die Wehrmachtpfarrer vom 30.4.1941 spricht
Höfler erstmalig von dem Plan, den Sendungen „kleinere Schriften und
Büchlein beizufügen, die dafür bestimmt sind, von Vätern im Felde her-
anwachsenden Kindern in die Heimat geschickt zu werden". Die den
Rundschreiben beigefügten Angaben über die Inhalte der zur Versen-
dung kommenden Pakete lassen erkennen, daß Jugendzeitschriften in
der folgenden Zeit zum festen Bestandteil der Lieferungen gehören. Das
Ziel dieses Unternehmens ist eindeutig: der Gefahr einer mit Dauer des
Krieges zunehmenden Entfremdung zwischen den Kindern und ihren
Vätern wollte man nicht untätig zusehen, sondern – wenn auch mit dürf-
tigen Mitteln – entgegenwirken.

Die nicht eben zahlreichen Titel, um deren Genehmigung ein so großes Maß an Zeit und Energie aufgewandt wurde, lassen deutlich das Bemühen erkennen, aus der immer noch vorhandenen relativ hohen Zahl
von religiösen Kleinschriften das theologisch verantwortbare und wert-
volle Schrifttum auszusondern. Dazu zählen ohne Zweifel die Briefe des
Ignatius von Antiochien und die Texte des Friedrich von Spee, die ver-

schiedenen kleinen Arbeiten Guardinis und die Katholische Christenfibel von Pieper-Raskop. Unter den zur Freigabe beantragten und genehmigten Titeln finden sich jedoch auch etliche, die man besser in den Lagern vergilben und verstauben lassen hätte. Vielleicht war hier und dort die (jedem Seelsorger verständliche) Frage entscheidend, ob man einem Teil der Soldaten „schlichteste" Texte anbieten müsse, da er durch etwas anspruchsvollere Schriften geistig-geistlich überfordert würde. Vielleicht griff man auch seit 1940 auf Alt- und Restbestände zurück, weil man wegen ausfallender Papier- und Druckgenehmigungen keine neueren und qualifizierteren Schriften erhalten konnte. Vielleicht versuchte man hier und dort fast krampfhaft seine nationale Zuverlässigkeit so unter Beweis zu stellen, damit die Behörden auch andere Texte mit weniger stark ausgeprägtem nationalen Pathos zu genehmigen sich bereit fanden. Wie bei der (Presse)Politik des deutschen Episkopats und bei der Einrichtung der „Kirchlichen Kriegshilfe" scheint die pastorale Intention als Rechtfertigung fast jeder Entscheidung und Maßnahme auch der Abteilung Schrifttum gegolten zu haben. Nicht nur der imponierende persönliche Einsatz bei der Bewältigung der praktischen Arbeit, die Zähigkeit bei den Verhandlungen mit staatlichen und militärischen Behörden, das Agieren am Rande oder auch jenseits der Grenze der Legalität, auch die Konzessionen bei der Auswahl des zu versendenden Materials entstammten jenem Impuls und Willen, der alle kirchlich-caritative Arbeit bewegt: dem Menschen helfend nahe zu sein, und sei die Hilfe noch so dürftig.

Das von der Hilfsstelle an die Wehrmachtpfarrer versandte Schrifttum war zum einen bestimmt für die Geistlichen selbst, zum anderen für die Soldaten mit unterschiedlichen Bildungsvoraussetzungen. Zu den für weiteste Kreise bestimmten Schriften zählte Josef Höfer *„Einsamer Feldgottesdienst. Die gute Meinung des deutschen Mannes"*.[17] In dieser 16-seitigen Broschüre mit einigen Bildern von Fra Angelico und Rembrandt wird den Soldaten in einfacher und von Bildern der Naturfrömmigkeit geprägten Sprache gesagt: „Das ist einsamer Gottesdienst: die eigene Überzeugung schlicht bewahren und in reiner Gesinnung in jeder Umgebung vertreten."

Einem anderen Adressatenkreis gilt die Schrift von Karl Adam *„Jesus Christus und der Geist unserer Zeit"*.[18] Bei dem Bemühen, einem intellektualistischen Mißverständnis des Christentums und einer Verzeichnung des Bildes Jesu Christi zu begegnen, hebt Adam „das wahre, eigentliche Christentum" hervor: „Das Ideal vom gesunden, starken, tapferen, disziplinierten Menschen ist nicht nur das Ideal Nietzsches und seiner Nachfahren. Es ist von Anfang an jenes Ideal gewesen, das auch die Kirche in ihrem Gnadenwirken voraussetzte, wenn sie von ‚homo honestus', von natürlicher Sittlichkeit sprach."[19]

Das Buch von Theodor Bogler „*Der Glaube von Gestern und Morgen. Briefe an einen jungen Soldaten*", wurde ausschließlich an Theologiestudenten verschickt.[20] Bogler erklärt dem Soldaten, daß ihm in der Person des Obersten Befehlshabers der Wehrmacht Volk und Vaterland selbst gegenübertreten, ja, daß das Vaterland in ihm verkörpert sei.[21] Auf der Suche nach Analogien zwischen natürlicher und übernatürlicher Wirklichkeit und im Bestreben, die gesamte Welt und das ganze Leben als geheiligt darzustellen, spricht Bogler von den „großen und wichtigen Einweihungen, (den) Mysterien, in denen sich die Umbildung zum Christen gnadenhaft vollzieht, so wie der Soldat gleichsam seinsmäßig umgewandelt wird in den für ihn so bedeutungsvollen Geschehnissen der Einkleidung und des Fahneneides".[22] Doch nicht genug mit diesen theologischen und politischen Pervertierungen, Bogler bietet auch noch Jahre nach dem Beginn der Verfolgung des jüdischen Brudervolkes Antisemitismen schlimmster Art.

„Wohl wollten die Juden sich an der Verantwortung für den Mord (an Jesus Christus; der Verf.) vorbeidrücken, aber Gott sah in ihre Herzen, er weiß, daß sie die eigentlich Schuldigen sind, und so läßt er an ihnen sich das furchtbare Wort erfüllen, das sie im Prozeß ausgerufen haben: ‚Sein Blut komme über uns und unsere Kinder!' – Dieses Wort hat sich erfüllt, und es erfüllt sich in erschreckender Wirklichkeit immer wieder bis auf den heutigen Tag. Israel hat Christus ausgestoßen aus seinen Reihen, nun wird das Volk ausgestoßen aus der Erwählung. Die Soldaten erhielten Verzeihung, weil sie ‚nicht wußten, was sie taten'. Israel dagegen wußte, was es tat. Deshalb ist seine Umkehr so erschwert, weil es aus fanatischem Haß gehandelt hat ... Israel, das Volk Israel, hat Christus gehaßt, es haßt daher auch die Kirche ... Mögen andere die Kirche hassen, gewöhnlich wird es bei ihnen so sein wie bei den Soldaten, sie wissen nicht, was sie tun. Israel aber weiß, was es tut, auch heute noch bei den Verfolgungen des Christentums in Rußland, in Mexiko, in Spanien, oder wo immer. Immer ist es im Kampfe noch Gegenpartei, wie an jenem Freitag in Jerusalem. Immer noch wühlt und wütet sein grenzenloser Haß ..."

Bogler fügt „ergänzend" hinzu, daß in Spanien in „den Revolutionstribunalen überall Juden sitzen".[23]

Der noch 1941 in einer Auflage von 130.000 verbreitete Caritas-Kalender, von Werthmann als begehrteste Lektüre der Soldaten bezeichnet,[24] enthält 1939 einen jubelnden Artikel *„Großdeutschland erstand!"*, in dem Hitler als „Vollstrecker eines von der Geschichte an die deutsche Nation ergangenen Befehls" gefeiert wird.[25] Der Caritas-Kalender 1940 bietet in „Das Jahr in Heimat und Ferne" einen Überblick über die gesetzgeberischen Maßnahmen der Reichsregierung, die Sicherung des deutschen Lebensraumes (Bau des Westwalls), die außenpolitischen Erfolge Hitlers, den „Heldenkampf" in Spanien unter der Beteiligung der „Legion Condor" und die ersten großen Erfolge des Krieges, dessen Dauer „bei dem Haß Englands nicht abzusehen" sei.[26] Im Kalender für 1941 faßt der „Kalenderchronist" die Ereignisse zusammen: „Wahrhaftig, ein Zeitalter geht zu Ende." Zwar sehe der Christ sein ewiges Ziel im Jenseits, „das Diesseits bleibt ihm doch das Prüffeld". Darum „erschrickt der Christ auch keineswegs vor dem Krieg". Dann werden die Siege des Jahres 1940 gefeiert und mit ihnen das „Heraufkommen eines neuen Ordnungsbildes", der „Führer" und sein „Leben für Deutschland" werden ebenso beschrieben wie „der Ungeist des Hasses von Versailles", die „brennende deutsche Schmach", der geschäftige Eifer der Gegner bei ihrer Ausschau „nach ihnen passenden Möglichkeiten der Kriegsausweitung", ihr „Übermaß an Verblendung" und ihre „widerliche Scheinheiligkeit" sowie ihre „geistige und leibliche Verrottung durch den Geist der Plutokratie".[27]

Die Tiraden in diesen drei Kalendern sind im Unterschied zu fast allen anderen Artikeln nicht namentlich gekennzeichnet, vermutlich also „Pflichtbeiträge".

Ein anderer Artikel im Kalender von 1941 – gez. H. H. – schwelgt zwar nicht in kriegerischen Bildern, hat jedoch eine andere Art von Pathos aufzuweisen. Der Verfasser schwärmt über die „deutsche Heimkehr zwischen Oberrhein und Mosel":[28]

„Wie oft, seit ‚der Münsterturm am Horizont' nach einem Krieg der materiellen Überwältigung, nicht wohlverdienten Sieges uns verloren ging, hat unsere Sehnsucht ihn gesucht in verhaltener Trauer! Nun aber ist, wir glauben auf alle Zeiten, ein Irrtum der Geschichte ausgelöscht, ein Weg zu Ende gegangen, der nur zur Heimat führen konnte, weil Herz und Sinne, Blut und Seele hüben und drüben immerfort nach Deutschland riefen. Ein wechselvoller Weg durch Jahrhunderte, schmerzensreich fast bis zum Übermaß, vieler Versuchungen fremden Geistes und herber Enttäuschungen voll, ein Weg, wie ihn die Vorsehung manchmal Starken zuweist, wenn ihre Spur zuletzt doch im Frieden einer großen Liebe einmünden soll. Aufs Neue hat das Reich altes deutsches Land und deutschblütige Menschen in seine starke Hut genommen."

Zu den vom Propagandaministerium für die Verteilung an Wehrmachtangehörige freigegebenen und von der Kriegshilfestelle in Freiburg versandten Schriften zählt auch *„Das goldene Herz. Familientreue zur Kriegszeit"*.[29] Dort liest man unter „Kolpings Wort in dieser Zeit" u.a.: „Mich dünkt, der Krieg habe auch eine erhabene Seite und trüge auch einen wahrhaft großartigen, sogar christlichen Charakter, wie kaum eine andere Erscheinung in der Weltgeschichte in sich …".[30] Und „einer Mutter Gebet zur Kriegszeit" enthält die Verse:

„Eine Mutter darf nie klagen
wenn die Söhne alles wagen
für den Schutz der Landesmark.
Eines will ich nur erflehen:
Laß sie dort als Helden stehen,
wo Dein Wink sie hingesandt!
Such sie dir im Schlachtgewimmel:
ihre Seele für den Himmel
und ihr Herz fürs Vaterland!"[31]

Höfler hat gegenüber Josef Bagus und Johannes Nattermann „schwere Hemmungen".[32] Nattermann hatte sich noch 1943 unzweideutig geäußert: „Für uns ist … das heilige Reich das Reich von heute."[33] Höflers

Kommentar sei hier ausführlich wiedergegeben, weil er über seine Einstellung und Beurteilungsweise einigen Aufschluß gibt:

„Bagus hat sich, wie ich aus unmittelbarer Kenntnis seiner Persönlichkeit und seines schriftleiterischen Wirkens weiß, zu öfteren Malen in geradezu unmöglicher Weise bei gewissen Leuten angebiedert. Inhaltlich und formal vertritt er den sog. christ-katholischen Vereinsmeierstil, was bei der Behandlung mancher Frage, die die Kolpingsfamilie betrifft, gut und am Platze sein mag, was aber bestimmt daneben ist, wenn daraus Allgemeingültigkeit gefolgert wird. Und zum Aufnähen seiner eigenen Meinung auf fremde Jacken ist er, dank einer gewissen Robustheit, durchaus imstande. Der Mann hat einen flammenden Eifer, ist aber wegen oft offenbar gewordener Unerleuchtetheit mit einiger Vorsicht zu genießen. – Wenn ich wüßte, daß Nattermann auf der Linie seiner, vom OKW genehmigten Schrift ‚Volk in Gott‘ (Johann Christian ist sein Pseudonym) bliebe, würde ich gerne an ihn herantreten. Nach dem aber, was er sich in einem Weihnachtsbrief im fünften Kriegsjahr an seine Soldatenfreunde geleistet hat, wage ichs nicht mehr. Das war ein ganz wilder, verkrampfter Erguß mit einer Menge von Zumutungen auch an den gutwilligen Leser in der Linie heftig unterstrichenen gewaltsamen Heldentums, das die Landser bekanntlich uni sono und mit brüllender Heftigkeit ablehnen. Ich habe tatsächlich selbst schon an ihn gedacht, er könnte zweifellos manches Gute leisten. Ich habe aber Angst vor den Nagelschuhen eines Theologen, der sich mit einem Frontgeneral verwechselt. Erlaube mir darum, daß ich mir diese Dinge nochmals überlege. Ich mag halt Fortissimo-Musik mit dicken Trommeln, Schellenbäumen und Baßtrompeten nicht so arg gern: möglicherweise aus – Nervenschwäche.“[34]

Wenig später äußert Höfler sich noch einmal über Nattermann: er habe „gewisse Schattenseiten des Heute … einfach übersehen“ und sich „in noch ärgerer Weise, als dies seinerzeit bei Karl Adam der Fall war … verrannt“.[35]

War Höfler auch fortissimo zuwider, so hat er doch mezzoforte akzeptiert, jedenfalls dürften einige Schriften, um deren Aufnahme in die Liste genehmigten Schrifttums er sich bemühte und/oder die er zur Verbreitung empfahl, so zu bezeichnen sein. Eine Nebenabsicht bestand sicherlich darin, die eigene Tätigkeit wie auch die Wehrmachtseelsorge den Behörden gegenüber als sinnvoll und legitim nachzuweisen. Dabei griff man gerne auf Argumente wirklich oder vermeintlich gläubiger Soldaten (insbesondere höherer Dienstgrade) zurück.

In einer Schrift des Generalleutnants von Rabenau *„Von Geist und Seele des Soldaten"* – herausgegeben vom Zentralverlag der NSDAP, erschienen in der Schriftenreihe der NSDAP „Deutsche Wehrkraft" und vom OKW Abt. Inland als „Sonderschrift" unter dem Titel „Geistige und seelische Probleme im jetzigen Krieg" übernommen – haben nach Höflers Verständnis „Christ-sein und Soldat-sein in glücklicher Weise einander durchdrungen".[36] Höfler setzte sich sofort mit von Rabenau in Verbindung, um ihn für eine Mitarbeit im Sinne der Wehrmachtseelsorge zu gewinnen und die eigenen Überlegungen „mit militärischen Argumenten (zu) stützen". Auf die Schrift wird nicht nur im Theologenrundbrief empfehlend verwiesen,[37] sie wird auch mehrfach in Predigten der Kriegspfarrer erwähnt.

Die dankbare Aufnahme von kirchlicher Seite ist ebenso kennzeichnend wie die Stellungnahme des Gauleiters Florian und der Prüfstelle des OKW: Kirchliche Vertreter sähen sich in ihrer Auffassung vom Sinn der Religion bestätigt und beeilten sich, auf die Schrift hinzuweisen oder sie sogar in ihren genehmigten Schriftenkatalog zu bekommen. Den Parteiideologen hingegen ging die Anpassung an die nationalsozialistischen Anschauungen nicht weit genug, weil nach von Rabenau *„ein Soldat im Diesseits kaum ohne Jenseitsgedanken auskommen kann".*[38] Messerschmidt äußert sich über diese Veröffentlichung von Rabenaus wie folgt:

„Man muß sich fragen, ob dieses ‚geistige Soldatentum' nicht mit seinem Gerede von der deutschen Seele, von einer spezifischen seelischen Einstellung des Soldaten, seinem Antisemitismus, seiner Verherrlichung Hitlers überhaupt eine Gegenposition gegen den Nationalsozialismus finden konnte? Schließlich wird hier der Nationalsozialismus mehr oder weniger als Quintessenz der deutschen Geschichte hingestellt. Der Soldat muß zwar eine seelisch-religiöse Einstellung haben, aber welche, das ist nicht ganz klar: Schön, wenn es eine bessere Religion als die bisher bekannten sein könnte! Dennoch wundert es nicht, daß maßgebende Parteiführer selbst dieses ‚Gedankengut' noch als Konkurrenz empfanden."[39]

Eine andere Schrift von Rabenaus *„Vom Sinn des Soldatentums. Die innere Kraft von Führung und Truppe"* atmet den gleichen Geist. Geistliche mögen geneigt sein, den vorletzten Absatz mit Vorliebe zu zitieren:

„Es ist auffallend, daß fast alle großen, bis zum Ende erfolgreichen Soldaten tief religiös und glaubensfest gewesen sind. Bei den wenigen, die es nicht waren, gibt es auch sonst Anzeichen, die an ihrer wahren Größe zweifeln lassen."[40] Doch der gleiche General rühmt in eben diesem Text das „Dritte Reich", in dem das deutsche Volk zu seinen inneren Werten zurückgefunden habe und nun „um seine geistige und seelische Freiheit" kämpfe.[41] Folgende Sätze könnten einer der Kriegspredigten entnommen sein:

„Religiosität ist eine harte Angelegenheit, nichts Weiches und Weichliches, verlangt aktives Tun und nicht, wie es ein weitverbreiteter Irrtum will, passives Verhalten. Religiosität ist etwas Freudiges und Frisches und nichts jammernd Geducktes. Alle Pflichten des Soldaten sind im letzten religiös begründet, und sie zu erfüllen ist gerade darum oft bis zum Sterben hart."[42]

War es die verzweifelte Hoffnung, die Geistliche zu diesen fragwürdigen Ausführungen eines Generals greifen ließ, um die ideologischen Gegner doch noch von der „Nützlichkeit" der Wehrmachtseelsorge zu überzeugen? War es einfachhin mangelndes Unterscheidungsvermögen? Oder glaubte man selbst – und dafür sprechen einige Gründe –, daß Religiosität und Glaube sich nachweislich in militärische Energie umsetzen ließen?

Ein weiteres Beispiel liefert die Gedenkschrift *„Rudolf Freiherr von Moreau, Hauptmann der Luftwaffe"*, die anläßlich des Todes des weltbekannten Rekordfliegers erschien. Die zwanzig Seiten umfassende Schrift wurde zwar nicht vom Propagandaministerium genehmigt, war jedoch im freien Handel zu erhalten und von Höfler wie auch vom Militärbischof empfohlen:

„In feinem Gewand, das der edlen Aufgabe entspricht, dem Gedenken des Fliegerhelden zu dienen, berichtet die Schrift über die Marksteine seines Lebens und seines raschen Aufstieges. Umgeben von dem Rahmen der offiziellen Bekanntmachungen und Glückwünsche zu seinem Fliegererfolgen und den Trauerbotschaften seines Todes, von Nachrichten in- und ausländischer Zeitungen, steht die Gedächtnisrede an seinem Grabe von Domkapitular Dr. Fr. X. Eggersdorfer … Das Büchlein eignet sich vorzüglich als Lesestoff für die Soldaten und verdient besonders bei den Angehörigen der Luftwaffe weiteste Verbreitung."[43]

Der Prälat beginnt seine Gedächtnisrede am Grabe, am Gründonnerstag, dem 6. April 1939: „Einer von den ‚Legionen des deutschen Adlers' ist im Sturzflug niedergegangen und ist gelandet in dem stillen Friedhof hier, im Friedhof seiner Heimat, in der Gruft seines Geschlechtes …" Eggersdorfer rühmt den Lebenseinsatz Moreaus, der „in religiöser Kraft geschehen" sollte. Von 1936-1937 war er als Fliegeroffizier bei der „Legion Condor": „Der Welteinsatz des Bolschewismus gegen ein Abendland, das immer noch auf christlichem Fundamente ruht, hatte damals begonnen. Wenn sich ein Kreuzzug ereignete, dann mußte doch unser Ritter dabei sein." Von diesem „Habakuk der Lüfte" predigt der Prälat:

„Hauptmann Freiherr von Moreau war von Kindheit an eine tief religiöse Natur und er ist es geblieben. Sein Heldentum war Gottesdienst. Zuletzt wollte er nichts anderes als Gottes Willen: Gottes Willen im Einsatz für das Lebensrecht und die Geltung seines Volkes, für die Entfaltung des geliebten Flugwesens und der Flugwaffe, Gottes Willen im ritterlichen Kampf in Spanien gegen die widergöttlichen Mächte, und Gottes Helfer wollte er sein und war er, als er sich niedersenkte über die Gefangenen des Alkazar, die 800 Offiziere und Kadetten, die ihm auch gesinnungsmäßig so eng verbunden waren. In überwiegender Zahl waren sie ‚Marienritter', Sodalen einer marianischen Offizierskongregation, sie hatten Maria zur Herrin ihrer Festung erhoben und erwarteten ihre Rettung mit größtem Vertrauen von ihr. Die Rettung aber durfte ihnen ein Marienritter bringen, der selbst Sodale einer marianischen Studentenkongregation war. So waren unserem Flieger alle Aufgaben, die er übernahm, Gottes Ruf."[44]

Alle Verhandlungen und Überredungsversuche, alle Bezeugungen des Willens, einen bis an die Grenze des Möglichen (und über die Grenzen des Verantwortbaren hinaus) gehenden spezifischen Kriegsbeitrag zu leisten, vermochten die Machthaber nicht zu bewegen, von weiteren die „Seelsorge" einengenden Bestimmungen abzusehen oder bereits bestehende Anordnungen außer Kraft zu setzen. Enttäuscht schreibt Höfler:

„Erschüttert … bin ich darüber, daß man auch an hohen Stellen nicht sieht, wo die Quellen wahrer Aufrichtung und Tapferkeit zuletzt springen!"[45]

Höflers „Erschütterung" geht wohl (auch) auf einen gerade erhaltenen Brief Werthmanns vom 4.3.1942 zurück, in dem der Generalvikar einige die „Kirchliche Kriegshilfe" belastende Vorgänge beim OKH und OKW andeutet und weitere restriktive Maßnahmen ankündigt. Dabei teilt er Höfler auch mit, daß „OKW die Herausgabe des 3. Heftes der Schriftenreihe ‚Das Opfer' vor 8 Tagen unterbunden hat". Wenn dieses von Werthmann genannte Heft mit einer dem Verfasser vorliegenden Broschüre gleichen Namens identisch oder ihr auch nur entfernt ähnlich sein sollte, müßte man dem OKW und allen an dieser Entscheidung beteiligten Instanzen dankbar sein. Denn diese 32-Seiten-Schrift, „Herausgegeben von den Feldgeneralvikaren im OKH Wehrmachtdekan Münchmeyer und Wehrmachtoberpfarrer Bartsch" (Berlin o. J.) und „nur für die Wehrmachtseelsorge innerhalb des Heeres bestimmt"[46] – allem Anschein nach im Herbst 1941 erschienen bzw. verfaßt –, gehört zu den deprimierendsten Dokumenten der Feldseelsorge, ein Konglomerat von politischer Blindheit, geistlicher Irreführung und kirchlicher Prostitution.

Die Lektüre der Hirtenbriefe Rarkowskis wird die meisten Leser bedrücken; doch während es sich bei den Hirtenbriefen und den hier und dort anzutreffenden Tiraden um relativ kurze Texte handelt, muß man sich bei der Schrift der Feldgeneralvikare von der ersten bis zur letzten Seite durch Opfer und Ringen und Opfer und Kampf und Opfer und Sieg und Opfer und Tod hindurchquälen.[47]

3.6.3 Kultgerät und Devotionalien

Zu den Obliegenheiten Höflers zählte auch die Beschaffung von Kultgerät für Priester (Altargerät, Meßgewänder, Hostien, Wein u.a.) wie die Versorgung der Truppe mit Andachtsgegenständen.[48]

Schon Anfang 1940 weist Höfler in einem Schreiben an die Diözesan-Caritasverbände auf die sich abzeichnenden Schwierigkeiten bei der Beschaffung von Rosenkränzen hin. Neben dem Vorschlag, die Gemeinden zur Sammlung von Rosenkränzen zu veranlassen, findet sich die Bitte um Informationen über Herstellerfirmen von Rosenkränzen und Medaillen, „weil wir versuchen müssen, größeren Bedarf auf verschiedene Hersteller zu verteilen". Bei dieser Gelegenheit taucht erstmalig der

Gedanke des sog. „Pfadfinderrosenkranzes" auf, auch „spanischer", „Basken"- oder „Franco-Rosenkranz" genannt, einem an einen Finger zu steckenden Ring mit zehn kleinen kugelförmigen Erhebungen und einem Kreuz. Anfang 1940 ist Höfler „der Meinung, daß dafür bei uns die Notwendigkeiten einstweilen doch noch nicht vorliegen. Im allgemeinen dürften unsere Leute an der gewohnten Form des Rosenkranzes festhalten".[49] Ist es schon in normalen Zeiten schwer, einem Nicht-Katholiken den Sinn dieser oder jener katholischen Praxis deutlich zu machen, so ergaben sich im Krieg zusätzliche Schwierigkeiten, die Beschaffungsanträge des für die Herstellung der Rosenkränze notwendigen Materials zu begründen. So schreibt der Präsident des DCV am 9.9.1941 an Senftleben vom AHA:

„Es wird mir einigermaßen schwer, Ihnen, dem Nicht-Katholiken, über die Bedeutsamkeit des Rosenkranzgebetes in einem kurzen Satz das Nötige zu sagen. Ich muß dabei meine persönliche Erfahrung als Divisionspfarrer des Weltkrieges heranholen, kann Ihnen aber auf Grund dieses persönlichen Erlebens sagen, daß unsere Soldaten, besonders die einfachen Leute, gerade aus diesem sehr schlichten und einfachen Gebet viel Kraft auch für ihr soldatisches und kämpferisches Dasein gewonnen haben. Herr Höfler versichert, und ich selbst weiß es auch aus persönlicher Korrespondenz mit Kriegspfarrern von heute, daß das Rosenkranzgebet auch unter den Kämpfern der gegenwärtigen Feldzüge unzählige Liebhaber hat. Von dieser Tatsache ausgehend, muß die Beschaffung von Rosenkränzen als wichtigen Hilfsmitteln der Seelsorge unbedingt bejaht werden."[50]

In der Aktennotiz über die Besprechung mit dem AHA am 2.10.1941 vermerkt Kreutz, daß für Devotionalien (Rosenkränze und Medaillen) wegen der Beschaffungsgenehmigung für das Material „das Gewicht der anzufordernden Menge an Zink bzw. Spritzguß-Werkstoff" wenigstens in Rohmasse anzugeben sei.

Die anschließende Bitte, der Rosenkranzproduktion „eine gewisse Stufe der Dringlichkeit und Kriegswichtigkeit zuzuerkennen", mag zunächst ein wenig seltsam anmuten. Doch in dem Maß, als man sich die religiösen Vorstellungen einer bestimmten Ausprägung des Katholizismus vergegenwärtigt und verdeutlicht, gewinnt die Vermutung an Gewicht, hier handle es sich um ein ernsthaft gemeintes Argument. Immerhin gab es eine jahrhundertealte Tradition, anläßlich des Rosenkranzfestes (7. Oktober) auf die Macht gerade des Rosenkranzgebetes hinzuweisen.[51]

Anfang 1942 teilt Höfler mit, daß bereits über 100.000 Franco-Gebetsringe ausgegeben wurden und er ein Angebot über weitere 300.000 erhalten habe.[52] Die Hindernisse bei der Versorgung der Priester mit Kultgerät, Meßwein und Hostien hatten ihren Grund in dem mit Fortgang des Krieges zunehmenden Beschaffungsschwierigkeiten. Vom Dezember 1941 bis Ende 1943 konnte die Hilfsstelle 153 Sendungen mit vollständigen Meßkoffern und weitere 47 Einzelsendungen zusammenstellen, ferner 570 Antimensien.[53]

Während für die Erstellung des Kultgerätes schlicht-gläubige Menschen ihre Eheringe u.a. hergaben, hatten Prälaten die wahrlich bewegende Sorge, daß auch an der Front die liturgischen Vorschriften beachtet wurden, ob es sich um das Tragen des Meßgewandes oder um die Weihe von Antimensien für den Feld-Altar handelte. Gerade letzteres „Problem" wurde über viele Monate erörtert: ein Prälat will die Weiheformel an höherer Stelle erfragen; ein Bischof weiht schlicht auf Anregung einer Nonne mit einer in allen möglichen Fällen anwendbaren Formel; der Nuntius hat dagegen keine Bedenken, stimmt aber einer Veröffentlichung seiner Meinung in dieser Sache nicht zu, sondern fragt in Rom an. Höfler, der die Kriegspfarrer versorgen, aber auf diesbezügliche Anfragen auch antworten mußte, an Werthmann:

„Hochgestellte Glieder des Klerus sind oft von einer imponierenden Überlegsamkeit. Zu all den violett entzündeten Knopflöchern guckt da die Ewigkeit der Kirche heraus. Ich finde es herrlich, daß von allem Geschaffenen und Gestifteten in dieser Welt wenigstens die Kirche – Zeit hat … Gespannt bin ich, wie diese liturgische Schlacht jetzt ausgeht. Und vor allem, wer auf dem Schlachtfeld bleibt. Aber wer es auch sei, vielleicht könnte dann der Reliquienbestand vermehrt werden."[54]

3.6.4 Leistungen der Diözesen: Beispiel Freiburg

Neben der zentralen „Kirchlichen Kriegshilfe" haben die Hilfsstellen der Diözesen mit den Priestern und Theologen ihrer Bistümer Verbindung gehalten und sie mit Literatur versorgt. Als Beispiel diene das Erzbistum

Freiburg, ohne dessen Tätigkeit und Leistungen als repräsentativ ansehen und darstellen zu wollen. Mit Schreiben vom 27.2.1941 „an die verehrlichen Diözesan-Caritasverbände" versandte der Generalsekretär der DCV Kuno Joerger das Ergebnis einer umfassenden, die Erzdiözese Freiburg betreffenden „Erhebung über die Sonderleistungen der Kirche in den ersten fünfzehn Kriegsmonaten" vom 4.11.1940 mit dem Hinweis, „ob Sie nicht diese statistische Übersicht auch Ihrem hochwürdigsten Ordinariat unterbreiten und eine ähnliche Erhebung für die dortige Diözese anregen wollen".[55]

Der erste Teil dieser Erhebung gilt der „religiös-geistige(n) Mobilmachung und Weckung der moralischen Kräfte des Volkes":

„Der hochwürdigste Herr Erzbischof hat vom 1. September 1939 bis 31. Dezember 1940 nicht weniger als 17 größere und kleinere Hirtenschreiben, die zur Opferwilligkeit und Einsatzbereitschaft ermuntern, im Amtsblatt für die Erzdiözese Freiburg veröffentlicht und auf allen Kanzeln verlesen lassen."

Nach Aufzählung von 7 Hirtenbriefen, die als Kleinschriften herausgegeben und in einer Gesamtauflage von 355.400 verbreitet wurden (die höchste Auflage mit 90.300 Exemplaren hatte das Hirtenwort an die Soldaten im Felde „Arbeite als ein guter Kriegsmann Christi") heißt es weiter:

„Während der ganzen Kriegszeit hat der Herr Erzbischof ungezählte Predigten, Reden und Ansprachen bei großen Festlichkeiten und anderen Anlässen, bei den Firmungen, bei Tagungen von Geistlichen und Laien gehalten, die immer zu treuester Pflichterfüllung im Staat und der Volksgemeinschaft gegenüber ermuntert haben."

In der Berichtszeit wurden für die *„Kirchliche Kriegshilfe"* und die Kriegscaritas neun Kollekten durchgeführt. Die Tätigkeit des Klerus wird u.a. wie folgt beschrieben:

„Die einzelnen Erz(bischöflichen) Pfarrämter haben in allen Pfarreien die vorgeschriebenen Kriegsgebete und Kriegsandachten in den Sonntags- und Werktagsgottesdiensten gehalten. In ihren Predigten, Christenlehren und Religionsunterrichten haben sie nach Anweisung ihres Bischofs und ihrer Behörde die Opferwilligkeit und Einsatzbereitschaft mit religiösen Motiven zu stärken gesucht."

Der erste Teil der Erhebung endet:

„Wenn wir diese kurzen Andeutungen überschauen, kann festgestellt werden, daß die Kirche in der religiös-geistigen Mobilmachung und der Weckung der moralischen Kräfte des Volkes sowie in der Stärkung des Opferwillens und der Einsatzbereitschaft ihre volle Pflicht getan hat. Sie hätte noch mehr tun können, wenn sie nicht durch manche Einschränkungen stark gehemmt gewesen wäre."

An Einzelleistungen materieller Art werden genannt: 1. Ausgaben aus der kirchlichen Kriegshilfekasse der Erzbischöflichen Kollektur: RM 151.400; 2. Aus den caritativen Kirchenkollekten, die in der kirchlichen Kriegshilfekasse nicht vereinnahmt wurden: RM 130.000; 3. Sonderausgaben der kirchlichen Kriegshilfestelle für die Erzdiözese Freiburg: RM 25.998; 4. Aufwendungen der Erzbischöflichen Pfarrämter für kirchliche Kriegshilfe: RM 253.950; 5. Aufwendungen des Caritasverbandes, der Caritas-Sekretariate, der Vinzenz- und Elisabethenvereine: RM 353.220; 6. Kriegsaufwand kirchlicher Verwaltungsstellen: RM 255.080; 7. Nichtvergüteter freier Kriegsaufwand der Klöster, der kirchlichen Anstalten und größeren caritativen Heime: RM 140.460. Nach dieser Aufstellung hat also allein die Erzdiözese Freiburg in den ersten 15 Kriegsmonaten RM 1.330.108 an Kriegshilfeleistungen aufgebracht."[56]

Dem Verfasser ist nicht bekannt, ob andere Diözesen ähnliche Aufstellungen vorgenommen haben. Jedenfalls gilt es zu beachten, daß es sich um Diözesanleistungen neben denen der zentralen Kriegshilfe beim DCV handelt.

Über die Sendungen der diözesanen Kriegshilfestelle zur Versorgung der Kriegs-, Standort- und Lazarettpfarrer mit religiösem Schrifttum u.a. gibt ein Tätigkeitsbericht von Monsignore Schuldis vom 29.1.1941 Aufschluß.[57]

„Soweit religiöses Schrifttum in Frage kommt, ist es Grundsatz unserer Kriegshilfestelle, nur solches Lesegut zur Versendung zu bringen, welches die vorgeschriebene Genehmigung besitzt. Dieses Festhalten an den gegebenen Vorschriften erschwert die Arbeit insofern ungemein stark, als, zumal im Hinblick auf die Dauer des Krieges, nur sehr wenige Schriften die notwendige Genehmigung besitzen, die Möglichkeiten des Versandes darum sich schnell erschöpfen. Erschwerend kommt hinzu, daß die genehmigten Schriften nicht in allen Fällen qualitativ zum Besten gehören, was für die Soldaten geeignet ist. Daß zudem auch von den genehmigten Schriften nach Mitteilung der Verlage einige überhaupt nicht mehr neu aufgelegt werden können, also nicht mehr zu bekommen sind."

Ende 1940 wurden von der Hilfsstelle des Erzbistums Freiburg 71 Kriegs-, 13 Standort- und 19 Lazarettpfarrer, die fast alle aus der Erzdiözese Freiburg stammten, mit Schrifttum beliefert. Die Heeresgeistlichen erhielten für ihren persönlichen Bedarf insgesamt 3.724 Bücher von etwa zwanzig verschiedenen Autoren. Zur Verteilung an die Heeresangehörigen erhielten die Geistlichen etwa 25 Titel (vom Bistumsblatt für die Erzdiözese Freiburg über verschiedene Kalender bis hin zu Kleinschriften) in einem Umfang von insgesamt 404.930 Exemplaren, dazu 338.600 Spruchkarten, Gebetszettel und Formblätter „Letzter Wille". Für Lazarette und Standortbüchereien wurden zahlreiche Bücher unterhaltenden Charakters zur Verfügung gestellt.

Der Bericht über den Zeitraum vom 1.1.1941 bis zum 31.12.1941 enthält unter II/1 Mitteilungen über „Lesestoff für deutsche Heeresangehörige, in geringerem Umfange auch für Umsiedler und Dienstverpflichtete". Danach sind über 34.000 Ausgaben des Neuen Testaments, Gebet- und Singbücher zum Versand gekommen, 234.000 periodisch erscheinende Zeitschriften (Bistumszeitung, Kalender, „Stimmen der Zeit" u.a.; die meisten Zeitschriften mußten Mitte 1941 ihr Erscheinen einstellen), 10.000 Bücher religiösen Inhalts sowie rund 4.500 „Bücher belehrenden und unterhaltenden Inhaltes".[58]

Aus einer anderen Aufstellung geht hervor, daß zwischen dem 1.1.1941 und dem 29.5.1942 von der Erzdiözese Freiburg 134 Kriegs-, Standort- und Reservelazarettpfarrer sowie 260 Priestersoldaten mit Literatursendungen im Wert von 152.000 RM bedacht wurden.[59]

3.7.1 Die Rundschreiben an die Kriegspfarrer

Nach Einrichtung der *„Kirchlichen Kriegshilfe"* dauerte es viele Monate, bis Höfler eine einigermaßen vollständige und korrekte Anschriftenliste der Kriegspfarrer vorlag. Dafür gibt es außer den Behinderungen durch die OKW- und RMVP- Vorschriften vornehmlich folgende Gründe: der häufige Anschriftenwechsel durch Truppenverlegung, Umorganisation und Versetzungen (nach dem Rundbrief vom 25.1.1941 etwa 25 %),[1] anfängliche Unkenntnis über die Existenz der Hilfsstelle und das auf Unsicherheit beruhende Zögern einer Anzahl von Geistlichen, die angebotenen Kontaktmöglichkeiten aufzunehmen. Zumal bei jüngeren Kriegspfarrern dürften Unsicherheiten und Ängstlichkeiten eine Rolle gespielt haben, die wohl jeder kennt, der sich unversehens in die Welt des Militärs hineinversetzt sieht. Wie andere Neulinge brauchten auch die Kriegspfarrer Zeit, bis sie die Routine eines Obergefreiten im Umgang mit militärischen Vorschriften und Vorgesetzten lernten. Und sie taten sich vielleicht schwerer als andere, da ihre (priesterliche) Erziehung zu Gehorsam und Gesetzestreue, ihr Idealismus und ihre Pflichtauffassung – später die Sorge, durch eigenes Verhalten die Institution zu gefährden – sie hinderten, Lücken im Gesetz aufzuspüren oder sich über Vorschriften einfach hinwegzusetzen. Manch einer lernte es für die Zeit des Krieges und sein weiteres Leben (zum Kummer auch der kirchlichen „Oberen" nach dem Krieg!), andere waren und blieben „zuverlässig" und dem Gesetz verhaftet, eine „treue" Truppe, die genauso marschiert, wie die jeweilige Obrigkeit es befiehlt. Gerade die Gesetzestreuen brachten Werthmann und Höfler mehrfach in Verlegenheit und Bedrängnis. So hat Werthmann sich z.B. angesichts des ängstlich-korrekten Verhaltens mancher Wehrmachtgeistlichen bei der (verbotenen) Vermittlung von Adressen „gründlich geärgert, zumal die von Ihnen genannten Wehrkreispfarrer das machten, was in solchen Fällen das Ungeschickteste ist, anfragen …".[2] Der vorsichtig-abwartende, nüchterne, gewissenhafte und die die Einrichtung der Feldseelsorge berührenden Folgen einer Maßnahme immer in Erwägung ziehende Werthmann scheute nicht davor zurück, die „krummen Wege" und „Untaten" Höflers zu decken und gegebenenfalls auch „fast unter Eid" wahrheitswidrige Aussagen zu machen.[3]

Nicht ohne Illusionen, jedoch mit einer ungemeinen Energie und Zähigkeit knüpfte Höfler die Verbindungen zu den Kriegspfarrern. Die von Anfang an vorhandenen Behinderungen und Schwierigkeiten der Adressen- und Literaturbeschaffung wie des Versandes versuchte er

„auszuräumen, je nachdem, durch Humor, durch Verhandlungen oder durch – Übersehen! Wir hatten aber keinen Augenblick das Gefühl, von einer halbwegs wohlwollenden Atmosphäre umgeben zu sein. Immer in Erwartung böser Kräfte, die unser Dasein hassen und unserm Wirken ein jähes Ende bereiten würden."

Nach einem Hinweis auf die nichtsahnenden Kriegspfarrer, die um all diese Probleme kaum wissen konnten, führt Höfler fort:

„Es ist so: wüßte man mehr von unserer durch günstige Umstände glücklich verhüllten Tätigkeit, wir wären längst nicht mehr, trotz guter Beziehungen zu OKH, denn gegebenenfalls würden wir von ihm wie vom FeBi fallen gelassen."[4]

An alle erreichbaren Wehrmacht- und Kriegspfarrer, die Empfänger der Schriftensendungen und der Kultgeräte, versandte Höfler ab Februar 1940 in unregelmäßigen Abständen Rundbriefe mit Informationen über die Zusammenstellung neuer Sendungen, Bestell- und Beschaffungsmöglichkeiten von Literatur bzw. Kleinschriften, sowie Mitteilungen über Organisationsfragen. Mehrfach finden sich allgemein gehaltene Hinweise auf die Behinderungen der Schrifttumsarbeit wie auf das mangelnde Verständnis der Militärs für die Bedeutung der religiösen Literatur. Diesen Ausführungen folgen dann dringliche Bitten an die Kriegspfarrer, den militärischen Vorgesetzten nachhaltig die Wünsche der Soldaten nach religiösem Lesegut zu unterbreiten.[5]

Die Rundschreiben enthalten bis Ende 1942 unter anderem auch detaillierte Verzeichnisse der verschickten bzw. zum Versand anstehenden Pakete. Hin und wieder wird empfehlend auf bestimmte Titel mit dem Hinweis aufmerksam gemacht, daß man sich diese Schriften bzw. Bücher über die Kriegshilfestelle oder über Angehörige zuschicken lassen könne. Solche Bitten konnten als Privatwunsch verstanden werden, dessen Erfüllung eine private und nicht verbotene Tätigkeit war. Unter diesen Empfehlungen finden sich z.B. am 19.2.1940 Karl Adam „*Christus und der Geist unserer Zeit"* („für Offiziere ... sehr passend") wie auch die Schriftenreihe des Werkbund-Verlages „Christliche Besinnung", „die auch Andersgläubigen und Andersdenkenden in die Hand kommen können, ohne daß wir dabei erröten müssen, wie über so manch anderes aus dem sog. religiösen Kleinschrifttum!"[6] Dem Schreiben vom 13.6.1940 ist das *„Abschiedswort"* von Peter Wust beigelegt, weil es „gerade auch zur Daseinslage des kämpfenden Soldaten manches zu sagen vermag". In der dritten Adventswoche 1941 klagt Höfler:

„Seit unseren letzten Ausführungen zum Ernst der Lage ist alles noch schwieriger geworden. Das religiöse Schrifttum zumal ist bald so gut wie ganz aufgebraucht; Eingaben zur Genehmigung von Druck und Papier werden in der Regel abgelehnt. Selbst der Druck von Bibeln, Ganz- und Teilausgaben, ist – von ganz seltenen Sondergenehmigungen abgesehen – auf Kriegsdauer untersagt. Sie können binnen kurzem von uns und auch von anderen Stellen nichts mehr, gar nichts mehr erwarten, wenn die von uns mit Unterstützung heeresamtlicher Stellen in die Wege geleiteten Versuche zur Abhilfe des Notstandes scheitern. Es wäre unverzeihliche Unterlassung, wenn wir nicht alles in unserer Kraft Stehende daransetzten, unseren schwer kämpfenden Soldaten die Zufuhr an seelischen Werten und geistig religiöser Stärkung auch weiterhin zu gewährleisten. Schlimm, wenn wir zu den Ahnungs- und Einsichtslosen gehörten, die glauben, auf die Kraft aus dem religiösen Bereich verzichten zu können. Weil wir anders, weil wir vernünftig und sachlich denken, müssen wir uns tapfer einsetzen, wir tun es für die Brüder. Die Kriegspfarrer draußen wie die Heeresseelsorger beim Ersatzheer als die Mitbetreuer der seelischen Widerstandskraft unserer Soldaten werden es an dem ihnen zustehenden und zumeist wohl auch möglichen wagenden Einsatz nicht fehlen lassen! Wir danken Ihnen jetzt schon für alles, was Sie zur Unterrichtung und Gewinnung einflußnehmender Instanzen tun werden, wie wir allen denen nochmals herzlich danken möchten, die uns durch zustimmende Briefe haben erkennen lassen, daß unsere Arbeit einem gemeinsamen Ziele gilt."

Am 4.8.1942 muß Höfler den Kriegspfarrern mitteilen, daß „Schriftgutsendungen ... von jetzt an nur noch auf Verlangen und im Rahmen des noch Möglichen zugestellt werden".

„Die bisherigen Sendungen an Priestersoldaten und Theologen sind neuerdings untersagt worden. Nach Auffassung der Staatspolizei ist dem Unterzeichneten als Beauftragten einer kirchlichen Stelle strengstens verboten, Rundbriefe und religiöses Schrifttum an einzeln Wehrmachtsangehörige, (also auch an Priestersoldaten, Theologen und Laienbrüder) direkt zu versenden. Gestattet seien lediglich private Einzelbriefe ohne religiöses Schrifttum."

Nach dem weiteren Hinweis, daß „nach Ansicht der Staatspolizei" allein die Wehrmachtseelsorger religiöse Literatur verteilen dürften, und der Erklärung Höflers, sich „genau an das uns Eröffnete… halten", doch „im Rahmen der uns noch belassenen Möglichkeiten die wartenden Brüder geistig nicht im Stiche lassen" zu wollen, war jedem einigermaßen wachen und ‚lese'kundigen Geistlichen und Theologen klar, welche Wege die Hilfsstelle einzuschlagen gedachte: ausschließliche, aber verstärkte Belieferung der Kriegspfarrer, die ihrerseits im Rahmen ihrer Seelsorgetätigkeit als Verteiler fungierten. Umgekehrt hatten die Theologen und Soldaten nach wie vor die Möglichkeit, nach Freiburg zu schreiben, wo Höfler „Privatkontakte" vermittelte.

Im letzten Rundbrief dieser Art vom 5.1.1943 teilt Höfler den Kriegspfarrern mit, daß nach OKW-Erlaß vom 9.11.1942[7] nunmehr eine unmittelbare Verbindung zwischen der Zentrale in Freiburg und Kriegs- bzw. Wehrmachtpfarrern nicht mehr erlaubt sei. Jede Art von Sendungen – ob Schrifttum, Kultgerät oder Predigtskizzen – dürfe „nur noch nach einem vom katholischen Feldbischof der Wehrmacht aufgestellten Verteiler an die dienstaufsichtführenden Kriegspfarrer zum Versand kommen". Von diesem Zeitpunkt ab fungiert die *„Kirchliche Kriegshilfe"* nach außen lediglich als technische Vermittlungsstelle des Feldbischofsamtes, ohne selbst in Erscheinung zu treten.

Seit diesem Erlaß vom 9.11.1942 gibt es nur noch vereinzelt Aufzeichnungen über die Paketinhalte. Daß die Zahl der Sendungen jedoch – wie bereits berichtet – weiter anstieg, ist auf den um die Jahreswende 1942/43 zustandegekommenen Entschluß Werthmanns zurückzuführen, die Aktivitäten seines Freundes Höfler mit dem Siegel des Feldbischofsamtes zu decken. Wenn die Welt – konkret: OKW, RMVP und Konsorten – betrogen werden will, soll sie es werden.[8]

Zeitlich parallel zu den die kirchlichen Tätigkeiten einengenden Maßnahmen und zweifellos durch sie mitbedingt, vielleicht auch durch den Kriegsverlauf beeinflußt, zeichnet sich eine Wandlung in der Einstellung zum Krieg ab. Die Forderung nach persönlicher Bewährung – von Anfang an schon vorhanden – tritt gegenüber dem Gedanken des Einsatzes für Volk und Vaterland nunmehr in den Vordergrund.

3.7.2 Der Rundbrief an die Theologen
„Lieber Kamerad"

Während die Verbindung mit den Kriegs-, Wehrmacht-, Standort- und Lazarettpfarrern trotz aller Schwierigkeiten in der Praxis immerhin juristisch abgesichert war, weil sie in die dienstliche Obliegenheit des Feldbischofsamtes fiel und die „*Kirchliche Kriegshilfe*" teilweise in dessen Auftrag agierte, so bewegte sich Höfler mit dem Unternehmen, auch mit den im Heeresdienst stehenden Priestern und Theologen Kontakte herzustellen, sie auszubauen und zu systematisieren, von vornherein in einer der vielen „Grauzonen", deren Chancen er solange wahrnahm, bis eindeutige Verbote staatlicher und militärischer Stellen seinem Wirken auch hier ein Ende setzten. Der in unregelmäßigen Abständen von Juni 1940 bis April 1942 erschienene Rundbrief „*Lieber Kamerad*" entstand aus der Korrespondenz, die Höfler mit der genannten Personengruppe unterhielt und die wegen ihres zahlenmäßigen Umfangs nicht mehr zu bewältigen war.[9] Höfler mußte sehr bald auf Beantwortung von Einzelbriefen verzichten. Er entwarf vielmehr Antwortschreiben, in denen er aus einer ganzen Anzahl von Zuschriften die ihm für ein christlich-priesterliches Leben in der Gegenwart wichtig erscheinenden Aussagen und Überlegungen zitierte, die tausenden jungen Männern hektographiert zugänglich gemacht wurden und damit jenen Anregungen und Hilfen gaben, die bewußt als Christen leben wollten. Erstmalig wurden in diesen Briefen in bisher nicht gekannter Intensität und Vielzahl Erfahrungen dieser Männer an- und ausgesprochen, die in keinem Lehrbuch vorformuliert waren und zu deren Verarbeitung die bislang in der Regel angebotenen frommen Übungen nicht ausreichten. Allein die Tatsache, daß persönliche Erfahrungen ein solches Gewicht erhielten, daß die gewohnte und weithin formelhafte Sprache zum Teil gesprengt wurde, mußte in manchen kirchlichen Kreisen alarmierend wirken. Für sie stellten die Sprache des Rechts und der Neuscholastik ebenso die Norm des Denkens und

Lebens dar wie die römische Liturgie, deren bis ins Detail vorgeschriebener Ritus nur mit allerhöchster Genehmigung geändert werden durfte.[10]

Sicherlich hatten der Erste Weltkrieg und die Nachkriegszeit, Jugend-, Bibel- und liturgische Bewegung die Voraussetzung für eine zumindest partielle binnenkirchliche Auseinandersetzung gegeben. Doch erst die Konfrontation mit Nazidiktatur und Kriegsgeschehen, mit Terror und Tod ließen tastend jene Fragen stellen, die – im Rundbrief vielen Gleichgesinnten zugänglich gemacht – die vermeintlichen Hüter der Orthodoxie beunruhigten und nach der Zensur rufen ließen.

Wenngleich am Ende der 70er Jahre nach den inzwischen eingetretenen Entwicklungen und vollzogenen Wandlungen fast alles damals Ausgesprochene harmlos erscheint, so hat vieles doch in jenen Tagen einen Durchbruch bedeutet: die eigene Existenz in ihrer täglich erfahrenen Unsicherheit stellte überkommene Formen in Frage und griff damit zugleich jenes Gerüst an, das der noch herrschenden Meinung nach allein Halt und Stabilität zu geben vermochte.

Die insgesamt 15 Rundbriefe[11] gingen in der Regel an alle Priestersoldaten und Theologen, Ordensbrüder und mit Höfler in besonderer Verbindung stehende Laien. Gelegentlich schrieb Höfler nur an eine der genannten Gruppen.[12] Insgesamt erreichte er damit einen Kreis von mehr als 10.000 Personen.

Im Frühjahr 1942 ergaben sich neue Schwierigkeiten für Höflers Tätigkeit, in deren Folge der Rundbrief an die Priestersoldaten und Theologen eingestellt werden mußte. Diesmal kamen sie jedoch von kirchlicher Seite.

Am 14. März 1942 schrieb der Erzbischof von Freiburg an den Präsidenten des Deutschen Caritasverbandes, dem er abschriftlich einen Brief des Kardinals von Wien beifügte. [13] In diesem Schreiben wird behauptet, den von Freiburg ausgehenden Rundbriefen liege eine Tendenz zugrunde, „die Leser für eine gewisse modernisierende, der strengen alten Terminologie ausweichende, die Begriffe verwaschende theologische Richtung zu gewinnen". Insbesondere wird darin ein den Sendungen beigefügter hektographierter Artikel aus der Zeitschrift „Hochland" (Heft 6, 1940/41) von August Arnold *„Messe und Wiedervereinigung"* beanstandet. Der Kritiker sieht durch diesen Artikel die Reinheit der katholischen Glaubenslehre gefährdet. Als besonders gravierend wird angesehen, daß diese Artikel von einer kirchlichen Stelle ausgehen und ihnen darum „von vorne herein ein größeres Vertrauen … denn privaten Mitteilungen" entgegengebracht werde. Im weiteren heißt es: „Jedenfalls bieten die Sendungen nicht das, was der im Felde stehende Theologe zunächst benötigt. Es fehlt fast jedes Wort wirklichen Trostes, der aus der Wahrheit fließt." Der Autor sieht in den Freiburger Rundbriefen „eine Gefahr für den künftigen Klerus und die Kirche in Deutschland, eine Gefahr, die nicht ernst genug genommen werden kann". Hinsichtlich der „Art, über theologische Dinge zu sprechen", glaubt der Schreiber den Kanon 129 CIC verletzt.[14] So gelangt denn der Schreiber zu folgendem Urteil und der entsprechenden Konsequenz:

„Entscheidend ist jedenfalls die Tatsache, daß eine solche geistliche Hilfe für die Theologiestudierenden im Felde (der Leiter der Aktion scheint ein Laie zu sein!) entweder gutgemeint Unklarheit und Verwirrung stiftet oder vielleicht sogar planmäßig die gegebene Situation ausnützt, um einer modernisierenden (ich möchte fast sagen protestantisierenden) Richtung in der kommenden Priestergeneration den Boden zu bereiten. Wenn es nicht gelingt, die Aktion auf eine andere Linie zu bringen, wäre ihre Einstellung wünschenswert."

Erzbischof Gröber verweist im Schreiben an Kreutz auf eine bereits stattgefundene Aussprache mit Höfler, „die allem Anschein nach ihren Zweck nicht erreichte". Gröber besteht darauf, „daß Herr Höfler seine Sendbriefe meinem Ordinariat zur Zensur regelmäßig vorlegt".

In seinem Antwortschreiben vom 19.3.1942 weist Kreutz die in dem Wiener Schreiben erhobenen Anschuldigungen und ausgesprochenen Verdächtigungen als „eine unbillige Kränkung" und als ein Unrecht zurück. Hingegen hebt er die Versicherung Höflers hervor, daß es in den Rundschreiben nicht um theologische Erörterungen oder Streitfragen geht, „es sei ihm bei der Abfassung der Briefe lediglich darauf angekommen, als alter Soldat des Weltkrieges und religiös interessierter Katholik der Gegenwart heute zu denen zu sprechen, die als Priester und Theologen im Kampfe um Deutschland und das Abendland im Felde stehen". „Buchstäblich tausende von freudig bewegten und dankbaren Zuschriften beweisen, wie gerne diese Sendungen von den Bedachten angenommen und wie sehr sie begehrt werden."[15]

Den Osterbrief an die Priestersoldaten hat Höfler gar nicht erst erstellt. Insbesondere ist er „ergrimmt" darüber, daß Erzbischof Gröber ohne Prüfung der Angelegenheit die Vorwürfe der Wiener Kurie aufgenommen hat und gleich zu seinen Anklägern überging. Der angeordneten Zensur will Höfler sich nicht unterwerfen, eher verzichtet er auf die weitere Herausgabe des Rundbriefes.

„Aber ich muß halt auch dieser Seite gegenüber standhalten. Inzwischen quetsche ich mich, so gut es gehen mag, zwischen kirchlichen, staatlichen und anderen Instanzen durch – guten Gewissens ... Es zeigt sich an diesem Punkt samt seiner Behandlung durch den maßgebenden Mann hier (gemeint ist Erzbischof Gröber; der Verf.), wie rechtlos und schutzlos der Laie und ein Laienwort sein kann in der Kirche, auch wenn man Risiken ungewöhnlicher Art jahrelang übernommen hat."[16]

Zwar haben Höfler und Werthmann noch über Monate hin Möglichkeiten für ein Weitererscheinen dieser Briefe erörtert, und Höfler hatte als Vorlage für die Bischöfe ein 4-Punkte-Programm entwickelt.[17] Schließlich gaben sie jedoch angesichts zu großer Widerstände ihr Vorhaben auf. Engstirnigkeit, Ängstlichkeit, Trägheit und Phantasielosigkeit der kirchlichen Stellen waren stärker. Ein bemerkenswertes Experiment wurde ohne besonderes Zutun der Staats- und Parteibehörden abgewürgt.

Aus den vielen tausend bei ihm eingegangenen Zuschriften hat Höfler in den Rundbriefen ein breites Spektrum von Themen zur Sprache gebracht. Der Grundgedanke jedoch ist trotz zahlreicher Variationen unverkennbar: in der gegenwärtigen Situation, deren geschichtlicher Sinn nicht faßbar ist, kommt alles darauf an, daß der einzelne sich in bewußter Annahme aller Belastungen im stillen, unauffälligen Dienst bewährt, um durch das so vollzogene Opfer (bis zur freien Hingabe des eigenen Lebens) Kräfte freizusetzen, die eine neue Zeit für Volk, Reich und Kirche ermöglichen und einleiten. Eine Zusammenstellung von Zitaten aus den etwa 60 eng beschriebenen Seiten der Rundbriefe soll diesen Tenor verdeutlichen und zugleich einen Eindruck von den Vorstellungen und vom Denken damaliger Kriegspfarrer und Theologen vermitteln.

Das am häufigsten aufgegriffene und alles beherrschende Thema ist das der „Bewährung", oft verbunden mit Bekundungen der Freude, des Dankes und des Stolzes darüber, daß Gott die Priester und Theologiestudenten in eine Zeit des Umbruchs, der Neuwerdung und des Kampfes gestellt habe.

„In den Stürmen und Umbrüchen dieser Zeit kommt es allerstärkstens gerade darauf an, daß wir die kleinen Geschicke und Gelegenheiten des alltäglichen Dienstes christlich bewältigen und verwandeln. Für den Priester gibt es – für den Christen überhaupt! – keinesfalls so etwas wie ‚verlorene Zeit‘, weil ja jeder, auch der unserem Willen zunächst sinnlos erscheinende Augenblick Gottes Zeit ist, die wir durch Dienst, Hingabe und Werkfreude nach Gottes Willen gestalten und reich machen können, ja müssen ... Ich weiß wohl, daß es da einige Schwierigkeiten zu überwinden gibt, aber die sind ja dazu da, um überwunden zu werden. Hier wird sich ‚der Streiter Christ‘ zu bewähren haben. Hier wird unsere Selbsterziehung anfangen, hier wird unser erneutes – ich glaube es sagen zu dürfen – gottgewolltes ‚Metanoeite‘ einsetzen." (15.10.1940)

Oft erscheint Bewährung als „Wahrwerden seiner selbst", das als Folge des Standhaltens gegenüber dem Unausweichbaren, Schicksalhaften gesehen wird. Nur auf diesem Wege gewinne Christus Gestalt „in uns und durch uns auch in andern". Allerdings riefen diese Ausführungen auch Widerspruch hervor. Offensichtlich empfanden mehrere Soldaten die Bewährungsthematik zumindest in der Art ihrer Behandlung als problematisch: „Allzu abgeneigt und argwöhnisch ist man gegen Briefe und Ergüsse geworden, die immer wieder von Bewährung, Einsatzbereitschaft usw. sprechen." (22.6.1941)

Man erwartet nicht Pathos und idealisierendes Gerede, sondern Nüchternheit. (ebd.; 17.4.1941) Theologen und Priestersoldaten: Bewährung! Gewiß, es kann eitle Sprücheklopferei hinter dem Wort sich verbergen. Aber wenn ein Brünnlein einmal eine Weile lief, werden wir bald heraushaben, ob das Wasser gut oder schal ist. So, wie es schon nach zwei Sätzen eines Briefes klar wird, ob sein Schreiber sich eine Not von der Seele sagen oder geistreiche Konversation führen, literarisches Gewölk hervorbringen will! Ich bin oft im Innersten mitgenommen von dem Ernst, mit dem Ihr da draußen, Priestersoldaten und Theologen, inmitten einer oft wenig zur Hoffnung stimmenden Umgebung, der christlichen Bewältigung Eures allgemeinen und besonderen Soldaten-Auftrags zugewendet seid: wie begeistert, kritisch und sachlich zugleich Ihr Stand und Bestand Eurer Wirklichkeit zu erkennen und auszuwerten sucht." (17.9.1941) Die Warnung Höflers „vor pathetischen Wortparaden und vor Gefühlskaskaden war nicht unbegründet. Kritische Stimmen aus den Reihen der Adressaten galten nicht nur dem manchmal etwas idealistischen Ton, sondern auch den Versuchen einer Geschichtsdeutung. „Auch an den Schilderungen metaphysischer Hintergründe kann man sich berauschen ..." (11.11.1941). Gegen diese Gefahr war Höfler – und nicht nur er! – besonders nach dem Angriff auf die Sowjetunion nicht immer gefeit. Am Nachmittag des 22. Juni 1941 hatte er u.a. geschrieben: „Welche Ausblicke in Kommendes, welche Horizonte weiten sich da vor dem sinnenden Geiste! Aber auch: welche Abgründe des Grauens, geschichtlicher und menschlicher Unberechenbarkeit erschüttern da unser Herz!" Drei Monate später – und zweifellos unter dem Eindruck sowohl des Vormarsches der deutschen Truppen als auch der eintreffenden Berichte in den Briefen – äußert sich Höfler:

„Viele, wohl die meisten von Euch, sind seit langem umrungen von einem Sturm, der, wie kaum je zuvor ein Krieg, ein Geisterkampf ist. Wird ein neues Zeitalter geboren aus der Entscheidung der Waffen? Wird aus der Zertrümmerung des Bolschewismus das neue, das christlichere Europa, die befriedetere Welt? – ,Ziel dieses Ringens ist der Schutz der christlichen Gesittung des Abendlandes. Ganz Europa steht in ihm dem Ungeist der Gottlosigkeit und der Zerstörung gegenüber. Der siegreiche Kampf, in dem die vereinten Aufbaukräfte der europäischen Völker heute unter der zielbewußten Führung der Achsenmächte stehen, geht um die Grundsätze, nach denen sie über ihr eigenes Leben ganz Europa im Zeichen der wahren sozialen Gerechtigkeit und der Gemeinschaft neu zu errichten entschlossen sind.' – Wir wollen im Blick auf Künftiges diese Sätze aus einem Aufruf des ungarischen Außenministers Bardossy, des Ministerpräsidenten eines mit uns kämpfenden Landes, wohl beachten; wollen Mut gewinnen zu allem, was dieser welterschütternde und welt-entscheidende Kampf von uns allen, von Front und Heimat, noch an hartem Einsatz der Waffen oder des tapferen Ertragens verlangt." (17.9.1941)

Neben der immer noch zu registrierenden Verkennung des deutschen Krieges bestürzt die Charakterisierung des angegriffenen Landes, die auf eine Identifizierung von Sowjetunion und Satansreich hinausläuft.

„Man hat vor allem bei diesem russischen Krieg das Empfinden, als ob man es mit dem filius iniquitatis selbst zu tun habe, wenn man gegen den Bolschewismus zu Felde zieht. Ob es sich nun um die Fassungskraft der das humanum fast sprengenden maßlosen räumlichen Ausdehnungen, oder die ausgekochten Tücken, die im Kleinkrieg angewandt werden, handelt, oder auch um die Mutlosigkeit, die einen überfallen will: immer ist es das ureigene Gebiet des Widersachers, auf dem man sich bewegt." (17.9.1941)

Der folgende Auszug aus dem Rundbrief vom 26.10.1941 scheint für eine damals verbreitete Seh- und Urteilsweise deutscher Katholiken typisch zu sein, weil hier Erleben deutscher Soldaten und dessen (auch propagandistische) Vermittlung an die Heimat, Kriegs- und Geschichtsdeutung und Kritik an der nationalsozialistischen Religions- und Kirchenpolitik miteinander verschmolzen sind:

„Welch hohen weltgeschichtlichen Sinn haben Kampf, Wunden und Sieg des deutschen Soldaten im Kampf gegen den russischen Bolschewismus empfangen! Hohen Opfertod sind jene gestorben, die dort drüben ihren Vaterlandseid mit ihrem Blut besiegelten. Ungeheurer Vorgänge Zeugen und Mit-Wirker sind sie geworden. Der Einbruch dämonischer Mächte in den Raum der Geschichte ist Euch deutschen Soldaten im vergewaltigten Lande des roten Sterns sichtbar geworden. Grauen hat Euch angefallen angesichts der Abgründe von Verworfenheit und Trostlosigkeit, in die Menschen und auch Völker versinken können, wenn sie vom Schöpfer und Urbild aller Ordnung sich lösen, wenn sie in reiner Diesseitigkeit ihres persönlichen und des öffentlichen Lebens Sinnerfüllung suchen wollen. Was an höllischer Bosheit und schaudervoller Vertiertheit in den Zonen des Ostens erlebt wurde, bleibt in Eurer Erinnerung als ein unvergeßlicher geschichtlicher Anschauungsunterricht über die alles niederreißende, kulturzerstörerische Wirkung fanatisch hassenden Vernichtungswillens gegen christliches Denken, christliche Symbole und Volksüberlieferung. Daß es Deutsche waren, die in den proletarisierten Städten und in den armen Dörfern der russischen Weite die Kirchen wieder öffneten, geschändete Altäre und Kreuze dem Dienste Christi wiedergaben, geknechteten Menschen die Freiheit christlichen Betens wiederschenkten: dies alles ist denkwürdig und von hoher Kraft der Sinnbildlichkeit, wahrhaft wert, in die bleibenden Erinnerun-

gen unseres Volkes einzugehen. Bei diesem Entscheidungskampf der
Waffen und der Geister wird mehr und mehr die sinnerfüllte Mitte allen
kriegerischen Geschehens klar; denn Ziel allen Kampfes kann zuletzt
nur der Friede sein; Friede aber heißt Ordnung, und keine rechte Ordnung besteht außerhalb des Göttlichen. Zwingt es nicht wirklich zu erns-
tem Nachdenken, daß Kampf und Bluten deutscher Soldaten Rußland
im Grunde für Christus zurückerobert haben, für Ihn, ohne den, wie unser Christenglaube uns sagt, nichts heil sein kann von allem Geschaffenen." (26.10.1941)

Neben den Gedanken der Bewährung tritt die für das priesterliche
Selbstverständnis charakteristische Opfervorstellung. Oft gehen beide
ineinander über: Bewährung vollendet sich im Opfer. Die Verknüpfung
mit dem Opfer Christi liegt für einen Theologen nahe.

„Was ist das doch eine ‚große Sache'! Wir stehen nicht erst noch in
der Vorbereitung, sondern schon mitten drin in unserer Berufung, wir
sind jetzt schon Priester, wir opfern uns für alle die, in deren Mitte wir
sind, in das Opfer des ewigen Hohepriesters. So erhaben und hoch das
ist, so schwer und mühevoll ist es doch in der Verwirklichung im alltäglichen Leben. Das ist die demütigende Erkenntnis jedes Abends und so
muß am Anfang jeglichen Neubeginnens des Tages die Bitte um Kraft
und Stärke des Durchhaltens stehen. Ich glaube, in dieser Art wird einer,
der den Weg zum sakramentalen Priestertum schreitet, diese Zeit hier
draußen im grauen Heer der deutschen Jugend nicht ‚verlieren', sondern
tausendfach ‚gewinnen' für sich und alle, die um ihn sind und die er einmal führen darf. So kann ein Jahr im Heer und Krieg drei Jahren Seminar
an Fruchtbarkeit und innerem Wachstum leicht gleichkommen, und das
Schwere und Bittere, das es auch umschließt, soll uns nicht abhalten,
dankbar und freudig zu sein." (25.3.1941)

Auf die Frage nach dem Sinn des Opfers gab es nur eine Antwort,
auch wenn diese in mehreren Variationen erscheint: Volk und Vaterland
(in den Briefen manchmal unterstrichen), „für die Anliegen unserer großen Zeit", das Heil der Brüder, das Reich Gottes im deutschen Volk. Das
zu erwähnen scheint bemerkenswert, da man nach der offiziellen Lesart
und nach den Todesanzeigen für „Führer", Volk und Vaterland starb.

„Nichts kann uns darin beirren, als Meldegänger Gottes getreu unserer Sendung den Weg weiter zu gehen und vielen vorauszugehen … Gar

manchen von uns wird die weihende Hand des Bischofs nicht mehr berühren! Der Herr wird uns schon vorher heimnehmen, uns im Tode für
sich weihen, damit wir in Wahrheit geweiht seien. Doch wir haben seinen letzten Auftrag erfüllt: ‚liebet einander! Eine größere Liebe hat niemand, als der, der sein Leben gibt für seine Freunde‘.“ (Dezember 1940)

Solche fast sakramentale Auffassung vom Tod des Soldaten führt u.a.
zu folgender Äußerung:

„Lächelnd tragen wir den Bannfluch der Unordnung, denn Er hat ihn
getragen. Lächelnd schreiten wir zum Opfergang, denn Er starb den Tod
in einer unbegreiflichen, unfaßlichen Tiefe. Vor dieser Tiefe steht der Soldat, bereit zur neuen Geburt, zum Schritt über den Abgrund in das
ewige Reich der Ordnung.“ (25.11.1941)

Im Zusammenhang mit den Fragen nach den Anforderungen der Ge-
genwart und dem Priesterbild der Zukunft zitiert Höfler auch aus den
Briefen des in Frankreich gefallenen Reichsführer der Sturmschar Hans
Niermann:

„‚So brech ich auf und bin geöffnet Dir,
Zieh ein Du Geist der Liebe und wohn in mir.‘
Noch ein anderes Wort dieses frühvollendeten ‚Soldaten Johannes‘,
auch eines Wanderers zum Berge des Priestertums, sei vermerkt:
‚Mein Leben kann nur eine Aufgabe haben. Diese Aufgabe heißt,
Christus zu künden! Besonders junge Menschen, junge Deutsche zu
Christus zu führen. Christus und Deutschland, das sind die großen
Pole, zwischen die mein Leben gespannt sein soll … Das Priestertum
ist etwas Gewaltiges. Das künftige Priesterleben wird diese Gewalt
wieder zeigen müssen. Aus der Not und Forderung der Zeit heraus
wird auch die bürgerliche Verkleidung, mit der es weithin gefesselt
ist, fallen … Unverständlich ist mir die leichte Sicherheit vieler Theologen, durch nichts beunruhigt oder gar erschüttert machen sie ihre
Karriere und richten ihren Haushalt ein. —‘“ (22.6.1941)

Gegen die drohende „Enttäuschung, Dumpfheit und Unentschlossen-
heit“, bedingt auch durch den zermürbenden Dienst in Kaserne, Lazarett
und an der Front, und gegen das Liebäugeln mit einem bürgerlich-gesi-
cherten und bequemen Leben wird festgestellt: „Die Gegenwart duldet

keine Mittelmäßigkeit mehr. Wir müssen Menschen werden von ganz großem Format, sonst werden wir nicht bestehen können." (17.9.1941) Ein anderer warnt angesichts der „Gefahr einer gewissen Klubsesselgesinnung": „Mehr Revolution in uns müssen wir machen." (22.6.1941)

Natürlich wird nirgendwo eine Art Programm neuen priesterlichen Lebens entwickelt, nicht einmal von Konturen läßt sich bei den tastenden Versuchen sprechen, die Erfahrungen des Krieges auf eine spätere Zeit hin auszuwerten. Dafür waren während des Krieges weder Kraft noch Zeit vorhanden. Die neue Existenzweise ist u.a. gekennzeichnet durch den Verzicht, „auf Wirkung hin" arbeiten zu wollen. Man glaubt, mehr durch menschlich-priesterliche Präsenz wirksam werden zu müssen.

„Das ist das Großartige, daß wir jetzt Kamerad unter Kameraden sind, denen wir täglich und stündlich Modell stehen müssen für ihr geistiges Bild unserer Kirche und ihrer Priester. Besser als manche Selbstbesinnung früher ist unser tägliches Leben im Spiegel der Kameraden. Da lernen wir, was abzulegen ist und was neu dazukommen muß. für uns junge Theologen ist das Wirklichkeitsbild, das sich uns jetzt bietet, Ansporn genug, nicht in Traumvorstellungen unserem Berufe entgegenzueilen, sondern im vollen Bewußtsein der Lage, mit doppeltem Mut und bereit, auch Enttäuschungen und Fehlschläge einzustecken." (25.3.1941)

In vielfältigen Variationen sucht man den neuen Einsichten Ausdruck zu geben, ob man vom Leben als Kamerad unter Kameraden spricht, vom Wunsch, „Licht" oder „Flamme" zu sein, vom Verständnis für die Nöte des Menschen, die man durch die unmittelbare Nähe und gemeinsam ertragene Not kennengelernt hat, vom neuen Gespür für „jeden falschen Ton in uns".

„Mir ist oft, wie wenn Gott uns Priester vom erhöhten und geräumigen Altar herabholt und uns mitten ins Gedränge des Volkes hineingestellt und gesagt hatte: hier mach dich verständlich, hier behaupte dich, hier steh so siegessicher wie oben am Altar in feierlichem Gewande, von Blumen und Rauchwolken umgeben. Und siehe, es ist nicht so leicht. An unsere persönlichen Fähigkeiten werden nun viel mehr Anforderungen gestellt, und die erste Verbindung mit der Umgebung wird jetzt immer die von Mensch zu Mensch sein und dann erst die, die unser ‚Amt' im Sinne von Officium ersehnt." (17.9.1941)

Drei Beweggründe scheinen bei den Versuchen der Priester, ihr Leben als Soldaten zu interpretieren und ihm einen Sinn zu geben, von Bedeutung: der Wille, den Kameraden nahe zu sein; die Annahme des täglichen Dienstes bis hin zum Soldatentod als Opfer; das Bestehen der Herausforderung im Sinne eines Tests, ob man der künftigen Aufgabe als Priester gewachsen sei. Darum schreibt einer: „Theologen müssen an die Front und in den schwersten Dienst." (21.6.1940)

„Wir alle, die wir den schwarzen Rock des Theologen vertauscht haben mit dem Soldatenkleid, wir sind ja so froh, daß auch wir dabei sein dürfen. Mehr als manches Studiensemester macht uns diese Zeit reif und weit, in der wir fern aller Bewährung restlos hineingestellt sind in die Notwendigkeit der Bewährung. Hier zeigt sichs, ob unser Haus auf Sand gebaut sei, oder ob unser Sein und Denken verwurzelt ist in jenen letzten Tiefen der göttlich-überweltlichen und übermenschlichen Wirklichkeit." (25.3.1941)

Man glaubt und hofft, „besser, tüchtiger, reiner und heiliger" heimzukehren als „neue Menschen" (11.11.1940), die durch ihr Beispiel „und durch bloße Existenz Zeugen" Christi sein würden. (22.6.1941)

„Natürlich ist all dies weit entfernt von jener scheinfrommen Zweckhaftigkeit, die schon so oft den ‚Prediger' verriet und sein Wort im Augenblick der Saat bereits unfruchtbar machte, fern jener finsteren und mißverstandenen Religiösität, die ihre Anwesenheit wie mit Kuhglocken über alle Wiesen läutet. Der echte Christ wirkt ja in erster Linie durch sein tadelfreies, edelmenschliches Sein, dann erst durch sein Wollen. Das Gegenteil wird wohl unreligiöse und unphilosophische Verkehrung des Ranges der Dinge." (Dezember 1940)

Elemente der Lebensphilosophie und der Jugendbewegung finden sich in solchen Ausführungen ebenso wieder wie eine bestimmte theologische Auffassung vom Verhältnis von Natur und Gnade. Gelegentlich gibt es auch Darstellungen, in denen man sich sein volles Menschsein bestätigt („… wie ihre Altersgenossen zünftig Fußball und Schlagball gespielt, haben sich in deutschen Strömen frisch geschwommen und im deutschen Land sonnenbraun gewandert …"; 25.3.1941), – Versuche, das über die NS-Propaganda vermittelte Bild vom Priester als einem „Finsterling" mit „pfäffischem Hintersinn" zu verarbeiten.

Auf manch einen Empfänger wirkten die (Rund-)Briefe „allzu ichbe-
zogen und gefühlig" und riefen Protest gegen die „Süchtigkeit nach ver-
dorbenen religiösen Tönen" hervor (22.6.1941). Es muß hier offenblei-
ben, ob dieses fast alle Briefe durchziehende Kreisen um die priesterliche
Lebensform als ein Ergebnis priesterlichen Lebensstils und einer in der
Priestererziehung bzw. -ausbildung verbreiteten Nabelschau oder als
eine Folge der vom NS verordneten Beschränkung auf „rein religiöse"
Thematik anzusehen ist. Jedenfalls wird nur selten, und dann in sehr allgemein gehaltener Weise, die Weltverantwortung des Christen angesprochen und auf das Problem eines christlich verstandenen Verhältnisses zur Welt verwiesen (22.6.1941). Doch wenn man dieses Verhältnis
auch nicht grundsätzlich reflektiert (und angesichts der politischen Situation wie auch nach dem damaligen Stand der Theologie nicht reflektie-
ren konnte), so ist umso eindeutiger das konkrete Verhältnis zu Volk
und Reich ausgesagt:

*„Es ist eine Freude, zu sehen, mit welch bedingungsloser Einsatzwilligkeit
gerade unsere Theologen inmitten dieses weltgeschichtlichen Stürmens um ein
neues Ordnungsbild in Europa und in der Welt für das einstehen, was jetzt ihre
Pflicht gegenüber Volk und Glauben ist."* (21.6.1940)

Als Vermächtnis eines gefallenen Theologen und als Stimme aus der
Ewigkeit, die mit prophetischer Kraft in die Seelen dringt, bezeichnet
Höfler folgende Sätze:

„Daß Christus von Neuem in unserem deutschen Volke aufstehe –
ganz jung und stark. Wenn unser Volk ein neues Ostern des Glaubens
feiern kann, dann ist unsere Aufgabe erfüllt. Ob wir dieser Aufgabe mit
unserem Leben oder mit unserem Sterben dienen sollen, das sei ganz
dem Herrn anheimgegeben." (22.6.1941)

Man will seinen Beitrag leisten zu einem Neuwerden, das man überall sich ankündigen sieht. Die gegenwärtige Verworrenheit versteht man
ebenso wie auch den Krieg als göttliche Zulassungen, die „als Aufgaben
zu erkennen uns zur Aufgabe gemacht ist".

Es gelte, den in der Zeit verborgenen Wille Gottes aufzuspüren und
nicht „ein für unsere Zeit überholtes Schema zu verteidigen und stur
weiterzuführen" (15.10.1940). Den Dienst an Volk und Reich müsse man
– in Unsicherheit, Dunkelheit und Zweifel über die Pläne Gottes – durch-
stehen im Vertrauen auf Gottes Führung. Mehrfach wird das von der

NS-Propaganda beschworene „neue Ordnungsbild in Europa" erwähnt,
doch in den Briefen verbinden sich damit andere Erwartungen:

„Es ist mein Glaube, daß in dem großen Geschehen unserer Tage ein
Plan Gottes sich auswirkt, den wir mit unserem kleinen Verstande nicht
begreifen können. Mein Herz aber sagt mir, daß in diesem Völkerringen
auch die Kirche neu geboren wird in den Herzen der Menschen … Gott
läßt Haltlosigkeit und Unsicherheit zu, damit er allein wieder die Sicherheit der Menschen werde … Alles Unglück unserer Tage ist eine Heils-
quelle für die vielen irrtumskranken Herzen, für die suchenden und in
Trotz erstarrten Menschen … Alles ein Werk der göttlichen Liebe, die
hineinbrennt in die Welt, um sie zu erlösen." (11.11.1940)

Ein anderer Schreiber hofft,

„daß aus dem scheinbar chaotischen Geschehen der gegenwärtigen
Ereignisse und Anstrengungen, nicht zuletzt durch unser gläubig voll-
zogenes Opferschicksal, ein Heilsgeschehen werde für Volk und Kirche." (5.2.1941

„Weltverantwortung", „Heimholung" und „Konsekration" der Welt
waren damals (und bis in die 1950er Jahre) Stichworte, die, so allgemein
sie auch erscheinen, den Weltbezug christlichen Glaubens neu zu fassen
suchten und ein sich wandelndes Glaubensverständnis ankündigten.
Das blieb nicht ohne Auswirkung auf das Verständnis von Kirche und
priesterlicher Lebensform.

„Wenn man mitten in der Masse des Volkes lebt und sieht, welchen
Eindruck das Christentum in seiner jetzigen Erscheinung auf die Leute
macht, so wundert man sich nicht, wenn es vielfach abgelehnt wird.
Denn es macht sich durch seine Uneinigkeit und Aufspaltung selbst un-
glaubwürdig in den Augen vieler. Nie habe ich diese Schande des Christentums beschämender empfunden." (25.11.1941)

„Hütet und pflegt die Saat, werdet nie hart und kalt, liebt die, die
Eure Liebe nicht wollen, macht unser Volk zum starken und freien Gottesvolk, steht als Mensch unter Menschen, als Kamerad unter Kameraden, legt den schwarzen Rock ab, wenn er euch hindert, Hilfsbereite unter Hilfsbedürftigen zu sein. Es geht um Herzen und Seelen und nicht
um Formen und Gewohnheiten." (22.6.1941)

Niemand vermochte zu sagen, wie der einzelne, das Volk, die Welt
und die Kirche aus den in ihren Ausmaßen noch nicht abzusehenden

Umwälzungen hervorgehen und welche Gestalt sie nach dem Krieg haben würden. „Türme werden fallen, aber Fundamente werden gelegt." (25.11.1941) Nur der gelebte Augenblick zählte, und er beanspruchte alle Kraft. Die inmitten von Tod und Vernichtung, Haß, Lüge und Chaos erfahrene eigene Ohnmacht und der blind festgehaltene Glaube an das Wirken Gottes führen zu einer neuen Gelassenheit.

„Solche Einstellung fragt auch kaum, ‚ob der Krieg die christliche Religiosität und den Glauben in den Seelen heben wird'. Sie überläßt die Zukunft Gott und sie ist voll Freude, die Last Gottes weitertragen und seiner Sendung inne werden zu dürfen." (25.3.1941)

„Der Christ, der aus der Kraft der Sakramente und des rechten Glaubens lebt, hat eben etwas Werbendes in sich, das sich Geltung verschafft ohne Worte oder große Propaganda. Diese verborgene Lebenskraft ist vor jedem Zugriff sicher. Mag auch die äußere soziale Gestalt der Kirche fallen oder sich wandeln ... Wenn nur die Organisation der Herzen da ist; der Geist rechten Glaubens, lebensnaher Liebe und unerschütterlicher Hoffnung auf die ewigen Güter." (25.11.1941)

Wenn man heute fragt, worin denn damals die Besonderheit der in den Rundbriefen sich anzeigenden Vorstellungen bestanden habe, lassen sich (ohne Anspruch auf Vollständigkeit) folgende charakteristischen Züge nennen: gegenüber einem vorwiegend institutionell-juristischen Kirchenverständnis gewinnt die brüderlich erlebte Gemeinschaft Vorrang; ein eher intellektualistisches Glaubensverständnis wird überwunden zugunsten eines umfassenden, die ganze Existenz des Menschen betreffenden und einbeziehenden Glaubens, der sich in Hoffnung und Liebe auswirkt; der Dienstcharakter des Christseins und der Kirche und damit die Solidarität werden neu entdeckt; das alles wiederum führt – in Abhebung von der früheren (verbands-)organisatorischen Wirksamkeit der Kirche – zu einer neuen Ausstrahlung, die in fast sakramentaler Weise eine Wandlung in Volk, Kirche und Welt bewirkt. Was eine Generation später wegen der fast ungebrochenen Gläubigkeit, der romantisch anmutenden Hoffnungen auf ein neues Reich und nicht zuletzt wegen des Gedankens der „Wandlung" anstelle einer vom Menschen einzuleitenden und zu verantwortenden Veränderung als naiv angesehen werden mag, war nichtsdestoweniger in doppelter Weise bedeutsam: innerkirchlich und theologisch gewannen Entwicklungen an Bedeutung, die bislang – initiiert u.a. durch R. Guardini, Th. Haecker, O. Casel – auf kleine Gruppen beschränkt waren; politisch wurde man – bei aller Unklarheit über eine mögliche Gestaltung von Staat und Gesellschaft – gegen jede Art von Totalitarismus gefeit.

Das gemeinsame Interesse der ansonsten verfeindeten Institutionen Parteistaat und Kirche an der Einstellung des Rundbriefes erscheint nun nicht mehr allzu befremdlich. Denn wo immer eine Institution, die ihre Aufgabe nicht in der Ermöglichung menschlichen Lebens sieht, sondern sich als dem personal vollzogenen Leben maßgeblich vor- und übergeordnet betrachtet – und das war, wenn auch in unterschiedlicher Weise, sowohl beim NS-Staat wie bei der damaligen römisch-katholischen Kirche der Fall –, befürchten muß, daß Menschen unter Berufung auf eine andere Instanz ihren eigenen Weg beschreiten, der vom vorgeschriebenen oder genehmigten Pfad abweicht, wird sie ein solches Unternehmen zu unterbinden versuchen. Es ist nie schwergefallen, für ein Verbot auch Gründe zu finden.

3.7.3 Die Predigtvorlagen

Die Kriegspfarrer, im allgemeinen eher weltfremd aus den Priesterseminaren entlassen und aus geordneten, in der Regel überschaubaren Gemeinden kommend, sahen sich unversehens in Lazaretten und an den Fronten dem Soldatenleben im Krieg konfrontiert. Die Belastungen, denen der einzelne Pfarrer durch die gewaltsame Aufsprengung seines bisherigen Lebens- und Erfahrungshorizontes ausgesetzt war, erfuhren durch ein zusätzliches Problem eine weitere Verschärfung: einerseits sollten die Predigten „lebensnah" sein und nach der Weisung von Partei und Staat an die Wehrmachtseelsorge den „Existenzkampf" des deutschen Volkes unterstützen, andernfalls sie leicht als defätistisch angesehen werden konnten, anderseits waren gerade die Dienststellen der Partei an einer gewissen „Weltfremdheit" der Prediger und Predigten interessiert, weil sie sich dadurch – neben der Bestätigung ihres Vorurteils – eine Entfremdung zwischen Priestern und Gemeindemitgliedern erhofften. Die u.a. aus Persönlichkeitsstruktur, Erziehung und priesterlicher Lebensauffassung im Krieg sich ergebenden subjektiven Probleme und der mit dem Amt verbundene Auftrag, die Botschaft des Evangeliums den Soldaten unverkürzt und unverfälscht nahezubringen, ohne die Einrichtung der Feldseelsorge aufs Spiel zu setzen, stellte die Kriegspfarrer vor Anforderungen, denen nicht alle Seelsorger in gleicher Weise gewachsen waren. Das Angebot von Predigtvorschlägen besonders für die Meßfeier und für Begräbnisse sollte den Pfarrern eine Hilfe bieten.

Bevor die *„Kirchliche Kriegshilfe"* mit der Zusammenstellung und Auslieferung von Predigtskizzen begann, hatte der Wehrmachtdekan J. Henneke (Heeresgruppe Süd) am 27.9.1939 in einem Aufruf die Kriegspfarrer um Einsendung von Skizzen zu einem homiletischen Hilfswerk gebeten.[18] Die gemeinsam mit Werthmann und Höfler angestellten Überlegungen, für das geplante homiletische Werk das Patronat eines Bischofs zu gewinnen, wurden bald aufgegeben. Während Rarkowski das Unternehmen ablehnte, zeigte sich der Bischof von Mainz interessiert. Auf die Frage Werthmanns, warum denn überhaupt eine Patronage notwendig sei, antwortet Höfler: „Bei unserem traditionellen Hang zu solchem Zierrat dachte ich nur, es könnte empfehlend wirken."[19]

Zwar ließ sich der Plan Hennekes nicht in der vorgesehenen Form verwirklichen, doch die aufgrund dieser Anregung einlaufenden Arbeiten wurden z.T. in das von Höfler realisierte Konzept eingebracht. Am 19.2.1940 informiert Höfler die Kriegspfarrer über seine Absicht, „auf den Feldgebrauch abgestimmtes Predigtmaterial" zu erstellen. Zugleich bittet er die Wehrmacht- und Kriegspfarrer um Vorschläge für dieses Unternehmen wie auch um Anregungen zur Gestaltung von Feldgottesdiensten und Mitteilungen von Erfahrungen in der Feldseelsorge.[20] Hatte Höfler die Predigtunterlagen zunächst überwiegend von ihm bekannten Geistlichen erhalten, die nicht in der Wehrmacht Dienst taten, so gaben die Kriegspfarrer bald ihre anfängliche Zurückhaltung auf, so daß die Beiträge nach kurzer Zeit fast vollständig von den Soldatenseelsorgern geliefert wurden. Ende 1940 erschien die erste Lieferung mit 4 Predigtvorschlägen, die eine „gute Aufnahme" fanden.[21] Insgesamt liegen 29 Predigtreihen vor, deren jede (abgesehen von den Reihen 1-4) rund 30 Seiten umfaßt. Mitte 1943 bezogen etwa 2.000 Geistliche die Predigtskizzen der *„Kirchlichen Kriegshilfe"*, so daß für jede Lieferung ca. 30.000 Blätter benötigt wurden.[22]

Da sich außer den von Höfler versandten Serien nur sehr wenig erhaltene Predigtskizzen finden, läßt sich nicht sagen, wie umfangreich das Angebot eingesandter Vorlagen gewesen ist, aus dem eine Auswahl getroffen werden konnte. Im Briefwechsel zwischen Höfler und Werthmann finden sich nur spärliche Hinweise. So äußert sich ersterer einmal über eine geprüfte Serie: „Viel Geschrei und wenig Wolle." Und im gleichen Brief: „Den in der Hauptsache doch unbrauchbaren Band von Kriegspfarrerpredigten habe ich an Deine Dienststelle zurückgegeben. Ich empfehle als Hinrichtungsart den Feuertod."[23] Eine andere Vorlage hält er nicht für geeignet und will sie „zurechtstutzen ... für die Allgemeinheit", hält es aber für besser, das eingesandte Manuskript überhaupt nicht zu verwenden."[24]

Im Zuge der Einengungsmaßnahmen war auch die Herausgabe der Predigtvorlagen gefährdet. Um den Auflagen von OKW und Gestapo gerecht zu werden, verabschiedete sich Höfler in einer der Predigtzusendungen Ende 1942 von den Kriegspfarrern und teilte mit, daß die Kriegspfarrer in der Folge durch den Feldbischof mit Predigtmaterial versorgt würden. Tatsächlich änderte sich nichts, aber das geforderte Etikett war nun vorhanden.

Werthmann schrieb dazu an Höfler:

„Die Art, wie Du Dich verabschiedest bzw. neu vorgestellt hast, gefällt mir und ich bin gleich zu Dr. S. und ... gelaufen, um ihnen an Hand Deiner Ausführungen zu beweisen, daß es nunmehr völlig unangebracht wäre, irgendwie auf die hundsföttischen Auslassungen des X. zu reagieren. Darf man übrigens solche Kadetten auch nicht hassen? ..."[25]

Zuvor hatte Höfler an Werthmann geschrieben: „Inzwischen kommen weitere Teilnahmebekundungen auf unsere Todesanzeige. Aber seltsam: Viele glauben einfach nicht, daß wir gestorben seien ..."

Ein halbes Jahr nach der Verhaftung Höflers teilt der Präsident des DCV dem Feldgeneralvikar am 8.11.1944 mit, daß Caritasdirektor von Mann die Predigtlieferungen übernommen und für den Advent 4, für Weihnachten 5 Skizzen vorbereitet habe. Als Absender solle das Feldbischofsamt fungieren. Außerdem stünden 300 Pakete mit je 250 Teilausgaben des Neuen Testaments bereit. Werthmann antwortet Kreutz am 25.11.1944, es sollten keine Vervielfältigungen von Predigtvorlagen mehr vorgenommen werden. Der Versand der Texte sei nur noch nach vorheriger Prüfung durch den NSFO beim OKH möglich. Da er „eine solche Vorzensur nicht für tragbar" halte, verzichte er „auf weitere

Schritte in dieser Sache". Daraufhin nimmt Kreutz am 8.1.1945 Stellung: „Ihre Haltung bezüglich der Predigten kann ich nur teilen, da Gottes Wort nicht gebeugt werden darf."[26]

Vor dem Eingehen auf den Inhalt der Predigten sei noch einmal auf die wenig beneidenswerte Situation der Kriegspfarrer hingewiesen. Ohne Rücksicht auf ihre persönliche Verfassung, Stimmungslage und Problematik mußten sie bei den gottesdienstlichen Feiern und an den Gräbern als Beauftragte der Kirche und als Angehörige der Wehrmacht sprechen, oft ohne zu wissen, wer denn unter den Anwesenden gläubig oder skeptisch, mißtrauisch lauernd oder gar feindselig an der jeweiligen Veranstaltung teilnahm. Unter ihren Hörern fanden sich gläubige Soldaten ebenso wie der für seine Truppe verantwortliche Offizier, der idealistische Theologiestudent und der aus der Schule der HJ hervorgegangene Soldat, der von seiner Kirche auf Distanz gegangene Katholik und der als Sanitäter eingesetzte Priester, der Freund des Nationalsozialismus, der in jedem Pfarrer einen Exponenten des Widerstandes gegen die Partei und den Staat sah, und der durch den Krieg zermürbte Familienvater, der Trost und Hilfe erwartete, der kritische Parteigenosse und der glaubenswillige Christ mit seinem Verlangen nach dem „Brot des Wortes". Nicht genug damit: bei den übergeordneten Stellen wünschte der Episkopat Zurückhaltung nach dem eigenen Vorbild und eine gewisse Passivität in der Behandlung nationaler Gesichtspunkte, während das OKH ein rückhaltloses Bekenntnis zum vaterländischen Einsatz erwartete.

Angesichts dieser Problematik wirkt die bei Höfler eingegangene Kritik an den Predigtskizzen drittrangig: den einen sind sie zu abstrakt, den anderen zu ausführlich; dieser möchte lieber Skizzen, jener bevorzugt Beispielsammlungen; die „Praktiker" rufen: „Zu theologisch!", die aus diesem oder jenem Grunde Vorsichtigen: „Zu zeitnah!".

Die 29 Lieferungen enthalten etwa 300 Predigten zu überwiegend biblisch-liturgischen Themen, die durchgängig am Verlauf des Kirchenjahres mit seinen Festen und Gedenktagen orientiert sind. Daneben gibt es das breite Spektrum jener Fragen, denen sich ein Kriegspfarrer vor Soldaten stellen mußte und die durch die Stichworte Schuld und Leid, Übel und Tod angedeutet sein mögen. Natürlich lassen die Predigtüberschriften in der Regel nicht mehr als die Intention oder die allgemeine

Richtung der Vorlage erkennen. So gibt es z.B. keine Predigtvorlage zum Thema „Bolschewismus", obwohl der Krieg im Osten seit dem Sommer 1941 die Gesamtdeutung des Krieges bestimmte und in zahlreichen Entwürfen anklingt.

Die im folgenden gewählte Aufschlüsselung ist nach den in den Predigten enthaltenen Schwerpunkten vorgenommen. Eine Erwähnung oder gar Behandlung sämtlicher in den Predigtvorlagen zutage tretenden Vorstellungen ist hier verständlicherweise nicht möglich. für eine detaillierte und systematische Untersuchung nach Art der Arbeiten über die Kriegspredigt 1914-1918, die sich auf zahlreiche Predigtpublikationen stützen konnten, erscheint die Basis zu dürftig. Es kann auch nicht Aufgabe dieser Arbeit sein, die Selbstverständlichkeiten z.B. der Osterbotschaft wiederzugeben. Auch jene Ausführungen finden hier keine Beachtung, die ebenso 30 Jahre früher oder später hätten verfaßt werden können. Und es sei eigens betont, daß der entschieden größere Teil der Vorlagen aus derart „zeitlosen" Darlegungen christlicher Botschaft und Lehre besteht. Ferner gilt es zu bedenken, daß nicht alles, was sich in den Handreichungen findet, von allen (oder überhaupt) auch tatsächlich gepredigt worden ist, wie man umgekehrt auch manches in den Gottesdiensten hören konnte, was keinen greifbaren schriftlichen Niederschlag gefunden hat. Doch die hier wiedergegebenen Vorschläge sind rund 2.000 Seelsorgern zugänglich gemacht und als verwendungsfähig anerkannt worden. Darum verdienen sie ein gewisses Maß an Interesse.

Aus den Predigtreihen für die Soldaten sind zwei Themenkomplexe wichtig, weil sie die Zielgruppe in besonderer Weise ansprechen und neben der „rein religiösen" Thematik auffallen: die Deutung des Krieges auf der einen und die sittliche Einstellung des Soldaten zum Krieg auf der anderen Seite. Die Deutung des Kriegsgeschehens umfaßt neben Erklärungsversuchen allgemeiner (moralischer oder geistesgeschichtlicher) Art auch Interpretationen des Krieges als Kampf Deutschlands um sein angebliches Recht und vor allem als Verteidigung der Kultur des Abendlandes gegen den Bolschewismus; dem Soldaten werden vornehmlich die engen Beziehungen zwischen christlicher und soldatischer Lebenseinstellung und -haltung, die Treueverpflichtung durch den Fahneneid und die Bedeutung des Soldatentodes erläutert.

Es scheint, als blieben es zu allen Zeiten die gleichen Fragen, auf die

Prediger während eines Krieges eine Antwort zu geben versuchen. Man bemüht sich, das Vertrauen in die Vorsehung Gottes zu stärken und den Krieg als eine Zeit der Buße und der Sühne zu erklären; man ruft auf zum Gebet und zum Empfang der Sakramente; man weist hin auf die Früchte, die eine oft als sinnlos erlebte Zeit doch zu zeitigen vermöge. Da der Krieg „wieder in die Nähe Gottes" rufe, seien Kriegszeiten auch „Gezeitenstunden der Religion": „Die harte Luft des Krieges kann die herrlichsten Blüten christlicher Innerlichkeit hervorbringen …" (XVII, 14f.) In einer Predigt zum Advent über Umkehr und Buße werden die Trümmer in Europa und die zerstörten Kirchen als Symbole des Zusammenbruchs von Sittlichkeit und Glaube, von „Sauberkeit der Gesinnung" und Gottvertrauen gedeutet:

„Wenn wir es tief bedauern, daß in den beiden Kriegen soviel Menschenblut fließen muß, daß soviel echte, gesunde, junge Volkskraft vernichtet wird – müssen wir nicht etwas anderes noch viel tiefer bedauern? Haben die Völker Europas nicht vorher schon über sich selbst das Todesurteil gesprochen, haben sie nicht das Zeichen des Todes sich selbst auf die Stirne geschrieben, da sie sich freiwillig zu sterbenden Völkern machten infolge des Geburtenrückganges? Wenn auch in den letzten Jahren ein erfreuliches Ansteigen der Geburtenziffer in unserem Volke zu bemerken war, so mußte doch eine öffentliche reichsstatistische Vorausschau feststellen, daß bei gleichbleibender Geburtenkurve aus den Jahren vor dem Kriege im Jahre 2000 – ganz abgesehen von den Kriegsausfällen – weniger Deutsche auf der Erde sein werden als noch 1938. Und ein bedeutender Erbbiologe unserer Tage bemerkt dazu in einer öffentlichen Schrift, daß die Ursache dieses Bevölkerungsschwundes letzten Endes in der sittlichen Entartung zu finden sei. Stehen wir da nicht unmittelbar vor der Forderung des Johannesrufes: Denket um!? Umkehr halten müssen wir, Wandlung der Gesinnung und der Herzen, wenn wir auch nur unser natürliches Leben, das Leben unseres Volkes retten wollten." (XXIV, 12f.)

In den Predigten über die Keuschheit und die eheliche Treue – Standardthemen der Soldatenseelsorge – finden sich gelegentlich (wie auch im Ersten Weltkrieg) Kommentare wie der folgende:

„Die Geschichte ist ein Massengrab abgelebter Nationen, die Sinneslust, Unzucht und Unkeuschheit als Ziel ihres Lebens ansahen. Und wir in unseren Tagen können den Niedergang einer der Großmächte Europas sehen, die unterging, nicht nur weil ihm die geeigneten Führer fehlten, nicht nur weil ihm das rechte System fehlte, sondern weil sie die falsche Sittlichkeit hatten. Weil ihre Menschen wohl die Lust der Unkeuschheit kennen, nicht aber Reinheit und Verantwortung des Ehelebens." (XXII, 9)

Eine andere Predigt deutet den Krieg als Folge menschlicher Verirrung, aber auch als Strafe, als Geißel Gottes, der die Menschen von ihrem verkehrten Weg zurückhalten wolle und sich dadurch als Vater erweise.

„So ist es auch im Völkerleben. Die Wehn, die jetzt über unser Volk und die Völker der Welt kommen, sollen Geburtswehen sein einer neuen Zeit. Die Völker sollen darin erneuert werden, sollen ihre Ohnmacht erkennen, daß sie ohne Gott nicht fertig werden, sollen sich hindurchfinden zu einer neuen Ordnung, die auf den ewigen Gottesgesetzen fußt." (XVII, 3)

Aber nicht nur die Geschichte der Völker, auch das Leben des einzelnen stehe unter der Führung Gottes. Das Vertrauen in Gottes Nähe sollte auch auf folgende Weise gestärkt werden:

„Denn nicht eine blind daherirrende Kugel, nicht die wild umhersausenden Splitter einer Granate legen den Menschen um, sondern eine Bestimmung Gottes, die von Ewigkeit her weiß und festgesetzt hat, wann, wo und wie unserem Leben ein Ende sein wird. Kugel und Granatsplitter sind dabei nur unwesentliche Werkzeuge. Genauso gut kann es auch ein Ziegel sein, der in der Heimat irgendwo vom Dach fällt." (XV, 6)

Es ist schlimm genug, wenn in einer Predigt das Töten eines Menschen als „umlegen" bezeichnet wird. Doch unübersehbar sind die Folgen für das Denken und Handeln, wenn der Mensch unter Berufung auf eine derart dargestellte „Vorsehung" als zufälliges und austauschbares Werkzeug in der Hand eines Höheren dargestellt wird. Der häufige Appell an das Verantwortungsbewußtsein bleibt nicht nur wirkungslos, er erweist sich auch als im Grunde nicht ernst gemeint, wenn der Mensch letztlich doch nur Instrument und Objekt eines undurchschaubaren und despotischen Willens ist, der über alles verfügt und alles bestimmt hat. Unter dem Titel *„Von der Freude des Christen"* liefert ein Kriegspfarrer eine Predigtvorlage zu dem Bibelvers: „Siehe, ich habe Dir geboten, daß Du getrost und freudig seist." (Jos. 1,9) Dieses das ganze Josua-Kapitel

bestimmende Wort nach dem Tode des Mose zum „Volk ohne Raum,
Volk ohne Kraft, Volk ohne Kopf" gesprochen, sei an ein Volk ergangen,

„das nicht wie wir den Trost und die Gewißheit hatte, von Gott gesegnet zu sein, gesegnet im Kampf um das tägliche Brot, um den Schutz
des Reiches und den Platz an der Sonne. – Ich habe Dir geboten, daß Du
getrost und freudig seist. Nein, das ist nicht Vergangenheit, ist nicht Epi-
sode des ‚einst', ist nicht Geschichte, die ein ‚es war einmal' trügt, denn
so bekennen und glauben wir: was dort geschrieben ist, zu Eurer Belehrung ist's geschrieben. Und so klingt gleiche Gottesbotschaft in unsere
Tage, gleiche Gottesbotschaft in unser Soldatendasein, für uns alle und
jeden einzelnen, die wir hier in der Heimat oder draußen auf dem Posten
stehen, nicht um Machthunger zu befriedigen, nicht um ungerechtfer-
tigte Eroberung zu machen, nicht um Brandstifter der Welt zu sein, nein
einzig und allein, um unsere Existenz und unsere Zukunft, um Deutschlands Leben und sein Morgen und Übermorgen mit Blut und in Stahl zu
verteidigen und zu erkämpfen. Gleiche Gottesbotschaft an uns, deren
Koppelschloß das ‚Gott mit uns' trägt, deren Eid ‚bei Gott' gewesen ist."
(XXII, 3)

Exegetische Gewissenhaftigkeit war ebensowenig gefragt wie ge-
dankliche Klarheit. Man durfte die Wundererzählung von der Heilung
eines Aussätzigen (Mt 8,1-13) zu einer Predigt *„Über die Reinheit"* (gemeint ist die Keuschheit) benutzen und dabei sowohl Rilke heranziehen
als auch gesundheitspolitische Überlegungen anstellen. Ging es doch
„um unser Volk, um seine Größe, um seinen Bestand… ums Letzte."
(XXII, 9)

„Denn es geht ja um ein hohes Gut – unsere Deutsche Heimat und
Deutsches Reich; um die Mütter, die Frauen, die Kinder, es geht um die
gesamte europäische Kultur – es geht um Europa, aber es geht auch um
das christliche Gesicht dieses Europa – es geht um Deutschland, und es
geht um das christliche Antlitz Deutschlands." (XII, 10)

Die sittlich gebotene Vaterlandsliebe, auch in den Predigten oftmals
betont, ist die Liebe zu diesem Deutschland im Krieg, dem „Freiheitskampf unseres Volkes." (XVII, 28)

„Uns ist unser Vaterland heilig. Dafür opfern wir unsere Jugend, unsere Gesundheit und Lebenskraft freudig und gern, selbst in vorderster
Linie. Uns ist das Vaterland heilig. Wir ehren Gottes hl. Willen in unse-

rem Deutschtum. Unseres Vaterlandes Ehre ist unsere Ehre, seine Freiheit ist unsere Freiheit, seine Gleichberechtigung unsere Gleichberechtigung, seine Opfer sind unsere Opfer. Christus hat auch seine Heimat geliebt, und wie hat er sie geliebt, so sehr, daß er sein Leben für sie geopfert hat. Darum ist es recht und im Geiste Gottes, daß wir durchdrungen sind von einer tiefen und großen, unübertrefflichen Vaterlandsliebe." (IX, 10)

Hin und wieder kommt dabei zum Ausdruck, wie wenig man in den vergangenen Jahren den mit einer Demokratie gegebenen Herausforderungen gewachsen war, wie sehr man autoritärem Denken verhaftet geblieben ist und in welchem Maß die Gegenwart mißverstanden wurde:

„Es gab in den verflossenen Zeiten äußerer Knechtung unseres Vaterlandes nach dem Zusammenbruch in der roten Revolution von 1918 wahrhaftig viele Prediger der sogenannten Freiheit! Und falsche Freiheit stand da hoch im Kurs! Jedes Sudelerzeugnis der Presse und jedes Machwerk auf dem Büchermarkt nannte sich Freiheit. jede noch so volksschädliche Meinung, ob sie nun gegen gottgewollte Autorität, gegen Anständigkeit, gegen Eigentum, gegen Leben, gegen Moral und Ehre ging, fuhr unter der Flagge falsch verstandener Freiheit … Die Zeiten sind, meine Kameraden, Gott sei Dank, vorbei, und es kam im neuen Deutschland und seinem Ideengut echte Deutung echter Freiheit wieder zu Recht … Und so ist es kein Zufall, daß unsere Soldaten im Freiheitskampf unseres Volkes, der am Ende auch innerlich die Welt frei machen soll, das ‚Gott mit uns‘ auf dem Koppelschloß tragen – als katholische Soldaten … mit Ihm und unter Ihm dieses Werk zu vollbringen." (XIX,15f.)

Wo man in solcher Weise Deutschlands Sendung sieht, ist die Überzeugung, daß Gottes Segen auf Deutschland ruht, eine notwendige Folgerung, zumal die anfänglichen Siege diese Auffassung zu bestätigen schienen.

„Hartes muß die Zeit von Euch verlangen, und Heroisches wird von Euch geleistet. Auf diesem Heroismus der Leistung unseres unvergleichlich stolzen Heeres aber muß Segen ruhen! All' Eure Strapazen, all' Euer Mut, all' Eure Hingabe im Dienste unseres geliebten Deutschen Landes und Volkes werden einstens verzeichnet stehen im goldenen Buch des Lebens." (XII, 9)

Ähnlich wie in den Verlautbarungen des Propagandaministeriums nennt man auch in Predigten den Krieg *„Glockenguß der Deutschen und damit der europäischen Zukunft"* (XVI, 25); man erlebt, wie „der Acker einer vergangenen Zeit mit Gewalt aufgebrochen wird" und behauptet, „lebendigste Mitvollzieher des gigantischen Werkes" zu sein, das „dem Entstehen einer neuen Welt" diene (XII, 21). Mit dem Krieg gegen die Sowjetunion schien der Krieg auch eine neue Qualität zu gewinnen. Jetzt konnte man nicht nur auf das Lebensrecht und den Freiheitskampf des deutschen Volkes verweisen, sondern fast unmittelbar an frühere kirchliche Äußerungen zum Bolschewismus anknüpfen und gleichzeitig aufweisen, „was ein Volk ohne Religion ist in seinem dumpfen Dahinvegetieren" (XII, 23).

„Sie haben in Rußland erlebt, was es heißt, daß ein Volk kein Kreuz mehr hat, wo die Kirchen entblößt und ausgeraubt sind, daß das Geheimnis des Kreuzes Christi nicht mehr zugegen ist: die Liebe. Bestien sind die Menschen geworden." (XXII, 14) – „Auch hier in Rußland läuteten früher die Osterglocken, bis jene dunkle Nacht der Gottlosigkeit auf die russische Erde niedersank. Kein Ende schien ihr beschieden zu sein. Aber dann kam jener Tag, an dem unsere Waffen die Tore Rußlands aufbrachen. Und heute feiern wir als christgläubige deutsche Soldaten schon das zweite Osterfest auf russischem Boden … (XVIII, 23).

Schon allein die Tatsache, daß in Rußland ein offener Kampf gegen Christentum und Religion geführt wurde, scheint für einige Prediger Grund genug, den Hitlerkrieg zu legitimieren, ihm eine religiöse Weihe zu verleihen und darüberhinaus Deutschland als Vorkämpfer des Christentums auszugeben. Der Kampf „mit dem furchtbarsten Feind des christlichen Namens auf europäischer Erde seit bald 2000 Jahren" führt hin und wieder zu Kreuzzugsgedanken und zu Hinweisen auf die deutsche Sendung in der Geschichte.

„Je mehr wir – wie in Rußland – die Inkarnation des Gottlosen erleben, um so größer muß sich in uns Gottes Herrlichkeit offenbaren … ,Gott mit uns' steht auf unserem Koppelschloß. Wenn aber Gott mit uns sein soll, muß er auch in uns leben. Und das ist der Sieg, über alle Gewalt der Finsternis. Welch eine Kraft muß in unser Kämpfen und Siegen überströmen, wenn wir so diese Stunde verstehen." (XXII, 10) – „Gott hat dem deutschen Volk in diesem Krieg eine höchste Sendung gegeben. Neuordnung Europas. Dieser Neubau stehe im Zeichen Christi. Bolschewismus bedeutet Europa ohne Gott, ohne und gegen Christus. Die Front der jungen Völker unter Führung Deutschlands will ein Europa mit Gott, mit Christus." (XVI, 26)

In ihrem Drang, Situationen religiös zu deuten, neigen viele Autoren dazu, die harten Realitäten zu überspringen oder sie nur als Beispiele zu benutzen. Dabei verliert die irdische (und damit die politische) Wirklichkeit nicht nur ihre Bedeutung, auch die Hörer werden verführt, sich den Realitäten und ihren Herausforderungen durch die Hinwendung zum „Wesentlichen" zu entziehen, wenn nicht gar eine untragbare Identifizierung von Christ und Antichrist, von Gut und Böse mit politischen Größen nahegelegt wird. So verweist ein Prediger in einem Entwurf über den „Sinn von Kampf und Geschichte" auf den „gigantischen Kampf", den „Schicksalskampf", den die Soldaten in aller Härte erfahren, auf „den Ruf dieser Stunde", auf „die Geschichte unseres Volkes", und er fährt fort:

„Was aber ist Zeit, was Geschichte? Ist sie nur ein Wechselspiel menschlicher Bewährung, menschlichen Versagens? Geschichte ist nicht bloß eine Aneinanderreihung menschlicher Taten, oder gar das Ergebnis der Politik – Geschichte ist im Tiefsten ein Geheimnis, ein Mysterium, dessen Wurzeln dort fasern, wo Gott und Satan, Christ und Antichrist, Sein und Sünde in ewigem Kampfe liegen." (XXII, 10)

Die Gefahr einer Grenzverwischung lag umso näher, als viele Soldaten erlebten, wie zahlreiche russische Kirchen, die von den Sowjets geschlossen und mißbraucht worden waren, nun wieder geöffnet wurden und wie besonders die Menschen in der Ukraine dafür eine bewegende Dankbarkeit bekundeten. Man durfte guten Gewissens seine soldatische Pflicht tun, wenn man bescheinigt bekam, daß man sich „als Angehörige(r) der deutschen Wehrmacht in einem hl. Kreuzzug gegen den Sowjetstern" befinde und daß eine „Wehrmacht …, die aus solchen Soldaten der Kraft, der Liebe und der Zucht als höchsten Gaben Gottes besteht, … unüberwindlich sein und bleiben" werde (XI, 23 f.). In einem derart gedeuteten Kampf gewinnt auch der Tod seinen Sinn:

„Uns tröstet der Gedanke, daß er sein Leben hingab im Kampf gegen den Bolschewismus. Für diesen Kampf ist es wert, das Beste, alles einzusetzen, um die christlichen deutschen Werte unseres Volkes zu erhalten." (XXIX, 30)

Die Vermutung scheint begründet, daß die Auslassungen über den Bolschewismus und das Reden von einem „christlichen Antlitz Deutschlands" und Europas eine bewußte, wenngleich indirekte Kritik an der Weltanschauung und an der Politik des Nationalsozialismus enthalten, eine Kritik, die von vielen auch als eine solche verstanden wurde. Das kann jedoch die Tatsache nicht aus der Welt schaffen, daß auch in der kirchlichen Verkündigung die deutsche Aggression als gerechtfertigt dargestellt und das ohnehin schon im Übermaß vorhandene deutsche Selbstwertgefühl noch gestärkt und religiös verbrämt wurde. Das Verbrecherische des deutschen Krieges kann schwerlich allen Predigern verborgen geblieben sein. Wenn dennoch manch ein Christ und Prediger sich von diesem Krieg einen Segen für Deutschland und Europa erhoffte, so gehört das zu jenen Vorgängen damaliger Zeit, die ein Jüngerer kaum zu begreifen vermag und die sich vielleicht nur so erklären lassen, daß man dem absurden Geschehen um jeden Preis einen Sinn abzuringen versuchte, um nicht der Verzweiflung zu verfallen.

Wie schon im Ersten Weltkrieg die Prediger immer wieder auf die Nützlichkeit der Religion hingewiesen haben, so stellen sie auch jetzt die Religion als eine Quelle vaterländischer Tugenden dar: sie fordere die Vaterlandsliebe bis zum Tod als eine sittliche Tugend; sie verleihe Kraft und Mut, Durchhaltevermögen und den rechten Geist, der zum Siege führe.

„Die Kraft zu den hervorragenden, ja manchmal einzigartigen Leistungen und Heldentaten schöpften unsere Brüder, wie wir alle aus den unversiegbaren Quellen unserer hl. Religion. Unser Christentum ist ja die Religion des höchsten Heldentums, weil es die Religion des Opfers ist …, weil es aufgebaut ist auf dem Opfer des größten Helden aller Zeiten, auf dem Kreuzesopfer Jesu Christi." (IX, 9) – „Wir werden unsere Soldatenpflichten gewissenhaft und treu bis zum letzten erfüllen auf dem Platz, auf den wir gestellt sind und gestellt werden und werden uns von niemandem an Einsatzbereitschaft und Pflichttreue übertreffen lassen. Heldenhaft und stark werden wir tragen, was an Opfern gefordert wird. Uns ist Opfer und Tod fürs Vaterland ein Opfern und Sterben für ewige Werte, für die ewige Aufgabe, die Gott jedem Volke in seinem ewigen Reich zugeteilt hat. Heldenhaft wollen wir ringen, daß unser Volk den ihm von Gott gewiesenen Platz einnehme und behaupte in der

Welt und im Reiche Gottes. Heldenhaft wollen gerade wir uns dafür einsetzen, den Glauben an den Gekreuzigten unserem Volke zu erhalten. In diesem Glauben ist Leben für den einzelnen und für die Völker. Gegenüber allen Verkennungen sei es gesagt: Uns ist unser Vaterland heilig. Dafür opfern wir unsere Jugend, unsere Gesundheit und Lebenskraft freudig und gern, selbst in vorderster Linie." (IX, 10)

An zahlreichen Stellen ist das Bemühen der Prediger erkennbar, die Angriffe des Nationalsozialismus auf das Christentum abzufangen und zu widerlegen. Während die Propaganda behauptete, das Christentum schwäche und entwürdige den Menschen, hoben die Prediger den heldischen Charakter des gläubigen Menschen hervor und suchten den Beweis dadurch zu liefern, daß sie zum unüberbietbaren Einsatz im Krieg Hitlers aufriefen, der als Krieg für das Vaterland ausgegeben und wohl auch geglaubt wurde.

Christus gilt als Held, als „durch und durch kämpferische Persönlichkeit", als „Vorbild der Tapferkeit" ‚der gegen „jüdische(n) Krämergeist" zu Felde zieht: „wie ein Soldat steht er ein ganzes Leben unter dem Befehl." (XVII, 6) Das Ausharren des Soldaten auf seinem Posten sei gleichermaßen wie die Bewährung im Kampf gegen die Sünde „ein Verharren im Guten" und erfordere „Tapferkeit, ständige Bereitschaft, sich einzusetzen für das Gute gegen das Böse".

„Von selbst dringt sich uns die Frage auf: ‚Kann denn die soldatische Tapferkeit im Kriege auch Gottes Wille sein?' Ja! Gott will zwar nicht das endlose Blutvergießen, aber er will, daß durch unsere Tapferkeit diesem Blutvergießen ein Ende bereitet wird. Im Alten Testament steht das Gebot Gottes: ‚Du sollst die militärische Übermacht des Feindes nicht fürchten!' (5 Mos. 20, 1-4) und im Neuen Testament heißt es: ‚Fürchtet nicht jene, die den Leib töten können, sondern nur die, die Leib und Seele in die Hölle stürzen können!' (Matth. 10, 28) – So ist auch das Frontsoldatsein kein schicksalhafter Zwang, sondern ist Gottes Wille – und Gottes Wille ist auch die soldatische Tapferkeit dem Feind gegenüber. Mit der Losung ‚Gott will es' zogen die Kreuzfahrer aus, um das Heilige Land zu befreien und ihre rein soldatische Tapferkeit erhielt so die Weihe einer übernatürlich sittlichen Tugend. Wir stehen nun einmal im Krieg. Daran ändern wir nichts. Und es ist nun Gottes Wille, daß wir allen Ernstes ausharren im Guten, tapfer jeder an seinem Posten steht." (XII, 10)

Durch das Wort Jesu vor seinem Leiden „Auf, laßt uns gehen" (Mt 26, 46) sei „die Tapferkeit zur christlichen Tugend geweiht" worden, und mit diesem Wort „gehen auch wir den schwersten Aufgaben und Stunden entgegen". (ebd.)

Neben den Mahnungen zur Tapferkeit, zum Durchhalten und zur Opferbereitschaft werden die Soldaten immer wieder an ihre Bindung durch den Eid erinnert und damit an ihre Gehorsamspflicht gegenüber der Führung.

„Gott soll es hören, daß (die Truppe), solange es einen Führer unseres Reiches gibt, solange es einen Obersten Befehlshaber unserer Wehrmacht gibt, solange es überhaupt ein deutsches Volk gibt, sich unverbrüchlich bindet an diesen Führer und Obersten Befehlshaber, an dieses deutsche Volk! Gott soll Zeuge sein, daß diese Truppe bereit ist, den Tod nicht zu fürchten und alles dahinzugeben. Geradezu furchterregend ist das! Denn das Angesicht Gottes auf sich herabzurufen, ist wahrhaft keine kleine Sache. Dieses Angesicht Gottes durchschaut uns nämlich bis in unser innerstes Herz hinein, es prüft unsere geheimsten Gedanken, vor allem aber: es läßt seinen Blick nun nicht mehr los von uns. Es schaut vielmehr unser ganzes Leben auf uns und wacht eifersüchtig, ob wir unserm Versprechen auch treu bleiben, treu im Kleinsten wie im Größten, treu im Gehorsam durch Zucht und Disziplin wie auch treu im letzten Einsatz unseres Lebens. Hierdurch erst gewinnt der Eid seine volle Kraft, seine stärkste und tiefste Bindung, eine Bindung, wie sie menschliche Autoritäten und irdische Gegebenheiten niemals zustande bringen können." (XV, 10)

Gewiß, jedes Schulkind hat im Religionsunterricht gelernt, daß man Gott mehr gehorchen müsse als den Menschen und daß die Gehorsamspflicht dort aufhöre, wo dem Menschen zugemutet oder abverlangt werde, Unrecht zu tun. Sicherlich wäre ein Prediger, der zur Gehorsamsverweigerung aufgerufen hätte, in ein Konzentrationslager eingeliefert oder in einem Schnellverfahren zum Tode verurteilt worden. Es gab schwerste Strafen schon bei geringeren „Vergehen". Doch außer einer Aufforderung, den geleisteten Eid nicht mehr als verbindlich anzusehen, und den hier zitierten Ausführungen gab es wohl auch für einen Prediger noch andere Möglichkeiten, sich zu äußern. Man muß wohl zugestehen, daß durch Predigten dieser Art Hitlers Macht gefestigt worden ist und daß mögliche Zweifel an der Treueverpflichtung durch das Beschwören Gottes überspielt oder gar erstickt wurden.

Mehr als beschämend sind auch Auslassungen über die Fahne, den Eid und das Kreuz, weil hier die konfusen Vorstellungen mancher Seelsorger drastisch deutlich werden:

„Denn die Fahne verkörpert uns selbst, unser Leben, unser Volk. Und weil dies alles heilige Dinge sind, die uns von Gott geschenkt, hohe Werte, die Gott uns zum Schutz und Bewahrung anvertraut, darum ist auch das andere geblieben, daß die Fahne uns heilig ist: denn schon mancher hat sein Bestes dafür hingegeben. Heilig und kostbar ist sie uns wie unser Leben. Ja, die Fahne ist unser Leben! Die Fahne, die flattert im Winde, ist sie nicht ein wunderbares Symbol alles Lebendigen, aller Freiheit, alles stürmischen Siegeswillens, alles zuversichtlichen Mutes? In der griechischen Liturgie wird zur Opferung das Kelchvelum wie eine Fahne über den Opfergaben hin und her geschwenkt. Das soll bedeuten: das Wehen und Leben des Hl. Geistes möge herankommen auf Brot und Wein, um beides zu beleben zu jener hl. Opfergabe, die Christus in seinem lebenspendenden Fleisch und Blut selber ist. Ein ähnliches Symbol ist die Fahne. Ihr Leuchten und Wehen in freier Luft künden uns Geist und Leben unseres Selbst. Dieses Leben eines Volkes schließt aber auch den Tod des Einzelnen mit sich ein; denn der Tod hat neben seinen dunklen Schatten auch eine helle Seite: er ist der große, unerbittliche Erneuerer der Völker. Indem er das Alte und Kranke auslöscht, schafft er dem jungen und gesunden Leben Raum. Und selbst dieses junge und gesunde Leben eines Volkes kann nur reifen und stark werden, kann nur dann zu neuen Siegen, die die Geschichte vergangener Generationen überstrahlen, aufbrechen, wenn es die tapfere Bereitschaft zum Tode kennt. Auch das kündet uns die Fahne, wie es wunderbar ein Lied unserer Tage singt: ‚Deutschland, sieh uns, wir weihen dir den Tod als kleinste Tat, grüßt er einst unsre Reihen, werden wir die große Saat. Drum laßt die Fahnen wehen in das große Morgenrot, das uns zu neuen Siegen leuchtet oder brennt zum Tod!' Hier aber sind wir dahin gelangt, wo über der Fahne unseres Reiches, wo über allen Fahnen der Völker jene Fahne sichtbar wird, von der die Fahnen dieser Erde erst ihren seligsten Glanz erhalten, jene Fahne, die der alte deutsche Liederdichter Venantius Fortunatus in seinem Karfreitagshymnus besingt: ‚Vexilla

Regis prodeunt – des Königs Fahne weht einher, es glänzt geheimnisvoll und hehr das Kreuz, daran das Leben starb und Leben aus dem Tod erwarb!' Denn dieses Kreuz, es ist auch wohl ein brennendes Mahnmal des Todes, das Mahnmal heroischer Opferbereitschaft für andere; aber es ist zugleich das leuchtende Zeichen ewigen Sieges, der den Tod bezwang. Und er, der am Kreuze verstarb, wurde jene große, göttliche Saat, aus der neues Leben erwuchs für die Völker, für alle, die glauben an Christus, den Auferstandenen. So tritt der Christ zum Fahneneid, wissend, daß über der Fahne seines Reiches die Fahne des Kreuzes aufstrahlt und damit jenes Zeichen, in dem einstmals Kaiser Konstantin der Sieg verheißen ward. In hoc signo vinces! In diesem Zeichen sollst auch du siegen, Kamerad! Und wenn du selbst auch den irdischen Sieg nicht erleben solltest, wenn du selbst auch der großen Saat für das Leben deines Volkes beigesellt werden solltest – du weißt: der Sieg ist dennoch dein! Im Zeichen des Kreuzes, in dessen Kraft du deiner Fahne treu warst, wirst du die Krone ewigen Lebens erringen und die Erfüllung jener Schlußbitte aus dem Karfreitagshymnus erfahren: ‚Hast uns des Kreuzes Sieg gewährt, nun sei uns auch der Lohn beschert!' *Amen.*" (XV, 11 f.)

Die Wehrmachtpfarrer haben in der Regel ihren Dienst mit der Absicht angetreten, ihren Kameraden menschlich nahe zu sein und sie auf diese Weise auch die Sorge der Kirche erfahren zu lassen. Man sollte den Willen und die Aufgabe, in wirklich oder scheinbar ausweglosen Situationen Trost zu spenden, nicht geringschätzen. Das abwertende Wort von der Trostfunktion der Religion hat zwar in einem bestimmten Zusammenhang seine Berechtigung, darf jedoch nicht dazu führen, ihre auch dem einzelnen helfende Kraft zu übersehen oder lächerlich zu machen. Anderseits darf man nicht außer Acht lassen, daß jedes Wort seinen geschichtlichen Ort hat, auch Worte, die als Trost und Hilfe gedacht sind. Denn erst innerhalb ihres sozialen und historischen Kontextes gewinnen sie ihre besondere Bedeutung, ihre Färbung und ihr Gewicht. Ohne Zweifel ist es schwer, an den Gräbern von gefallenen Soldaten das rechte Wort zu finden, und ein Kriegspfarrer kam nicht daran vorbei, immer wieder an offenen Gräbern reden zu müssen. Unter den zahlreichen Grabreden finden sich jedoch nicht wenige Äußerungen, die in ihrer Todesdeutung auch den Krieg legitimierten und ihm eine religiöse Weihe verliehen.

„So umspielt denn seit der Kalvarienstunde jedes christliche Sterben, zumal das des aus dem Glauben getreuen Soldaten, ein geheimnisvoller Glanz, der Glanz der Crucifixusähnlichkeit und damit christlichen Heldentums und ewiger Osterherrlichkeit beim Vater." (XII, 3) – „Das Gesicht der unheilen Welt ist verklärt im Licht und Sterben des gläubigen Christen, ist verklärt im Heldentod des gefallenen Soldaten. Wie viele Soldaten gehen auf dem Schlachtfeld in ihrem Blute lächelnd ein in die Ewigkeit. Not, Schmerz und Tod ist Wandlung in ein besseres Sein. Diese Verklärung liegt als schönster und unverwelklicher Kranz auf dem einsamen Grab des Gefallenen." (XXI, 9) – „Darum ist unsere Trauer am heutigen Tage eine stolze, verklärte Trauer. Über dem Heldentod unserer Gefallenen liegt etwas von dem, was Murillo so ergreifend in einem Bild dargestellt hat: Das Hereinbrechen der ewigen Verklärung, deren Pforten uns der Tod erschließt. Wie die Sonne haben unsere Helden die Welt verlassen, um in einer anderen Welt in der ewigen Sonne aufzugehen … Im Zeichen ihres heiligen Glaubens und in der Treue zum Vaterland sind sie gefallen. Ihr Sterben war ihres Lebens größte Tat! Darum schauen wir mit stolzer Freude auf unsere gefallenen Brüder." (IX, 9)

Hier wird dem Tod, erst recht dem Tod im Krieg, sein Ernst genommen. Er wird überspielt und mit einer Gloriole umgeben, die man kaum als christlich bezeichnen kann. Doch über eine solch unzulässige Glorifizierung hinaus, die den Soldatentod als ein fast beneidenswertes Schicksal erscheinen läßt, nimmt man ihn als Ansporn, in diesem Krieg Hitlers alle Kräfte für weitere Kämpfe zu mobilisieren.

„Es ist ein tiefes Wort, das unsere Soldaten gebrauchen, wenn sie unsere Heldenfriedhöfe als ‚Wachregimenter‘ bezeichnen. Wahrhaftig, die sind nicht tot, die für das Vaterland gekämpft haben, die gefallen sind und begraben wurden. Nein, sie halten selbst im Tode noch die Wacht fürs Vaterland! Und dies mag uns ein Trost sein, wenn an allen Fronten die Feinde gegen uns anstürmen: an allen Fronten liegen auch unsere Wachregimenter und rufen uns zu: haltet aus, wie wir es taten! Es ist daher bei allem Leid ein erhebender Gedanke, daß nun wieder ein Offizier eingegangen ist in die große, Länder und Meere verbindende Kameradschaft deutscher Soldaten und Helden! Jedes Soldatengrab ruft uns das Wort zu, das über den Gräbern der dreihundert spartanischen Soldaten steht: Wanderer, kommst du nach Sparta, verkünde dorten, du habest uns hier liegen gesehen, wie das Gesetz es befahl!" (XX, 23)

Die Verklärung des Todes und der Ansporn zum Kampf verbinden sich mit einer indirekten Rechtfertigung des Krieges: „Er mußte im Kriege sterben, damit die Kinder unseres Volkes in Frieden leben können!" (XX, 24) Der gewaltsame Tod wird immer wieder umgemünzt in eine freiwillige Opfergabe und in die Nähe des Todes Jesu gerückt. Mit Vorliebe nimmt man die Worte vom Weizenkorn (Jo 12,24), von der Lebenshingabe für die Brüder (Jo 15,3) und vom „guten Kampf" (2 Tim 4,7) als Anknüpfungsmöglichkeiten für Grabansprachen, wobei vom biblischen Text meistens nicht mehr viel zu erkennen ist. Es ist auch kaum etwas anderes zu erwarten, als daß der Soldatentod als ehrenvoll und geadelt, als heldenhaft und als Opfergabe bezeichnet wird und daß die Trauer nur eine stolze Trauer sein kann. Die Toten seien eingesät in das „Saatfeld der deutschen Zukunft", ihre Namen eingetragen „in die Annalen der Geschichte". Während einige die Propagandaparolen des Parteistaates übernahmen und sie durch deren Verwendung in der Predigt sanktionierten, drängt sich bei anderen Predigten die Frage auf, ob ihr Verhältnis zur Realität nicht in der Wurzel gestört war.

„So wurdest du aus der wohltuenden Umnachtung des Geistes schließlich doch unbemerkt hinübergeleitet in die noch dunklere Nacht des Todes. Aber als du dessen Schwelle überschritten hattest, da ging den Augen deines Geistes ein neues Licht auf. Und deine Lippen, die oft gerufen nach dem Trunk, der dir den heißen Durst lösche, sie öffnen sich jetzt jenem Quell des ewigen Lebens, der jedem, der davon trinkt, allen Durst löscht, so daß ihn in Ewigkeit nicht mehr dürstet. Und um deinen Mund, der so oft den Namen deiner Braut gerufen, die nun daheim um dich trauern wird, um diesen deinen Mund spielt jetzt das Lächeln überirdischer Verzückung, da du zur Hochzeit geladen wurdest mit dem ewigen Gott, der all unserer Herzenswünsche tiefste Erfüllung ist." (XIV, 4)

„Ich muß daran denken, wenn das Schreckliche geschah, wenn die Schlacht ihr Opfer heischte, wenn einer von der Kugel getroffen stürzte, wenn die Adern geöffnet flossen und Tropfen um Tropfen Opferblutes niederrieselte und den Boden färbte, wenn die Wunden brannten, wenn die Kameraden über ihn hinweg stürmten, wenn sie das brechende Auge himmelwärts gerichtet, im Herzen betend, ihre Seele aushauchten … da starben sie, unsere Brüder, als Helden des Glaubens, als Helden der Liebe." (IX, 8)

So steht der Tod des Soldaten also in der Nähe des Martyriums, und man wundert sich nicht mehr, wenn es in einer Predigtvorlage heißt: „Lächelnd schreiten wir zum Opfergang ..., weil auch (Christus) den Tod starb in einer unbegreiflichen, unfaßbaren Tiefe." (XXV, 6f)

Sicherlich ist bei mancher Predigt ein gehöriges Maß von Dummheit und Geschmacklosigkeit mit im Spiel gewesen. Das muß auch bei der normalen christlichen Verkündigung in Rechnung gestellt und ertragen werden. Doch schwerwiegender als derartige Mängel ist das hartnäckige Festhalten an der Illusion, der Hitlerkrieg sei ein Krieg für das Vaterland gewesen, ist die Nötigung zu einer isoliert von ihrer Zielsetzung verstandenen Tapferkeit, zu einem pervertierten Gehorsamsverständnis und zu einer die Brutalität des Todes überspringenden Opferideologie.

Es sei noch einmal vermerkt, daß zahlreiche Predigten frei sind von Entgleisungen und Irreführungen der genannten Art. Anderseits sind die zitierten Äußerungen nicht auf einzelne Vorlagen beschränkt. Sie finden sich in fast allen Serien und sind in die Predigten über biblische Texte, allgemein-theologische Themen oder sittliche Fragen eingebunden. Tiraden wie die über die Fahne werden bei den Hörern wohl eher Widerwillen und Ablehnung hervorgerufen haben, hingegen könnten kürzere Einflechtungen in einen ansonsten religiös-sittlich orientierten Text insofern nachhaltiger gewirkt haben, als hier Grenzen verwischt wurden und propagandistische Formeln übergangslos in die christliche Verkündigung eingeschmolzen erschienen. So spricht ein Autor in einer Predigt zur Fastenzeit von der „Greuelpropaganda von Seiten der jüdischen Schriftgelehrten und Pharisäer gegen Jesus Christus" (III, 9) — „Greuelpropaganda" war jedoch nach nationalsozialistischem Sprachgebrauch jede Kritik, die im feindlichen Ausland und erst recht seitens der Juden an Deutschland geübt wurde. In einer Predigt über die Beichte wird die Generalabsolution „zu einer heiligen Weihe für den Kampf, in den ihr wieder auszieht, ... geweiht zum Opferdienst für euer Volk" (XIV, 3). Während sich auf der einen Seite der ganze Katalog der „ewigen Tugenden des deutschen Soldatentums" bis hin zur Bescheidenheit und Zuverlässigkeit bei Jesus Christus findet (XXIII, 14), wird der Krieg auf der Seite des Gegners heimtückisch (XXII, 13), „unvorstellbar entmenscht und grausam" (XXI, 10) geführt. Alle nur denkbaren Namen aus der Geschichte Deutschlands und der Kirche werden zitiert, um die Einheit von Frömmigkeit und Tapferkeit, Gottes- und Vaterlandsliebe zu demonstrieren: Mauritius, Sebastian und Johann Capistran, Prinz Eugen, Tilly, Blücher und Bismarck, Friedrich der Große und Hindenburg, natürlich auch Th. Körner, E. M. Arndt und W. Flex. Man ist nicht kleinlich bei der Auswahl der Vorbilder im Kampf „für Gott und Vaterland" (XI, 5).

Wenn Heinrich Höfler derartige Predigtvorlagen in seine Serien aufgenommen hat, drängt sich die Frage auf, welche Entwürfe er als nicht geeignet ansah und aussonderte. Leider sind diese Texte nicht erhalten geblieben. Es gibt auch in der Korrespondenz zwischen Höfler und Werthmann keinen Hinweis darauf, daß man nur mit Rücksichtnahme auf das OKW auch besonders „vaterländische" und die Kampfmoral der Truppe fördernde Konzepte versandt habe, um dadurch die Versorgung der Kriegspfarrer mit anderem und besserem Material zu gewährleisten. Doch selbst wenn derartige Erwägungen angestellt worden sein sollten, kommt man an der Feststellung nicht vorbei, daß hier Grenzen überschritten wurden, die zu überschreiten nicht erlaubt war. Man hatte sich – wenn auch nur partiell – zum Handlanger des Nationalsozialismus gemacht.

Angesichts der zahlreichen gesetzlichen, organisatorischen und materiellen Hindernisse, die Menschen durch das gesprochene und geschriebene Wort zu erreichen und ihnen dadurch Hilfen, Wegweisung, Ermutigung und Trost zu geben, haben die für die Kirchenpresse Verantwortlichen einen Weg eingeschlagen, den sie nur zögernd und vielleicht auch mit schlechtem Gewissen gegangen sind. Doch die Unterdrückung des freien Wortes führte nicht nur zu (fragwürdigen) Zugeständnissen, die geistige Knebelung und Vergewaltigung weckte auch Willen und Phantasie, aus der Öffentlichkeit verbannte Themen und Probleme anzugehen und bei der Publikation Lücken im Kontrollsystem des Regimes aufzuspüren und zu nutzen. Hier soll nur auf den in katholischen Kreisen wohl bekanntesten und meist gelesenen Autor der damaligen Jahre hingewiesen werden, weil er auf die „*Kirchliche Kriegshilfe*" in der zweiten Phase des Krieges einen erheblichen Einfluß ausgeübt hat.

Im Nachwort seines 1936 veröffentlichten Buches „*Das Inselreich. Gesetz und Größe der britischen Macht*" deutet Schneider die Intention seiner Schriften an, in denen er geschichtliche Themen und Persönlichkeiten behandelt.

„Dieses Buch möchte nur aussagen. Vor allen Dingen bittet es darum, daß man es nicht als eine Geschichte Englands mißverstehe; es möchte vielmehr durch das Medium der Schicksale … der englischen Geschichte die innere Gestalt sichtbar machen und zugleich auf das Gesetz verweisen, das über aller Geschichte waltet."[1]

Dieser Verweis allerdings ist an zahlreichen Stellen greifbar.

„Was ist ein Reich, das nicht auf dem Recht ruht? Es muß schwinden, nichts ist gewisser: Schuld kann wohl helfen, es zu erwerben, aber die Schuld muß wieder gesühnt werden. Schuld kann notwendig sein, doch auch die notwendige Schuld wird gerichtet. Einmal muß Recht sein, mag es an Opfern kosten, soviel es wolle."[2]

Das bald vergriffene Werk erlebte wegen Verbotes keine Neuauflage.

Die vielleicht eindrucksvollste Veröffentlichung Schneiders erfolgte 1938 mit seinem Buch „Las Casas vor Karl V.", das „Szenen aus der Konquistadorenzeit" beschreibt und unter dem Bild eines vor dem Thron Karl V. ausgetragenen Rechtsstreites ein schreiender, wenngleich ohnmächtiger Protest gegen die Judenverfolgung ist, eine Anklage gegen die ihre Macht mißbrauchenden Regierenden und eine leidenschaftliche Verteidigung der Menschenrechte.[3]

Versuchte er zunächst, durch seine historischen Arbeiten mit den immer wieder abgehandelten Themen über das Recht und dessen Preisgabe, über die Macht und deren Mißbrauch Geschichte und Gegenwart zu deuten, so hatte seine spätere Arbeit, die er in „Winter in Wien" als „religiösen Sanitätsdienst" apostrophierte,[4] als zentrales Thema das Geheimnis des Kreuzes und seine Wirkung in der Geschichte. In der Erfahrung der Ohnmacht rief er seine Leser auf, das Dunkel der Gegenwart als Kreuz anzunehmen, sich inmitten von Machtmißbrauch, Gewalttat und Haß zu bewähren und unbeirrbar das Rechte zu tun. Ein Druckverbot im Jahre 1942 brachte weder Reinhold Schneider zum Verstummen, noch hinderte es seine Freunde, seine Aufsätze und Meditationen illegal zu drucken, abzuschreiben und zu vervielfältigen und an der Front wie in der Heimat tausendfach zu verteilen. „Wenn die Völker gebeugt werden von der Gewalt der Schicksale und der Tod sie beschattet, dann müssen einige die Kraft finden, willentlich einzugehen in die Passion, und vielleicht können die Völker dann auch ihr Leiden als eine Nachfolge der Passion erfahren."[5]

Die Auswirkungen des „reichen, viel verästelten, ja oft unübersehbar scheinenden Werkes"[6] sind nicht zu fassen. Ein Großteil der Wehrmachtpfarrer hat Reinhold Schneiders Schriften nicht nur erhalten und wie andere Broschüren verteilt, man schrieb sie wieder und wieder ab und bewahrte sie (zumal die Sonette) oftmals wie Kostbarkeiten über viele Jahre auf. Der Kontakt zwischen Schneider und der „Kirchlichen Kriegshilfe" bestand seit 1940 und entwickelte sich zu einer engen Zusammenarbeit.

Zu den bekanntesten und verbreitetsten Schriften zählte das im Frühsommer 1941 entstandene ‚Vaterunser'. Unter Joseph Rossé, dem Direktor des Alsatia-Verlages in Colmar, wurden Schneiders Sonette und Aufsätze in vielen hunderttausend Exemplaren gedruckt und durch Höfler an die Kriegspfarrer verschickt.[7] Seit den einschneidenden Verboten vom 27.4.1942 und 10.7.1942 und der fast völligen Einstellung des Drucks religiöser Literatur machten nach dem NT die Schneider-Texte den größten Teil der Sendungen Höflers aus.

Werthmann und Schneider begegneten sich erstmalig im Spätsommer 1940 im Hause Höflers. Der Feldgeneralvikar berichtete in einem langen Gespräch über die Bedrängnisse der in der Feldseelsorge tätigen Priester, besonders der Ordensleute. Schneider äußerte mit einer Werthmann erschreckenden Bestimmtheit die Überzeugung, „daß es zur Bestimmung des Christen gehört, Niederlage und Untergang wirkend auszuhalten", eine Vorstellung, die sich in den von der kirchlichen Hilfsstelle herausgegebenen Schriften später vielfältig niedergeschlagen hat. Dieser Glaube hat seine literarische Form in dem Sonett „*St. Sebastian, Soldat und Heiliger*" gefunden, das er auf Bitten Werthmanns für die gefallenen und verstorbenen Mitbrüder, Kameraden und Weggefährten jener Tage verfaßte.[8]

Die Fessel löst sich nicht. Ich muß ertragen.
Doch steh ich nicht im irdischen Streite mehr.
Ein andrer König rief mich in sein Heer
und gab mir Macht, der Erde zu entsagen.
Ich seh sein Reich in heiliger Ferne tagen
und bin sein Herold ohne Schutz und Wehr.
Schwer drückt die Schmach, und das Gebet drückt schwer
um derer Frieden, die mir Wunden schlagen.
Doch bin ich's kaum mehr, den die Pfeile brennen
und den das Seil umschnürt. Ein andrer beugt
in mir sich schützend unter'm Todesstreich.
Mit allen Wunden will ich ihn bekennen,
des Leidens stummes Bild, das ihn bezeugt.
Wo seine Zeugen sterben, ist sein Reich.

Die Ratlosigkeit und Verwirrung zahlloser Menschen, die der Verführungskunst Hitlers erlegen waren, und die um sich greifende Orientierungslosigkeit führten Schneider zu der Erkenntnis, daß die Unterscheidungsfähigkeit zwischen den „Stimmen von oben" und den „Stimmen von unten" neu entwickelt[9] und „unser Volk wieder zur Begegnung mit seiner Seele" geführt werden müsse.[10] Das Bestehende gelte es anzunehmen als „den Schauplatz unserer Bewährung". Und möge die Macht des Unrechts noch so groß sein, so sei doch „immer eine Möglichkeit, für das

Recht zu leben, und auch unter der Überlast des Unheiligen kann und muß das Heilige dauern".[11]

Der Versuch Schneiders, Geschichte zu deuten und damit eine für viele Menschen notwendige Hilfestellung zu leisten, läuft letztendlich auf eine Spiritualisierung der Geschichte hinaus. Zumindest zeichnet sich die Gefahr dort ab, wo er den Krieg als einen inneren und innersten bezeichnet, der „sich in der Seele jedes einzelnen abspielt".[12] „Das Politische ist wirklich nur ein Aspekt, eine dünne Schicht eines ungeheueren Vorganges ...".[13]

Nachdem das „Gesetz der Form" preisgegeben und sogar das Auge dafür erblindet ist, nach dem Schwinden einer die Geschichte gestaltenden Kraft, angesichts der Unmöglichkeit, die aufrührerischen Mächte zu bannen, steht Schneider „am Rande des Ekels vor aller Geschichte".[14] Es ist nun sein „ganzes Bestreben, das Geschichtliche der Vergewaltigung durch das Politische zu entreißen und zu zeigen, wie das Übergeschichtliche durch das Geschichtliche wirke".[15] Schneider vermag nicht daran zu glauben, daß Gott sich des Krieges, der Zerstörung, der Gewalt bediene, um etwas Neues zu schaffen. Ist der Krieg aber ein Gericht über die Welt, die sich Christus versagt hat und dadurch mit dem Zentrum ihrer eigenen Geschichte im Widerspruch steht, dann wird die Frage nach der Haltung des einzelnen „die dringendste Frage",[16] die Frage nach der „adeligen Gesinnung", die Forderung, „willentlich einzugehen in die Passion", zur notwendigen Folge.[17] Wenn man mit Schneider das Kommen des Reiches als den eigentlichen Inhalt der Geschichte und das Kreuz als ihr Gesetz betrachtet, dann ist das Leid und die bewußte, freiwillige Annahme des Leides die – zumindest für Schneiders Gegenwart – einzig mögliche Gestalt christlichen Lebens. Aus dem Glauben an Christi Sieg und Auferstehung vermag er dann aber auch zu sagen:

> „Ein heiliger Schimmer flieht von deinem Schreiten
> auf Völkerheere, die verzweifelt streiten
> und auf der Trauernden gebückte Schar."[18]

Mit Pascal glaubt Schneider daran, „daß Krankheit der christliche Zustand ist",[19] weil die Krankheit der Offenbarwerdung der Herrlichkeit Gottes diene. Schneiders Geschichtsmeditationen, die von seiner Biographie nicht zu lösen sind, erwecken den Eindruck, als handle es sich bei dem realen Geschehen um Widerspiegelungen geistig-geistlicher Vorgänge, die für den Menschen nur insofern von Bedeutung sind, als sie ihn zu einer letzten Entscheidung für oder gegen Christus herausfordern. Und das Wort Schneiders von der Geschichte als dem „Ringen des Gottesreiches mit seinen Feinden um den Menschen"[20] erinnert an das Bild von Konrad Weiß, der Gott und Teufel an der Kelter miteinander ringen und ihre Kräfte messen sieht „ohne eine Sorge für den Menschen".[21] Diese aus Ohnmachtserfahrung geborene und vor dem Hintergrund der Hitlertyrannei verständliche Geschichtsdeutung wird in ihren Konsequenzen von Schneider selbst in „*Winter in Wien*" aufgewiesen:

„Vielleicht ist die Erkenntnis, daß etwas getan werden muß, was nicht getan werden kann, der wesentliche Gehalt unserer Zeit: wir sind dort, wo Geschichte, wo gläubige Existenz in der Geschichte ad absurdum geführt werden ..."[22]

Neben dem ungeheueren Verrat des Rechts und dem brutalen Mißbrauch der Macht waren es kirchliche Praktiken, die zu einer solch resignierenden Äußerung geführt haben: der Konkordatsabschluß, über den Schneider nicht hinweg kam;[23] die Tatsache, daß die Kirche nicht „schwesterlich" neben der Synagoge gestanden hat;[24] später die Inanspruchnahme der Kirche für politische Ziele im Westdeutschland der Nachkriegszeit. Zwar ist mit der von Schneider wieder und wieder erhobenen Forderung an den Christen zum Zeugnis und zur Nachfolge in Leiden und Tod hinein keine Abwendung von Welt und Geschichte gefordert. Im Gegenteil: „Eine Trennung in Irdisches und Himmlisches ist nicht erlaubt; denn darum geht es ja, daß das von Gott Gebotene auf der Erde, in der Geschichte, vom ganzen Menschen und vom ganzen Dasein erfüllt wird."[25] Doch scheint dieses Zeugnis eher auf die private Existenz des Menschen beschränkt zu sein. Der Weg Reinhold Schneiders führte von geschichtsphilosophischer Betrachtung über menschlichen Protest[26] zum politisch engagierten Denker. Sein im Grunde anthropologisch-existentielles, historisierend-eschatologisches Denken hatte eine Überschätzung der geistig-seelischen Faktoren in der Politik zur Folge.[27] Aus den Jahren, da er in der Kriegsnot unzähligen Menschen seelischen Halt gab, erwuchs ihm der Ruf, „Helfer, Mahner, Tröster ohnegleichen", ein „charismatische(r) Führer und Seelsorger" zu sein.[28] Von sich selbst sagt

Schneider: „Ich bin gar kein Denker. Nur in Bildern und Schicksalen komme ich ein wenig weiter."[29]

Für Schneider ist das Tragische „ein Geheimnis des irdisch-geschichtlichen Lebens überhaupt" und insofern unverzichtbarer Teil seines Welt- und Geschichtsverständnisses,[30] notwendige Folge der Erscheinung des Unendlichen in der Begrenzung als tragender Konstellation.[31] Die aus der Konfrontation mit dem Absoluten sich ergebene Radikalität der Fragestellung und die daraus erwachsende Abwehr jeglicher Verharmlosung des Lebens einschließlich der Tendenzen zum Historizismus und Pragmatismus gehörten zum herausfordernden Vermächtnis Reinhold Schneiders.

Es ist kaum eindeutig auszumachen, ob und in welchem Maß die ererbte Neigung zur Schwermut Grund oder Anlaß zur eschatologischen Deutung der Geschichte darstellt oder seine philosophisch-theologischen Bemühungen die vorhandenen Anlagen verstärkten. Seine Ohnmachtserfahrung wie auch seine politische Handlungsunfähigkeit sind schwerlich auf einen der genannten Faktoren zurückzuführen. Daß er kein Gefangener seiner Veranlagung oder seiner philosophisch-theologischen Konzeptionen gewesen ist, zeigt der Wandel in seiner Haltung von politischer Abstinenz[32] über seine Einstellung zur Macht bis hin zum Engagement für eine humanitäre Politik. Bossle sieht in der Wiedererweckung des Reichsgedankens das „Kernstück seiner politischen Utopie".[33]

Die vielfachen Auswirkungen der Gedanken Schneiders sind auch in den Rundbriefen *„Lieber Kamerad"* wie in manchen Predigtentwürfen zu erkennen. Wie wertvoll den Kriegspfarrern die Sonette und Aufsätze Schneiders waren, zeigt der folgende Bericht über den illegalen Druck eines Buches mit Schneider-Texten. Zugleich gibt dieser Vorgang Aufschluß darüber, was Männer mit Mut und Phantasie aller Überwachung und Strafandrohung zum Trotz auch 1943/44 noch erreichen konnten.

Der damalige Bezirksstandortpfarrer des Wehrmachtseelsorgebezirkes Reichshof bei Krakau (Polen) (heute Päpstlicher Ehrenprälat und Vorsitzender des Diözesan-Caritasverbandes in Essen) Johannes Kessels faßte im Oktober 1943 den Entschluß, eine Sammlung von Sonetten und Aufsätzen Reinhold Schneiders als Manuskript gedruckt für den Gebrauch innerhalb der Feldseelsorge herauszugeben. Kessels besprach seinen Plan mit dem dienstaufsichtführenden Wehrkreispfarrer des Generalgouvernements, Hennecke, der seinerseits den Feldgeneralvikar informierte. Beide begrüßten und unterstützten im Wissen um die damit verbundenen Risiken dieses Vorhaben. Im November 1943 übergab Kessels das Manuskript der Druckerei Udcialowa in Reichshof. Nach den geltenden Bestimmungen mußte ein Verlag die Veröffentlichung übernehmen. Da der Plan, den Alsatia-Verlag in Colmar dafür zu gewinnen, scheiterte[34], übernahm Kessels Druck und Herausgabe in eigener Verantwortung. Als Kessels Anfang Februar 1944 Schneider in Freiburg besuchte, gab dieser zwar sein Einverständnis zu diesem Vorhaben, wollte jedoch dabei selber nicht in Erscheinung treten. Bei diesem Besuch lernte Kessels auch einige ihm bis dahin noch nicht bekannte Sonette und Aufsätze Schneiders kennen, die einem Teil der sich auf 5.000 Exemplare belaufenden Auflage nur noch als Nachtrag angefügt werden konnten. Wegen unzureichender Sprachkenntnisse der Mitarbeiter mußten die Druckbogen bis zu achtmal korrigiert werden, wobei die ersten Abzüge bis zu tausend Druckfehler enthielten. Drucker und Buchbinder arbeiteten in ihrer Anhänglichkeit an den katholischen Geistlichen nicht nur mit äußerster Verschwiegenheit, sie forderten für ihre Arbeit auch lediglich die Bezahlung nach dem Tarif von 1937. Die erforderliche Summe war von den Kriegspfarrern des Generalgouvernements aufgebracht worden. Alle Bücher (14,5 x 10 cm, 340 Seiten) wurden im April 1944 zum Versand gebracht. Über ein Viertel erhielt allein die *„Kirchliche Kriegshilfe"* in Freiburg, weiter Adressaten waren die Kriegspfarrer, Jugendseelsorger, fast alle deutschen Bischöfe, zahlreiche Theologen, Professoren und sonstige bekannte Persönlichkeiten des katholischen Lebens in Deutschland. Mehrere hundert Exemplare gingen an evangelische Mitbrüder.

Nachdem der Chefarzt eines Warschauer Lazarettes im Mai 1944 die Schrift im Nachlaß eines verstorbenen Divisionspfarrers entdeckt und darüber Meldung erstattet hatte, griff die Gestapo ein, verhörte Drucker und Buchbinder und beschlagnahmte die letzten drei oder vier Exemplare der inkriminierten Schrift. Der Drucker konnte sich seiner Verhaftung durch die Flucht entziehen. Die inzwischen erfolgte Versetzung Kessels verzögerte die gegen ihn eingeleiteten Maßnahmen. Schließlich waren es eine Reihe glücklicher Umstände, das Wohlwollen und die

Abschirmmaßnahmen militärischer Vorgesetzter und schließlich das Kriegsende, die Kessels vor Schlimmerem bewahrten und den gegen ihn ausgestellten Haftbefehl nicht mehr zur Wirkung kommen ließen.[35]

Anmerkungen

3.1 Einrichtung und Organisation

1. Speckner 153 f.
2. Bericht Dr. Kreutz an den Episkopat vom 20. 7. 1940: DCV 370; 10.
3. Hofmann, Seelsorge 182 f. – Wenngleich in dieser Arbeit nur die Tätigkeit der kirchlichen Kriegshilfestelle, Abtlg. Schrifttum, dargestellt wird, so sei doch auf das weite Feld caritativer Tätigkeit hingewiesen. Viele tausende von Ordensschwestern standen im Dienste der Kriegskrankenpflege, zahlreiche caritative Anstalten und Einrichtungen sind in Lazarette umgewandelt worden oder dienten als Heime zur Aufnahme der Rückgeführten, d. h. jener Menschen, die in Grenznähe im sog. Operationsgebiet wohnten und bei Kriegsausbruch ihre Heimat verlassen mußten. Davon waren bei Kriegsanfang die Diözesen an der westlichen Grenze betroffen, also Freiburg, Speyer, Mainz, Trier und Aachen. Zu den Aufgaben der „Kirchlichen Kriegshilfe", Abteilung Schrifttum, gehörte auch die Versorgung der Kriegsgefangenen mit religiösem Schrifttum, speziell mit Gebetbüchern, sowie die Lieferung von Predigtvorlagen für Kriegsgefangenenseelsorger. Auch dieser Arbeitsbereich wird hier nicht weiter berücksichtigt. Die Schwierigkeiten waren auf diesem Gebiet natürlich nicht geringer als im Bereich der Feldseelsorge. Am 27. November1940 teilt der Präsident des DCV dem OKH mit, daß „die 30.000 Stück des vom OKW für die französischen Kriegsgefangenen genehmigten ‚Manuel du Soldat chrétien' (Herder-Verlag-Freiburg i. Br.) sofort bei ihrem Erscheinen vergriffen waren; angesichts der hunderttausende französischer Kriegsgefangener ein verständlicher Vorgang". DCV 370, 17 (5) Selbst jahrhundertealte klassische katholische Gebetstexte durchliefen nicht unbeanstandet die staatlichen Kontrollstellen. So mußte zum Beispiel aus einem Gebetbuch für polnische Kriegsgefangene die Anrufung der Lauretanischen Litanei „Du Turm Davids" wegen des darin enthaltenen Bezugs zum Judentum entfernt werden. (Höfler an Werthmann 12.9.1940).
4. DCV R 775 I. Intern wurde für die „Kirchliche Kriegshilfe" das Kürzel „KiKri-Hi" verwendet.
5. DCV 370, 10; vgl. den älteren Entwurf R 775 I.
6. DCV R 775 I, Schreiben Dr. Kreutz an Kardinal Bertram vom 21. 9. 1939.
7. DCV 37D, 10.
8. KA Paderborn vom 9. 11. 1939 Nr. 371.
9. DCV 370, 17 (5)

1. EBA Freiburg 35/69 I.
2. Vgl. KA Paderborn 9.11.1939 Nr. 371; „Bestimmungen über die Seelsorge beim Ersatzheer" vom 28.11.1939 OKH Chef der Heeresrüstung und BdE 31 u AHA/Ag/S (III) 3623/39, in: BA-MA RW 12 I/v.5.
3. Vgl. Boberach, Berichte 474 f.; 511. Aufforderungen dieser Art richtete Höfler auch immer wieder an die Kriegspfarrer.
4. Ebd. 511.
5. Ebd.
6. Vgl. ebd. 532; 611; 617; 634 u.ö.
7. EBA Freiburg 35/69 I. Auch die folgenden Vorgänge sind in dieser Akte enthalten.
8. Schreiben vom 25. 5. 1940, EBA Freiburg 35/69 II.
9. Ebd.
10. Boberach, Berichte 474.
11. Ebd. 473 – Als Beispiel für die oft kleinlichen Auseinandersetzungen mit den zuständigen Behörden des OKH sei hier nur auf einen Vorgang verwiesen, der sich über 10 Wochen erstreckte und dabei lediglich den Versand betraf. Am 23.2.1940 teilt Höfler dem AHA, Gruppe Seelsorge, mit, daß „wiederum 251 Pakete mit religiösem Schrifttum für Wehrmachtangehörige zur Übernahme durch Ihren Beauftragten seit Anfang der Woche bereitstehen". Beim Inhalt der Pakete von je 9,5–10 kg handle es sich „ausnahmslos um für Wehrmachtangehörige zugelassenes Schrifttum, also um solches, das von parteiamtlichen bzw. reichsministerieller und militärischer Seite freigegeben ist". Am 5.3.1940 antwortet das OKH, daß „nur ‚Stöcker, Soldat und Mädchen' genehmigt" sei und die Versendung mit Ausnahme dieser Schrift und der Bibel „daher nicht erfolgen" dürfe. Höfler weist am 8.3.1940 darauf hin, daß der Caritaskalender „sogar von der höchsten parteiamtlichen Prüfungsstelle, der parteiamtlichen Prüfungskommission zum Schutze des NS-Schrifttums, genehmigt" sei. Dieses Argument hilft ebensowenig wie andere seitenlange Ausführungen. Ohne auf die Einwendungen Höflers in weiteren Briefen einzugehen, lautet die lakonische Antwort des OKH am 12.4.1949: „Das für Versendung an Kriegspfarrer bestimmte religiöse Schrifttum muß ohne Ausnahme den Ihnen schon seit Anfang des Krieges bekannten Weg der Prüfung, bei dem insbesondere auch die militärische Prüfung vorgesehen ist, durchlaufen. Die Versorgung der Kriegspfarrer mit Fachliteratur ist Angelegenheit des Katholischen Feldbischofs der Wehrmacht. Es wird daher ersucht, die Pakete so umzupacken, daß sie nur genehmigtes Schrifttum enthalten. Soll das Umpacken vermieden werden, so muß zunächst die Genehmigung zur Versendung der noch nicht genehmigten Schriften auf dem vorgeschriebenen Wege eingeholt werden." Am 4.5.1940 teilt die Kriegshilfestelle dem AHA mit, daß die Pakete den Anweisungen gemäß umgepackt seien und ab 6.5. zur Abnahme zur Verfügung stünden. DCV 370, 17 (5).
12. KA Paderborn 24.1.1941 Nr. 37 und 26.3.1941 Nr. 112.
13. Schreiben des Ordinariats Freiburg am 3.7.1941 an OKW, nachrichtlich an die Gauleitung NSDAP/Karlsruhe und an den katholischen Feldbischof, EBA Freiburg 35/69 d.
14. Ebd.

15. Vgl. Boberach, Berichte 381.

16. AW VIII, 2.

17. Boberach, Berichte 385 f.; vgl. ebd. 428 f. Vgl. auch *Deutsches Bücherverzeichnis*. Eine Zusammenstellung der im deutschen Buchhandel erschienenen Bücher, Zeitschriften und Landkarten. Bearbeitet von der Bibliograph. Abtlg. des Börsenvereins der Deutschen Buchhändler zu Leipzig, 22. Band 1936-1940, Stich- und Schlagwortregister, Graz 1960, S. 811: XVI. Der Krieg in eth. u. rel. Hinsicht, wo einschl. der Adhortatio apostolica von Pius XII. und dem doppelt aufgeführten Hofmann, Seelsorge, unter „Seelsorge und Predigt" nur 6 Titel genannt sind. Nach den zahlreichen Publikationen während des Ersten Weltkrieges (vgl. H. Missalla, ‚Gott mit uns'. Die deutsche katholische Kriegspredigt 1914-1918, München 1968, 19, Anm. 13) müßte man fast von einem Verstummen sprechen.

18. Seraphim 87.

19. Boelcke 40.

20. Boberach, Berichte 387; vgl. ebd. 511.

21. OKW 31 w J(Ic) – 3845/39 vom 9. 10. 1939, Abschrift in DCV 370, 17(5). Die folgenden Angaben beziehen sich auf diesen Erlaß. Zudem beschränken wir uns auf das Prüfungsverfahren für das Katholische Schrifttum. In den Prüfungsvorgang für das evangelische Schrifttum waren außer dem evangelischen Feldbischof und dem Evangelischen Presseverband auch die Evangelische Kirchenkanzlei einbezogen, eine kirchenpolitisch wohl nicht ganz zufällige Regelung.

22. RMVP S 8110/25. 10. 39 — 2041/1: DCV 370, 17

23. Bericht Dr. Kreutz an den Deutschen Episkopat vom 20.7.1940: DCV 370, 10; Vgl. Mitteilung der kirchlichen Kriegshilfestelle an die Verlage vom 27.1.1940: DCV 370, 17(1).

24. Höfler in einem Schreiben an die Verlage, mit denen die „Kirchliche Kriegshilfe" in Korrespondenz stand, DCV 370, 10.

25. Ebd.

26. Schreiben an die Diözesan-Caritasverbände vom 10. 2. 1940: DCV 370, 17 (1).

27. DCV 370, 17 (5).

28. DCV 370, 10.

29. EBA Freiburg 35/69.

30. Bei den zum Versand an Angehörige der Wehrmacht genehmigten Schriften handelte es sich neben dem NT und der Nachfolge Christi des Th. v. Kempen um folgende Titel: J. *Pieper* – H. *Raskop*, Katholische Christenfibel; R. *Guardini*, Was Jesus unter Vorsehung versteht; *ders.*, Der Glaube als Überwindung; J. *Rüttenauer*, Ein christlicher Hausvater; Briefe des *Ignatius v. Antiochien*; Th. *Klausner*, Standhaft im Glauben; K. *Becker*, Vom rechten Gehorchen; H. *Stöcker*, Soldat und Mädchen; O. *Kuß*, Was ist Christentum?; Th. *Bogler*, Der Glaube von Gestern und Morgen.

31. DCV 370, 17 (5). Diese Mappe enthält u.a. Erlasse des OKW und die Genehmigungen bzw. Ablehnungen der eingereichten Titel.

32. Ebd., Schreiben OKW an RMVP vom 31.7.1940 (Abschrift).

33. Ebd. Gelegentlich mußte man den nicht-kirchlichen Zensurbehörden für eine Sichtung des Materials und für ein Verbot der Verbreitung dankbar sein. In diesem Fall lassen die vom OKW beanstandeten Formulierungen die Vermutung zu, daß die Broschüre des Kolping-Verlages den Soldaten nicht gerade hilfreich gewesen wird – von

anderen Kriterien ganz abgesehen. – Von den Zensoren im OKW meint Höfler, es seien „Schuhmacher, die man in die feine Küche gestellt" habe: „Was würden die Militärs wohl sagen, wenn plötzlich ein Pfäfflein käme und wollte in ihre Generalstabspläne hineindirigieren?" Über den die Textänderung in dem Buch „Der goldene Ring" verfügenden Offizier schreibt er: „Ein minderbegabter Major, der sich in Witzbüchern viel besser auskennt, als in der Heiligen Schrift". (Höfler an Werthmann 26.8.1940). Aufgrund der starken Nachfrage und des Ungenügens am vorhandenen Material verwies Höfler am 20.11.1940 im Rundschreiben an die Wehrmachtpfarrer auf eine Schrift des evangelischen Autors M. Müller, Stuttgart, zum „Thema Nr. 1". Am 30.4.1941 kündigte er eine Schrift zu Fragen der Sexualität an, und als Beilage zum Rundbrief vom 15.7.1941 findet sich „Ein Brief zum Thema Nr. 1" von 5 Seiten mit Darlegungen der katholischen Vorstellungen über das Verhältnis der Geschlechter. Vgl. DCV 370, 17 (1).

34. Ebd.; OKW an RMVP vom 8.3.1940 und 9.4.1940.
35. Boelcke 125.
36. Mitteilungen und Erwägungen betreffend Maßnahmen betr. kirchl. Schrifttum. Berichtliche Niederschrift des Sachbearbeiters des Ordinariats Breslau, 10. Oktober 1940, EBA Freiburg 35/69. Vgl. Boelcke 125 f.
37. Vgl. Brief Höflers an Werthmann 10.3.1942.
38. AW VIII, 6.
39. Boelcke 40; vgl. Messerschmidt, Wehrmacht 279.
40. Pol. H. I, D 20 (I).
41. Werthmann an Höfler 16.7.1942.
42. Höfler an Werthmann 30.7.1942

3.3 Exkurs: Heinrich Höfler (1897-1963)

1. DCV 370, 17 (5).
2. Am 21.1.1954 übersandte Höfler dem Generalvikar der Erzdiözese Freiburg, Dr. Simon Hirt, eine teilweise Abschrift eines Briefes des ehemaligen Obersturmbannführers im Reichssicherheitshauptamt Karl Neuhaus vom 5.1.1954, den dieser Höfler aus dem Zuchthaus geschrieben hatte. Höfler ist nach seiner Verhaftung am 4.5.1944 nach Berlin in die Prinz-Albrecht-Straße gebracht und dort nach 6 Wochen erstmals von Neuhaus verhört worden, der später auch Alfred Delp und Eugen Gerstenmeier vernommen hat. Nach der Mitteilung von Neuhaus habe die Gestapo über einen Verbindungsmann im DCV Informationen erhalten, daß Erzbischof Gröber enge Beziehungen zu hohen Militärs pflege und über militärische Maßnahmen höchster Geheimhaltungsstufe informiert sei. Gleichzeitig mit diesen Informationen habe bei Bormann die Beschwerde „eines bekannten deutschen Heerführers" wegen der zersetzenden Tätigkeit der „Kirchlichen Kriegshilfe" vorgelegen. Bormann und der Chef des Heerespersonalamtes, General Schmundt, hätten mit Hitler sowohl den Bericht des V-Mannes wie auch die Beschwerde besprochen, und Hitler habe Anweisung gegeben, Höfler als Leiter der „Kirchlichen Kriegshilfe" wie auch als Verbindungsmann zu Gröber „sofort zu verhaften und mit allen Mitteln dazu zu bewegen, die militärischen Verbindungen des Erzbischofs zu nennen". Nach dem 20. Juli 1944 habe man das

Interesse an Höfler verloren. – Der etwas dubiose Bericht des K. Neuhaus sei nur der Vollständigkeit halber hier erwähnt. Höflers Brief an Hirt in AW VIII, 6, in Memoriam u.a. (Durchschrift).

3. 25.10.1941.
4. 16.3.1943.
5. 25.3.1943.
6. 25.10.1941.
7. Deutsche Heimkehr zwischen Oberrhein und Mosel, in: Caritaskalender 1941, 82 f.
8. DCV 370, 17 (1).
9. Borgmann, Höfler 341.

3.4 Am Rande und jenseits der Legalität

1. Borgmann, Caritas 104.
2. Vgl. G. Baumgarten, Ein Botschafter der Menschlichkeit, in: Badische Rundschau 28.7.1956; Der christliche Sonntag 15 (1963) 346; 16 (1964) 348. Auch in Polen sorgten zwei Druckereien dafür, daß der mit legalen Mitteln nicht zu befriedigende Bedarf Höflers auf andere Weise gedeckt wurde: Werthmann, Höfler 150 f.
3. Vgl. Aw VIII, 7.
4. Vgl. Briefwechsel Höfler-Werthmann 20. und 24.2.1940.
5. Höfler an Werthmann 20.4.1940.
6. Rundschreiben an die Wehrmacht- und Kriegspfarrer 4.8.1942, DCV 370, 17 (1).
7. Ebd.
8. Höfler an Werthmann 1.10.1942.
9. Schneider, Verhüllter Tag 165.
10. Boberach, Berichte 928.
11. Wegen Verstoß gegen die Paragraphen 1 und 2 der Verordnung über außerordentliche Rundfunkmaßnahmen vom 1.9.1939; vgl. Boberach, Berichte 697; 611.
12. Eröffnungsbescheinigung vom 30.9.1941: DCV 370, 17 (5); hier auch die folgenden Anordnungen.
13. DCV R 775 II.
14. Vgl. Bericht Dr. Kreutz an den deutschen Episkopat, Anlage 3, DCV 370, 10; Höfler an Werthmann 13.11.1940.
15. Höfler an Werthmann 17.4.1940; 23. 4. 1940; 26.11.1941; 27.1.1942; 6.2.1942.
16. Werthmann an Höfler 20.4.1940.
17. 7.6.1940.
18. 8.1.1943; Höfler nannte den Dienststempel „Standortpfarrerspatz" (22.1.1943).
19. Werthmann an Höfler 29.3.1943.
20. Höhne 125 unter Berufung auf IMT Dok. 45.

3.5 Die „Kirchliche Kriegshilfe" und das Feldbischofsamt

1. Werthmann am 24.2.1940.
2. Höfler am 25.10.1941.
3. Werthmann am 23.6.1942.

4.	Werthmann am 3.8.1942.

5.	Höfler am 6.2.1942.

6.	Werthmann am 8.1.1943.

7.	Höfler am 14.2.1943.

3.6 Die Mittel und die materiellen Leistungen

1.	Hofmann, Seelsorge 184.

2.	Ebd. 183.

3.	Vgl. Schreiben des Generalvikars für den preußischen Anteil der Erzdiözese Olmütz vom 20.7.1940 an den Direktor des DCV, R 775 II.

4.	Aufstellungen über Einkünfte, Zahl und Wert der Sendungen sowie teilweise auch der Einzelposten finden sich in DCV 370, 17 (1), 370, 17 (5) und R 775 I. – Diese „Kriegshilfe" machte jedoch nur einen geringen Teil der kirchlichen Leistungen aus. Am 1.5.1943 waren für Lazarette, Umsiedlerlager, Rüstungsarbeiter, landverschickte Kinder ans bombengefährdeten Gebieten u.a. 3.411 kirchliche und 1.942 klösterliche Einrichtungen in Anspruch genommen. Kardinal Bertram an den deutschen Episkopat: EBA Freiburg 35/107. – Zudem war auch die katholische Kirche als Körperschaft öffentlichen Rechts gemäß § 17 der Kriegswirtschaftsverordnung vom 4. September 1939 (RGBI 1939, I, 5.1609) zur Leistung eines Kriegsbeitrags verpflichtet, der sich für die Monate November/Dezember 1939 und Januar 1940 auf je RM 800.000 belief. Diese Beiträge waren ohne Erhöhung der Steuersätze zu erbringen. Vgl. das Schreiben Bormanns an den Reichsminister der Finanzen vom 19. Januar 1940 mit der Forderung, höhere Kriegsbeiträge von den Kirchen zu erlangen: IMT XXV 198-200.

5.	DCV 370, 17 (5). Hier auch der Briefwechsel Kreutz-Senftleben.

6.	Borgmann nennt Kreutz „ein Kind der sogenannten Wilhelminischen Ära" mit ihre „romantischen, gern säbelrasselnden Nationalismus, für den England das ‚perfide Albion' und Frankreich der ‚Erbfeind' war – und Deutschland ‚über alles in der Welt'. Kreutz sei von dem Geist dieser Zeit „für sein ganzes Leben geprägt worden". Kreutz 6f.

7.	Brief Kreutz an Senftleben 5.12.1941: DCV 370, 17 (5).

8.	Werthmann an Höfler 4.9.1942: AW VIII, 6. – Welche Vorstellungen (nicht nur) diesen für die Feldseelsorge und für die Schrifttumsarbeit der „Kirchlichen Kriegshilfe" wichtigen Mann beherrschten, mag man daraus ersehen, daß er mit dem Feldgesangbuch den Bedarf an religiöser Literatur im Grunde als gedeckt ansah: „Bis der Landser den ganzen Inhalt dieses Büchleins aufgenommen hat, braucht er Jahre." Werthmann an Höfler 12.2.1943.

9.	Vgl. Höfler an Werthmann 11.9.1942.

10.	Es handelte sich in diesem Fall um *Bachmann* ‚Eheepistel', *Höfler* ‚Einsamer Feldgottesdienst' und *Oellers* ‚Über uns hinaus'. Kreutz an Senftleben 27.11.1940. Alle Unterlagen in DCV 370, 17 (5).

11.	Am 3.9.1943 teilt der Vorsitzende der Fuldaer Bischofskonferenz dem deutschen Episkopat in einer detaillierten Aufstellung die Zahl der eingezogenen, gefallenen, vermißten, verwundeten und durch den Krieg arbeitsunfähig gewordenen Geistlichen und Theologiestudenten, Ordenspriester, Ordenskleriker, -brüder und -novizen mit. Danach waren am 1.5.1943 zur Wehrmacht eingezogen 3.819 Geistliche, 4.368 Theologiestudenten, 2.245 Ordenspriester, 2.047 Ordenskleriker, 4.016 Ordensbrüder und 858 Novizen. Aus dem gleichen Personenkreis waren zu diesem Zeitpunkt 1.718 gefallen, 633 vermißt, 2.403 verwundet und 100 arbeitsunfähig geworden. (EBA Freiburg 35/107) Unter der Voraussetzung, daß Höfler wegen ungenauer Unterlagen seine Partner nicht immer eindeutig der Gruppe ‚Priester' oder ‚Theologen' (= Studierende der Theologie) zuordnen konnte (Priester bezeichneten sich manchmal einfachhin als Theologen), hat Höfler schon 1941 – also fast 2 Jahre vor der Aufstellung Bertrams – mit fast allen Angehörigen dieser Gruppen in Verbindung gestanden. Am schwächsten war offensichtlich der Kontakt zu den Ordensbrüdern.

12. Die Angaben über die Zahl der hauptamtlichen Wehrmacht- und Kriegspfarrer schwanken, da man einmal den Personalstand zu einem bestimmten Zeitpunkt, dann aber die Gesamtzahl der während der Kriegszeit eingesetzten Pfarrer ohne Rücksicht auf die Dauer ihres Einsatzes bzw. das Datum ihrer Ablösung oder ihres Todes angibt. Die von Lewy (260) angegebene Zahl von etwa 560 ist nicht erreicht worden, wenn man darunter die gleichzeitig eingesetzten Kriegspfarrer versteht. Während Höfler Mitte 1941 mit 488 Kriegspfarrern in Verbindung stand bzw. sie belieferte, äußert Werthmann in einer Denkschrift vom 29.1.1952 für den damaligen Apostolischen Nuntius: „Es gab insgesamt niemals 545 Geistliche, die zur Verfügung standen, sondern die Höchstzahl der im Einsatz befindlichen katholischen Geistlichen betrug auf dem Höhepunkt ihrer Entfaltung im Sommer 1941 etwa 390." AWVII,3.

13. Vgl. Höfler an Werthmann 11.1.1944. – Die vermutlich für die Bischofskonferenz erstellten Jahresberichte der „Kirchlichen Kriegshilfe" sind durchweg sehr allgemein gehalten und verzichten fast vollständig auf die Angabe absoluter Zahlen. Aufschlußreicher sind die handschriftlichen Anmerkungen und Notizen Höflers, der u.a. oft das Gesamtgewicht des zum Versand gekommenen Materials in kg, Tonnen und Zentnern ausrechnet. Vgl. DCV 370, 17 (5). – Die Angaben über die Zahl der Sendungen stimmen nicht völlig überein. Nach EBA Freiburg 37/76 sind 1941 an 1.700-1.800 Wehrmachtseelsorger (davon 550 Pfarrer bei der kämpfenden Truppe, ansonsten Standort-, Lazarett- und Wehrmachtgefängnispfarrer) 9.000 Sendungen nicht unter je 10 kg mit über 2 Millionen Schriften, Kleinschriften und Büchern im Wert von über 1 Mill. RM verschickt worden, ferner 80.000 Sendungen kleineren Umfangs im Rahmen des geltenden Feldpostgewichtes (= 250 g). Anscheinend sind die Unterlagen im DCV lückenhaft, denn die Angaben im EBA basieren auf Mitteilungen der „Kirchlichen Kriegshilfe". – Die Kontrolle darüber, ob die Paket- und Schriftsendungen ihre Empfänger auch erreichten, wurde erst nach längeren Anlaufschwierigkeiten möglich. So teilt Höfler am 9.2.1940 mit, daß von 250 Paketen nur 90 Empfangsbestätigungen eingegangen seien; am 6. Mai 1940, daß „mehreren hundert Paketen einer früheren Sendung nur ungefähr halb so viele Antworten gegenüberstehen". Am 20.1.1941 haben 75% auf die Sendungen geantwortet. Neben dem Verlust von Sendungen während des Transportes dürften auch Trägheit und Unbedachtsamkeit mancher Wehrmachtseelsorger zu diesen Mängeln beigetragen haben. Jedenfalls bittet Höfler wieder und wieder um Empfangsbestätigungen. Rundschreiben, in DCV 370, 17 (1).

14. Kreutz an Werthmam: AW VIII, 6.

15. Das Militär-Gebet- und Gesangbuch von 1940 – Gesamtauflage mehr als 6 Millionen (Notiz von Werthmann vom 17. 5. 1945, AW VI, 5) – wurde nicht von der „Kirchlichen Kriegshilfe", sondern vom Feldbischofsamt geliefert. Verschiedene Texte (u.a. „Fahnenruf ist Gottesruf!"; „Halte dich an die Parole: ‚Mit Gott für Führer, Volk und Vaterland!'", 12) sind angesichts der Gesamtproblematik nicht nur als „befremdlich" zu bezeichnen. R. W. Leonhardt hat vermutlich recht mit der Meinung, daß bestimmte Lieder zwar gedruckt, kaum aber einmal – jedenfalls nicht freiwillig – gesungen wurden (vgl. Die Lieder des 2. Weltkrieges, in: DIE ZEIT vom 12. und 19.8.1977). Doch die Aufnahme einiger „Lieder für außerkirchliche Gelegenheiten" in ein Gebet- und Gesangbuch der Wehrmachtseelsorge (230 ff.) provoziert sicher auch die Fragen nach dem Selbstverständnis der Wehrmachtseelsorge wie nach dem Seelsorgeverständnis überhaupt. Anderseits würde man es sich bei einer Kritik zu leicht machen, wenn man den permanenten Druck außer acht lassen würde, dem der Feldbischof ausgesetzt war. Rarkowski wurde z.B. noch im Spätherbst 1944 nach einer Beschwerde von OKW/Inland an AHA/Ags angegriffen, weil im Feldgesangbuch unter den Heiligen auch Johanna von Orleans aufgeführt war. Notiz Werthmann 26.5.1945 AW VI, 5. – Das von Rarkowski verfaßte Heft „Wir haben einen großen Gott", Freiburg, hatte nach Schreiben an die Diözesan-Caritasverbände vom 27.2.1941 eine Auflage von 55.000 (DCV 370, 10), war jedoch nicht aufzufinden.

16. DCV 370, 17 (5).

17. Freiburg 1940. – Einige Beispiele von Zusammenstellungen der Schriftensendungen aus dem Jahre 1941 geben Aufschluß über das zur Verfügung stehende Material, über die „Zielgruppe" sowie darüber, daß Höfler sich um die Liste der „genehmigten" Schriften nicht weiter kümmerte. Die Aufstellungen waren als Anlagen zu den Rundschreiben an die Kriegspfarrer verfaßt und finden sich in DCV 370, 17 (1). – *Ankündigung mit Schreiben vom 14.2.1941*: 1 Gundlach, Lebendiges Wort, 1 Zeugnis und Auslegung, 5 Acken, Herr, Du bist unsere Zuflucht allezeit, 40 Teilausgaben des Neuen Testaments 25 Caritaskalender 1941, 50 Bernberg, Volk vor Gott, 10 Hausen-Bücher, 25 Bernberg, Gott unser Schild, 2 Herder Bücher, 25 Bernberg, Waffenrüstung Gottes, 2 Ringeling, Jans erste Reise, 16 Christliche Besinnung 8 St. Nr. 20 / 8 St. Nr. 24, 2 Petermann, Spiele, 1 Kirschweng, Feldwache der Liebe, 3 Guardini, Kreuzweg, 1 Kirschweng, Sterne überm Dorf, 2 Laros, Krieg und Christentum, Osterbeichtzettel. Gesamtwert: 45,- RM – *Ankündigung mit Schreiben vom 24.6.1941*: Das Paket enthält folgendes: 30 Teilausgaben des Neuen Testaments, 10 Bagus, Das goldene Herz, 25 Sailer, Vermächtnis des Vaters, 9 Gröber, Der katholische Mann, 20 Was lehrt die Kirche, 2 Helmerich, Preis der Mutter, 6 Christian, Volk in Gott, 30 Lustige Bücher, 10 Altargemeinschaft, 20 Altargemeinschaft (kleine Ausgabe), 15 Unterhaltende Bücher – *Ankündigung mit Schreiben vom 14.9.1941: Das Paket enthält folgendes*: 40 Teilausgaben des Neuen Testaments, 15 Einzelhefte Deutscher Hausschatz, 2 Die vier Evangelien, 6 Kalender, 4 Christian, Volk in Gott, 40 Schwert-Hefte, 4 Pieper, Kath. Christenfibel, 9 Unterhaltende Bücher, 20 Einsamer Feldgottesdienst, 1 Lippl, Der Islam, 110 Religiöse Kleinschriften und Gebetszettel, 2 Bruder-Konrad-Büchlein.

18. Augsburg ²1935.

19. Ebd. 30; 35.

20. Köln 1939.

21. Ebd. 229.

22. Ebd. 230 f.

23. Ebd. 149 f.

24. Brief an Höfler 19.7.1941: AW VIII, 6.

25. Caritas-Kalender 1939, 62.

26. Caritas-Kalender 1940, 80-87, hier 87.

27. Caritas-Kalender 1941, 76-88.

28. Ebd. 82 f.

29. Hrsg. von J. Bagus, Köln 1940.

30. Ebd. 4.

31. Ebd. 5 – Im „Allerseelenmonat 1943" schrieb Bagus in einem hektographierten Rundschreiben an seine Freunde: *„Unser Vaterland steht in einem Existenzkampf wie noch niemals in seiner Geschichte."* Er ruft auf zum Hoffen *„wider alle Hoffnung, daß (unser Volk) zur Überwindung des Bolschewismus und aller Gottlosigkeit die sieghafte Kraft aufbringen und zum Erfolg führen wird. Wir Kolpingsöhne haben schon 1933 in München dafür den ,großen Gedanken' und die große Sendung empfangen und von der Führung unseres Volkes die Bestätigung erhalten, daß wir ,die Träger einer aufbauenden Lebensidee' seien, wovon wir schon immer überzeugt waren ..."* – In einem Schreiben an Werthmann vom 23.12.1943 empfiehlt er einen Weihnachtsbrief Nattermanns an seine Soldatenfreunde zur weiten Verbreitung durch die „Kirchliche Kriegshilfe". Aus einem weiteren Brief vom 14.2.1944 geht hervor, daß Werthmann diesem Vorschlag nicht abgeneigt gewesen zu sein scheint (Bagus bezieht sich auf einen Brief Werthmanns vom 4.1.44). Bagus zitiert aus einem Brief Nattermanns, der es als „verhängnisvoll" bezeichnet, daß die katholische Jugend „zu wenig national eingestellt" sei und „vielfach Verbindung mit Blut und Boden verloren habe". In einem weiteren Brief an Werthmann vom 16.4.1944 rühmt Bagus die Schrift Nattermanns *„Die christliche Verantwortung vor der Geschichte"* und setzt sich dafür ein, die „lebensgestaltende und architektonische Kraft des Christentums für die religiöse Verantwortung der Reichsidee (zu) mobilisieren und ein(zu)setzen." Das von der „Kirchlichen Kriegshilfe" versandte Material sei zwar teilweise gut und auswertbar, doch enthalte es „noch zuviel Protestantisches, auch bei Reinhold Schneider. Es ist immer private Frömmigkeit, es fehlt die soziale Seite. Die Religion hat darin tatsächlich wenig architektonische Kraft ..." Noch einmal kommt Bagus auf den bereits erwähnten Weihnachtsbrief Nattermanns zurück und schreibt am 4.7.1944, daß er von einigen Kriegspfarrern im Norden gehört habe, höhere Offiziere, denen dieser Brief bekannt geworden sei, hätten „eine solche positive Haltung in den katholischen Reihen gar nicht vermutet". AW I, 10a. – Die Bemerkungen Bagus' beziehen sich auf Nattermann *„Ein Weihnachtsbrief im 5. Kriegsjahr"* (1943, Durchschlag in AW I, 10a), wo es unter anderem heißt: „Der Friede kommt von der Front. Der Friede muß gestaltet werden und die Gestalter des Friedens seid ihr, die ihr des Reiches Waffen führt ... Die Heimat schaut vielmehr auf euch als die Friedensbringer einer neuen glücklichen Zeit ..." Bei ihren Zügen durch ganz Europa hätten die Soldaten gemerkt, daß überall „ungeahnte Möglichkeiten winken" und daß die „Geburt einer neuen Zeit" sich ankündige. Diese Erfahrungen und das Bewußtsein eines christlichen Auftrags mache sie „gefestigt gegen Gerücht, Geschwätz und Stimmungsmache".

32. Brief an Werthmann 24.2.1944. Nattermann war erst Generalsekretär, dann Reichspräses der deutschen katholischen Gesellenvereine. Vgl. Breuning 179; 185 f.; 189 f.

33. Zit. nach Breuning 179.

34. AW V, 5.

35. Höfler an Werthmann 4.4.1944, ebd.

36. Höfler an Werthmann 3.7.1940.

37. Lieber Kamerad, 11.11.1940; 21. 12. 1940. Ähnlich sei auch W. Freischlag, Männer vor
Gott.

38. Florian am 27.9.1940 an Rosenberg, in: IMT XXV 121-124, hier 124.

39. Messerschmidt, Wehrmacht 281 Anm. 949.

40. Von Rabenau 32.

41. Ebd. 20.

42. Ebd. 31.

43. KFBVBI 2/ 1939 vom 1.9.1939, Nr. 21. Moreau schaffte mit 6 oder 7 Maschinen das
marokkanische Korps Francos von Afrika nach Spanien, gehörte der Legion Condor
an und errang mit seinem Amerikaflug August 1938 und dem Ostasienflug mit der
„Kondor" um die Jahreswende 1938/39 Welterfolge. Er verunglückte bei einem Probeflug am 31.3.1939. Vgl. W. Freischlag, Glauben Sie an einen Gott? Gottesbekenntnisse großer Männer, München ³1941. „Zum Geleit" dieses Büchleins liest man: „Das
Mahn- und Warnwort des Führers des deutschen Volkes: ‚Wehe dem, der nicht
glaubt!' enthüllt immer mehr seinen tiefen Sinn, je gewaltiger die weltumgestaltenden
Ereignisse der Gegenwart das Schicksal der Völker wie des einzelnen Menschen erfassen und in ihren Bann ziehen. (3).

44. Die zitierten Sätze aus dieser bei Pfeiffer/München erschienenen Schrift finden sich
auf den Seiten 14, 15, 16 18f. — Die Vorgänge um den (von der Abtlg. für psychologische Kriegsführung im brit. Secret Service gefälschten) „Moelders-Brief" dürften
kennzeichnend sein für die Stimmungslage eines Teiles im deutschen Katholizismus
wie auch für die Einschätzung der Situation durch Partei- und Staatsführung. Werner
Moelders, Jagdflieger der ‚Legion Condor', der in Spanien seine ersten ‚Luftsiege' verzeichnete, galt in manchen Kreisen katholischer Jugend als Idol. Er kam aus der kath.
Jugend (Neudeutschland) und kämpfte („erfolgreich") für Deutschland. Er schien das
Leitwort zu verwirklichen: ‚Alles für Deutschland – Deutschland für Christus!' – ein
glänzendes Beispiel für die Unhaltbarkeit des Vorwurfs der nationalen Unzuverlässigkeit der deutschen Katholiken und für die Vereinbarkeit von Heldentum und
Christentum. Um den Unfalltod des Kommodore eines erfolgreichen Jagdgeschwaders und Inspekteurs der Jagdflieger am 21.11.1941 gab es zahlreiche Gerüchte, u.a.,
daß die SS dabei ihre Hand im Spiel gehabt hätte. (Vgl. Boberach, Meldungen 213f.)
Der seit Januar 1942 in zahlreichen Exemplaren kursierende ‚Moelders-Brief' war angeblich ein Schreiben Moelders an den (nicht existierenden) Propst Johst von Stettin
und kurz vor dem Tod Moelders datiert. Er enthielt ein Treuebekenntnis zur katholischen Kirche und wurde als Protest gegen die kirchenfeindlichen Maßnahmen gedeutet. Vgl. dazu Witetscheck 60-65; Thorwald, Die ungeklärten Fälle, Stuttgart ²1954, 109
ff; vor allem Buchbender-Schuh mit dem Text des „Moelders-Briefes" 82. Die Reaktionen der Parteiorgane: 100.000 RM Belohnung für Ergreifung des Verfassers, KZ für
Vervielfältigung und Verbreitung des Briefes (Buchbender-Schuh 82-84). Vgl. auch

die Notizen im Goebbels-Tagebuch: Lochner 108; 115; 122; 130; 137 sowie die Pressekonferenz 13.4.1942: Boelcke 299 f. Der Feldbischof nahm Stellung in KFBVBI 1/1942 vom 10.1.1942, Nr. 9. – Werthmann hatte in einem Requiem zum Tod Moelders eine (nicht erhaltene) Predigt gehalten: Brief Höfler an Werthmann 6.2.1942, Werthmann an Höfler 15.3.1942. Dort auch die Bemerkung: „Uns macht augenblicklich schon der gefälschte Moelders-Brief mehr als genug zu schaffen."

45. An Werthmann 10.3.1942.

46. Es handelt sich also um eine von der evangelischen und katholischen Feldseelsorge gemeinsam zu verantwortende Schrift. Da Bartsch verantwortlich zeichnet, befand Werthmann sich entweder auf einer Dienstreise oder im Krankenhaus. Werthmann hat sich in seinen Briefen an Höfler nicht über dieses Machwerk geäußert. Am 15.3.1942 schreibt Werthmann an Höfler: „Wenn ich Ihnen Einzelheiten mitteilen könnte über die gegenwärtig laufenden Verhandlungen zwischen OKH und OKW unter Einschaltungen prominentester Militärs, würden Sie klar sehen, daß die Entscheidung über Dinge wie etwa ‚Das Opfer' an allerhöchster Stelle fallen."

47. Auf Zitate wird verzichtet. Es genügt ein Verweis auf Schriften des Propagandaministeriums. Zum Inhalt des Heftes: Das Titelblatt zeigt einen trompetenden Obergefreiten; Opferlied von H. Claudius (2); Die deutsche Einheit (3 f.); „Und setzet ihr nicht das Leben ein …" (5-7); Der Deutsch-Ritter (8-10); „Ich hatt' einen Kameraden" (11-14); Auf Posten (14); Das Opfer der stummen Kreatur (15); Deutsche Wehrkraft und Frömmigkeit (17) ; Am Bergkreuz (18 f.); Opfer des Lebens (20 f.); Baltikum 1919 (22-25); Auftrag erfüllt (26 f.); „Soldatenkind, Soldatenkind, die Tränen dir verboten sind" (28-30); Kameraden (31). Bilder: „Gen Osten wollen wir reiten" – leichte Artillerie auf dem Vormarsch (3); Vormarsch auf den Straßen Sowjetrußlands (5); Panzer durchqueren ein brennendes russisches Dorf (7); Hitler-Jugend in der Marienburg (8); Ordenstracht der Deutschritter (10); Soldaten an einem Grab (11); Roland (16); Maria des Veit Stoß (17); Kreuz in den Bergen (19); Sturmgeschütz rollt feindwirts (20); Erzengel Michael, Ehrenmal im Ulmer Münster (21); Blick auf Riga (22); Reval (23); „Blick auf Kiew und den Dnjepr, den unsere siegreichen Truppen erreichen" (25); MG-Schützen (26); Frauen in einer Rüstungsfabrik (29); Zwei Soldaten im Transportzug (31); beim Packen und Schreiben der Feldpost (Rückseite).

48. Die Regelung der „Meßweinbezugsscheine" wurde im Einvernehmen mit dem Kommissariat der Fuldaer Bischofskonferenz vorgenommen. Der damit verbundene Papierkrieg war erheblich und nahm das Sekretariat des Feldgeneralvikars stark in Anspruch. Bischof Wienken sah darin eine Konkurrenz für die Meßweinfirmen und bemühte sich vergeblich, diese Tätigkeit der „Kirchlichen Kriegshilfe" zu unterbinden. Notiz Werthmann 19.7.1945: AW X, 4.

49. 20.2.1940 Höfler an Werthmann.

50. DCV 370, 10.

51. Zur Erinnerung an den „im Zeichen des Rosenkranzes am 7.10.1571 zu Lepanto errungene(n) Sieg über die Türken" wurde das „Fest der allerseligsten Jungfrau Maria vom Rosenkranz" für die ganze Kirche vorgeschrieben. In der letzten großen Galeerenschlacht hatte Don Juan de Austria mit der spanischen, venezianischen und päpstlichen Flotte bei den Oxiai-Inseln im Golf von Lepanto die türkische Flotte vernichtend geschlagen und damit deren Nimbus der Unbesiegbarkeit zerstört. „Mit uner-

messlichem Jubel wurde die Kunde von der Niederlage der Türken in der ganzen christlichen Welt aufgenommen. Der Sieg war ein Triumph des Papstes, der noch einmal, zum letzten Male, es verstanden hatte, die auseinanderstrebenden Interessen der romanischen Völker zum einheitlichen Kampf gegen den gemeinsamen Feind zusammenzufassen und dadurch Südeuropa vor der osmanischen Eroberung zu retten." Seppelt 225. Zur Geschichte und zur Funktion des Rosenkranzes vgl. LThK² IX, 45-49; „Herstellungsmaterial und Weihe des Rosenkranzes sind geregelt." (47)

52. An Werthmann 6.2.1942: AW VIII, 6. – Die Darstellung der Versuche und Schwierigkeiten, auch für den Gebetsring den für den Dekadenrosenkranz erteilten Ablaß zu erhalten, würde ein eigenes Kapitel fordern und hätte dann wohl den Charakter einer Satire: Schriftverkehr, (vereitelte) Versuche, bis zum dafür zuständigen Papst vorzustoßen, Praktiken der „ihren Laden" und ihre materiellen Interessen bedroht sehenden Dominikaner (vgl. Brief Höfler an Werthmann 27.6.1943) – das zog sich hin bis zum April 1944, als Höfler resignierte: „Der liebe Gott mag sehen, wie er mit den Ablaßwünschen seiner Landser von nun an selber fertig wird." 4.4.1944 an Werthmann.

53. DCV R 775 I. Das Antimensium ist ein (Seiden-)Tuch, in das Märtyrerreliquien eingenäht sind und das dort Verwendung findet, wo kein geweihter Altar zur Eucharistiefeier vorhanden ist. Vgl. LThK² III, 62.

54. An Werthmann 20.6.1942. – Am 28.5.1942 hatte Werthmann mitgeteilt, daß bei den Antimensien die Authentik auf das Tuch mit Tinte aufgetragen werden müsse: „Dieses Antimensium ist geweiht worden am ... durch ..., durch Gottes Erbarmen und des Apostolischen Stuhles Gnade Bischof von ... + Unterschrift." Darauf Höfler am 1.6.1942: „‚Durch Gottes Erbarmen und des Apostolischen Stuhles Gnade' kann wohl bei der Aufschrift unterbleiben. Einmal, weil ohne beide mit keinem Bischof was los wäre (oder: noch weniger!) und zum andern, weil ja sonst das ganze schöne Tuch oben zu sehr beschrieben werden müßte."

55. Der Fragebogen sollte eine „vorläufige Zusammenstellung der Kriegsleistungen der Kirche in den verflossenen 15 Kriegsmonaten in der Erzdiözese Freiburg" ermöglichen. – U.a. wurden folgende Angaben erbeten: „I. *Intensive Seelsorge und Stärkung des Wehrwillens in Front und Heimat.* 1. Wurde die Heimatfront in Gottesdienst, Predigt und Unterricht zu allseitiger treuer Pflichterfüllung immer wieder ermuntert? In welcher Weise: 2. Wurden regelmäßig Kriegsgebete verrichtet und Kriegsandachten gehalten? Welche: Wie oft: Wann: 3. Wurden besondere Veranstaltungen (religiöse Wochen, Triduen, Christustage, religiöse Vorträge für die ganze Gemeinde oder für einzelne Stände) durchgeführt? Welche: / VI. *Die kirchliche Pfarrcaritas im Dienste der Kriegshilfe*: 1. Wurde der Helferwille der Gläubigen in Predigt und Unterricht immer wieder geweckt: 2. Was wurde in den 15 Kriegsmonaten an Kollekten und anderen kirchlichen Mitteln für die Kriegscaritas und Kriegshilfe aufgebracht (bestimmte Zahlenangabe)? 3.Konnten an die Soldaten der Pfarrei Liebesgaben geschickt werden? Was: Wie oft: 4. In welcher Weise wurde die seelsorgerliche Verbindung mit den Wehrmachtsangehörigen der Pfarrei aufrechterhalten (Rundbriefe, religiöses Schrifttum, private Briefe, pastoreller Verkehr mit den Urlaubern u.ä.): Welche Aufwendungen wurden hierfür schätzungsweise gemacht (bestimmte Zahlenangabe): 5. Wurden bei den durch den Krieg heimgesuchten Familien Hausbesuche gemacht und werktätige Hilfe gewährt: ..." (DCV R 775 I).

56. DCV 370, 10.
57. EBA Freiburg 35/76 I, im Bericht besonders die Seiten 7-13.
58. Ebd.
59. Ebd.

3.7 Der Geist der „Kirchlichen Kriegshilfe"

1. Alle Rundschreiben an die Kriegspfarrer wie auch der Theologenbrief „Lieber Kamerad!" befinden sich in DCV 370, 17 (1).
2. Werthmann an Höfler 10.4.1941. Am 16.7.1942 bezeichnete Werthmann einen Kriegspfarrer wegen einer „offizielle(n) Anfrage" in einer zwar verbotenen, von Werthmann aber gedeckten Angelegenheit als „Armleuchter".
3. Vgl. Werthmann an Höfler 8.1.1943.
4. Höfler am 21.10.1941 für einen Vortrag vor den Vertretern der Diözesan-Caritasverbände: DCV 370, 17 (5).
5. Als Beispiel diene der letzte Teil des Rundbriefes vom 7.10.1941: „Ein ernstes Wort zum Schluß Zahlreiche Anfragen und Wünsche von draußen zeigen uns, daß doch viele Kriegspfarrer über die Möglichkeiten der Belieferung mit Schriftgut von völlig unzutreffenden Vorstellungen befangen sind. Es hat z.B. seit langem keinen Wert mehr, weiterhin Schönere Zukunft, Hochland, Feuerreiter, Wochenpost, 2-Pfg.-Wochenblatt oder Kirchenblätter zu bestellen. Alle diese gehören der Vergangenheit an! Die Einstellung unserer Zeitschriften ist eines der schmerzlichsten Kriegsopfer, die wir zu bringen gezwungen sind. Dazu inmitten einer Entwicklung, angesichts der wir die Notwendigkeit religiöser Stärkung für Front und Heimat jeden Tag brennender spüren. Es kommt hinzu, daß für jedes ‚Druckwerk', vom Buch bis zur Visitenkarte seit längerer Zeit sowohl Papiergenehmigung wie Druckgenehmigung in jedem einzelnen Fall erforderlich ist. (Kommunion- und Beichtzettel mit besonderen Wünschen bzgl. Textaufdruck etc. sind nicht mehr möglich!) Denken Sie heute schon daran, daß nach Ausgabe verhältnismäßig bescheidener noch beschaffter Vorräte eine Hoffnung auf Belieferung nicht mehr besteht. Wir sind froh, Ihnen zu Weihnachten noch einmal kräftig helfen zu können. Darüber hinaus sehen wir einstweilen düster. Es wird sehr nötig sein, daß sich die Kriegspfarrer – allermeist die einzigen, die in Lazaretten und sonstwo noch etwas Lesbares zur Hand haben – dafür wehren, daß auch noch anderes vorhanden sei als dumme 20 Pfg.-Romane und zweifelhafte Magazine! Sie, liebe Herren, müssen helfen, und zwar durch ernste Berichte und energische Vorstellungen bei den zuständigen heeresamtlichen Dienststellen, daß auch an religiösem Schriftgut, insbesondere an Ausgaben des Neuen Testaments, an Kleinbroschüren, Gebetszetteln und auch an unterhaltendem Kleinschrifttum noch soviel vorhanden sei, daß Geist und Seelen der Kameraden nicht darben müssen. Wir haben hier in der Heimat den starken Eindruck, als könnten nur ganz energische und unzweideutig fordernde Berichte aus Ihrer Felderfahrung der drohenden ‚Aushungerung' Abhilfe bringen. Was geschehen muß, müßte aber, auch durch direkte Berichte bei Ihren Kameraden, rasch geschehen! Wir bedauern, auf zahlreiche uns zugeleitete Vorschläge zur Drucklegung von diesem und jenem Wünschenswerten nur mit diesen wenig ermutigenden Mittei-

lungen antworten zu müssen. Es erschien uns aber notwendig, dies alles in aller Deutlichkeit zu sagen, um für das, was evtl. noch erreicht werden könnte, auch Ihre Mithilfe und Aktivität zu mobilisieren. über Mangel nur zu klagen hat keinen Zweck, jetzt gilt es, offen und mutig zu sprechen und damit zu handeln!"

6. Ähnlich auch im Rundbrief vom 13.6.1940.

7. Vgl. KFBVBl 11/1942 vom 15.11.1942, Nr. 108. Dort auch die 13 (!) bis dahin genehmigten Titel. Ein Vergleich dieser kümmerlichen Liste (die übrigens insofern eine Augenwischerei darstellte, als die meisten Titel längst nicht mehr lieferbar waren) mit dem tatsächlich versandten Schrifttum macht die Unbekümmertheit Höflers deutlich. – Ein „Verzeichnis der von den zuständigen amtlichen Stellen zur Verbreitung innerhalb der Wehrmacht freigegebenen Schriften" (Eingangsstempel Ev. Bezirks-Standortpfarrer Celle 19.9.1940) enthält auf 2 Blättern 72 Titel evangelischer und katholischer Schriften. Dabei sind zahlreiche Gebetszettel aufgeführt und zu den „Schriften" gerechnet. Am 1.2.1942 waren nach einer Mitteilung des Ev. Feldbischofs der Wehrmacht insgesamt 95 evgl. und kath. „Schriften" genehmigt: BA-MA RW 12 I/v. 7.

8. Werthmann an Höfler: „Mundus vult decipi. Also frisch drauf los!" 8.1.1943.

9. Höflers Tochter erinnert sich z.B. insbesondere an die Weihnachtstage, an denen die ganze Familie an der Öffnung der körbeweise eingegangenen Briefe beteiligt war. Gespräch am 7.12.1976.

10. Als z.B. die Frage anstand, ob Priester an der Front evtl. ohne das Meßgewand, nur mit der Stola versehen, die Messe feiern dürften, schreibt Werthmann: „Es gibt keine Erleichterung für die Zelebration der Messe. Dafür kann ich garantieren. Einige derartige Versuche, mit Stola zu zelebrieren, mußten von uns sehr energisch unterbunden werden. Rom ist in dieser Hinsicht unnachgiebig." Schreiben an Höfler 27.1.1942.

11. Die Daten sind z.T. in Form der Nennung des Tagesheiligen angegeben, z.B. „Fest des heiligen Aloysius 1940" (= 21.6.).

12. An die Priester im Sanitätsdienst: 15.10.1940; an die Laien: 21.12.1940; 8.4.1941; 23.11.1941; an Laienbrüder und Laien: 26.10.1941.

13. EBA Freiburg 35/69a.

14. Nach Kanon 129 des kirchlichen Gesetzbuches sollen die Kleriker auch nach erhaltener Priesterweihe ihre Studien fortsetzen, dabei jedoch der soliden Lehre folgen und profane Neuerungen im Ausdruck meiden („devitantes profanos vocum novitates").

15. EBA Freiburg 35/76.

16. An Werthmann 27.3.1942.

17. Der einfachste Weg, nämlich die „Übernahme eines von uns vorzuschlagenden Textes durch den Feldbischof" – von der Gestapo selbst als Möglichkeit angedeutet! –, wird von Höfler selbst wegen der „Ängstlichkeit" Rarkowskis als „Irrealis der Gegenwart und Zukunft" angesehen. Eine weitere Chance sieht Höfler in der Möglichkeit und im Recht eines jeden Bischofs, mit „seinen Klerikern und Religiosen in amtlicher und persönlicher Verbindung zu bleiben", ohne OKW zu befragen. Die weiteren Punkte betreffen detaillierte Überlegungen zur Organisation und Methode.

18. Vgl. AW VIII, 4.

19. Briefwechsel Werthmann-Höfler am 20. und 23.4.1940. Werthmann am 20.4.1940: „Das Feldbischofsamt wird sich niemals an der Herausgabe des homiletischen Werkes beteiligen. Darauf können Sie Gift nehmen und dafür bürgt Ihnen mein hoher

Chef, der gegenwärtig in Worishofen Wasser panscht. Wenn er hört, daß als Ordinarius ‚civilis' der Bischof von Mainz sich um die Sache kümmert, wird er vielleicht noch das ganze Ding abdrehen. Warum, kann ich Ihnen nicht sagen."

20. Ähnlich auch am 13.6.1940, 17 .9. 1940 u. 5.; Vgl. DCV 370, 17
21. Vgl. Rundbrief vom 25.1.1941.
22. Das gesamte Material in DCV 370, 17(2) (= Serie I-XX) und 370, 17 (3) (= Serie XXI-XXIX). Im Unterschied zum bewirtschafteten und bezugsscheinpflichtigen Druckpapier galt das zum Hektographieren benötigte Papier als Büromaterial, das (bei entsprechenden Beziehungen, an denen es Höfler nicht mangelte) frei erhältlich war.
23. An Werthmann 24.2.1943.
24. 5.7.1943.
25. 12.1.1943.
26. DCV R 775 II. Die späte Antwort Kreutz' ist auf den schweren Luftangriff auf Freiburg am 27.11.1944 zurückzuführen. – Die Versuche anderer Stellen, die Kriegspfarrer mit Predigtmaterial zu beliefern, können hier keine besondere Berücksichtigung finden. Es sei nur auf den von der MC-Beratungsstelle in Frankfurt/M. herausgegebenen „Feldseelsorgebrief" verwiesen, der vom Oktober 1939 bis zum Februar 1940 in 6 Folgen mit je bis zu 8 Predigtvorschlägen erschien und dann verboten wurde. Höfler weist im Rundbrief vom 19.2.1940 empfehlend auf diesen „Feldseelsorgebrief" hin. In den 6 Folgen findet sich außer dem problematischen Beitrag von M. Laros „Der Krieg in religiöser Sicht – Die Frage: Warum Krieg" lediglich ein Satz, auf den man gut und gern hätte verzichten können. Unter dem Predigtmotto „Ziehet an den Herrn Jesus Christus" wird vom Soldaten verlangt, daß er „seine Pflicht tut und mannhaft dazu mithilft, seinem Volk den Platz an der Sonne (den nötigen Lebensraum) zu erkämpfen … (AW III, 4). In keinem der hier vorhandenen Entwürfe finden sich Aussagen im Sinn des „Siegeswillen". – Anders hingegen ein Kriegspfarrer, der dem Feldbischof Predigtmaterial zum Thema „Können wir heute noch Christen sein?" zugeschickt hatte. Für ihn bedeutet Advent Vorbereitung auf eine „unerhörte Umwälzung": „Wir, die deutsche Wehrmacht … sind dabei, ein Kapitel der Weltgeschichte abzuschließen, das Buch der Weltgeschichte umzublättern. Was morgen ist, wird ein neues Kapitel der Weltgeschichte sein … Die grandiosen Erfolge auf politisch-wirtschaftlichem Gebiet haben wir uns erkämpfen müssen …" Nach der leidenschaftlichen Beteuerung, daß man in der Welt „nichts besseres finden" könne als das Christentum, folgt die Aufforderung, „unsere Pflicht für Führer, Volk und Vaterland mit eisernem Willen zu erfüllen", (AW III, Varia). – Über die Versuche einer Funktionsbestimmung der Predigt in jenen Jahren vgl. H. *Krichel* (Hg.), Dienst am Worte, Paderborn 1941, bsd. 8: Die Predigtsammlung „will den Menschen der Gegenwart ansprechen mit seinem Drang nach Leben, seiner Freude am Starken und Heldischen, seinem Sinn für das Echte und Wahre, seiner Sehnsucht nach religiöser Erfüllung, um ihn zu wesenhaftem Christsein zu führen." Grundsätzlicher W. *Heinen*, Die zeitgemäße Predigt. Ihr Begriff, ihre Notwendigkeit und ihre Eigenschaften, in: Kirche und Kanzel 24 (1941) 133-136. – Der evangelische Theologe Helmut Schreiner weist 1940 darauf hin, daß die Pfarrer im 1. Weltkrieg „einen Irrtum ihres bewegten Herzens nach dem andern, einen Fehlschluß und ein Wunschbild „nach dem andern verkündigt hätten und warnt vor geschichtsphilosophischen und theologischen Deutungen. Wer sich aber zum

Propheten berufen glaube, müsse Konsequenzen auf sich nehmen „wie einst Jeremia". (4 f.)

3.8 Reinhold Schneider und die „Kirchliche Kriegshilfe"

1. Inselreich 554.
2. Ebd. 100. Um die Jahreswende 1936/37 schreibt er im ‚Starez' vom „Irrweg ohne Beispiel", der auch „Sühne ohne Beispiel" forderte: Macht 164.
3. „Im Unrecht leben wir alle." (137) „Seht ihr denn das Gericht nicht und seht ihr nicht, wie Gott den Sündern Land und Siege und Macht und Ruhm und Reichtum zuwirft, um sie damit zu verderben ?" (139) Seine Vision der „Hügel und Berge von Toten" ist eine Vorwegbeschreibung der nationalsozialistischen Menschenvernichtung. (bsd. 144).
4. 31; zur Funktion seiner Traktate vgl. ebd. 32.
5. Wahrheit 171.
6. Grabrede für R. Schneider von W. Bergengruen, in: R. Schneider, Winter 286-292.
7. Vgl. Tag 162-168; 189 ff. Schneider nennt das ‚Vaterunser' und ‚Jetzt ist des Heiligen Zeit' am 17.12.1941 „Stoßgebete": Briefwechsel 118.
8. Vgl. Werthmann, Schneider 28-37. Das vielleicht bekannteste Sonett ‚Allein den Betern kann es noch gelingen ...' wurde von der Gestapo als Angriff auf die Staatsgewalt und den Nationalsozialismus verstanden. Der Pfarrer A. Beil, Heidelberg, wurde wegen eines Aushanges dieses Textes in der Kirche von der Gestapo verhört und verwarnt. Ein wohlwollender Beamter legte Beil eine harmlose Interpretation nahe. Gespräch mit Pfr. Beil am 2.2.1977.
9. R. Schneider, Briefe 48.
10. Ebd. 108.
11. Ebd. 50.
12. Ebd. 106.
13. Ebd. 107.
14. Briefwechsel 26.
15. Ebd. 40.
16. Ebd. 81.
17. Wahrheit 171.
18. Briefwechsel 154.
19. Tag 148.
20. Was ist Geschichte? DCV 370, 17
21. Konrad Weiß, Prosadichtungen, München 1948, 53.
22. R. Schneider, Winter 158.
23. Tag 212.
24. Ebd. 155.
25. Dichter 342. über die tiefe Beziehung Schneiders zum deutschen Idealismus gibt sein Buch ‚Fichte, der Weg zur Nation' (München 1932) Auskunft, das nach 1945 nicht neu aufgelegt wurde.
26. Las Casas; vgl. Tag 120.

27. Vgl. Bossle 38 ff.

28. Balthasar 18.

29. Tag 72. Erich Przywara nennt ihn „Meister einer ‚Historie in Symbolen‘“. Humanitas, Nürnberg 1952, 692.

30. Erbe 61; vgl. ebd. 74.

31. Innozenz III., 197.

32. Vgl. Einsamkeit 22, Wo er von der „grauenvolle(n) Gleichgültigkeit“ gegenüber den Geschehnissen der Zeit nach dem 1. Weltkrieg spricht.

33. Bossle 117. Angesichts der neuen Nachfrage nach R. Schneider könnte es sinnvoll sein, innerhalb der Überlegungen zur „politischen Theologie“ nach der Reichsvorstellung Schneiders zu fragen, die für ihn Kriterium und Stachel des Handelns in einem ist. Vgl. dazu auch R. Schneider, Stimme des Abendlandes. Reflexionen zur abendländischen Geschichte. Colmar (1944).

34. Ursache dafür war das eher kleinliche Gebaren eines anderen Verlages mit seinem Rechts- und Finanzproblem.

35. Nach einem Brief Johannes Kessels an Georg Werthmann: „Bericht über die von mir erfolgte Herausgabe der Schrift: Reinhold Schneider, Das Gottesreich in der Zeit.“ Bochum, 26.8.1947, in: AW VIII, 7.

„Heute gehört uns Europa – morgen die ganze Welt"
Bild des polnischen Künstlers Arthur Szyk (1894-1951)
The Arthur Szyk Society, Burlingame, CA 94070 (www.szyk.org)

4. Das Ergebnis der Untersuchung

Nach diesem Bericht über die „Kirchliche Kriegshilfe" und einen Teil der Wehrmachtseelsorge gilt es, sich der nicht nur theologisch schwierigen und schwerwiegenden Frage nach den möglichen Ursachen für den Modus kirchlicher Arbeit während der Zeit des NS vor allem während des Krieges zu stellen. Nach den Erfahrungen mit den Diskussionen über diesen Problemkomplex kann nicht deutlich und nachdrücklich genug betont werden, daß Rechtfertigungen oder Anklagen völlig außerhalb der Absichten des Autors liegen. Neben der Fragwürdigkeit eines Anspruchs, das Richteramt ausüben zu wollen, ginge der Versuch, das damalige Geschehen über die Beurteilung des Verhaltens (zahlreicher) einzelner erklären zu wollen, denen dann die Verantwortung (oder Schuld) für den Verlauf der Geschichte anzulasten wäre, an den wirklichen Problemen vorüber. Hier steht nicht das Verhalten einzelner als einzelner zur Diskussion.

Sofern sie den Weg des Widerstandes gegangen sind, haben sie dieses Wagnis allein und in der Regel ohne Rückendeckung, oft genug auch gegen den erklärten Willen der kirchlichen Institution, auf sich genommen. Diese Frauen und Männer stehen nicht für uns oder die Kirche, sondern für die von ihnen vertretene „Sache", und damit gegen diejenigen, die sie allein gelassen haben. Sie dürfen nicht in Anspruch genommen werden, um eigenes Verhalten zu rechtfertigen oder um den andere entschuldigenden Nachweis zu liefern, daß „die Kirche" dem NS Widerstand geleistet habe.[1] Die anderen Personen – Amtsträger niederen und höheren Ranges wie auch Laien – sind mit ihren Äußerungen und mit ihrem Verhalten, obwohl hier z.T. ausführlich dargestellt, vor allem Anlaß zur Frage nach jenen Vorstellungen, Kräften, Motivierungen und Strukturen, die dem festgestellten Geschehen zugrundeliegen.

Wir haben, die Terminologie von Eduard Schillebeeckx aufgreifend, eine große Anzahl von Beispielen der aktuellen, der „Tatsachen-" oder ephemeren Geschichte[2] zusammengetragen, mit denen man sich bei bloß historischer Neugier begnügen könnte. Doch damit wäre niemandem gedient. Wichtiger zum Verständnis der Vergangenheit und der

Gegenwart scheint die „zweite Ebene" zu sein, die „konjunkturelle Geschichte": ein bestimmter Erfahrungs- und Verstehenshorizont, beständiger als die Tagesereignisse, doch diesen vorausgehend und zugrundeliegend, sie mitbestimmend und prägend. (Hier wäre auch der sog. „Zeitgeist" anzusiedeln, einschließlich der jeweiligen theologischen Verstehensmodelle.) Diese „Konjunkturgeschichte" steht wiederum in dialektischer Spannung zur „strukturalen Geschichte" mit ihrer „sehr langen, jahrhundertelangen Dauer, die fast an den toten Punkt zwischen dem Wandelbaren und dem Unwandelbaren grenzt, allerdings auch nicht außerhalb der Geschichte steht". Diese einander durchdringenden „Ebenen" begegnen uns nicht getrennt, sie durchkreuzen einander: „die Grundstruktur des menschlichen Denkens (bringt sich) in den konjunkturell bestimmten Begriffen und im wandelbaren Verstehens- und Verhaltenshorizont zur Geltung" und diese werden an Einzelphänomenen und -vorgängen beispielhaft aufweisbar.

Noch einmal: nach der Darstellung von *„Kirchlicher Kriegshilfe"* und Feldseelsorge vor dem Hintergrund der Maßnahmen von Partei und Staat fragen wir nun nach jenen theologisch relevanten (aber in ihrer Auswirkung den Bereich von Theologie und Kirche übersteigenden) Vorstellungen, die sich in der Geschichte ausgewirkt und die doch ebensowenig wie der Faschismus im Jahre 1933 begonnen oder mit dem Zusammenbruch des nationalsozialistischen Deutschland ihr Ende gefunden haben.

Eine Vielzahl von Faktoren wirkten zusammen, bedingten und stärkten sich gegenseitig und halfen so den Boden bereiten, auf dem der Faschismus wachsen, sich durchsetzen und behaupten konnte: eine antiparlamentarische, antikritische und antiliberale Einstellung, also ein unterentwickeltes Demokratieverständnis mit entsprechender Fehleinschätzung der Rolle einer Opposition im modernen Staatsleben und Unfähigkeit zum Austragen von Konflikten, korrespondierte mit der Vorliebe für autoritär-hierarchische Ordnungsgebilde mit daraus resultierender Gehorsamsbereitschaft und Anerkennung der Treueverpflichtung; politische Unreife, zu der auch der Ersatz der rationalen Analyse durch guten Willen gehört; Mangel an zivilem Mut und ein Schuß Opportunismus; Gruppenegoismus und das dadurch mitbedingte Defizit an Solidarität mit denen, die die ersten Opfer der NS-Herrschaft wurden; aus historisch-romantischer Reichsvorstellung herrührendes Sendungsbewußtsein, das in nationales Pathos einmündete; Angst vor dem Bolschewismus und auch davor, mit Juden und Marxisten in eine Reihe gestellt zu werden; Betonung der Volksgemeinschaft und unterentwickeltes Freiheitsbewußtsein – all das und manches mehr wirkten vor und nach 1933 stärker oder schwächer auf Bewußtsein und Verhalten der Katholiken ein.

Wenn man die aufgezählten Phänomene zu den Merkmalen faschistischer oder faschistoider Einstellung zählt, gibt es schwer zu bestreitende Berührungspunkte zwischen einer damals verbreiteten Mentalität des deutschen Katholizismus und dem Nationalsozialismus. Daß es nicht zu einer stärkeren Identifizierung mit dem Nationalsozialismus kam, ist eine Folge der als Barriere wirkenden religiösen Grundhaltung. Diese Verankerung in christlicher Tradition hat auch und gerade in den breiten Schichten des katholischen Volkes unzählige Menschen davor bewahrt, sich an den NS zu verlieren.

Das Selbstverständnis und der Anspruch der katholischen Kirche wie auch die Erwartungen, die man von vielen Seiten mit dieser Kirche verbunden hat, geben ein gewisses Recht, vom zumindest partiellen „Versagen" der Kirche während der Zeit des Nationalsozialismus zu sprechen. Allerdings – und das muß entgegen so mancher diesbezüglichen Äußerung der letzten Jahre gesagt werden – darf ein solches Urteil nicht das Ergebnis einer Gegenüberstellung von moralischem Prinzip einerseits und unzulänglicher Praxis anderseits sein. Gilt doch nicht nur, was aufgrund eines ethischen Postulats getan werden müßte; eine Handlung oder ein Verhalten ist danach zu beurteilen, was ein einzelner oder eine Gruppe zu leisten vermag, da Ansprüche immer die Möglichkeit der Realisierung voraussetzen müssen. Einem Blinden ist schwerlich anzulasten, daß er nicht sehen kann. Manch ein Kritiker erspart sich die Mühe, die Urteils- und Handlungsmöglichkeiten verantwortlicher Amtsträger zu untersuchen und ihre Überlegungen nachzuvollziehen, wie sie am besten in der jeweiligen Situation ihrer Verantwortung gerecht werden konnten. Zudem gibt es nicht einfach „die Bischöfe" als eine in jeder Hinsicht homogene Gruppe, sondern eine ganze Anzahl Inhaber des bischöflichen Amtes mit ihrer je eigenen Biographie und Physiognomie. Mehr noch als ein Historiker ist derjenige, der zu einem moralischen

Urteil sich berechtigt glaubt, gehalten, alle möglichen Faktoren zu berücksichtigen, die zu einer so oder so gearteten Entscheidung beigetragen haben und in sie eingeflossen sind: Herkunft und Prägung, psychische Struktur und Mentalität, Fähigkeiten und Begrenztheiten. Wer durch bestimmte staatliche und kirchliche Ordnungsvorstellungen des 19. Jahrhunderts geprägt war, brachte nicht gerade die günstigsten Voraussetzungen dafür mit, die aus dem gewaltigen Umbruch von 1918 sich ergebenden politischen, gesellschaftlichen und kirchlichen Probleme in ihrer Tragweite zu durchschauen. Daß für die Bischöfe der Begriff „Vaterland" im Unterschied zu den meisten heutigen etwas Heiliges war; daß die staatliche Autorität ihnen als unantastbar galt; daß sie trotz aller Einsicht in menschliche Unzulänglichkeiten der Kraft des Rechtes und der Verträge vertrauten – das und anderes scheint mehr Anlaß zu geben zum Respekt vor diesen Männern als zu Anschuldigungen. Unter diesen nur spärlich skizzierten Voraussetzungen ist es nicht verwunderlich, daß die Bischöfe vornehmlich unter der Führung Bertrams und Faulhabers alle Kraft daran setzten, bei der Auflösung bisheriger Ordnungen die kirchliche Institution zu retten und angesichts der geistigen Verwirrung die Lehre von Irrtümern freizuhalten.

Selbstverständlich ist die Frage zu stellen, warum der Episkopat insgesamt nicht früher gegen die Verletzung demokratischer Grundrechte Einspruch erhoben hat. Hier gilt es zunächst festzuhalten, daß die Bischöfe sich seit der Machtergreifung einer dauernd wechselnden Situation konfrontiert sahen, die zu erkennen und auf die angemessen zu reagieren nicht nur das Vermögen der Bischöfe überstieg. Außerdem war sich der Episkopat offensichtlich über längere Zeit hinweg im Unklaren über die wirklichen Absichten seines Verhandlungspartners. Während die Reichsregierung bedenkenlos öffentlich gegebene Zusicherungen und rechtlich eingegangene Verpflichtungen brach, fühlten sich die Bischofe aufgrund juristischer und nicht zuletzt moralischer Erwägungen in ihrer Handlungsmöglichkeit eingeengt oder zumindest begrenzt; sie waren außerdem zu gewissenhaft, um nicht die möglichen Auswirkungen ihrer Entscheidungen auf das Staatsganze, die Kirche, einzelne Gruppen und einzelne Menschen mit zu bedenken. Konnte an der religiös-sittlichen Be- bzw. Verurteilung der nationalsozialistischen Weltanschauung seitens des Episkopates von den frühen Zeiten des Nationalsozialismus bis zu dessen Ende kein Zweifel bestehen, so brachten erst der Haß und die fortwährenden Schikanen des NS-Regimes die Bischöfe „allmählich und beinahe gegen ihren Willen zu einer zurückhaltenden Gegnerschaft, wobei versucht wurde, sorgfältig zwischen Staat und Partei zu trennen".[3] Da die Absichten des Nazi-Regimes durch die das kirchliche Leben einengenden Maßnahmen erst langsam offenkundig wurden, ist auch ein Wandel der Kirche von anfänglich zurückhaltender Bejahung aus sozial-ethischen Gründen bis zu entschiedener Ablehnung festzustellen. Der durchgängige und zumal während der Kriegszeit sich ausweitende Konflikt, in dem sich der Episkopat befand, bestand in der moralisch und auch juristisch geforderten Bejahung von Staat und Vaterland einerseits, und der Ablehnung der staatsformenden und staatstragenden Partei, deren Weltanschauung und ihren das Naturrecht mißachtenden Maßnahmen anderseits. Aus dem Dilemma, den Staat unterstützen und gegen die mit dem Staat sich identifizierende Partei opponieren zu müssen, ist der Episkopat bis zum Kriegsende nicht hinausgekommen. „Daß Deutschlands Sieg H[itlers].s Sieg wäre und daß man den nicht wünschen dürfe, dieser schwierige, verbogene Gedanke konnte nur einer kleinen Zahl unabhängiger Seelen kommen."[4]

Angesichts dieser ausweglosen Situation, die zum Besseren zu ändern die Bischöfe keine Möglichkeit sahen, blieb ihnen und vielen anderen Menschen nichts anderes als die Ohnmacht des Wortes und der Versuch, letzte und minimale Freiräume zu nutzen und in unverfänglich scheinende Bereiche auszuweichen, um der „Gleichschaltung" zu entgehen.

Die Vielzahl von Protesten, Einsprüchen und Beschwerden der Kirchenleitung – allein der Vatikan hat zwischen 1933 und 1939 insgesamt 55 Protestnoten wegen Konkordatsverletzungen nach Berlin übermittelt[5] – richtete sich gegen Einzelmaßnahmen, die Recht und Sitte verletzten. Doch die entscheidende Auseinandersetzung erfolgte nicht auf der Ebene des verfaßten Rechts. Die auf Vertragsabschlüsse gesetzten Hoffnungen erwiesen sich als trügerisch. Wie wenig das Gebot der Stunde erkannt wurde, zeigt z.B. die überraschend schnelle, bedingungslose und ohne erkennbaren Widerstand – wohl auch zur Verwunderung der Nationalsozialisten – vollzogene Selbstauflösung der Zentrumspartei. Man war blind gegenüber der Gefahr unkontrollierter Macht im Staat, wie man 1939 die Versuchung der Macht nach außen nicht einzuschätzen vermochte.[6]

Eine kurze Charakterisierung des Verhaltens der katholischen Kirche in Deutschland kann wie folgt aussehen: obwohl sie den Parolen des NS nicht verfallen war, war sie wegen einer tiefverwurzelten antidemokratischen Einstellung doch nicht immun gegen faschistische Tendenzen; alle Bedenken gegen den NS wurden zurückgestellt, als sie sich zu der Hoffnung berechtigt glaubte, daß über das Konkordat die seelsorgerische Wirksamkeit garantiert würde; dabei war auch die Frage von Bedeutung, was den Gläubigen für den Fall eines Kulturkampfes bzw. einer Kirchenverfolgung zugemutet werden dürfe.

Fragestellung und vollzogene Entscheidung setzen jedoch ein bestimmtes Verständnis von Kirche und Seelsorge, Glaube und christlichem Handeln voraus, das nicht unbefragt hinzunehmen ist. Denn hier dürften wichtige Ursachen dafür liegen, daß man dem Phänomen des totalitären Staates „ganz unvorbereitet gegenüberstand" und ihm primär rechtlich zu begegnen suchte. Das Seelsorgeverständnis scheint ein Indiz dafür zu sein, daß „die Reflexion des Verhältnisses von Glaube und Politik von einem uneinholbaren Modernitätsrückstand bestimmt war".[7] Die Aufarbeitung dieses Seelsorgeverständnisses mit seiner theologischen Dimension und mit seinen gesellschaftlich-politischen Auswirkungen bleibt trotz mancher wichtiger Arbeiten in diesem Bereich ein bislang nicht erfülltes Postulat.

Wie in keinem anderen Bereich mußten kirchliche Amtsträger ihr Verhalten in Wort und Tat auf die möglichen Auswirkungen bezüglich des Verhältnisses von Kirche und Staat und auf die weiteren Arbeitsmöglichkeiten hin bedenken. Galt doch keiner von ihnen als Privatmann, der für sich selber handelte und lediglich für seine Person die Konsequenzen zu tragen hatte, vielmehr war jeder Geistliche Vertreter und Repräsentant einer Institution, die zu überwinden und auszuschalten ein im Laufe der Jahre nicht mehr verschleiertes Ziel der Machthaber war. Jeder einzelne Wehrmacht- und Kriegspfarrer mußte sich bewußt sein, daß er durch Verletzung der bestehenden Vorschriften – mochten sie nun vom Ministerium für die kirchlichen Angelegenheiten, vom OKW oder OKH erlassen sein – nicht nur disziplinarische Maßnahmen gegen seine eigene Person heraufbeschwor, sondern die gesamte Arbeit der Feldseelsorge gefährdete. Seit Beginn der nationalsozialistischen Herrschaft hatte man immer wieder das mißliebige Verhalten einzelner zum Anlaß und Vorwand für Maßnahmen gegen kirchliche Einrichtungen genommen. So wurde die Frage nach der Entscheidung, ob und wie man den Schritt vom versteckten Vorbehalt zur offenen Ablehnung des Systems vollziehen sollte – eine Frage, vor der im Grunde jeder Deutsche und jeder Christ stand –, zur Frage nach der Verantwortbarkeit jener Folgerungen, die sich für andere und für das Ganze aus einer solchen Entscheidung möglicherweise ergeben konnten. Vielleicht hatte manch ein Geistlicher diesen Zwiespalt, der durch Kreuz und Hakenkreuz auf der Uniform des Wehrmachtpfarrers gleichzeitig offenkundig und verdeckt wurde, privat und für sich durch ein klares Nein zum Hakenkreuz lösen können. Doch aufgrund ihres Verständnisses von Kirche und Staat, von Autorität und Gehorsam und nicht zuletzt wegen ihres Willens zur Solidarität mit den Soldaten blieb den Seelsorgern faktisch nur die Möglichkeit, diesen Zwiespalt durchzutragen und zu erleiden. Keiner der ehemaligen Wehrmachtpfarrer, mit denen der Verfasser über diese Frage gesprochen hat, hat seine Entscheidung guten Gewissens gefällt. Auch heute noch haben sie keine Antwort auf die Frage gefunden, was denn möglicherweise richtig oder besser gewesen wäre. Dabei liegt die Schwierigkeit nicht in der prinzipiell-moralischen Beurteilung der damaligen Situation, denn über die Unmenschlichkeit des Systems und die Ungerechtigkeit des Krieges bestand damals bei den meisten und besteht heute bei allen nicht der geringste Zweifel. Es steht außer Frage, daß die Kirchen und die meisten ihrer Mitglieder hinter dem Anspruch des Evangeliums weit zurückgeblieben sind. Bei einer ausschließlich moralistischen Betrachtungsweise jedoch wäre die Konsequenz, daß nur diejenigen vor solchem Anspruch bestehen konnten, die im Kampf für Recht und Menschlichkeit ihr Leben hingegeben haben und daß alle Überlebenden unter dem Verdacht der Anpassung und des Verrats stehen.

Nach der mit dem Reichskonkordat gegebenen Institutionalisierung der Militärseelsorge gab es für den einzelnen Geistlichen nur die Möglichkeit, die Übernahme eines Amtes in diesem Bereich zu verweigern und damit die jungen Christen sich selbst zu überlassen oder aber das Amt eines Wehrmachtseelsorgers anzunehmen und die gegebenen bzw.

gewährten Möglichkeiten auszuschöpfen. Es war eine der größten Sorgen, um nicht zu sagen Ängste, gerade des jungen Klerus, wiederum in ein Getto abgedrängt zu werden, das man gerade erst auf Grund der verschiedenen Erneuerungsbewegungen verlassen zu haben glaubte. Diese Furcht vor einer zunehmenden Isolierung kann wohl kaum hoch genug eingeschätzt werden und ist zumindest als ein Faktor für das Zustandekommen von Äußerungen und Entscheidungen in diesen Jahren anzusehen. Nachdem die Wirkmöglichkeiten in zahlreichen Bereichen des Lebens bereits beschnitten waren – Presse, Vereine, Verbände –, wollte man den Bereich der Wehrmachtseelsorge nicht preisgeben, der wegen der noch relativen Eigenständigkeit der Wehrmacht dem Zugriff der Partei weitgehend entzogen war. Hier bestand eine auf Jahre hinaus gesicherte und durch viele Kommandeure geforderte Kontaktmöglichkeit zwischen Priestern und jungen Christen.

Gemessen an heutigen Diskussionen über Motivation und Zielsetzung bestimmter Maßnahmen waren die Beweggründe der damaligen Kriegspfarrer für ihren Einsatz sehr einfach und entsprachen einer verbreiteten Einstellung: Man kam aus der Jugendbewegung und wollte den jungen Menschen nahe sein. Glaube, Kameradschaft, eine vage Vorstellung vom neuen Reich und ein wenig Romantik – das langte für eine neue Welt. Vor allem wollte man um fast jeden Preis „dabeisein" und sich nicht „in die Sakristei" zurückdrängen lassen.

Nach dieser teils kirchenpolitisch, teils pastoral begründeten Entscheidung stellte sich die Frage nach den angemessenen Arbeitsmethoden. Eine unabdingbare Forderung an den Wehrmachtseelsorger bestand darin, daß seine Tätigkeit „rein religiöser" Natur sein müsse, daß er sich jeder Art von „politischer" Äußerung zu enthalten habe und daß auch der konfessionelle Friede nicht gestört werden dürfe. Doch gerade diese „rein religiös" ausgerichtete Arbeit führte in die Auseinandersetzung mit der nationalsozialistischen Weltanschauung, eine Auseinandersetzung, die überwiegend indirekter Art war, weil eine direkte Konfrontation schon wieder als politische Argumentation gewertet und geahndet wurde. An dieser Stelle liegt die Schwäche so mancher Autoren, die sich mit dem Problem Kirche und Nationalsozialismus in den letzten Jahren beschäftigt haben. Sie übersehen oder vergessen jenes ungeheure Maß an Propaganda, mit der man dem deutschen Volk die These von

der dem deutschen Wesen angeblich fremden Art des Christentums und
der Kirche einhämmern wollte. Das Christentum als Sklavenreligion,
das Christentum als Religion für Schwächlinge und Lebensuntüchtige,
die Kirche als deutschfeindliche Institution, Bischöfe und Priester als De-
visenschieber und Sittlichkeitsverbrecher – diese lauthals und unaufhörlich unter das Volk gebrachten Parolen konnten besonders auf junge
Menschen nicht ohne Auswirkung bleiben. Das katholische Schrifttum
jener Jahre ist weithin von der Absicht geprägt, diese und andere Be-
hauptungen, Vorwürfe und Angriffe zurückzuweisen und zu widerlegen. Wenn in jenen Jahren zahlreiche Titel auf dem Markt erschienen, in
denen das Verhältnis des Christentums zum Germanentum erörtert und
die deutsche Geschichte als entscheidend von christlicher Botschaft geprägt beschrieben wurde, in denen man den heldischen, ja heroischen
Charakter des Christentums hervorhob und die Treue zu Heimat, Volk
und Vaterland als wichtige Elemente christlicher Moralauffassung betonte, dann sind Darlegungen dieser Art nicht ohne weiteres als Ausdruck einer Bereitschaft zur Anpassung, sondern wohl eher als Versuche
zur Abwehr einer massiven Propaganda zu sehen. Man wird denen, die
nach 1933 noch zu schreiben wagten, schwerlich einen Vorwurf machen
können, daß sie sich gegen Verleumdungen und unqualifizierte Angriffe
wehrten. Eine andere Frage ist freilich, ob man dabei immer politisch,
pädagogisch und theologisch klug und korrekt verfahren ist und ob die
Betonung der Gemeinsamkeiten (auch während der ersten Kriegsjahre)
nicht Konturen verwischte, wo eine deutliche Unterscheidung erforderlich war.

Es scheint im Zweiten Weltkrieg wenigstens vorübergehend so etwas
wie eine Neuauflage des Kaiserwortes von 1914 gegeben zu haben. Damals hatte der Kaiser ausgerufen: „Ich kenne keine Parteien mehr, ich
kenne nur noch Deutsche."[8] 1939 haben weite Kreise nicht mehr unterschieden zwischen Deutschland und dem Nationalsozialismus. Man sah
nicht oder wollte nicht sehen, daß die Partei sich des Staates und seiner
Institutionen bediente, um die eigenen Ziele zu erreichen. Und wenn
Prediger bzw. Predigtautoren in vielen Äußerungen vom Kriegsdienst
als Dienst am Vaterland sprachen, als gäbe es nicht die Partei, die alles
ihren eigenen Interessen unterordnete, so muß man wohl Verblendung
auf der einen Seite und Irreführung der Gläubigen auf der anderen Seite

konstatieren. Während im Ersten Weltkrieg die eigene gerechte Sache unermüdlich betont wird, übergeht man 1939 weitgehend die in der Moraltheologie entscheidende Frage nach der legitimen Teilnahme an einem Krieg. Teilweise setzte man das eigene Recht als selbstverständlich voraus und fügte sich den Gegebenheiten aus der Sorge, die Kirche allzu starken Belastungen, wenn nicht gar der Vernichtung auszusetzen, falls man sich den Erwartungen der Partei nicht fügte. War jedoch einmal das Recht der „Autorität" anerkannt, dann gab es nach geltender traditioneller Lehre nur noch die Konsequenz, in Gehorsam und Treue bis zum Tod Volk, Heimat, Vaterland, Reich und „Führer" zu dienen. Es ist nur folgerichtig, wenn alle Verlautbarungen und Hirtenbriefe der deutschen Bischöfe in diesem Sinn verfaßt sind.

Wehrmachtseelsorger und NS-Propagandisten forderten von den Soldaten die gleichen Verhaltensweisen: Gehorsam, Pflichterfüllung gegenüber Volk und Vaterland, Einsatz- und Opferbereitschaft, Tapferkeit und Dienstwilligkeit. Das Vokabular war bei den Appellen an die Soldaten streckenweise zum Verwechseln ähnlich.[9] Im Verlauf des Krieges haben die Machthaber zwar ein stärkeres Engagement der Kirchen verlangt, doch konnten sie auch dafür dankbar sein, daß seitens der Verkündigung Ruhe und Ordnung, Disziplin und Gehorsam gefordert wurden. Der Schein der Rechtmäßigkeit war jedenfalls seit 1933 und auch 1939 gegeben. Die „Bewährung" wurde dem einzelnen von der Kirche abgefordert, um seine Gläubigkeit und Zuverlässigkeit unter Beweis zu stellen, zugleich erhoffte man sich von diesem „Opfer" eine gewissermaßen sakramentale Auswirkung auf eine nicht näher bezeichnete Neuwerdung von Kirche, Volk und Reich. Wenngleich mit der „religiös-geistigen Mobilmachung" Opferwille und Einsatzbereitschaft geweckt wurden und die kirchliche Tätigkeit als „Antriebsaggregat für soldatische Energie" fungierte, war das weniger das primär intendierte Ziel der Seelsorge, doch eine nicht ohne Stolz vorgewiesene Folge.

Daß die Kriegspfarrer jedoch nicht widerspruchslos ihre Arbeit verrichteten, sondern daß sie auch Kritik äußerten – ob die Kritik prinzipieller Art war oder ob sie sich nur gegen die Behinderungen ihrer Tätigkeit richtete, ist nicht zu erkennen –, geht aus einer Notiz Werthmanns hervor. Der Feldgeneralvikar schärfte den Kriegspfarrern unermüdlich ein, daß sie „unter keinen Umständen … ihrer Verärgerung Luft machten oder die Verbitterung des Herzens hineintrügen in ihre Arbeit. Nichts, weder Verständnislosigkeit noch feindselige Gesinnung, die der Einzelne erfuhr, durften ihn abdrängen von der getreuen und selbstlosen Erfüllung seiner Pflicht."[10]

In den Predigten gibt weniger die Betonung, als vielmehr die Isolierung der Tapferkeit Anlaß zu Bedenken. In dem Bemühen, die in der nationalsozialistischen Erziehung und Propaganda unaufhörlich vertretene Behauptung vom artfremden, den Menschen schwächenden und ihn aushöhlenden Charakter des Christentums durch die Betonung der Weltoffenen, froh machenden, Gemeinschaft stiftenden, kämpferischen und heldischen Elemente der christlichen Botschaft zu neutralisieren, hat manch einer, wahrscheinlich fixiert durch sein verständliches und berechtigtes apologetisches Bemühen, zu wenig die Einbindung der Tapferkeit in den Kanon der anderen Tugenden bedacht. Man hatte „seinen" Thomas von Aquin, der die Tapferkeit in 18 Fragen behandelt, offensichtlich nicht intensiv genug gelesen. Die Reihenfolge der Kardinaltugenden Klugheit, Gerechtigkeit, Tapferkeit und Maß kennzeichnet zugleich ihre Rangfolge. Weil nach Thomas das eigentliche Gut des Menschen die Verwirklichung seiner selbst gemäß der Vernunft ist, „d.h.: gemäß der Wahrheit der wirklichen Dinge",[11] liegt dieses Gut „aber wesenhaft bei der Klugheit, die die Vollendung der Vernunft ist",[12] insofern sie die Richtung gebende und damit unter den Kardinaltugenden die „vorzüglichere" darstellt. „Die Gerechtigkeit aber verwirklicht dieses Gut, insofern es zu ihr gehört, in allen menschlichen Verhältnissen die Ordnung der Vernunft durchzusetzen." Während im Befehl der Klugheit das Gut des Menschen verbindlich sichtbar wird, verwirklicht die Gerechtigkeit dieses Gut in die reale Existenz hinein. Die Tapferkeit hilft, dieses Gut zu bewahren und Gefährdungen dieses Gutes zu bestehen. Tapferkeit muß also ebenso durch Klugheit informiert wie der Gerechtigkeit dienstbar sein. „Und darum hängt das Lob der Tapferkeit irgendwie von der Gerechtigkeit ab." Thomas zitiert Ambrosius: „Tapferkeit ohne Gerechtigkeit ist Mutterboden des Unrechts."[13]

Wer im Krieg „für Deutschland" kämpfte, für sein Vaterland, der hat faktisch für Hitler-Deutschland gekämpft. Wer gegen Deutschland kämpfte, – als Widerständler, als Emigrant und auch in der Uniform des „Feindes" –, hat sich ideell und faktisch gegen das nationalsozialistische

Deutschland eingesetzt: für ein anderes Deutschland, für die Befreiung seines Vaterlandes vom Barbarentum des Nationalsozialismus. Das ändert nichts an der moralischen Lauterkeit von Absichten, nichts an Wagemut und Einsatzbereitschaft der in gutem, wenn auch blindem Glauben Handelnden. Ob man noch fernerhin von der „Tapferkeit" des deutschen (und nicht nur des deutschen) Soldaten sprechen soll, darf bezweifelt werden, wenn wahr bleibt, daß Tapferkeit nur in Verbindung mit der Gerechtigkeit möglich ist, eine Auffassung, die nicht zuletzt aus dem Werk des Thomas von Aquin hergeleitet wird.

Es ist ohne Zweifel eine für jeden Soldaten bittere Wahrheit, für eine ungerechte Sache gekämpft und gelitten zu haben, wenn er mit vielen Kameraden in bester Absicht sein Leben aufs Spiel gesetzt hat. Doch diese Wahrheit muß ebenso anerkannt werden wie die Tatsache, daß die Kirche zum Einsatz im Hitler-Krieg ermutigt und aufgefordert hat.

Den Grabpredigten mit ihren Verfälschungen des Krieges und unzulässigen theologischen Deutungen des Todes entsprachen auch die Todesanzeigen, in denen die Toten noch einmal ungewollt propagandistisch mißbraucht wurden.[14] Die im Kriege gefallenen Soldaten haben sich zum allergrößten Teil nicht geopfert (es gab auch das freiwillige Einsetzen des eigenen Lebens zur Rettung anderer), sie sind geopfert worden im gewissenlosen Spiel um die Macht, in dem sie als Material gewertet wurden. Sie waren keine Martyrer – auch nicht im Kampf gegen den „gottlosen Bolschewismus" –, selbst dann nicht, wenn sie als gläubige Christen gestorben sind, denn sie sind nicht für das Recht und als Bekenner ihres Glaubens gestorben, sondern im irrigen Glauben an ein vermeintliches Recht. Daß manch einer sich als Martyrer vorgekommen sein mag und sein Soldatendasein als „Opfer" verstand, zeigt nur eine bedauerns- und befragenswerte Bewußtseinslage auf, die den Bezug zur Realität verloren hatte. Die subjektiv gute Meinung des einzelnen, für das Vaterland sein Leben einzusetzen, wie auch die Behauptung, die Gefallenen hätten für das Vaterland ihr Leben geopfert, können nur als (vielleicht unbewußte) Versuche einer Sinnfindung in einem sinnlosen Geschehen gewertet werden.[15]

Wer heute z.B. den „Reformern" des § 218 StGB zwar eine persönlich gute Absicht zugesteht, jedoch auf ihren (wirklichen oder vermeintlichen) objektiven Irrtum verweist und die eigene Stellungnahme mehr oder weniger demonstrativ und kämpferisch wegen der „Bedrohung der Grundwerte" vertritt, der müßte konsequenterweise auch bei der Problematik des Verhaltens deutscher Katholiken einschließlich der Amtsträger gegenüber dem Nazi-Regime und im Hitler-Krieg analog argumentieren: die gute Absicht ist denen nicht abzusprechen, die „für das Vaterland" kämpften und zum Kampf, zum Opfer und zur Treue aufriefen, doch „objektiv" handelte es sich um einen ungerechten, einen verbrecherischen Krieg, an dem man aktiv teilnahm oder in dem heldenhaft zu kämpfen man unter Mißbrauch seines Amtes aufforderte. Im Krieg haben vor allem seit Juni 1941 eine ganze Anzahl von Geistlichen auch höherer Weihegrade Urteile gefällt, die einem Menschen nicht zustehen. Was hier und dort über die Sowjetunion und den Krieg gegen den Bolschewismus geäußert wurde, ist gravierender als ein politischer Irrtum. Die kämpfenden Soldaten, die ihre Pflicht erfüllen wollten und geblutet haben, die im Vertrauen auch auf ihre geistlichen Führer alle Schrecken durchlitten, die Toten, die Opfer eines gezüchteten Fehlglaubens geworden sind, auch und nicht zuletzt diejenigen, die der deutschen Aggression auf dem ganzen Kontinent zum Opfer fielen – sie und unzählige andere haben ein Anrecht zumal auch auf das Bekenntnis der kirchlichen Autoritäten, in dem diese ihre Blindheit und Mitschuld zugeben. Jedes Gedenken der Toten bleibt ein Betrug, solange diese Wahrheit nicht offen ausgesprochen wird.[16]

Für den Ersten Weltkrieg stellte der Franziskanerpater Erhard Schlund in seiner Untersuchung über *„Die Religion im Weltkrieg"* fest, daß „die Religion des Soldaten kriegsverlängernd gewirkt" habe, da „sie den Willen zur Pflichterfüllung verlängert hat".[17] Mehr als eine begründete Vermutung wird man hinsichtlich der Auswirkungen von Opfer- und Durchhaltepredigten kaum äußern können. Wenn ein Urteil über die von den Militärs sicherlich begrüßten „Erfolge" der Seelsorge überhaupt berechtigt erscheint, dann trifft das wohl eher für den Krieg 1914-1918 zu, da die Geistlichen im Zweiten Weltkrieg eine ungemein größere Zurückhaltung gezeigt haben.

Nach dem Studium des vorhandenen Materials läßt sich nicht eindeutig feststellen, ob die Feldseelsorge sich während des Zweiten Weltkrieges bewährt oder ob sie versagt habe. Zwischen dem Feldbischof der Wehrmacht und einigen nationalsozialistisch verseuchten Wehrmachtpfarrern und jenen Priestern, die den Widerspruch in ihrer Arbeit erkannten und durchlitten, gibt es ein breites Spektrum von Verhaltensweisen. Erkennt man die institutionell-juristischen Voraussetzungen und Gegebenheiten der Militärseelsorge als berechtigt an, wird man insgesamt zu einem anderen und günstigerem Ergebnis kommen, als wenn man die theologische Legitimität dieser Einrichtung bezweifelt. Nach dem Versagen, der Erfolglosigkeit, der Selbstauflösung oder dem Verbot der verschiedenen politischen Kräfte – Militär, Parteien, Gewerkschaften – konnte man von der Kirche bzw. den Kirchen nicht erwarten, ohne entsprechende Macht, Organisation und Kompetenz etwas zu bewerkstelligen, was andere nicht zuwege gebracht hatten. Nach der Erlangung des politischen Monopols und dem Ermächtigungsgesetz gab es nicht nur keine Kontrollinstanz gegenüber der Hitlerpartei, es fehlte auch eine gemeinsame Basis für eventuell erfolgversprechende Gegenaktionen. Angesichts der Brutalität eines bisher nicht gekannten totalitären Systems und einer ihm entsprechenden Praxis scheint die Ratlosigkeit – auch des Auslandes – und Hilflosigkeit der Kirchen nur verständlich. Bei allen Vorbehalten, Bedenken und Argumenten gegen das Reichskonkordat von 1933 darf man aber nicht vergessen und nicht verschweigen, daß das frühe und nicht zurückgenommene Nein zum Totalitätsanspruch des NS-Systems und seiner den Menschen und seine Rechte verachtenden Theorie und Praxis der unüberhörbare und von allen verstandene Protest der Kirchen gewesen ist, der es nicht erlaubt, die Kirchen in eine irgendwie geartete Nähe zum Nationalsozialismus zu rücken. Wenn man Widerstand als politisches Tun versteht, als Versuch, den Staat umzustürzen,[18] dann ist dieser Terminus eine das Verhalten der Kirche nicht treffende Beschreibung. Aber es gibt nicht nur den öffentlichen, aktiv-politischen und spektakulären Widerstand, es gibt ihn auch in der kaum zugänglichen Form des Leidens, der Standhaftigkeit, des Rechttuns, der Humanität. Damit ist keiner Geringschätzung des Willens zur Aktion und zum gewaltsamen Widerstand Vorschub geleistet. Die Fragen nach den Gründen für das Ausbleiben politischer Änderungsversuche auch seitens der katholischen Kräfte müssen ohne Rücksicht auf Beteiligte und Betroffene erörtert werden. Ebenso aber ist zu fragen, ob die Kräfte moralischer Selbstbehauptung nicht doch tiefere Schichten des Menschen anrühren und langfristiger wirken als handgreifliche und in die

Augen springende Aktionen. Diese Frage gilt umso mehr, als kaum jemand eine unverfälschte Einsicht in das Geschehen, seine Hintergründe und seine möglichen Folgen besaß. Es dürfte nicht allzu viele Menschen gegeben haben, deren Urteilsfähigkeit nicht durch Propaganda und Terror, durch Hoffnung auf soziale Sicherheit, nationale Neugestaltung und durch die Beschwörung einer neuen Volksgemeinschaft getrübt war. Auch darf die Verunsicherung selbst kritischer Beobachter der Entwicklung nicht übersehen werden, die sich fragten, ob eine Bewegung, die offensichtlich weite Kreise des Volkes ergriffen hatte, so negativ zu beurteilen sei, daß man ihr radikalen Widerstand entgegensetzen müsse.

Die Kirchen waren sich immer darüber einig, daß man dem Staat gegenüber zwar Gehorsam schulde, daß die Gehorsamspflicht des Christen jedoch nicht unbegrenzt sei. Von jeher wurde das Wort des Petrus aus der Apostelgeschichte zitiert und gelehrt: „Man muß Gott mehr gehorchen als den Menschen." (5,29) Manch einem scheint diese Forderung angesichts der historischen Wirklichkeit „kaum mehr als eine stilistische Redewendung".[19] Bei der Frage nach den konkreten Bedingungen, unter denen der Christ dem Staat ungehorsam sein muß, stößt Lasserre – der insgesamt in seinem Denken von Prinzipien ausgeht und die konkreten Umstände, unter denen Entscheidungen zu fällen sind, kaum berücksichtigt – bei den Christen auf „eine beunruhigende Verwirrung oder auf ein überraschendes Schweigen".[20] In der Praxis werde der Gehorsamsvorbehalt nur in seltenen Fällen wirksam, da die traditionelle Theologie den Christen zum Gehorsam auch in Zweifelsfällen verpflichte. Weil nach dieser Auffassung die jeweiligen Obrigkeiten der Wahrheit näher stehen als das Individuum, laufe der Grundsatz, im Zweifelsfalle zu gehorchen, praktisch auf den immerwährenden Gehorsam hinaus.

In der Tat scheinen eine verbreitete Lehre und Praxis diese Deutungen nahezulegen, denn die Lehre von der Unterwerfung unter die Obrigkeit hat das Bewußtsein der Christen insgesamt stärker bestimmt als der Vorbehalt.[21] Die lebhaften Auseinandersetzungen im 16. und 17. Jahrhundert über Recht und Grenze der staatlichen Gewalt waren auch den Theologen allem Anschein nach weniger gegenwärtig als die Äußerungen z.B. von Leo XIII., der zur Frage des bürgerlichen Gehorsams – bei den in seiner Zeit sich anbahnenden Umwälzungen auch um politisch-soziale Stabilität bemüht und von daher „zu starker Autoritätsfreu-digkeit" tendierend[22] – in „Quod Apostolici muneris" vom 28.12.1878 wie folgt Stellung nahm:

„Wenn es jedoch zuweilen vorkommt, daß die öffentliche Gewalt von den Herrschern ohne Überlegung und über das Maß geübt wird, so dul-det die Lehre der katholischen Kirche nicht, daß man auf eigene Faust gegen sie sich erhebe, damit Ruhe und Ordnung nicht noch mehr gestört werden und die Gesellschaft dadurch noch in höherem Maße Schaden leide. Und wenn es dahin gekommen ist, daß keine andere Hoffnung auf Rettung erscheint, so lehrt sie, durch das Verdienst christlicher Geduld und inständiges Gebet zu Gott Abhilfe zu beschleunigen."[23]

Diese Lehre läßt sicherlich auch eine Deutung im Sinne eines politi-schen Quietismus Raum. Bei Leo XIII. wird jedoch sowohl das Problem einer Entscheidung zwischen dem größeren oder geringeren Übel als auch die Sorge um die Möglichkeiten der Kirche bzw. des Christen im Vordergrund der Überlegungen gestanden haben.

Die deutschen Katholiken waren aufs Ganze gesehen weder fähig noch gewillt, einen gewaltsamen Sturz des NS anzustreben. Bei aller Kri-tik an weltanschaulichen Grundpositionen des Nationalsozialismus und an zahlreichen Einzelmaßnahmen von Partei und Staat galt doch die Mahnung Kardinal Faulhabers an die jungen Katholiken in einem Hir-tenbrief 1938, „sich wie christliche Bürger zu verhalten und nicht mit dem Gedanken an einen Widerstand im Untergrund zu liebäugeln".[24]

Neben den offiziellen Loyalitätsbekundungen und -forderungen gab es jedoch auch vorsichtige und dem aufmerksamen Leser erkennbare Kritik. In dem 1943 erschienenen 20. Band der deutschen Thomas-Aus-gabe wird darauf hingewiesen, daß die Berufung auf das Gesetz noch keine Moralität garantiere, daß jedoch „jede menschliche Lebensäuße-rung … sich von der Sittlichkeit durchformen lassen" müsse.[25] Vor allem aber im Kommentar zum 5. Artikel, *„die Grenzen im Gehorsam gegenüber Menschen"*,[26] findet sich unüberhörbar Zeitkritik. Uneingeschränkte Be-fehlsgewalt wird ebenso abgelehnt wie uneingeschränkte Gehorsam-pflicht. Die Ausführungen über die überspannte Ausübung der elterli-chen Befehlsgewalt, die dem Jugendlichen nur die Ausführung ihrer An-ordnungen zugesteht und Mündigkeit wie Selbständigkeit verhindert, können ebenso für die Staatsgewalt gelten. „Bei ihrer berechtigten Sorge um die Volksgesundheit und die Reinerhaltung der Rasse hat die Staatsgewalt jedoch immer zu beachten, daß der Einzelne als Gemeinschaftsglied nicht aufhört, Person zu sein …"[27]

Die vielfach beteuerte und nachgewiesene Staatstreue konnte jedoch nicht die durch religiöse Überzeugung, Gewissensentscheidung und Verantwortung für den Nächsten gezogenen Grenzen aufheben. Auch Propaganda und Verordnungen halfen dem NS letztlich nicht, das (katholische) Volk vorbehaltlos hinter sich zu bringen. Nach den Phasen der Selbsttäuschung, Unsicherheit und auch Verirrung haben „allein die christlichen Kirchen eine wirkliche Volksbewegung gegen die nationalsozialistische Gewaltherrschaft in Gang gebracht".[28] Trotz aller inneren Schwäche der Kirchen und ihrer vielfachen „Verstrickung in die Welt",[29] trotz der begrenzten politischen Wirkung des religiös begründeten Widerstandes, trotz der für einen dezidiert politischen Widerstand kaum übersteigbaren Hindernisse, die sowohl in der traditionell katholischen Staatsauffassung wie auch im Eidesverständnis begründet sind,[30] war „der Widerstand der christlichen Kirchen der einzige …, der im Dritten Reich weitere Ausstrahlungskraft und auch ein gewisses Maß an Erfolg erreichte".[31] Und trotz des beklagenswerten Mangels an Solidarität mit den nichtchristlichen Gruppen ist der spätere Wille zur Selbstbehauptung unter den Bedingungen eines totalitären Staates, „ob gewollt oder nicht, ein politisches Ereignis".[32]

Dieses vielfache „Nein" gegenüber dem Anspruch der Macht gehört ebenso zu den Realitäten wie die Einsamkeit und das Leiden jener, die bei ihrer Gehorsamsverweigerung gegenüber dem Staat von ihrer Kirche im Stich gelassen wurden. Dem wegen der Verweigerung des Fahneneides zum Tode verurteilten Franz Reinisch wurde von dem Gefängnisseelsorger die Kommunion versagt, „um ihn dadurch ‚auf die Pflicht der Eidesleistung eindringlich' hinzuweisen".[33]

Ebenso klar wie Reinisch erkannte Franz Jägerstätter den Charakter des Krieges. Vor seiner Hinrichtung am 9.8.1943 wegen Kriegsdienstverweigerung schrieb er im Juli in einer „Standpunkterklärung":

„… Wer aber das fertig bringt, für beide Reiche zu kämpfen, bei allen Gemeinschaften gutzustehen, nämlich bei der Gemeinschaft: der Heiligen und bei der nationalsozialistischen Volksgemeinschaft, der jeden Befehl, der im Dritten Reich gegeben wird, auch befolgt, ohne dabei mit den Geboten Gottes in Konflikt zu geraten, der mag meinetwegen ein großer Künstler sein. Ich bringe das eben nicht fertig. Und so will ich doch halt lieber auf die Rechte im Dritten Reich Verzicht leisten und mir die Rechte im Gottesreiche sichern."[34]

1935 hatte Erzbischof Gröber geschrieben, es sei „niemals in den Urteilsbereich des Einzelnen ... gelegt, im Kriegsfalle die Erlaubtheit oder das Unerlaubtsein zu erörtern, sondern die letzte Entscheidung der rechtmäßigen Autorität (zu) überlassen".[35] Wie ernst es Gröber mit dieser die persönliche Verantwortung ausschaltenden Gehorsamsforderung war, zeigte sich einige Jahre später nach dem Prozeß gegen den Una-Sancta-Pfarrer Dr. Max Josef Metzger, der am 14.10.1943 durch den „Volksgerichtshof" unter seinem Präsidenten Roland Freisler zum Tode verurteilt wurde. Metzger hatte u.a. ein „Friedens-Manifest" verfaßt, das einen Plan für eine Neuordnung Deutschlands nach dem Zusammenbruch enthielt. Während der Untersuchungshaft setzte Gröber sich für Metzger ein und nannte ihn einen „Idealisten, der von falschen Voraussetzungen ausging, und seinem Volk und Vaterland helfen wollte".[36] Zwei Tage nach Verkündigung des Todesurteils schrieb Gröber „mit dem Ausdruck meiner hohen Verehrung und Wertschätzung" an Freisler, daß er bei seinem Schreiben an den Verteidiger Metzgers, Dr. Dix, keinerlei Kenntnis des von Metzger „verbrecherisch Unternommenen" gehabt habe und er Wert darauf lege, dem Präsidenten des Volksgerichtshofes „das mitzuteilen, weil es mir völlig fern liegt, seine Tat in das Gebiet des Idealismus, wie ich ihn geschildert habe, einzubeziehen".[37] Wenn Gröber die Überlegungen und Unternehmungen Metzgers als „Verbrechen" bezeichnete, so wird nur offenkundig, bis zu welchem Grad die von ihm vertretene Gehorsamspflicht ging. Niemand wird von einem Kirchenamtsträger verlangen, daß er sich unmittelbar an Überlegungen zu Alternativen zu einem politischen Unrechtssystem beteiligt. Für die Distanzierung von einem zu Unrecht zum Tode verurteilten Priester – dazu noch in dieser Form – dürfte es schwerlich eine begründete und einleuchtende Erklärung geben.

Nach den Erfahrungen mit Widerstandsmöglichkeiten gegen ungewollte Formen der Herrschaft in verschiedenen Nachbarstaaten – ob durch Philosophen, Literaten, Studenten oder Arbeiter – und nach den Erörterungen über Möglichkeiten Konzeptionen und Durchführungen des zivilen Widerstandes[38] mag manch einer auch jene Praktiken und Taktiken während der Zeit des Nationalsozialismus mit neuen Augen sehen, die in den meisten der bisherigen Veröffentlichungen übergangen oder zu gering eingeschätzt wurden. Es geht bei diesem Hinweis nicht um den Aufbau einer neuen Verteidigungslinie, die den verbreiteten Vorwurf der „Anpassung" der Kirchen auffangen soll. Man ist es den zahllosen Menschen, die ungewollt eine Diktatur von bis dahin unvorstellbarem Ausmaß erfuhren, einfach schuldig, ihr Bemühen zu respektieren, nach dem Verlust der Freiheit nicht auch noch ihre Würde zu verlieren.

Wenn wir Heutigen nach rund 30jährigem Bestehen der Demokratie hin und wieder von Zweifeln an der Demokratiefähigkeit eines Teiles unserer Mitbürger befallen werden und nach den Ursachen für mangelndes politisches Bewußtsein forschen, sollte man erst recht nach der relativ kurzen Zeit von 1918 bis 1933 mit ihren ungleich härteren Belastungen durch Inflation, Weltwirtschaftskrise, Arbeitslosigkeit, sozialer Unsicherheit, Parteienkampf usw. einem Großteil des deutschen Volkes ohne Vorwurf zugestehen, daß er den Herausforderungen der damaligen Gegenwart nicht gewachsen war. Es besteht kein Zweifel darüber, daß die Folgen sowohl der Geringschätzung der Weimarer Demokratie als auch der Unterentwicklung des politischen Spürsinns und Bewußtseins verheerend waren. Anderseits sollten Zeitgenossen, die über gesamtgesellschaftliche Bedingungen und über die Auswirkungen von sozial- wie individualpsychologischen Faktoren auf das Verhalten des Individuums eine umfassendere Einsicht zu besitzen glauben, auch der damaligen Generation und ihren führenden Persönlichkeiten jene Bereitschaft zur Berücksichtigung aller verhaltensbestimmenden Faktoren entgegenbringen, die man heute mit Recht auch straffällig gewordenen Menschen gegenüber zu zeigen geneigt ist. Ebenso selbstverständlich sollte es sein, daß die verschiedenen gesellschaftlichen Gruppen – in diesem Fall die katholische Kirche – nach den in ihren eigenen Anschauungen, Wertvorstellungen, Strukturen und Traditionen wirksamen Elementen fragen, die das Heraufziehen des Faschismus begünstigt oder erschwert haben. Diese angesichts der Folgen des Nationalsozialismus den Opfern geschuldete Arbeit ist für die katholische Kirche noch nicht zur Genüge geleistet.

Als das NS-System sich durch aktive Hilfe, Entgegenkommen oder Passivität zahlreicher Kräfte – Parteien und Intellektuelle, Heer und Wirtschaft, Verwaltung und Justiz – etabliert und die vielerorts gehegte Hoffnung auf „Zähmung" oder baldigen Zusammenbruch des neuen Regimes sich als trügerisch erwiesen hatte, mußte und wollte man weiterleben. Der Handlungsspielraum von Menschen, denen politische Praxis weithin fremd war, die unfähig waren zur Konspiration, die nicht emigrieren konnten oder wollten, war weithin auf den privaten Bereich eingeschränkt.

Was heute bei der weithin vollzogenen technokratischen Struktur der Gesellschaft mit ihrer Förderung der Verwischung persönlicher Verantwortung zur Alltagserfahrung gehört – die Ohnmachtserfahrung auf Grund der (wirklichen oder vermeintlichen) Übermacht Äußerer Zwänge einerseits und die Schwierigkeit einer angemessenen Urteilsbildung angesichts der (gelenkten) Informationsflut anderseits und dem auch dadurch bedingten Rückzug in den privaten Bereich –, läßt sich analog für weite Kreise der Bevölkerung in den 1930er und 1940er Jahren feststellen.

Selbst wenn man in der Lage war, sich der systematisch betriebenen Indoktrination und Propaganda zu entziehen und das permanente Informationsdefizit aus normalerweise nicht zugänglichen Quellen aufzufüllen, selbst wenn man mit der Kenntnis von Handlungskriterien auch das Wissen um deren sachgerechte Anwendung und das Wollen zur Realisierung verband, so war doch für die meisten Menschen aufgrund der Umstände das „Können" nicht gegeben.

Gerade weil das Phänomen des Nationalsozialismus ein Syndrom verschiedener Faktoren darstellt, war die Erkenntnis der Sachlage außerordentlich kompliziert. Um so mehr ist davon auszugehen, daß die Verantwortlichen ihre Maßnahmen „nach bestem Wissen und Gewissen" getroffen und alles Erdenkbare versucht haben, um zu einem sicheren Urteil zu kommen. Nicht zuletzt dürften sie von der quälenden Frage bewegt worden sein, ob sie eine Situation herbeiführen durften, in der Bedrängnisse bis zum Martyrium den Normalfall darstellen würden.[39] Damit ist jedoch nicht auch ohne weiteres erklärt, warum nicht einzelne Bischöfe früher und offener gegen das vielfache Unrecht ihre Stimme erhoben haben.[40]

Die bisherigen Überlegungen bewegten sich bei dem Verstehens- und Erklärungsversuch fast durchweg auf der historischen und der moralischen Ebene. Damit könnte man vielleicht den beteiligten Personen und Gruppen gerecht werden – und das ist nicht wenig! –, doch gleichzeitig wäre das vermutlich wichtigste Problem nicht nur weitgehend individualisiert und damit entschärft, sondern auch verkannt. Man muß sich um der Zukunft der Kirche willen gerade auch der theologischen Problematik stellen.

Unter theologischem Aspekt sieht Klaus Scholder es als gravierenden Irrtum an, daß man einer eine geistliche Entscheidung erfordernden Situation mit einem politischen Vertrag begegnen zu können glaubte.[41] Eine solche Einstellung und Verfahrensweise ergab sich jedoch fast notwendig aus dem damals vorherrschenden Kirchenverständnis, das primär durch juristische Kategorien geprägt war. Bis in unsere Tage wirkt das am Ende des 16. Jahrhunderts von Bellarmin entwickelte und durch äußere Merkmale bestimmte Kirchenverständnis nach: Bekenntnis desselben Glaubens und Teilnahme an denselben Sakramenten unter der Leitung der rechtmäßigen Hirten. Entsprechend trug auch die Seelsorgekonzeption – bei dem damaligen Reflexionsstand kann man wohl nur mit Vorbehalten von einer „Konzeption" sprechen – eher klerikalistische Züge, weil der Gläubige fast durchgängig als Betreuungsobjekt der Amtsträger galt, die ihrerseits derart als Mittler fungierten, daß sie mit Christus und der Kirche als das „dreieinige Subjekt der Seelsorge" bezeichnet wurden, „dem Einzelseele und Kirchenvolk als ihr ‚zweieiniges Objekt' gegenüberstehen".[42]

Der Prozeß der Heilsaneignung – ein allein zwischen Gott und dem in verantwortlicher Selbstbestimmung handelnden Menschen sich vollziehender Vorgang – trat aus seiner ihm zukommenden primären Rangstellung zugunsten der Heilsvermittlung – durch die von Christus gestiftete und über *Amt* und *Sakramente* wirkende Kirche – zurück,[43] da die Meinung dominierte, der Gläubige wirke sein Heil unter der Leitung der Kirche und durch sie betreut, wenn er seine individuelle Lebensführung nach der Weisung der Kirche ausrichte. Um diese Heilsvermittlung durch die Institution zu sichern, waren letztlich alle Mittel recht, auch solche, die im Bereich der Individualmoral als suspekt gelten mochten (z.B. die bis zum Verdacht der Komplizenschaft reichenden Abmachungen mit einem Unrechtssystem bzw. das Schweigen zu massiven Unrechtstaten).

Unter der Voraussetzung, daß einer so verstandenen und nur im Rahmen der Institution garantierten „Seelsorge" der Primat gebührt, und wenn es fernerhin zutrifft, daß Kohärenz und Organisationsgefüge einer Gruppe als wirksamere, die Gesellschaft stärker beeinflussende Faktoren anzusehen sind als die der Gefahr der Zersplitterung ausgesetzten individuellen Kräfte, dann müssen wohl die Gesamtpolitik und das Verhalten des deutschen Episkopates wahrend der NS-Zeit günstiger beurteilt werden, als es hier und dort geschieht. Denn diese Politik war vorwiegend darauf gerichtet, die Arbeitsfähigkeit der Institution um der zu betreuenden Menschen willen zu gewährleisten.

Ein Ziel ist damit sicher erreicht worden: die Institution Kirche hat die Zeit der Diktatur relativ unbeschadet überstanden. Ein erkennbarer Einfluß der Kirche auf die Politik des Nationalsozialismus ist hingegen nicht zu verzeichnen. Doch abgesehen davon, daß Erfolg oder Mißerfolg nicht gerade theologische Kriterien darstellen, muß man die genannte Voraussetzung aus theologischen Gründen in Frage stellen. Denn die Kirche ist nicht wegen einer „Seelsorge" im oben skizzierten Sinne gestiftet, sondern um des Zeugnisses für das Evangelium willen, das sie sowohl als Gemeinschaft als auch in ihren einzelnen Gläubigen vor der Welt zu geben hat. Nach der Botschaft Jesu vom „Reich Gottes" und vom universalen Heilswillen Gottes kann von der sozialen (politischen) Dimension des Heils nicht abgesehen werden. Die Kirche als Kirche ihres Herrn ist schwerlich erkennbar, wenn sie nicht präsent, d. h. vor allem bei den Nöten der Menschen in der jeweiligen Situation ist. Die Zweifel an der „Glaubwürdigkeit" der Kirche liegen weniger im Mangel an persönlicher Integrität von Amtsträgern und Mitgliedern der Kirche – auch Integrität ist natürlich gefordert! –, sondern eher in der offensichtlichen Diskrepanz zwischen ihrem Anspruch und Selbstverständnis einerseits und ihrer Politik und Struktur anderseits.

Doch der Kern des Problems dürfte damit noch nicht erreicht sein. Die zentrale Frage scheint ontologisch-anthropologischer Natur zu sein. Wenn der Mensch gerufen ist, sein „Heil" zu wirken – und auf nichts anderes zielt „Seelsorge" –, so kann er das nur als Person, d. h. er kann sein Heil nur wirken in der Relation zu anderen Personen (also sozial im engeren und weiteren Sinne) in dieser Weltzeit, also in seiner Beziehung zu Natur (über die Arbeit und den Beruf) und Geschichte (über die „Politik"). Das Ernstnehmen dieser Beziehungen und der Vollzug der in diesen Beziehungen sich stellenden Aufgaben im Vertrauen die in Jesus Christus geschehene und sich im Maß des auf sein Wort sich einlassenden Lebens enthüllende Wahrheit (vgl. Joh 7,17) heißt „Nachfolge" als existenzielle Gestalt des Glaubens.[44]

Mensch, Kirche und Glaube tragen hier ein anderes Gepräge als in einem Schema, dessen theologische wie pastorale Mängel neben intellektualistischen und juristisch-organisatorischen Überlagerungen vor allem darin ihren Grund haben, daß der Mensch eher als Individuum verstanden denn als Person ernstgenommen wird. Während traditionell die Kirche vornehmlich die des Amtes ist, die das *depositum fidei* verwaltet und den Kirchenmitgliedern vermittelt, die es ihrerseits im Kirchengehorsam aufzunehmen haben, stehen bei einer personal geprägten Konzeption Kirche, Mensch und Glaube in einer einander bedingenden Wechselbeziehung, und zwar wegen der Grundgegebenheit, daß Menschsein kein „ruhender Seinsbestand, sondern lebendige Wirklichkeit (ist), die leidend u(nd) liebend vollzogen werden will".[45] Ebensowenig ist „Glaube" eine zu verwaltende, weiterzugebende und zu habende Sache, er kann vielmehr nur über vermittelte Glaubenserfahrung in Freiheit während eines Lebensweges gewonnen werden. Dazu bedarf der einzelne wegen des wesenhaft sozialen Bezuges der Person der Gemeinschaft derer, die in analoger Erfahrung als Gemeinde brüderlich zusammenkommen, um in Wort und Sakrament das Gedächtnis ihres Herrn zu feiern und darin seine Zusage zu erfahren. Diese Gemeinschaft (Kirche) ist primär Gemeinschaft von Glaubenden und als solche auch Vermittlerin der Botschaft Jesu. Das Amt – theologisch in Verbindung mit der Gesamtkirche vor allem das Zeichen der bleibenden Gegenwart des Heilsangebotes – hat seinen Zweck nicht in sich selbst und ist auch nicht der Adressat des Glaubensgehorsams. (Der Gehorsam gegenüber der „Kirche" ist eine der Konsequenzen des Glaubens bzw. der Nachfolge.) Das Amt dient dem Glauben der Kirche, die den Glauben ermöglichende Gemeinschaft muß den einzelnen befähigen und dorthin entlassen, wo er sein Heil zu wirken hat: in der Geschichte, d. h. konkret in der jeweiligen Gesellschaft. Die dort wahrzunehmende Verantwortung ist weder als nur individuelle Bewährung (in der „bösen Welt"), noch als Auftrag zur Realisierung (amts)kirchlicher Weisungen („Laienapostolat" im Sinne der „Katholischen Aktion") zu verstehen, sondern als eigenständige, durch nichts und niemanden ersetzbare originäre Aufgabe des Christen, der dort, wo er lebt – in Familie, Beruf und Politik –, sein Heil wirkt oder es verwirkt (was nichts darüber aussagt, was und wie Gott von sich aus wirkt). Die Kompetenz des Amtes in diesem Feld ist, falls hier überhaupt vorhanden, rein negativer Art. Es hat allenfalls – und dann in aller Deutlichkeit – festzustellen, was dem Christen unter keinen Umständen erlaubt ist. Selbst wenn mit der Erfahrung der Diktatur die Einsicht in die Bedeutsamkeit des personalen Glaubens und der selbstverantworteten Entscheidung des einzelnen sowie in die Anfälligkeit einer Institution gegenüber Erpressungen seitens einer Diktatur gewachsen sein sollte, so verhinderten auch die sich überstürzenden Ereignisse und der permanente Zwang zum Agieren bzw. Reagieren eine grundlegende Neubesinnung. (Daß der Grund für eine Neuorientierung jedoch nicht nur in den äußeren Ereignissen zu suchen ist, zeigt die weitere Entwicklung von Theologie und Kirche nach dem Zusammenbruch Nazi-Deutschlands, die trotz mancher – bald erstickter – Neuansätze insgesamt restaurativ geprägt war.) Man beschränkte sich während der NS-Zeit auf die Stärkung des privaten Glaubens und auf die Vermittlung des Trostes und der moralischen Kraft der Religion im Rahmen der zu erhaltenden und zu rettenden Institution, stärkte aber gleichzeitig die Kriegsmacht Deutschland durch Einschärfung der Gehorsamspflicht und durch unaufhörliche Aufforderung zur Opferbereitschaft. Diese Weckung der moralischen Kräfte ist schwerlich anders denn als kirchenamtlich verordnete aktive Teilnahme am Hitlerkrieg anzusehen, denn eine moralische Unterstützung ist eine reale Unterstützung. Die Unterscheidung zwischen einem (befürworteten) Kampf für das Vaterland und einem (abgelehnten) Krieg für Hitler war rein fiktiver Natur und diente entweder der Selbstrechtfertigung oder der Verschleierung.

Dietrich Bonhoeffer hat im Gefängnis den Entwurf einer Arbeit gefertigt, der in Stichworten eine Bestandsaufnahme des Christentums und eine Analyse christlichen Glaubens sowie Hinweise auf die sich ergebenden Konsequenzen enthält. Bonhoeffers Charakterisierung deckt sich weitgehend mit den oben getroffenen Feststellungen. Während die

Kirche sich in der Selbstverteidigung befinde und kein Wagnis für an-
dere auf sich nehme, in Hinwendung zu Innerlichkeit und Orthodoxie
(Selbst-)Rettungsversuche unternehme und die Gläubigen mehr „für die
‚Sache' der Kirche" einträten als personal-gläubig an Christus gebunden
seien, käme es eben auf diese personal vollzogene Bindung und deren
Vollzug in der „*Teilnahme am Sein Jesu*" an, die sich im „*Dasein-für-an-
dere*" manifestiert.[46] Von einem für ihn eindeutigen Führungsrecht des
Episkopats ausgehend, übt Alfred Delp eine kaum verhüllte Kritik am
Verhalten der Kirchenleitung. In der Geschichte werde dem Menschen
nicht nur „die Entscheidung zu seinen formalen Bindungen, zur trans-
zendenten Ordnung" abverlangt, sondern ebenso „die entscheidende
Meisterung der Situation", wobei „der Vollzug der ethisch-religiösen
Bindung ... in der Meisterung der Situation geschehen" müsse. Damit
sei auch die Möglichkeit einer doppelten Fehlentscheidung gegeben.
Eine ethische Fehlentscheidung gefährde das Heil des Menschen, eine
aus Mißverständnis oder Irrtum, Oberflächlichkeit oder auch Willkür
herrührende sachliche Fehlentscheidung werde den Verhältnissen und
Dingen nicht gerecht.[47]

„Der Mensch hat ein Recht, von der Instanz, die er als gottgesetzte
und ihn im Gewissen bindende Führungsmacht anerkennen will, klare
Weisungen für die konkreten Verhältnisse und Umstände seines Lebens
zu erhalten. Er darf nicht darauf angewiesen bleiben, in schwierigen Situationen allgemeine Aussagen zu erhalten, die da und dort nur durch
einen versteckten Hinweis die Gegenwart berühren. Die Menschen fragen oft, warum die Kirche sich früher um die Ordnungen und Maße ihrer Kleidung bekümmerte und jetzt manchmal den Eindruck erwecke,
als ob sie sich um die Ordnungen und Maße ihres täglichen Lebens und
Leidens weniger kümmere."[48]

Delp fragt weiter, ob die Kirche wegen der Aussichtslosigkeit ihrer
klaren Verkündigung schweige oder „den Menschen und seine grundlegenden Rechte vergessen" habe. „*Keine Aussichtslosigkeit und keine Erfolglosigkeit entbindet den Menschen davon, zu sagen, was ist, und zu sagen,
was falsch ist und einzutreten für das, was recht und richtig ist ...*"[49]

Ob man vom damaligen Seelsorgeverständnis und dem von Delp
charakterisierten Verständnis des Amtes ausgeht oder von Bonhoeffers
Glaubensdeutung – in beiden Fällen muß man bei der Kirche bzw. bei

den Kirchen bedenkliche Ausfallerscheinungen feststellen. Die Kirchenleitung hat die Gläubigen in dem Augenblick weithin allein gelassen, als sie am meisten auf ein klares Wort angewiesen waren. Durch eine lange Praxis hatte man sie daran gewöhnt, von ihren Autoritäten über alle möglichen Fragen Auskunft und Weisung zu erhalten. Eigenständigkeit und Selbstverantwortung fehlten nicht nur im Katalog der Ziele katholischer Bildung und Erziehung, sie wurden oft in die Nähe zu Individualismus und Subjektivismus, zu Unbotmäßigkeit und Willkür gebracht, wenn nicht sogar damit gleichgesetzt. Die meisten Katholiken waren hoffnungslos überfordert, ohne klare Weisung über ihre privat-individuelle Lebensführung hinaus tätig zu werden.[50] Plötzlich wurde ihnen etwas zugemutet, was bislang nicht verlangt, geschweige denn eingeübt worden war. Denn eigenverantwortliches Handeln setzt personale Reife und ein personales Glaubensverständnis voraus.

Nach neueren religionssoziologischen Untersuchungen wächst das Wandlungspotential einer Religion – und damit ihre Lebendigkeit im Unterschied zu einem zum Sterben verurteilten „geschlossenen System" – in dem Maße, als folgende Faktoren Gewicht gewinnen: Transzendentalismus, individuelle Verantwortung und Tätigkeit, Ausrichtung der Person auf „offene" Beziehung zur Tradition, Grad der sozialen Freizügigkeit.[51] Während der „*Transzendentalismus*" der Kirche auch den Kern ihres Widerstandes gegen die Weltanschauung des NS ausmachte, waren die anderen Faktoren mit Sicherheit unterentwickelt, haben also möglicherweise zur Stabilität der Institution Kirche beigetragen und ihr zum Überdauern geholfen, jedoch gleichzeitig das zu leistende Zeugnis in Politik und Gesellschaft erschwert, nicht zuletzt deswegen, weil man sich den auch anthropologisch grundlegenden Wandlungsprozessen – Entstehung des neuzeitlichen Freiheitsbewußtseins und politisch vor allem der parlamentarischen Demokratie – und den damit gegebenen Herausforderungen weitgehend verschlossen hatte. Bei diesen Gegebenheiten blieb während der NS-Zeit kaum etwas anderes übrig als der Versuch, „Patriotismus und Opposition auf einer höheren Ebene zu vereinen".[52]

Zum Schluß dieser Darstellung muß wohl auch die Frage gestellt werden, welche Konsequenzen sich aus den Erfahrungen mit der nationalsozialistischen Diktatur auch für die Kirche von heute ergeben könnten. Einige Folgerungen, die dem Verfasser unabdingbar erscheinen, seien hier genannt:

1. Amtsträger niedriger und höherer Weihestufen sind ebenso wie zahlreiche Zeitgenossen ähnlichen Bildungsstandes und von größerem politischen Einfluß Opfer von Fehleinschätzungen damaliger Situationen geworden und Irrtümern erlegen. Das ist eine Tatsache, über die unruhig zu werden zunächst kein Anlaß besteht. Fehleinschätzungen, Irrtümer und Fehlentscheidungen wurden in dem Augenblick bedeutsam und gewichtig, als sie in die kirchliche Verkündigung mit einflossen und pastorale Maßnahmen mit bestimmten. Der Gläubige, der dem Wort und der Weisung seines Bischofs und seines Seelsorgers unbesehen vertraute, wurde angesichts des anerzogenen Verständnisses vom Hirtenamt und des Anspruchs der Amtsinhaber genötigt, auf einen möglicherweise falschen Weg zu folgen.

2. Jeder Mensch, auch der Inhaber eines hohen und höchsten Kirchenamtes, hat das Recht auf Irrtum. Das gilt nicht nur für Menschen, die vor uns gelebt haben und deren Entscheidungen uns hier und dort befremdlich erscheinen mögen. Und ebenso wie das Recht auf Irrtum besitzt jeder Mensch das Recht, Meinungen zu ändern und Irrtümer zu korrigieren.

3. Der Feldbischof Franz Justus Rarkowski war „ein begeisterter Hitler-Anhänger" und setzte sich „vorbehaltlos für den Krieg" ein.[53] Man kann natürlich versuchen, seine Position als unbedeutend, seinen Einfluß als unerheblich, seine Stellung im oder neben dem Episkopat als isoliert, seinen Werdegang als fragwürdig, seine Ernennung als Ergebnis eines Intrigenspiels oder einer Erpressung darzustellen und ihn als Ausnahmefall bezeichnen. Doch wer so verfährt, rechtfertigt bei jeder anderen Bischofsernennung eine ähnliche Argumentationsweise, und das nicht erst in späteren Generationen. Wer (wie z.B. Walter Adolph) diese und weitere Faktoren bei der Bewertung bischöflicher Aussagen ins Spiel bringt, hat kein Recht mehr, ähnliche Fragen an andere Bischöfe und deren Äußerungen als unangemessen oder gar illegitim abzutun. Es dürfte klar sein, daß man damit die bisherigen Vorstellungen innerhalb der katholischen Kirche vom Bischof bzw. Bischofsamt erheblich modifiziert.

4. Wie man das Problem auch angehen mag, es bleiben nur zwei Mög-

lichkeiten: entweder nimmt man jedes Bischofswort – von Preysing bis
Rarkowski – als Äußerung der kirchlichen Autorität in Wahrnehmung
des Hirtenamtes mit dem möglichen (und historisch unbestreitbaren) Ergebnis, sehr unterschiedlichen Stellungnahmen zu begegnen, die nicht
alle gleichzeitig und unter dem gleichen Aspekt „wahr" sein können
und die den (zu Recht oder zu Unrecht) auf eine klare oder einheitliche
Äußerung wartenden Gläubigen in Verlegenheit bringen, „verwirren"
oder hilflos lassen, oder aber man unterzieht die Bischöfe bzw. deren
Äußerung von vornherein der Kritik, wägt, wertet und entscheidet sich
nach gewissenhafter Prüfung für diese oder jene Stellungnahme, falls
man sie überhaupt berücksichtigen will. Das Ergebnis ist in beiden Fällen im Grunde gleich: es gibt Bischöfe, auf die man sich (vielleicht) verlassen kann – nur weiß man in der Regel erst hinterher, wem man zu
Recht vertrauen konnte –, und andere Bischöfe, deren Schafe das Pech
hatten, einen solchen und keinen anderen Hirten (durch Gott?) vorge-
setzt zu bekommen. Das wird nur dem befremdlich erscheinen, der dem
Amt und den Amtsinhabern Unfehlbarkeit zumutet und enttäuscht ist,
wenn seine unberechtigten Erwartungen nicht erfüllt werden. In keinem
Fall wird der einzelne aus seiner unvertretbaren Verantwortung entlassen, und diese Verantwortung schließt die moralische Verpflichtung zur
Urteilsbildung ein.

5. Wenn also – wie bei jedem Menschen – auch beim Amtsträger die
Möglichkeit eines Fehlurteils von vornherein nicht auszuschließen ist,
ergeben sich einige im Grunde selbstverständliche, doch offensichtlich
nicht leicht zu realisierende Konsequenzen. Für die Gläubigen ergibt
sich die Folgerung, daß sie bei aller Hochachtung vor dem Amt und den
das Amt wahrnehmenden Personen deren amtliche Stellungnahmen zu
situationsbedingten Fragen als Ergebnis von Überlegungen ernstzuneh-
mender Zeitgenossen zwar bedenken müssen, sich jedoch nicht unbedingt darauf verlassen dürfen. Auch die Äußerungen eines Bischofs sind
soviel wert wie seine Argumente, nicht anders als bei jedem anderen
Menschen. Und wenn – wie es wohl häufig der Fall sein dürfte – ein
Amtsträger Argumente eines Gutachters, einer Schule, eines Beraters
oder auch Beratergremiums übernimmt, so gewinnen diese Argumente
nicht dadurch eine neue und bessere Qualität, daß sie durch den Mund
eines Bischofs vorgetragen werden.

Die Konsequenzen für die Amtsträger sind allem Anschein nach noch schwerer zu ziehen. Das oft demonstrierte Selbstverständnis scheint eine schwer übersteigbare Barriere für die Auffassung darzustellen, daß auch ein Bischof keine größere Kompetenz zur Beurteilung von Situationen besitzt als jeder andere vernünftige Zeitgenosse und daß er darum mit daraus abgeleiteten Forderungen und Maßnahmen, für die er Gehorsam verlangt, äußerst behutsam verfahren muß. Seine Äußerungen mögen bedenkenswert sein, verbindlich sind sie nicht. Kein Amtsträger hat das Recht, etwas anderes zu erwarten.

6. Nun kann man zwar darauf hinweisen, daß ein großer Teil der Kirchenmitglieder sich bereits von Weisungen des Amtes dispensiert habe und in manchen Lebensbereichen die hier geforderte Eigenverantwortung praktiziere. Diesem Einwand ist entgegenzuhalten, daß dieser Weg und die Selbstbefreiung von der (wirklichen oder vermeintlichen) Weisungsvollmacht des Amtes zunächst gegen den erklärten Willen der Amtsträger erfolgt (ist) und von ihnen beklagt wird. Der Modus der Distanzierung vom Amt kann zudem von niemandem begrüßt werden, für den die Forderung nach Eigenständigkeit der Gläubigen und nach der Kirche als verfaßter Gemeinschaft gleichermaßen unaufgebbar sind, und der neben der Gefahr einer Isolierung der Amtsträger auch die Gefahr der Vereinzelung und Vereinsamung der Gläubigen zu erkennen glaubt. Es genügt nicht, fast resignierend den Prozeß der Verselbständigung der Gläubigen, der oft mit einer bewußten Lösung von der konkreten Kirche verbunden ist, zur Kenntnis zu nehmen; es ist auch nicht genug zu sagen, man brauche den Bischöfen nicht alles und jedes zu glauben. Gefordert ist von allen – Amtsträgern wie Gemeinden –, die Mitgläubigen in die Lage zu versetzen, daß sie sich nicht genötigt fühlen, an unangebrachter Stelle auf Weisungen zu warten oder ergangene Weisungen als verbindlich anzusehen, daß sie vielmehr – befähigt und ermutigt durch Verkündigung, Erziehung und erfahrene kirchliche Praxis – ihr Leben in der Gesellschaft als „Nachfolge" zu vollziehen vermögen. Das wird nicht ohne tiefgreifende Wandlungen sowohl des Denkens als auch der Formen kirchlichen Lebens möglich sein, die durch das Konzil ansatzweise aufgezeigt wurden.

7. Die Autorität der Kirche und des Amtes liegt nicht im Bereich des Politischen. Der Amtsträger darf hier weder den Anspruch erheben,

kompetent und weisungsberechtigt zu sein, noch darf von ihm eine diesbezügliche Weisung erwartet werden, weil einzelne der eigenen Entscheidung enthoben sein möchten. Von der Pflicht, seine Entscheidung zu fällen, kann niemand dispensiert werden, und diese Entscheidung ist unabtretbar. Dennoch ist Gehorsam unverzichtbar, aber nur der Gehorsam gegenüber dem Evangelium. Es gehört zu den wichtigsten Lehren aus der Zeit des Nationalsozialismus, daß Gehorsam nicht genannt werden darf ohne den ebenso gewichtigen Widerspruch. Die Auffassung, daß Gottes Wille uns nur im Willen der „Autoritäten" begegnet, ist nicht länger haltbar und darf nicht mehr gelehrt werden. Es kann sein, daß Gottes Wille uns in ihnen erreicht sicher ist es nicht. Allzu viele und schlimme Erfahrungen sprechen dagegen. Die von jeher vertretene Lehre, daß man Gott mehr gehorchen müsse als den Menschen, muß aus dieser prinzipiellen und unverbindlichen Allgemeinheit in die Praxis eingebunden werden. Und der Gehorsam ist zu sehen als Äußerung des personal vollzogenen Glaubens, dem der Dienst der Kirche gilt. Eine Institution, die den Menschen – und sei es in allerbester Absicht – als Objekt betrachtet (und behandelt) und nicht als Subjekt, dessen Glaubenszeugnis sie zu ermöglichen hat und von dem sie unter keinen Umständen dispensieren kann und darf, hat ihren Sinn verfehlt.[54]

Anmerkungen

1. Vgl. R. Schneider in: K. Hofmann, Zeugnis 8.
2. Schillebeeckx 510 ff.
3. Steinert 69.
4. G. Mann 424.
5. Schwarte 62, Anm. 137.
6. Vgl. Buchner 457. Bemerkenswert auch die Einschätzung des österreichischen Botschafters am Hl. Stuhl Friedrich Engel-Janosi, zit. bei Schwarte 63, Anm. 138; zu einer Sendung des Vatikanischen Rundfunks vom 1.4.1938 über die „Kapitulation" der österreichischen Bischöfe vor dem Nationalsozialismus ebd. 68.
7. F. Messerschmidt, in: Binder, Irrtum V.
8. Das KA Paderborn vom 3.8.1914, Stück 13, enthält die „Allerhöchste Ordre" des Kaisers, die der Bischof seinen Diözesanen „auf Allerhöchste Anordnung ... unverzüglich zur Kenntnis" brachte.
9. Vgl. Reifferscheid 209 ff.

10. AW III, 5.

11. Pieper 175.

12. STh. II—II 123,12.

13. Ebd.; Pieper übersetzt: „Tapferkeit ohne Gerechtigkeit ist ein Hebel des Bösen." (176).

14. „In Ausübung ihrer Pflicht als Seelsorger bei der kämpfenden Truppe ... vor dem Feind gefallen" (KFBVBI 6/ 1940, 5. 7. 1940 Nr. 60); „Opfertod für Deutschlands Freiheit und Größe"; sie gaben „ihr Herzblut für Führer und Vaterland" (ebd.); „in Ausübung ihrer Pflicht für Führer und Vaterland" (ebd. 8/1940; 1.10.1940 Nr. 77); „Opfertod für das deutsche Vaterland"; „für Deutschlands Größe und Freiheit vor dem Feind geblieben" (ebd. 4/1941, 21.4.1941 Nr. 38); gab „in heldenhafter Pflichterfüllung sein Leben für Führer, Volk und Vaterland, für die Rettung Europas vor dem Bolschewismus" (ebd. 6/1941, 29.7.1941 Nr. 58); „seine Treue zu Führer, Volk und Vaterland mit dem Herzblut besiegelt" (10/1942, 15.10.1942 Nr. 98); vgl. auch z.B. KA Paderborn 13.8.1941 Nr.237 u. 6.

15. Die Auffassung vom besonderen Charakter des Soldatentodes hat eine lange Tradition. Im *Decretum gratiani*, Quaestio VIII, wird demjenigen, „der im Kampfe gegen Glaubensfeinde und für die Verteidigung von Vaterland und Christentum fällt, ... himmlischer Lohn versprochen" (Prinz 32 f.). Diese Anschauung geht auf Augustinus (De Civitate Dei III, 10) zurück, der seinerseits von Cicero (De re publica) beeinflußt ist.

16. Perau notiert unter dem 8.5.1945: „Der Deutsche Gruß in der Wehrmacht ist seit gestern um 5 Uhr abgeschafft. Wir grüßen wieder durch Handanlegen an die Kopfbedeckung. Als ob so einfach alles rückgängig gemacht werden könnte!" (252) Das Bedenken dieser Bemerkung führt zu der Frage, wie weit „unser Verhalten von unbewußt wirksam gewordenen Verleugnungen bestimmt" ist (Alexander und Margarete Mitscherlich, Die Unfähigkeit zu trauern, München 1968, 8). Ist es eine völlig abwegige Vermutung, daß zwischen der ausgebliebenen innerkirchlichen Trauerarbeit und einer Reihe von Phänomenen kirchlichen Lebens (einschließlich des Nachlassens der Buß- und Beichtpraxis) ein Zusammenhang besteht?

17. Schlund 132.

18. Vgl. G. Mann 442; Zur Frage der Opposition der katholischen Kirche gegen den NS vgl. Büchel 149-152; über das Widerstandsrecht 201-206; über den Eid 207; über den Gebrauch des Begriffs Widerstand in der Literatur 50-55. Das Spektrum umfaßt alle Stufungen, Schattierungen und Formen „von latenter Gegnerschaft bis zur Verschwörung und zum Aufstand" (51). Bei der Kirche könne man angesichts der Treue-Predigten und Eides-Auffassung kaum Verschwörung erwarten, eher handle es sich um passiven Widerstand oder um offene ideologische Resistenz.

19. Lasserre 139. – Über die im Laufe der Jahrhunderte wechselnden und zum Teil parallel laufenden Vorstellungen betreffs Gottesgericht über den Herrscher, Herrscherbestrafungen, Ablehnung des Widerstandsrechts und Tyrannenmord vgl. Kern 346-357, über die Lehre von der unbedingten Gehorsamspflicht im 11./12. Jahrhundert ebd. 359-362. Während im Mittelalter beim Verhältnis zwischen Herrscher und Untertan das Moment der Gegenseitigkeit stark betont wurde, gab es im Recht des Kreuzfahrerstaates die Pflicht des Volkes, „über die Innehaltung des Krönungseids nötigenfalls mit Gewalt zu wachen" (309). Zur Widerstandspflicht, die sich aus der vom Herrscher

verletzten objektiven Rechtsordnung ergibt, vgl. 136; vgl. auch Mitteis 8; 79; RGG³ VI, 1682.

20. Lasserre 142.

21. Dabei kommt dem Text Röm 13 durchaus nicht jene Bedeutung zu, die man ihm gemein hin zumißt. Vielmehr hat „die Auslegung von Römer 13 überwiegend zur Beschränkung der obrigkeitlichen Gewalt geführt". Scharffenorth 295. Über die Widerstandslehre der katholischen Monarchomachen vgl. ebd. 228-235; zur Problematik dieser Stelle im politischen Denken der Gegenwart 296-304.

22. Vgl. Rock 79.

23. Marmy 124 f. – Die eindeutigste kirchliche Aussage zum Recht auf Widerstand findet sich wohl in der Enzyklika Pius' XI. „Firmissimam constantiam" vom 28.3.1937 an die mexikanischen Bischofe anläßlich der Kirchenbedrängnis in Mexiko. Nach der Verurteilung jeglichen Widerstandes gegen die rechtmäßige Regierung um des Friedens und der Ordnung willen schreibt der Papst, daß es jedoch Machthaber geben könne, die Gerechtigkeit und Wahrheit so offenkundig bekämpfen, daß sie sogar die Fundamente der Autorität zerstören könnten. Unter diesen Umständen seien jene nicht zu mißbilligen, die sich zum Selbstschutz und zur Rettung der Nation zusammenschließen und erlaubte und geeignete Hilfsmittel anwenden gegen jene, die die Herrschaft mißbrauchen, um den Staat zugrunde zu richten. Vgl. Denzinger-Schönmetzer 3775-3776; zu den Kriterien eines erlaubten Widerstandes vgl. Reding 328. – Noch nach dem Krieg gibt Erich Przywara eine sehr eigenwillige und die politischen Handlungsmöglichkeiten des Christen in bestimmten Zeiten fast völlig ausschließende Deutung von Römer 13. Ausgehend von einer Deutung des Daniel-Buches im AT, sieht Daniel nach Przywara „auch und grad eine heidnisch antichristlich verfolgerische Staatsgewalt in Gottes Autorität selbst verwurzelt" (9); mehr noch: sie „repräsentiert Ihn … geradezu in der geschichtlichen Willkür" (10). Das Ziel der Interpretation Przywaras besteht darin, über den Begriff der Exousia („Seins-Macht") und ihrer irdischen Manifestation auf das Mysterium des je größeren Gottes hinzuweisen. In der Geschichte wechsele die „Obmacht" weltlicher und kirchlicher „Obrigkeit". Dem Christen – „Glied im Kosmos weltlicher Seins-Macht, Glied in der Kirche als ‚mystischer Leib' Gottes in Christo" (27) – bleibe nichts anderes übrig, als „der jeweils obwaltenden ‚Seins-Macht' als Christ zu dienen; das aber heißt: das (etwaige) Böse durch das Gute (also durch sein Christ-Sein) zu überwinden". (27) Es scheint, daß bei dieser Konzeption, der zufolge Staat und Kirche die Exousia verkörpern und in ihrem Spannungsverhältnis zueinander Spiegelungen des Geheimnisses Gottes sind, der Mensch als Subjekt der Geschichte preisgegeben und an die gewissermaßen hypostasierten „Mächte" ausgeliefert ist.

24. Prittie 83.

25. Thomas von Aquin 15. – „Wer so handelt ‚wie das Gesetz es befahl', mag als korrekt und legal gepriesen werden. Aber das genügt noch nicht; er hat auch sittlich-gut zu sein, und das ist etwas anderes … Auch ‚Legalität' ist nicht schon ‚Moralität'." (14).

26. Ebd. 383-387.

27. Ebd. 384.

28. Bracher, Kirchen 328; vgl. P. Hoffmann 28 ff.

29. Wartenburg 58.

30. Vgl. Schilling, Moraltheologie II, 609 ff. Auch pastoral-theologisch bleibt das Unvermögen der religiös gebundenen Gruppen, sich über den Eid hinwegzusetzen, bemerkenswert, obwohl die Theologen im Kirchlichen Gesetzbuch in den Canones 1316-1321 zusammengefaßt lesen konnten, wie ein Eid bindet und wie er zu lösen ist. Diese den Rahmen des spezifisch Katholischen übersteigenden Ausführungen besagen u.a., „daß der Eid hinfällig wird, wenn seine Erfüllung zur Begehung eines Unrechts führt oder sich zum Verderben des Gemeinwohls auswirkt". Pribilla, Eid 160.

31. Bracher, Kirchen 346.

32. Ebd. 347; vgl. Erdmann 434; 441. Zur religiösen Literatur als einem Mittel des politischen Kampfes bzw. Widerstandes vgl. auch Ch. W. Hoffmann 136 f. Zur „inneren Emigration" vgl. Ackermann 38, bsd. Anm. 21-23; Ketelsen, Uwe-K., Völkisch-nationale und nationalsozialistische Literatur in Deutschland 1890-1945, Stuttgart 1976, 100. – Die zahlreichen Inhaftierungen von Geistlichen geben Zeugnis davon, daß ihre Vorbehalte von den Machthabern auch als Widerstand verstanden wurden. Nach einer Mitteilung Kardinal Bertrams an alle Ordinariate Groß-Deutschlands vom 3.12.1942 über Verluste des Welt- und Ordensklerus zwischen 1940 und 1.12.1942 befanden sich aus dieser Gruppe 62 in Untersuchungshaft, 193 im KZ, 315 vorübergehend im KZ (EBA Freiburg 35/107). Raimund Schnabel kommt bei seiner Untersuchung über die in Dachau inhaftierten Pfarrer „zu einem überraschenden und interessanten Ergebnis": bei einem prozentualen Bevölkerungsanteil von etwa 63% Protestanten und etwa 37% Katholiken in Deutschland (ohne Österreich) waren von den Pfarrer-Häftlingen 9,4% Protestanten und 90,6% Katholiken (15). Bei den Anhängern des NS unter deutschen katholischen Klerikern handelte es sich auch nach Schnabel um „Einzelfälle" (25). – Von den Priestern der Erzdiözese Paderborn sind über die Hälfte, nämlich 897, von wenigstens einer der folgenden Maßnahmen betroffen worden: Warnung (einschl. Verhöre und Vernehmungen), Sicherungsgeld (von 10 bis 10.000 RM), Redeverbot, Aufenthaltsverbot, Betätigungsverbot, kurzfristige Festnahme (von einem halben Tag bis zu 20 Monaten) und Schutzhaft. Baumjohann 714.

33. Kloidt 173; vgl. 182 f.; 188.

34. Zahn, Gewissen 225f.; 272 f. Zum Problem der sozialen Kontrolle und des abweichenden Sozialverhaltens vgl. ebd. 209-242. Zu den Überredungsversuchen seitens verschiedener Priester und seines Bischofs, den Militärdienst zu leisten, vgl. die schriftliche Intervention des Titular-Erzbischofs von Sugdea und früheren Erzbischofs von Bombay, Thomas D. Roberts, während des 2. Vatikanischen Konzils, in: Hampe 421f.

35. Gröber, Kirche 103 f.

36. Drobisch 83.

37. Ebd. 168. In seinem Brief an Dr. Dix schrieb Gröber, Metzger sei „der Wirklichkeit immer fremder geworden", „ein weltfremder Idealist" (117), der „nie über eine gewisse Harmlosigkeit und Naivität hinausgekommen" sei (119); in: Max Josef Metzger, Für Frieden und Einheit. Briefe aus der Gefangenschaft. Eingeleitet und hrsg. von den Meitinger Christkönigsschwestern, Meitingen, 3. Aufl. 1964; der vollständige Brief 117-120. Wie zahlreiche andere spätere Widerstandskämpfer war auch Metzger anfangs einer Zusammenarbeit mit dem neuen Regime nicht abgeneigt gewesen und hatte damit der Einstellung der Bischöfe entsprochen. Vgl. Drobisch 59.

38. Vgl. Ziviler Widerstand. Fallstudien aus der innenpolitischen Friedens- und Konflikt-forschung, hrsg. von Theodor Ebert, Düsseldorf 1970.

39. Vgl. Pribilla, Schweigen 26.

40. Auch das oft kritisierte „Schweigen" von Papst und Bischöfen zu verschiedenen Vor-gängen läßt sich nicht auf eine Wurzel zurückführen. Neben den Hoffnungen, Erwar-tungen und sogar Beschwörungen, der Vatikan, die Bischöfe möchten ein „deutliches Wort" sprechen, stand auch damals die begründete Meinung, daß eine offene Stel-lungnahme nur das Gegenteil dessen bewirken würde, was man beabsichtigte und erhoffte. Vgl. das Schreiben des litauischen Weihbischofs von Kaunas 1941 an den Vatikan, bei Stehle 248.

41. Scholder, Kirchen 19.

42. Offele (19) über das Verständnis der Seelsorge bei Linus Bopp.

43. Vgl. HThG II, 525-532, bsd. 529.

44. Vgl. Johann Baptist Metz, Zeit der Orden? Freiburg 1977, bsd. 27 ff.

45. J. Ratzinger, in: LThK2 VII, 500; vgl. auch Hans Rossi, Die Kirche als personale Ge-meinschaft. Der kommunitäre Charakter der Kirche nach den Dokumenten und Ak-ten des Zweiten Vatikanischen Konzils, Köln 1976, bsd. 94: „Das Volk Gottes ist ja nicht ein Zusammenschluß von Individuen, sondern die Communio von Personen und Gemeinschaften …" Es ist aufschlußreich, daß die vorkonziliare theologische Li-teratur „oft nicht einmal das Wort Koinonia oder Communio (enthält)" (86). Kirche als Communio und personale Erfahrung stellen ein primär juridisches Kirchenver-ständnis in Frage. Hier sieht der Verfasser den tieferen Grund für das kirchenamtliche Veto gegen Höflers Rundbrief „Lieber Kamerad".

46. Bonhoeffer 192; vgl. auch Gerhard Leibholz, Dietrich Bonhoeffer als ein Vermächtnis des 20. Juli 1944, in: Herbert Schambeck (Hrsg.), Kirche und Staat, Berlin 1976, 129-144, bsd. 142.

47. Delp, Welt 68 f.

48. Ebd. 93 f.

49. Ebd. 233.

50. In einem unveröffentlichten Manuskript mit dem Titel „Historisch nicht begründete Anklage auf Machtverzicht", datiert vom 22.4.1963, schreibt Gustav Gundlach, der Papst sei „nicht, wie Hochhuth und viele andere meinen, das papierne Gewissen der Gläubigen, geradezu ein Ersatz ihres eigenen Gewissens. Er kann und soll die Gewis-sensbildung der Gläubigen belehrend, ermunternd, ermahnend beeinflussen, aber er kann die konkrete Entscheidung und Verantwortung vor Gott nicht abnehmen. Daß nämlich die Kirche lebt …, ist Gnade und Werk Christi, nicht seines ‚Stellvertreters auf Erden', und der freien Mitwirkung der Christen." (Schwarte 103) – Man kann dem Passus über das Gewissen nur zustimmen. Allerdings wäre eine auch veröffentlichte Äußerung dieser Art einige Jahre früher hilfreicher gewesen. Außerdem mutet es selt-sam an, Stellungnahmen dieser Art als gewissermaßen selbstverständlich zu verfas-sen, wenn die gesamte Praxis über lange Zeit – nicht zuletzt unter Pius XII. – zu völlig anderen Vermutungen über das Verhältnis von Papstwort und Gewissen der Gläubi-gen Anlaß gab. Angesichts dieser Praxis steht man einigermaßen fassungslos vor die-sem (in sich zutreffenden) Kommentar Gundlachs.

51. Eisenstadt 20.

52. Rothfels 10; vgl. Steinert 218; Zahn, Kriege 109.
53. Adolph, Kirche 113.
54. Böckenförde weist darauf hin, daß in der kirchlichen Verkündigung während des Zweiten Weltkriegs die Frage nach der Erlaubtheit des konkreten Kriegsdienstes „beharrlich umgangen" wurde. Wegen der voraussehbaren Konsequenzen, die eine Erörterung und Beantwortung dieser Frage heraufbeschworen hätte, sei dem Schweigen der Kirche zu dieser Frage „weder die Hirtensorge noch die bürgerliche Ehrenhaftigkeit" abzusprechen. Böckenförde schließt seinen Aufsatz: „Aber ist diese Logik des irdischen Überlebenkönnens und Überlebenwollens auch die Logik des Hüter- und Wächteramts? Gehört zu seiner Logik nicht das Vertrauen auf Gott als den Herrn der Geschichte, der den Ausgang geben wird? Können Erwägungen der cura animarum und wohlverstandener Kirchenraison demgegenüber den Vorrang behaupten? – Man kann versucht sein, an dieser Stelle das Hüter- und Wächteramt der Kirche noch einmal, und zwar radikal, in Frage zu stellen. Aber vielleicht ist es, im Sinn der christlichen Heilsbotschaft, realistischer, darin ein Zeichen dafür zu sehen, daß auch die Kirche selbst, als Amtskirche wie als wanderndes Gottesvolk, ihrem Auftrag nur unvollkommen, gebrochen nachkommen kann, daß auch sie in statu peccatoris steht und der Erlösung durch ihren Herrn bedarf." Auftrag 223.

Der *pax christi*-Pionier Heinrich Missalla
(1926-2018)

Heinrich Missalla (1926-2018), geboren in der Arbeiterstadt Wanne-Eickel, gehörte von 1986 bis zum Jahr 2000 dem Präsidium der deutschen Sektion der Internationalen Katholischen Friedensbewegung pax christi an und ist 1987-1996 auch Geistlicher Beirat der Bewegung gewesen. Er musste als junger Katholik selbst Krieg und Kriegsgefangenschaft (bis Juni 1946) miterleben. Seit seiner Entlassung aus dem berühmten, von Franz Stock geleiteten „Stacheldrahtseminar" für deutsche Kriegsgefangene in Chartres hat ihn die Frage nach dem Frieden nicht mehr losgelassen. Wie tief sein Ringen noch nach sieben Jahrzehnten von den Schrecken und Widersprüchen der Vergangenheit bestimmt war, konnten wir auf dem Katholikentag 2014 in Mannheim beim pax christi-Podium *„Weltkriege: Verpasste Friedenschancen der Kirche"* auf sehr menschliche Weise spüren.

Die Prägungen des katholischen Milieus zielten auch im „Dritten Reich" auf eine vaterländische Grundhaltung, gespeist unter anderem aus frommen Heldengestalten und populären Versatzstücken der sogenannten Reichstheologie. Heinrich Missalla schreibt dazu in seinen autobiographischen Erinnerungen[1]:

Mit dem 15. Februar 1943 – kurz nach dem Ende der Schlacht um Stalingrad – wurde ich gezwungen, bei der leichten Flak-Abteilung 839 als Luftwaffenhelfer anzutreten. Mit 16 Jahren mussten wir Schüler Soldaten ersetzen, die an der Front gebraucht wurden. [...] Wenn ich für einige Stunden „Ausgang" hatte, traf ich mich mit einigen Freunden zu Gesprächen bei unserem Jugendseelsorger. Ich kann mich nicht erinnern, dass der Krieg jemals problematisiert oder dass darüber gesprochen wurde, dass im Krieg getötet wird. Das Wichtigste war nicht das fünfte, sondern das sechste Gebot. (Nach 1945 schien sich für lange Zeit auch in diesem Punkt nicht viel geändert zu haben. Eine der ersten hektographierten „Arbeitsskizzen" des Bundes der

---

[1] Heinrich MISSALLA: „Nichts muss so bleiben, wie es ist". Mein katholisches Leben im 20. Jahrhundert. Oberursel: Publik-Forum 2009, S. 47 und 52-53.

Deutschen Katholischen Jugend „für die Arbeitskreise der Vorbereitungsaktion" für den 1956 wieder eingeführten Wehrdienst lautete „Die Laterne vor der Kaserne. Wehrdienst und die Beziehung der Geschlechter".) Das Hauptanliegen unseres Vikars schien darin zu bestehen, uns auf die Kirche stolz zu machen und unser katholisches Selbstbewusstsein zu stärken – was ihm bei mir zweifellos gelungen ist. Es gab für uns keinen Zweifel, dass Deutschland bedroht wurde und dass wir als Deutsche und zumal als Katholiken unsere Pflicht gegenüber unserem Vaterland zu erfüllen hatten, schon um verleumderischen Angriffen der Nazis auf die Kirche den Boden zu entziehen. Neben dem schon erwähnten Merksatz gab es einen anderen: Ein katholischer Junge lässt sich von niemandem an Tapferkeit übertreffen. Zur Mahnung und Erinnerung daran hatten viele von uns über ihren Betten ein Bild des Bamberger Reiters, von Sankt Georg oder von Sankt Michael hängen – Bilder der Tapferkeit und des Kampfes gegen das Böse. Michael war zudem seit Jahrhunderten der Schutzpatron der Deutschen. Diese Einstellung war wohl vor allem die Reaktion auf das Bemühen der NS-Propaganda, Kirchen und Christentum als schwächlich und dekadent darzustellen. Demgegenüber wurde in der katholischen Jugend der Stolz auf das Christ- und Katholischsein gestärkt: Uns brauchte niemand zu erzählen, was es heißt, gut deutsch zu sein. Wir wussten, wer den Germanen die Kultur gebracht, wer den deutschen Osten besiedelt und dort die Dome gebaut hatte.

Das Wort „Reich" hatte eine seltsame, fast magische Wirkung auf meine Fantasie: Da gingen Gottesreich und Christi Reich, Heiliges Römisches Reich deutscher Nation und „Drittes Reich" ineinander über. Für uns war „Christus Herr der neuen Zeit", und was jetzt noch nicht christlich, ja sogar heidnisch geprägt war, das würde ihm eines Tages dienen. Jetzt war nur eines wichtig: Dass wir tapfer und treu unsere Pflicht erfüllten, gleichgültig, was um uns herum passierte. Und je unbegreiflicher im Verlauf des Krieges alles Geschehen wurde, umso wichtiger war der Glaube: Gott wird alles zum guten Ende führen. Mir kommt es vor, als sei der Glaube an die Bedeutung des „Opfers" und die Möglichkeit einer Art von sakramentaler „Wandlung" auch der Geschichte nie so stark gewesen wie in jenen

Jahren: Wenn wir nur treu sind und auch in den schwierigsten Situationen des Krieges und der Gefangenschaft uns „bewähren" – Bewährung war das in der katholischen Jugend vielleicht am häufigsten gebrauchte Wort –, wenn wir unser Leben und Schicksal Gott anbieten, wird er es annehmen und verwandeln wie das eucharistische Brot. Unser Opfer – das war meine, unsere Überzeugung – war nötig für die Neuwerdung Deutschlands.

Doch wie reimte sich dies alles etwa zusammen mit dem Wissen, dass im NS-Staat die Nationalsozialisten die Juden verfolgten, unbequeme Katholiken und Leutepriester ins Konzentrationslager oder unter das Fallbeil schickten …? Heinrich Missallas Erinnerungen zeigen, dass man auf mysteriöse Weise an einer Unterscheidung zwischen dem obersten Kriegsherr der deutschen Wehrmacht und dem Führer der „Feinde Christi" festhielt – ohne dies letztlich irgendwie begründen zu können[2]:

Erst später habe ich erfahren, dass Hans Niermann, der letzte Reichsführer der „Sturmschar" – dem profiliertesten Verband junger katholischer Deutscher vor seiner Auflösung –, der kurz vor Ende des Frankreichfeldzugs gefallen ist, von seinen Kameraden auf einem weißen Betttuch auf die Stufen des Altars einer französischen Kirche gelegt worden ist – nach seinem Selbstverständnis ein Opfer für ein neues Deutschland. Auch später habe ich im Gespräch mit älteren Priestern immer wieder erfahren, wie sehr für sie der Glaube bestimmend gewesen ist, Gott werde auch das wandeln, was wir nicht mehr zu durchschauen vermögen, sofern wir nur unsere „Pflicht" tun und uns „bewähren". Dieser Glaube führte zu einer großen Gelassenheit und ließ alle schwierigen äußeren Umstände des Soldatenlebens und der Gefangenschaft leichter ertragen; waren doch Hunger, Krankheit und Todesgefahr „nur" das leibliche Leben betreffende Faktoren, die das „Eigentliche", den Glauben an und das Verhältnis zu Gott, nicht tangierten.
Das Thema „Politik" wurde sowohl unter den Luftwaffenhelfern als auch später beim Militär gemieden. Es gab gelegentlich Äußerungen

---

[2] Ebd., S. 53-55.

wie: „Der wird abgeholt, dich holen sie auch." Es gab also ein irgendwie geartetes Wissen um mysteriöse und gefährliche Vorgänge, bei
denen die Geheime Staatspolizei, die Gestapo, eine beängstigende
Rolle spielte. Aber es blieb immer bei Andeutungen und allgemeinen
Redewendungen. Es herrschte das Gefühl vor, sich bei diesem Thema
auf unsicherem und heiklem Gelände zu bewegen, und niemand
traute sich, Fragen zu stellen. Ich habe mich selber oft gefragt, was
hier im Spiel war, habe aber keine eindeutige Antwort gefunden. Ich
wusste, dass die Nazis gegen Juden, Christentum und Kirchen waren, und darum konnte ein Christ kein Nazi sein. Aber der Einsatz
für Deutschland und der Dienst in der Wehrmacht hatte für mein
Empfinden mit der Partei nichts zu tun, und diese Ansicht fand sich
bei vielen Soldaten auch lange nach dem Ende des Krieges. Erst während der Kriegsgefangenschaft dämmerte mir, dass diese Unterscheidung zwischen dem Nein zur Partei und dem Ja zur Wehrmacht kon-
struiert war, vielleicht, um sich nicht der bitteren Realität stellen zu
müssen, aus der man keinen Ausweg sah. Denn die Wehrmacht war
Hitlers Wehrmacht, der Krieg war sein Krieg, und wenn wir auch die
HJ-Armbinden von unseren Uniformen entfernten – wir trugen trotz-
dem Hitlers Uniform.

Gehorsam gegenüber der staatlichen Obrigkeit und Gehorsam als erste
Soldatentugend, diese beiden Punkte waren gleichsam Bestandteile des
‚Katechismus'; auch die Wahnidee eines christlichen Opfertodes auf den
Schlachtfeldern wurde von niemandem hinterfragt. Daran hatte sich
nach 1918 nichts geändert. Auch deshalb müssen wir – fast acht Jahrzehnte nach Niederwerfung des deutschen Faschismus – von den Abgründen „deutsch-katholischer" Kriegstheologie und Kriegsassistenz in
zwei (!) Weltkriegen sprechen. Heinrich Missalla wollte den Widersprüchen seiner zutiefst kirchlich geprägten Jugendzeit auf den Grund gehen. Er hat als Theologe den ganzen Komplex zunächst in einer Studie
zur deutschen katholischen Kriegspredigt 1914-1918[3] und dann in drei

---

[3] Heinrich MISSALLA: „Gott mit uns". Die deutsche katholische Kriegspredigt 1914-1918.
München: Kösel 1968. – Neu ediert in: Peter Bürger (Hg.): Katholizismus und Erster Welt-

weiteren Büchern dargestellt. Seiner gründlichen, hier neu edierten Untersuchung zur *„Kirchlichen Kriegshilfe"*[4] im zweiten Weltkrieg stehen eine Dokumentation der Schriften von *„Hitlers Feldbischof"* Franz Justus Rarkowski[5] und die Erschließung ausgewählter „Briefe von katholischen Theologen und Predigttexte von Kriegspfarrern aus den Jahren 1940 bis 1944"[6] zur Seite, zuletzt ein kompakter Überblick zur Unterstützung des „Hitlerkrieges" durch die deutschen Bischöfe"[7]. All diese Arbeiten basieren auf der Überzeugung, dass es am allerwenigsten uns Christinnen und Christen gestattet ist, die historische „Wahrheit" zugunsten geschönter Selbstbilder („Kirche als Religion") unter den Tisch fallen zu lassen. – Je frömmer ein Kirchenhistoriker ist, desto radikaler sollte er bei der Erhebung der Fakten das Handwerk des kritischen Geschichtswissenschaftlers betreiben.

Ein offenes und ehrliches Bekenntnis zum problematischen Verhalten der Bischöfe der Jahre 1939-1945 zu Hitlers Krieg forderte Missalla in einem kurz vor seinem Tod am 3. Oktober 2018 verfassten fünfseitigen Brief an die deutschen Bischöfe, den die deutsche Sektion der Internationalen katholischen Friedensbewegung *pax christi* und die Kirchen-VolksBewegung *Wir sind Kirche* unterstützten.[8]

---

krieg. Forschungen und ausgewählte Quellentexte. (= Kirche & Weltkrieg, Band 4). Norderstedt: BoD 2020.

[4] Heinrich MISSALLA: Für Volk und Vaterland. Die Kirchliche Kriegshilfe im Zweiten Weltkrieg. Königstein: Athenäum Verlag 1978.

[5] Heinrich MISSALLA: Wie der Krieg zur Schule Gottes wurde. – Hitlers Feldbischof Rarkowski. Eine notwendige Erinnerung. Oberursel: Publik-Forum 1997.

[6] Heinrich MISSALLA: Für Gott, Führer und Vaterland. Die Verstrickung der katholischen Seelsorge in Hitlers Krieg. München: Kösel 1999. – Vgl. ebenfalls H. MISSALLAS Vorwort in Hans Prolingheuer / Thomas Breuer: Dem Führer gehorsam: Christen an die Front. Die Verstrickung der beiden Kirchen in den NS-Staat und den Zweiten Weltkrieg. Oberursel: Publik-Forum 2005, S. 154-157.

[7] Heinrich MISSALLA: Erinnern um der Zukunft willen. Wie die katholischen Bischöfe Hitlers Krieg unterstützt haben. Oberursel: Publik-Forum 2015.

[8] Der Wortlaut dieses Brief ist dokumentiert in: „ERFÜLLT EURE PFLICHT GEGEN FÜHRER, VOLK UND VATERLAND!" Römisch-katholische Kriegsvoten aus den deutschen Bistümern und der Militärkirche Arbeitshilfe zum 80. Jahrestag des Überfalls auf Polen. Redaktion: P. Bürger. (Digitales Sonderheft – edition pace.) Düsseldorf 28.08.2019. https://www.lebens haus-alb.de/magazin/media/pdf/Arbeitshilfe_Bisch%C3%B6fe_und_Hitlerkrieg.pdf

In einem Antwortschreiben zeigte sich Kardinal Reinhard Marx, damals Vorsitzender der Deutschen Bischofskonferenz, die den Brief Anfang Februar 2019 erhalten hatte, später überzeugt, dass die Veröffentlichung dieses Briefes zum 80. Jahrestag des Kriegsbeginns am 1. September 2019 Anstoß geben werde, von Neuem über die Kriegsverbrechen des Nationalsozialismus und das Verhalten der verantwortlichen Bischöfe nachzudenken. Zumindest ein erster Schritt in diese Richtung war dann das 2020 vorgelegte Wort der Bischöfe zum 75. Jahresgedenken des Weltkrieg-Endes.[9]

Peter Bürger

---

[9] SEKRETARIAT DER DEUTSCHEN BISCHOFSKONFERENZ (Hg.): Deutsche Bischöfe im Weltkrieg. Wort zum Ende des Zweiten Weltkriegs vor 75 Jahren. Bonn: DBK 2020. https://www.dbk.de/fileadmin/redaktion/diverse_downloads/presse_2020/2020-075d-DB_107-Deutsche-Bischoefe-im-Weltkrieg.pdf

Reihe
Kirche & Weltkrieg

Band 1
Katholische Diskurse über Krieg und Frieden vor 1914
Ausgewählte Forschungen nebst Quellentexten
Norderstedt 2020 – ISBN: 978-3-7526-7268-8

Band 2
Protestantismus und Erster Weltkrieg
Aufsätze, Quellen und Propagandabilder
Norderstedt 2020 – ISBN: 978-3-7526-0414-6

Band 3
Frieden im Niemandsland
Die Minderheit der christlichen Botschafter
im Ersten Weltkrieg – Ein Lesebuch
Norderstedt 2021 – ISBN: 978-3-7534-0205-5

Band 4
Katholizismus und Erster Weltkrieg
Forschungen und ausgewählte Quellentexte
Norderstedt 2021 – ISBN: 978-3-7534-2805-5

Band 5
Franziskus Maria Stratmann O.P.
Weltkirche und Weltfriede
Katholische Gedanken zum Kriegs- und Friedensproblem
Norderstedt 2021 – ISBN: 978-3-7534-3993-8

Band 6
Adolf von Harnack
Schriften über Krieg und Christentum
„Militia Christi" (1905) und Texte mit Bezug zum Ersten Weltkrieg
Norderstedt 2021 – ISBN: 978-3-7534-1759-2

Band 7
Dietrich Kuessner
Die Deutsche Evangelische Kirche und der Russlandfeldzug
Eine Arbeitshilfe
Norderstedt 2021 – ISBN: 978-3-7526-7109-4

Band 8
Heinrich Missalla
Die Kirchliche Kriegshilfe im Zweiten Weltkrieg
Eine Organisation des Deutschen Caritasverbandes
Norderstedt 2021 – ISBN: 978-3-7534-9221-6

Books on Demand – https://www.bod.de/buchshop/

Internetseite zum Editionsprojekt
https://kircheundweltkrieg.wordpress.com/